V&R

Kirche und Milieu

Band 2

Herausgegeben von
Heinzpeter Hempelmann und Markus Weimer

in Verbindung mit Ulrich Heckel, Matthias Kreplin,
Benjamin Schließer und Corinna Schubert

Heinzpeter Hempelmann/Ulrich Heckel/
Karen Hinrichs/Dan Peter (Hg.)

Auf dem Weg zu einer milieusensiblen Kirche

Die SINUS-Studie »Evangelisch in Baden und Württemberg« und ihre Konsequenzen für kirchliche Handlungsfelder

Mit 41 Abbildungen und 11 Tabellen

2., durchgesehene Auflage

Vandenhoeck & Ruprecht

Bibliografische Information der Deutschen Nationalbibliothek:
Die Deutsche Nationalbibliothek verzeichnet diese Publikation in der Deutschen Nationalbibliografie; detaillierte bibliografische Daten sind im Internet über http://dnb.de abrufbar.

Satz: Dorothee Schönau, Wülfrath
Umschlag: SchwabScantechnik, Göttingen
Druck und Bindung: Hubert & Co. BuchPartner, Göttingen
Printed in the EU

Vandenhoeck & Ruprecht Verlage | www.vandenhoeck-ruprecht-verlage.com

ISBN 978-3-525-65279-4

Inhalt

Teil V
Anhänge

Teil VI
Zum Download: Bericht des Sinus-Institutes inkl. Kommentar

Teil I

Zur Einführung

Geleitwort der Landesbischöfe

Wir leben in einer Zeit der Umbrüche und großer gesellschaftlicher Veränderungen. Dazu zählt besonders der soziodemographische und soziokulturelle Wandel, von dessen Auswirkungen das kirchliche Leben stark betroffen ist. Durch die Wanderungsbewegungen der letzten Jahre und Jahrzehnte hat der Kontakt mit Menschen, die aus anderen Lebensverhältnissen gekommen sind, zugenommen. Die Megatrends Individualisierung, Pluralisierung, Digitalisierung und Globalisierung tragen schon seit langem zur zunehmenden »Fragmentierung« und »Segmentierung« unserer Gesellschaft bei. Auch in Kirchen treffen zunehmend unterschiedliche Milieus und Kulturen aufeinander.

Es ist notwendig, diese Veränderungen genauer zu betrachten. Nur so können wir verstehen, welche Werte und Haltungen, welche Interessen und Abneigungen, in unserer Gesellschaft, unter unseren Kirchengliedern und in unseren Gemeinden vertreten sind. In einer sich stark verändernden Gesellschaft wollen wir gerne eine Kirche bleiben, die für alle Menschen da ist.

Mit diesem Band legen wir Ihnen die erste Sinus-Studie für gleich zwei evangelische Landeskirchen in Deutschland und zum ersten Mal für ein größeres politisch zusammenhängendes Gebiet vor, ein ganzes Bundesland. Die Vorreiter sollen nicht unerwähnt bleiben: Es waren die römisch-katholische Kirche und die evangelisch-reformierte Kirche des schweizerischen Kantons Zürich. So konnte bereits vor dem Start der zweiteiligen Untersuchung ein weiter Erfahrungshorizont herangezogen werden. Unsere beiden Landeskirchen wollten sich trotzdem nicht auf fremde, womöglich nicht übertragbare Daten und Ergebnisse verlassen, konnten aber von der langjährigen und sehr breitgefächerten Erfahrung dieses Instituts profitieren. Diese Erfahrungen und Kenntnisse stützen sich auf zahlreiche Studien sowohl im kommerziellen Bereich als auch für Non-Profit-Organisationen.

Die Lebenswelt-Debatte hat in unseren beiden Kirchen schon früh eingesetzt – zum Beispiel in der Jugendarbeit und im internationalen Austausch. Sie führte bald zu einer gemeinsamen kirchenübergreifenden Arbeitsgruppe. Der weitere Weg bis zur Studie wurde u.a. durch gemeinsame Beratungen der theologischen Fachdezernate und der Bildungsdezernate, auch durch den gemeinsamen Ankauf der microm-Geo-Daten und die Zusammenarbeit mit dem von der EKD initiierten »Zentrum Mission in der Region« geebnet.

Die Wahrnehmung der Milieusensibilität ist inzwischen schon fast Gemeingut unserer beiden Kirchen geworden und spiegelt sich in vielen Gemeindeforen bis hin zu den Visitationsberichten wider, meistens auch auf dem Hintergrund des Sinus-Milieu-Modells.

Milieusensibilität kann die konkrete Hinwendung zu den Menschen erleichtern und neue Wege eröffnen. Auch unnötiger Kräfteverschleiß und falscher Einsatz von endlichen Ressourcen können eingedämmt werden. Die gezielte Haupt-, Neben- und Ehrenamtsentwicklung, aber auch gemeindeübergreifende Angebote werden unter diesem Gesichtspunkt vermutlich eine größere Bedeutung erfahren.

In der Gemeindeberatung liegen ebenfalls Erfahrungen mit dem Sinus-Milieumodell vor. Seit mehr als zwei Jahren werden zudem von beiden Kirchen gemeinsam verantwortete Multiplikatorenkurse und Studientage angeboten, die gut angenommen werden. Auch für die »Fresh-(e)X(pressions)-Bewegung«, für die es in beiden Kirchen Foren des Austausches gibt, spielt die milieusensible Arbeit eine wichtige Rolle.

Einzelergebnisse der Sinus-Studie für Baden-Württemberg sind seit längerem schon bekannt. Nach langer und gründlicher Vorarbeit geben wir Ihnen jetzt den Abschlussbericht der Sinus-Studie für Baden-Württemberg zum Gebrauch an die Hand. Sie finden ihn auf der beigelegten, leicht recherchierbaren und präsentationsfähigen Daten-CD. Die Kommentierungen zur Studie, die Sie mit diesem Handbuch erhalten, machen den Sinus-Abschlussbericht leicht zugänglich.

Die Ergebnisse der Sinus-Studie und die vornehmlich sozialwissenschaftlichen Methoden, die hier zur Anwendung kamen, verstehen wir für uns als »Sehhilfe« oder »Verstehenshilfe«. Sie liefern kein Universalwerkzeug und ebenso wenig die *eine* Lösung für alle Fragen und Probleme, mit denen sich die Kirche konfrontiert sieht.

Weil wir aber in einer Zeit großer gesellschaftlicher Umbrüche leben, setzen wir in unseren Landeskirchen auch diese Instrumente ein. Schließlich wird die Kirche, vor allem in ihrer sichtbaren und verfassten Gestalt, in ihren verschiedenen Lebens- und Arbeitsbereichen, in Gemeinde und Diakonie, in kirchlichen Einrichtungen bis hin zur Jugendarbeit und Ehrenamtsentwicklung durch die gesellschaftlich-kulturellen Veränderungen ständig neu herausgefordert.

In all diesen Herausforderungen wird die Kirche getragen vom Zuspruch des Evangeliums:

»So seid ihr nun nicht mehr Gäste und Fremdlinge, sondern Mitbürger der Heiligen und Gottes Hausgenossen.«

(Eph 2,19)

Prof. Dr. Jochen Cornelius-Bundschuh
Landesbischof der evangelischen
Landeskirche in Baden

Dr. h.c. Frank Otfried July
Landesbischof der evangelischen
Landeskirche in Württemberg

Vorwort

Für eine angemessenere Glaubenskommunikation

Die beiden evangelischen Landeskirchen in Baden und Württemberg haben im Jahr 2012 eine gemeinsame Studie beim Sinus-Institut Heidelberg/Berlin unter dem Titel »**Evangelisch in Baden und Württemberg**« (SSBW) in Auftrag gegeben. Es handelt sich um die erste Kirchenstudie des renommierten sozialwissenschaftlichen Institutes für evangelische Landeskirchen. Der Fokus der Studie liegt auf einer repräsentativen Erhebung der Haltungen von Kirchen- und Nichtkirchenmitgliedern zu Kirche, Glaube und Gott. Die Studie verfolgt das Ziel einer besseren, d.h. angemesseneren Glaubenskommunikation. Ebenso werden kritische Aspekte beleuchtet wie zum Beispiel die Gründe für Kirchenaustritte oder die Frage, wie hoch die Bereitschaft für einen Austritt ist.

Milieuzuordnung und Einstellungstypologie

Der große Vorzug der Studie besteht in ihrer Berücksichtigung der verschiedenen Lebenswelten in Kirche und Gesellschaft mit ihren je unterschiedlichen Lebensweltlogiken, Ästhetisierungen des Alltags, kulturellen Barrieren und Brücken. Die Studie erhebt nicht nur – im Vergleich mit den Werten im Bundesland – demographische Daten für die beiden Landeskirchen. Sie liefert auch eine Milieulandkarte für die Evangelischen in Baden und Württemberg, die angibt, wieviel Prozent der Kirchenmitglieder sich welcher Lebenswelt zuordnen lassen. Ein weiteres Alleinstellungsmerkmal besteht in der Typologie von acht Einstellungen, die auf der Datenbasis dieser Studie entwickelt wurde. Beide, die Milieuzuordnung wie die Einstellungstypologie, erlauben es der Kirche, präziser und differenzierter auf die Haltungen und Einstellungen von Kirchengliedern und Nichtkirchengliedern einzugehen.

Zwei Handbücher mit Blitzlichtern, Erläuterungen und wissenschaftlichen Beiträgen

Die Auswertung der Studie und ihre Bereitstellung für die beiden Landeskirchen erfolgt in zwei Bänden. In dem vorliegenden ersten Band wird der Bericht des Sinus-Institutes auf einer beigelegten Daten-CD vollständig und präsentierfähig dokumentiert und durch Einführungen, thematische Blitzlichter und Erläuterungen kommentiert. Er enthält aber auch Anregungen, wie mit der Studie gearbeitet werden kann, und gibt Hinweise darauf, inwiefern die Milieuperspektive für die kirchliche Arbeit eine Hilfe sein kann. Der zweite Band wird dann eine Reihe von wissenschaftlichen Diskussionsbeiträgen enthalten.

Ziel ist es, die aus Sicht der evangelischen Bevölkerung relevanten Aspekte und Differenzierungen der Forschungsthemen kennenzulernen und zu verstehen. Ebenso wurde eine kirchliche Zielgruppentypologie entwickelt, basierend auf Einstellungen zu Glaube, Religion und Kirche sowie dem lebensweltlichen Hintergrund der Sinus-Milieus®.

Anschlussfähig durch das bewährte Sinus-Milieumodell

Die Sinus-Milieus sind das Ergebnis von 30 Jahren sozialwissenschaftlicher Forschung. Die Zielgruppenbestimmung orientiert sich dabei an der Lebensweltanalyse unserer Gesellschaft. Die Sinus-Milieus gruppieren Menschen, die sich in ihrer Lebensauffassung und Lebensweise ähneln. Der Milieu-Ansatz des Sinus-Instituts zielt darauf ab, Status und Veränderungen in den Einstellungen und Verhaltensweisen der Bevölkerung vor dem Hintergrund des sich vollziehenden Wertewandels zu beschreiben.

Im Rahmen der Milieuforschung werden alle wichtigen Erlebnisbereiche erfasst, mit denen eine Person täglich zu tun hat (Arbeit, Freizeit, Familie, Geld, Konsum, Medien usw.). Ein zentrales Ergebnis dieser Forschung besteht darin, dass die empirisch ermittelten Wertprioritäten und Lebensstile zu einer Basis-Typologie, den Sinus-Milieus, verdichtet werden. Bei der Definition der Milieus handelt es sich im Unterschied zur traditionellen Schichteinteilung um eine inhaltliche Klassifikation. Grundlegende Wertorientierungen, die Lebensstil und Lebensstrategie bestimmen, gehen dabei ebenso in die Analyse ein wie Alltagseinstellungen, Wunschvorstellungen, Ängste und Zukunftserwartungen. Die Sinus-Milieus beschreiben real existierende Subkulturen mit gemeinsamen Sinn- und Kommunikationszusammenhängen in ihrer Alltagswelt.

Neues Verständnis für eigene und andere Haltungen

In beiden untersuchten Landeskirchen wurde bereits viel Erfahrung mit der Milieuperspektive gesammelt. An dieser Stelle seien beispielhaft die gemeinsame Ausbildung der Milieuberaterinnen und Milieuberater, aber auch die Begleitung und Förderung sogenannter Fresh-X-Modelle genannt. Die Erwartungen in Bezug auf die Baden-Württemberg-weite Untersuchung sind entsprechend hoch, aber auch vielschichtig.

Viele Haupt- und Ehrenamtliche wollen das Milieumodell als solches kennenlernen und von dieser »Sehhilfe« für das eigene kirchliche Umfeld profitieren. Eine milieusensible Entwicklung der Landeskirchen soll damit befördert werden. Mit der Typologie und den acht Einstellungen lässt sich beispielsweise ein neues Verständnis für eigene Haltungen und die der Mitmenschen vor Ort entwickeln. Die Studie kann helfen, Menschen besser erreichen und ansprechen zu können, aber auch die eigenen Grenzen besser wahrzunehmen und unnötigen Kräfteverschleiß zu vermeiden. Sie bietet Ansätze in Bezug auf kritische Prozesse wie die Abnahme des Gottesdienstbesuchs oder die Kommunikationsschwierigkeiten mit jüngeren Menschen oder die Probleme bei der Mitarbeiterfindung mancherorts. Das alles soll hier zumindest angerissen werden. Weiterführende Modelle sollen hierdurch aber auch angestoßen oder konzipiert werden.

Kirchliche Handlungsfelder und gesamtgesellschaftliche Entwicklungen

Der vorliegende Band versucht, diese Erwartungen aufzunehmen, auch wenn er ihnen natürlich nur in geringem Maße gerecht werden kann. Selbstverständlich wird deshalb an diesen Fragen bereits weitergearbeitet, zum Beispiel in Bezug auf die verschiedenen kirchlichen Handlungsfelder, insbesondere den sonntäglichen Gottesdienst, die Taufe, Konfirmation, Trauergottesdienste oder kirchliche Trauungen. Milieuperspektive und Typologie helfen, diese Arbeits- und Lebensfelder neu auf unterschiedliche Milieus hin durchzubuchstabieren. Sie helfen zudem, die unterschiedlichen Haltungen und Erwartungen der Kirchenglieder zu Kirche, Gottesdienst, Ehrenamt, Taufe usw. besser zu verstehen. Das bewahrt auch vor schnellen Urteilen und unsachgemäßen Umsetzungen.

In diesem Zusammenhang möchten wir gerne daran erinnern, dass bei dieser Studie in der qualitativen Erhebung zu einem erheblichen Teil auch Nichtkirchenmitglieder berücksichtigt und befragt wurden. Ebenso wurden Parallelmitgliedschaften in Gemeinden und Gemeinschaften erhoben, um die Auswirkungen solcher doppelten Bezüge besser erkennen zu können.

Erste überraschende und erfreuliche Ergebnisse

Gerne möchten wir an dieser Stelle auch von überraschenden und erfreulichen Ergebnissen berichten. Evangelische Christen in Baden-Württemberg stehen fest zu ihrer Kirche. Der überwiegende Teil (75 %) hat noch nie über einen Austritt nachgedacht. Die Kirche wird auch als lebenslanger geistlicher Wegbegleiter gewünscht. Sie soll Gestalter wichtiger Lebensstationen und Lebensübergänge sein. Und Kirche heißt für die meisten Menschen nach wie vor »Einsatz für den Nächsten«. 94 % befürworten dieses Kernanliegen kirchlicher Arbeit, die Diakonie, in allen Formen und Ausprägungen. 46 % der Kirchenglieder wirken nach eigener Einschätzung aktiv mit. Evangelische Christen schätzen sich selbst nicht nur hochverbunden, sondern auch stark engagiert ein.

In diesem Sinne setzen wir uns dafür ein, dass die Kirche in der Mitte der Gesellschaft bleibt und sie auch zu allen Teilen der Gesellschaft Zugänge findet. Kirche muss für alle Menschen »da« sein. Dazu sollen die Ergebnisse und Einsichten dieser Studie und die daraus abgeleitete Typologie dienen.

Oberkirchenrätin
Karen Hinrichs
Karlsruhe

Oberkirchenrat
Prof. Dr. Ulrich Heckel
Stuttgart

Vorwort zur zweiten Auflage

Wir freuen uns sehr, dass auch dieser Band der Reihe »Kirche und Milieu« eine so gute Aufnahme gefunden hat, auch außerhalb des Raumes Baden und Württemberg. Inzwischen ist die Lebensweltperspektive auf vielen Feldern kirchlichen Lebens und theologischer Ausbildung fest und selbstverständlich verankert. Die kirchliche Lebensweltforschung schlägt sich im Herbst 2019 nieder in einem vierten Band der Reihe zum Thema »Kommunikation des Evangeliums«. Regelmäßige Schulungen für kirchliche Multiplikatoren und Studientage zu Kasualien, speziellen Milieus und Zielgruppen begleiten die literarische Arbeit. Auch sie finden inzwischen weit über den süddeutschen Raum hinaus Aufmerksamkeit.

Für die Herausgeber

Heinzpeter Hempelmann

Gebrauchsanweisung
Wie Sie diesen Band am besten nutzen

Dieser umfangreiche Band versucht, auf verschiedene Fragen Antworten zu geben und unterschiedlichen Bedürfnissen gerecht zu werden. Es handelt sich um ein Arbeitsbuch, Handbuch, auch Lesebuch incl. CD, das man nicht von A bis Z durchlesen muss, das man vielmehr gezielt durchforsten kann.

Die Texte sind deshalb so konzipiert, dass sie je für sich gelesen werden können.[1] Naheliegend ist etwa die gemeinsame Lektüre in einem Kirchengemeinderat oder Gemeindeleitungskreis. Für die verschiedenen Fragen, Anliegen und Informationsbedürfnisse stehen jeweils einschlägige Texte zur Verfügung. Diese können am besten über das umfangreiche und detaillierte Inhaltsverzeichnis aufgefunden werden.

Überblick über die behandelten Fragen

Der Band soll vor allem drei Fragen-Kreise beantworten:

(1) Was ist überhaupt »Sinus«, was ist das Sinus-**Milieu-Modell**? Was ist Milieuforschung? Welche Bedeutung kommt der Milieuperspektive für die Kirche zu? Was heißt milieusensible Kirche? Im **Teil II** versuchen wir eine Einführung in die kirchliche Milieuforschung und zeigen, inwiefern sich schon die bloße Milieuperspektive auf die verschiedenen Felder kirchlichen Handelns auswirken kann.

(2) Was sind die Ergebnisse der **Sinus-Studie** »Evangelisch in Baden und Württemberg« aus dem Jahr 2012? Welche Konsequenzen hat sie für die Kirche insgesamt und für die Gemeinden vor Ort? Von dem Modell an sich sind die konkreten Studien, in unserem Fall für die beiden Kirchen in Baden und Württemberg, zu unterscheiden. Sinn der Studie von 2012 war es, Informationen und Einblicke zu erhalten, die durch die Erhebungen für die katholische Kirche eben nicht zu gewinnen sind. Die Ergebnisse der Studie finden sich auf der eingeklebten **CD**. Wir haben den Bericht von Sinus so gut wie unverändert übernommen. Wo es sinnvoll zu sein schien, sind in blauer Farbe gut kenntlich Erläuterungen eingefügt. Eine Einfüh-

[1] Dass die Texte je in sich geschlossen sind, heißt im Umkehrschluss, dass jemand, der den Band von vorne bis hinten durchliest, auch auf Wiederholungen trifft. Das ist bei dem vorgegebenen Konzept nicht ganz zu vermeiden.

rung in die Anlage der Studie und eine Zusammenstellung von einigen (lange nicht allen!) der wichtigsten Ergebnisse findet sich in **Teil III** unseres Bandes.

(3) Was bedeutet die **Typologie**, die die Hauptmasse des Sinus-Berichtes ausmacht? Wer die CD mit dem Sinus-Bericht öffnet, sieht sich mit dem Sachverhalt konfrontiert, dass es zwar einerseits eine Graphik gibt, die die überaus interessante Milieulandschaft der beiden Kirchen zusammenfasst, dass aber die Hauptmasse des Berichtes in einer 8er-Typologie besteht. Die empirischen Erhebungen vor allem in der zweiten Phase der Sinus-Studie sind gemäß den Vorgaben des Auftraggebers zusammengefasst worden. Ergebnis ist eine Bandbreite von acht ziemlich trennscharfen Typen von Einstellungen zu Glaube, Gott und Gemeinde. Diese Typologie ist ein Alleinstellungsmerkmal unserer Studie. Sie ist nicht identisch mit der Milieuperspektive, sondern ergänzt diese. Auf jeweils 25 Seiten werden die wichtigsten Daten zum jeweiligen Einstellungstyp aufbereitet und zusammengefasst. Eine Fundgrube für alle, die wissen wollen, wie Menschen in unserer Kirche denken, die Menschen konkret adressieren und auf ihre Fragen eingehen wollen!

(4) Worin liegt konkret die Bedeutung des Lebensweltansatzes für unsere Kirche? Was sollen wir mit dem ganzen Material anfangen? Wie wird das praktisch? Um einen ersten Transfer von der Sozialwissenschaft zur kirchlichen Praxis zu leisten, haben wir eine Reihe von Fachleuten gebeten, in kurzen Statements zu zeigen, wo sie jeweils die Bedeutung des Modells, der Studie oder der Typologie für ihr Arbeitsgebiet sehen. Den entstandenen Blumenstrauß an bunten und sehr anregenden, ebenso hilfreichen wie praktischen Beiträgen finden Sie in **Teil IV** dieses Bandes. Wir planen einen zweiten Band, in dem viele der hier aufgezeigten Aspekte noch einmal tiefer und wissenschaftlich reflektiert aufgegriffen werden. In diesem ersten, hier vorliegenden Band ging es uns vor allem um die Brücke in die Praxis.

Überblick über den Inhalt

- **Teil I** enthält die Einführungen und Geleitworte der Kirchenleitungen der auftraggebenden evangelischen Kirchen in Baden und Württemberg. Die beiden Bischöfe Jochen Cornelius-Bundschuh und Frank Otfried July betonen die Bedeutung des Milieu-Ansatzes als Reaktion auf eine sich stark verändernde Gesellschaft. Oberkirchenrätin Karen Hinrichs und Oberkirchenrat Ulrich Heckel erläutern, inwiefern die vorliegende Veröffentlichung nur den vorläufigen Höhepunkt auf einem langen und beachtlichen Weg der Milieusensibilisierung der beiden Kirchen darstellt. Der Bonner Professor für Praktische Theologie, Michael Meyer-Blanck, öffnet den Horizont, indem er verdeutlicht, inwiefern die Milieuperspektive allgemein, auch unabhängig vom Sinus-Modell, einen Beitrag zum Verständnis der Kirchenmitgliedschaft leistet.

- **Teil II** beantwortet die Frage: Was ist Milieuforschung, und wie kann Kirche von ihr ganz praktisch profitieren? Auch die, die weiterdenken und eine kritische Perspektive einnehmen wollen, kommen hier auf ihre Kosten. Was sind die Stärken und was die Schwächen des Lebenswelt-Modells? Dazu gibt es eine SWOT-Analyse. Ebenfalls wird die Frage beantwortet: Worauf müssen wir achten, wenn wir als Theologen und Kirchenleute mit einem »fremden«, sozialwissenschaftlichen Instrument umgehen? Eine Reihe von Übersichten veranschaulichen, wie sich wichtige Tätigkeitsfelder milieuspezifisch abbilden. Worauf müssen wir etwa achten, wenn wir Menschen für Mitarbeit gewinnen wollen? Auf welche Erwartungen an und Bilder von Kirche stoßen wir? Etc.
- **Teil III, a+b** führt in die Sinus-Studie von 2012 ein, die als Bericht auf der eingeklebten CD dokumentiert ist. Es werden behandelt: die Anlage der Studie, ihre beiden Phasen, ihre Alleinstellungsmerkmale und schließlich einige der Ergebnisse, die am meisten herausstechen. Die Auswertung der Studie ist im Wesentlichen eine gemeinsame Aufgabe. Besonderes Augenmerk liegt auf der Typologie von acht Einstellungen zu Glaube, Gott, Gemeinde und Kirche, die jeweils im Zusammenhang und im Detail ausgebreitet werden. Diese Typologie macht ⅔ des Sinus-Berichtes aus. In **Teil III,c** wird sie zum Thema. Die jeweiligen Graphiken finden sich auf der CD. Der Verantwortliche für die Sinus-Studie, Bodo Flaig, führt in den Zusammenhang von Milieu-Modell und Typologie ein. Oberkirchenrat Kreplin macht einen ersten, detaillierten Aufschlag, wie die Typologie von Bedeutung für die Frage der Mitgliederbindung werden kann.
- **Teil IV** bietet eine Fülle von Annäherungen und exemplarischen Verdeutlichungen, wie Sinus-Modell und Sinus-Studie für verschiedene kirchliche Handlungsfelder relevant sein kann. Das reicht von sehr grundsätzlichen Erwägungen zur heilsamen Blickveränderung über die Felder Gottesdienst, Jugendarbeit, Gemeinde und Gemeindearbeit, Kommunikationskonzepte, missionarische Dienste bis hin zur Frage, welche Konsequenzen aus den Ergebnissen für die Ausbildung und Gewinnung junger Theologinnen und Theologen resultieren.
- **Teil V** umfasst Anhänge, die zur Lektüre helfen oder diese weiterführen. Es finden sich neben acht Seiten mit Farbtafeln, auf denen die am häufigsten gebrauchten Graphiken dokumentiert sind, Abkürzungsverzeichnisse für die 10 Sinus-Milieus und für die acht Typen sowie die offizielle Kurzcharakteristik der 10 Milieus durch das Sinus-Institut. Dokumentiert werden ebenfalls der Gesprächsleitfaden für den ersten Teil der Studie und der Fra-

gebogen für den zweiten Teil. Dazu kommt ein kurzes Literaturverzeichnis mit Titeln, die von grundlegender Bedeutung sind.[2]

- Eine Dokumentation des Sinus-Berichtes, in diesem Band immer wieder abgekürzt mit SSBW, steht zum **Download** zur Verfügung. Diese stellt sozusagen den **Teil VI** unseres Bandes dar. Über die Kriterien für die Edition wird in der Dokumentation selbst informiert. Der Bericht ist im Wesentlichen unverändert. Kommentare sind auf eigenen Seiten in eigener Farbe zwischengeschaltet. Die Form digitaler Zusatzmaterialien wurde gewählt, einerseits um den Band nicht unhandlich werden zu lassen, andererseits um die Möglichkeit zu geben, interessante Graphiken ausdrucken und dann vervielfältigen zu können. Diese Praxis ist ausdrücklich möglich und erlaubt. Die Dokumentation ist hier zu finden: **www.vandenhoeck-ruprecht-verlage.com/Milieusensible-Kirche**. Der Code lautet: **MK1511EB**.

Die namentlich gekennzeichneten Beiträge, in Teil I, III,c und vor allem in Teil IV, stammen von den angegebenen Autoren. Die anderen Beiträge gehen auf den zuerst genannten Herausgeber zurück. Er verantwortet auch die Kommentierung des Sinus-Berichtes.

Da Kritik die spezifisch protestantische Form der Aneignung in postmateriellen Milieus ist, sind Anregungen und kritische Rückfragen willkommen.

Mein Dank für gute und problemlose Zusammenarbeit geht an dieser Stelle zunächst an das Sinus-Institut Heidelberg/Berlin; Berthold Bodo Flaig und Dr. Marc Calmbach haben uns in jeder denkbaren Weise unterstützt.

Prof. Dr. Heinzpeter Hempelmann
Stuttgart

2 Ein umfangreiches, detailliertes Literaturverzeichnis findet sich bei *Heinzpeter Hempelmann*, Gott im Milieu. Wie Sinusstudien der Kirche helfen können, Menschen zu erreichen, Gießen (2012), 2., erweiterte Aufl. 2013, 245–256.

Die Kirchenmitglieder – Milieus in der Kirche

Michael Meyer-Blanck

Die Milieuperspektive entzieht manchen ideologisch-theologischen Argumentationsgewohnheiten kirchlicher Arbeit den Boden; sie fordert andererseits zu theologischen Klärungen und Präzisierungen heraus.

Eberhard Hauschildt[1]

Sicher: es gibt hin und wieder Orte und Zeiten, wo sich Milieus begegnen können – bei Familienfesten z.B. Im Übrigen bleibt man aber nach wie vor gerne unter sich, vor allem heiratet man in seinem Milieu [...]. Denn eine Ehe wird man nur gründen, wenn man den oder die andere im wahrsten Sinne des Wortes ›riechen‹ kann [...]. Die ›Liebe‹, die dem in der Regel zugrunde gelegt zu sein scheint, ist also ganz und gar nichts Spontanes, sondern geradezu ein Milieuelixier schlechthin.

Gerhard Wegner[2]

A. Problemskizze

Warum halten sich Menschen (noch?) zur Kirche? Warum interessieren sich Jugendliche für Religion, bzw. warum scheint ihnen diese Frage gleichgültig zu sein? Wer sind die Menschen, mit denen man es in Schule und Gemeinde zu tun bekommt? Das wichtigste Instrumentarium, um diese Voraussetzungen der eigenen Arbeit in den Blick zu bekommen, sind die eigenen Beobachtungen. Sie sind durch nichts zu ersetzen. Aber unsere Beobachtungen sind niemals wertfrei. Sie sind immer von Verstehensvoraussetzungen gekennzeichnet. Eine wichtige Aufgabe der PT ist es, die eigenen Beobachtungen theoretisch beobachten zu können. Dazu stellt die PT Theorien zur Verfügung. Dabei handelt es sich um psychologische und soziologische Theorien, oder, wie es in der Unterrichtsvorbereitung heißt: Diese Theorien beschreiben die »anthropogenen«

1 *Eberhard Hausschildt*, Milieus in der Kirche. Erste Ansätze zu einer neuen Perspektive und ein Plädoyer für vertiefte Studien, in: PTh 87 (1998), 392–404: 403.

2 *Gerhard Wegner*, Was dem Einen sein Bach, ist dem Anderen sein Baltruweit. Glaube und kulturelle Formen. Ein praktisch-theologischer Problemaufriss, in: *Wolfgang Vögele / Helmut Bremer / Michael Vester* (Hg.), Soziale Milieus und Kirche, Würzburg 2002, 25–51: 25.

(psychologischen) und die »soziokulturellen« Voraussetzungen sozialen (pädagogischen, diakonischen, liturgischen) Handelns.

Seit gut zehn Jahren werden in der PT darüber hinaus die »Milieutheorien« diskutiert, die eine Art von mittlerer Theorie zwischen individuellen und kollektiven Beschreibungen wählen. Menschen werden von Gruppen und von überindividuellen Einstellungen und Verhaltensweisen geprägt. Die Ethik und Ästhetik sowie der Habitus des Alltagslebens sind individuell gewählt und doch sozial vermittelt. Jeder trifft täglich eine Unzahl von Entscheidungen (etwa beim Konsum- und Freizeitverhalten) – und alle Entscheidungen sind seine eigenen, persönlich getroffenen. Aber dennoch unterliegt er dabei Geschmacks- und Verhaltensmustern, die nur bedingt persönlich, aber auch milieubedingt sind. Das betrifft auch das Verhältnis zu Religion, Glaube und Kirche, weil eben dieses ebenfalls eine mittlere Struktur individueller Wahl und kultureller Prägung aufweist. Wir reden darüber, »wie wir von unseren Eltern geprägt wurden« – und zeigen gerade mit diesem Sprechakt, dass wir uns davon nicht determiniert wissen. Wir beschreiben »unseren eigenen Weg in die Kirche« und wissen damit, dass keine Entscheidung voraussetzungslos Ist. Diesen »mittleren Ort« (frz. »mi« = halb, mittel, der mittlere, und lieu = der Ort) suchen die Milieutheorien zu erfassen.

Das hat man auch schon früher getan, indem man die Mittel-, Unter- und Oberschicht bzw. den Arbeiter-, Bürger- und Bauernstand sowie die gebildeten und besitzenden Kreise voneinander unterschied. Mit dem Übergang von der geschichteten zur funktional differenzierten Gesellschaft haben jedoch die Schichten mehr und mehr ihre Bedeutung verloren. Die Bildungsreformen und die sich beschleunigenden Märkte haben dazu geführt, dass zwar nicht jeder jede Stellung erreichen kann, dass aber die Schichten durchlässiger geworden sind. Man kann sich das sehr einfach klar machen: Es zählt für die gesellschaftliche Anerkennung immer weniger, aus welchem Elternhaus jemand kommt, sondern viel mehr das, was jemand selbst durch Ausbildung und eigene Anstrengung erreicht (allerdings stellt das Elternhaus wichtige Weichen dafür, was jemand erreichen *kann*).

Die Zusammengehörigkeit innerhalb der Gesellschaft und der eigene Freundes- und Bekanntenkreis bildet sich heutzutage nicht mehr aufgrund der Herkunft, sondern innerhalb von gesellschaftlichen Netzwerken, die man selbst knüpft. Diese wiederum entstehen im Rahmen von oft wechselnden Berufstätigkeiten und in der Freizeit, in Vereinen mit ihren durchaus verschiedenen Fitnesskulturen (Jogging, Fußball, Golf), in sehr verschiedenen (so genannten »Szene«-) Lokalen, bei Konzerten verschiedener Stilrichtungen und nicht zuletzt bei der Wohnungseinrichtung (Selbstbaumöbel, Wohnlandschaft, Stilmöbel). Die Ästhetik des Alltags und die Verhaltensmuster der Freizeit schließen Menschen zu Gruppen zusammen, die meinen, dass sie sich vor allem individuell verhalten. Kurz: Die klassischen gesellschaftlichen Schichten lösen sich auf in andere Gruppenzugehörigkeiten – in die Milieus, die jedoch deutliche Merkmale der alten Schichtenzugehörigkeit behalten. Schon die PT vor hundert Jahren überlegte, wie sie für die verschiedenen Schichten Predigt, Seelsorge und Unterricht zu gestalten habe, so wird heute entsprechend nach einer milieugemäßen kirchlichen Praxis gefragt.

B. Theorien und Argumentationen

Leidet die Arbeit der evangelischen Kirche unter »Milieuverengung«, wie das der Soziologe und seinerzeitige Präsident des Deutschen Evangelischen Kirchentages, Klaus von Bismarck, schon 1957 (!) festgestellt hatte? Bismarck hatte die Angebote von westfälischen Kirchengemeinden auf der Basis einer breiten Datenerhebung (rund 100 Gemeinden verschiedener Prägung) untersucht. Dabei hatte er fünf Gruppen unterschieden: 25 % »Kleinbürgertum«, 5 % »gehobenes Bürgertum«, 35 % »Arbeiter«, 5 % »Intellektuelle«, 10 % »Desintegrierte« (20 % wusste er nicht genauer zuzuordnen). Sein Ergebnis lautete, dass in der Kirchengemeinde (im Gottesdienst und in Gruppen) das Kleinbürgertum und das gehobene Bürgertum dominierten, während die größte Gruppe, die Arbeiter (mit 35 %), weniger in kirchlichen Gruppen und Gremien vorkam - dafür aber stark auf die Tradierung kirchlicher Werte achtete.[3] Der Schluss, den Bismarck schon damals zog, weist weit voraus: Die Kirche dürfe derartige Verhältnisse der Mitglieder zur Kirche nicht als defizitär betrachten, sondern sie habe verschiedene Zugänge zum kirchlichen Leben zu eröffnen. (Das genau ist der Weg, der in der Gegenwart nach inzwischen vier Kirchenmitgliedschaftsuntersuchungen und nach verschiedenen Milieustudien zu gehen versucht wird.) Der Milieubegriff bei Bismarck ist noch ein erkennbar anderer als in den späteren Milieustudien, weil er im Grunde mit dem alten Begriff des »Standes« oder der »Schicht« zusammenfällt.

Aufgekommen war der Milieubegriff aber schon viel früher im Kontext der Aufklärung. Im 19. Jahrhundert hatte er dann vor allem in der Biologie Eingang gefunden: Die Abstammung und die Umwelt bestimmen ein Lebewesen. In der frühen Soziologie wurde dieser Begriff auf die Prägung des Menschen übertragen: Abstammung, Umwelt und Zeitumstände bestimmen einen Menschen, oder eben: »race, milieu, moment (historique)«[4] wie es der Geschichtsphilosoph Hippolyte Taine (1828–1893, im Anschluss an Denkweisen des Positivisten Auguste Comte, 1798–1857) schon 1863 konstatierte. Diese frühe Milieutheorie war – als Gegenschlag zum Individualismus im Idealismus und in der Romantik –

3 *Klaus von Bismarck*, Kirche und Gemeinde in soziologischer Sicht, in: ZEE I (1957), 17–30; u.a. darauf bezieht sich *Helmut Bremer*, Problemstellung: Die ›Milieuverengung‹ und das Problem der ›Distanzierten‹, in: *Vögele/Bremer/Vester* (s.o. Anm. 2), Soziale Milieus, 55–67: 59f.

4 In seiner vierbändigen englischen Literaturgeschichte hatte Taine die These vertreten, auch Laster und Tugend seien durch das gesellschaftliche Milieu produziert: »Le vice et la vertu sont des produits comme le vitriol et le sucre« (*H. Taine*, Histoire de la Littérature Anglaise. Tome premier, Paris 1863, XV). Taine sah in diesem Werk die großen Autoren als durch Rasse, Milieu und Zeitumstände bestimmt an. Seit Taines Buch gehört der Milieubegriff zum alltäglichen Sprachschatz (etwa bei dem Berliner Zeichner Heinrich Zille, 1858–1929).

deterministisch und übertrug die Entdeckung der Naturgesetze auf Geschichte und Gesellschaft (auch der Marxismus ist eine Art von Milieutheorie). Damals wurde der Milieubegriff nahezu synonym mit der Kategorie der (sozialen) Umwelt gebraucht.

In der Praktischen Theologie in ihrer frühen empirischen Phase um 1900 wurden ebenfalls genaue Beobachtungen zu den sozialen Schichtungen und ihrem Verhältnis angestellt. Aber hier findet sich noch nicht die Kategorie des »Milieus«, sondern es ist von bestimmten »Ständen« und »Kreisen« sowie von der Prägung durch den Beruf die Rede. So fordert Friedrich Niebergall, man müsse im Rahmen der praktisch-theologisch notwendigen »religiösen Volkskunde« die Menschen in »religiösen Photographien« vor sich haben. Die von Niebergall genannten Beispiele sind aus heutiger Sicht schon historisch hochinteressant (und die Art der Beschreibung lässt nicht zuletzt Schlüsse auf das damalige akademische Milieu zu): »Ein Bauer aus Württemberg, über fünfzig Jahre alt, in hartem Kampf gestählt an Leib und Seele, mit reicher Phantasie, pietistisch aufgezogen, entschlossenen Willens, der ihn in den Stand setzt, ein kleiner Führer in einer Gemeinschaft zu sein. [...] Oder ein kleiner Zollbeamter aus militärischer Familie, stramm und gewissenhaft, lange in katholischer Gegend gewesen, sanguinischen Temperamentes, konservativ bis auf die Knochen.«[5]

Erst im Laufe des 20. Jahrhunderts bildet sich im Kontext der Fragen nach Lebenswelt, Lebensstil und Lebensweise der übergreifende Begriff des Milieus als einer Summe von gemeinsamen sozialen Eigenschaften unabhängig von Schichtenmodellen der Gesellschaft. Dies wird mit der soziologischen Theorie der Individualisierung von Ulrich Beck[6] und dann mit der bald danach entstandenen Theorie der »Erlebnisgesellschaft« von Gerhard Schulze[7] erreicht.

Schulzes These: Nicht mehr das elementare Überleben steht wie in der Nachkriegsgesellschaft im Vordergrund, sondern das Erleben. Nachdem sich fast niemand mehr um den materialen Lebensunterhalt (im Sinne elementar notwendiger Ernährung) zu sorgen brauche, verlagere sich das Interesse auf die eigene Leiblichkeit, und zwar im ästhetischen und existenziellen Sinne: auf Gesundheit, »Fitness« und das Erleben des eigenen Körpers in Freizeit und Urlaub. Der Wunsch, den »Kick« zu erleben (für Begüterte beim Extrembergsteigen oder beim teuren Überlebenstraining, für weniger Begüterte beim Technoraving, Bungee-Jumping oder auch beim »S-Bahn-Surfen«) entspreche einer Orientierung an dem kulturell neuen »Spannungsschema« in der heutigen Erlebnisgesellschaft[8]

[5] *Friedrich Niebergall*, Praktische Theologie. Lehre von der kirchlichen Gemeindeerziehung auf religionswissenschaftlicher Grundlage. Bd. 1: Grundlagen. Die ideale und die empirische Gemeinde. Aufgaben und Kräfte der Gemeinde, Tübingen 1918, 33.

[6] *Ulrich Beck*, Risikogesellschaft. Auf dem Weg in eine andere Moderne, Frankfurt am Mai 1986.

[7] *Gerhard Schulze*, Die Erlebnisgesellschaft. Kultursoziologie der Gegenwart, Frankfurt am Main / New York 1992 [^{7}1997].

[8] A.a.O., 125–167 und 537ff.

Durch dieses Spannungsschema, das erstmals mit der breiten Rezeption der Rock- und Popmusik seit 1970 greifbar ist, hat sich nach Schulze ein Wechsel in der Wahrnehmung der Kultur vollzogen. Früher gab es klassisch drei Schichten: die gebildete Oberschicht, die in die Oper ging, die Arbeiterschicht, die Schlager und Volksmusik liebte, und die Mittelschicht, in der sich beides mischte. Seit dem Spannungsschema der letzten 30 Jahre jedoch entwickelten sich neue kulturelle Stile, so Schulze. Die gebildeteren Jüngeren fragen vor allem nach ihrer Selbstverwirklichung mit Hilfe von Musik, Aktion und politischem Engagement, die weniger Gebildeten geben sich mit den vervielfältigten Erlebnis- und Unterhaltungsmöglichkeiten zufrieden. Entsprechend dieser Analyse unterscheidet Gerhard Schulze fünf kulturelle Milieus:

	Milieus nach G. Schulze, Die Erlebnisgesellschaft, 1992	Alter	Ältere Beschreibung dieses Milieus
1	Niveaumilieu	Ca. Jahrgang 1950 und älter	Oberschicht
2	Harmoniemilieu	Ca. Jahrgang 1950 und älter	Arbeiterschicht
3	Integrationsmilieu	Ca. Jahrgang 1950 und älter	Mittelschicht
4	Selbstverwirklichungsmilieu	Jahrgang ab 1950 und jünger	Keine
5	Unterhaltungsmilieu	Jahrgang ab 1950 und jünger	Keine

Zwar ist diese Beschreibung auch jetzt schon wieder mehr als 15 Jahre alt und der Unterschied zwischen den »nach-68ern« und den »vor-68ern« wird zunehmend irrelevanter, aber der Erklärungswert für das unterschiedliche Verhalten der vor 1950 und der nach 1950 Geborenen bleibt gleichwohl bestehen.

Eberhard Hauschildt[9] hat Schulzes Theorie auf die Kirche übertragen und entwickelt daraus die folgenden Praxissituationen:

1. Das *Niveaumilieu* ist die »*kultivierte Kirche*« von gebildeten Älteren. Hauschildts Beispiel dafür ist der Universitätsgottesdienst: Ein kulturelles Ereignis, bei dem es keine Störungen geben soll; hinterher steht man zusammen »und die Darbietung wird nach ihrer Perfektion beurteilt« (398).
2. Das *Harmoniemilieu* ist die »*Kirche, wie sie immer war*« bei wenig gebildeten Älteren. Dazu gehört die Hochzeit in weiß mit Mendelssohns Hochzeitsmarsch, man ist liturgisch besonders konservativ und unpolitisch. Die Aufgabe der Liturgie ist es, das Gefühl zu vermitteln, dass die Welt noch in Ordnung ist.

9 *Hauschildt*, Milieus (s.o. Anm. 1).

3. Das *Integrationsmilieu* ist die *»freundliche Kirche«* von Älteren mit mittlerer Bildung. Als Beispiel nennt Hauschildt den Gemeindeclub mit etwas Geselligkeit und etwas Kultur und Religion, etwa einen Diavortrag über den Isenheimer Altar.
4. Das neue *Selbstverwirklichungsmilieu* ist die *»aktive Kirche«* von Jüngeren mit hoher oder mittlerer Bildung. Wichtig sind hier Gottesdienstexperimente und Aktionen (hier erkennt man das Erbe der »Gottesdienste in neuer Gestalt«). Diese Gruppen prägen die Wahrnehmung von Kirche in der Öffentlichkeit stärker, weil sie etwas Besonderes machen. Hauschildt dazu: »Im Milieu der ›aktiven Kirche‹ distanziert man sich von der spießigen Kirche [...]. Man verabscheut Erscheinungen wie Posaunenchor, Mütterdienst und die agendarischen Gottesdienste, Kasualien.« (401)
5. Das neue *Unterhaltungsmilieu* ist die *Kirche, bei der »was los«* ist, und wird gebildet von Jüngeren geringerer Bildung. Für dieses Milieu, das der Kirche am ehesten fremd zu sein scheint, werden oft Spezialisten abgestellt wie Fußball- oder Motorradpfarrer. Hier verabscheut man die langweilige, intellektuell überfordernde und sinnlich unterfordernde Kirche: Dort ist eben in der Regel »nichts los«.

Eine andere Milieutheorie ist die bereits oben erwähnte Theorie von Vögele/Bremer/Vester.[10] In dieser geht es weniger um das ästhetische »Erlebnis«, sondern um das ethische Verhalten im Alltag und um die entsprechenden Formen von Mentalität und Habitus (darauf weist auch das zweite Eingangszitat zu dieser Einheit über das Heiratsverhalten hin). Milieus sind definiert als gemeinsame Gruppeneigenschaften von Menschen, die mit Lebenssituationen ähnlich umgehen – die Menschen unterscheiden sich, je nachdem wie sie im Alltag wirtschaften, wie sie ihre Freizeit verbringen und ihre Berufswege planen und gestalten. Im Gegensatz zu der Individualisierungsthese von Beck und Schulze wird hier die Ansicht vertreten, dass die alten Schichten sich nicht einfach auflösen, sondern dass diese unter veränderten gesellschaftlichen Bedingungen weiterbestehen, wenn auch die Berufsgrenzen keine Milieugrenzen mehr sind. Mit Hilfe dieses Theoriedesigns werden in der Studie 20 verschiedene Milieus beschrieben, die nach den drei Gruppen der klassischen Schichten und zusätzlich der Jugendkultur gegliedert werden; für kirchliche Zielgruppen werden dann acht Profile konstatiert:

Milieugruppen	Acht qualitative Profile kirchlicher Zielgruppen
Milieus der akademischen Intelligenz	1. Die Humanisten
	2. Die Idealisten
Milieus der Facharbeit und der	3. Die Alltagschristen

[10] *Michael Vester*, Die sozialen Milieus der Bundesrepublik Deutschland, in: *Vögele/Bremer/Vester*, Soziale Milieus (s.o. Anm. 2), 87–107 und 267–274.

praktischen Intelligenz	4. Die Nüchtern-Pragmatischen
	5. Die Anspruchsvollen
Milieus aus dem Bereich der kleinbürgerlichen Volks- und Arbeitermilieus	6. Die Traditionellen Kirchenchristen
	7. Die Modernen Kirchenchristen
Milieu der Avantgarde der Jugendkultur	8: Die Scheinbaren Rebellen

Diese Beschreibungen zeigen, dass die alten Schichtenmodelle nicht völlig überholt sind, dass diese aber durchlässiger und undeutlicher werden. Trägt man nun die Partizipation an der gesellschaftlichen Herrschaft auf der *y*-Achse (»Herrschaftsachse«) und den Grad an Eigenverantwortlichkeit auf der *x*-Achse auf (»Differenzierungsachse«), so zeigen sich ungerade Grenzen zwischen den Milieus und es entsteht statt eines Schachfeldes eine Art von Kartoffel. Dieses »Kartoffeldiagramm« ist die typische Darstellungsform für Milieutheorien.

Eberhard Hauschildt hatte 1998 angeregt, dass die neue EKD-Mitgliedschaftsstudie im Jahre 2002 den milieutheoretischen Ansatz aufnehmen und weiterführen sollte. Das ist tatsächlich geschehen. Die vierte EKD-Erhebung über Kirchenmitgliedschaft[11] bezieht sich dabei auf eine Theorie der Lebensstile, die ähnlich sind wie die Kategorien Schulzes, aber dennoch von diesen unterschieden werden müssen. Gewonnen sind die sechs Stile an den Parametern Konsum, Freizeitverhalten. Freundeskreis, Mediennutzung und Werte. Man sieht, dass es sich bei den Milieus jeweils um Konstrukte handelt, um die vielfältige soziale Wirklichkeit etwas verstehbarer zu machen. Es handelt sich mithin nicht um empirisch gewonnene Abbildungen, sondern um (aufgrund von methodisch kontrollierten Verfahren gewonnene) Bilder der Wirklichkeit. Friederike Benthaus-Apel unterscheidet dabei sechs Lebensstile[12]:

Lebensstil	Merkmale
1. Hochkulturell-traditionsorientiert (13 %)	Altersdurchschnitt 63 Jahre, politisch engagiert, naturverbunden, gehobener Standard
2. Gesellig-traditionsorieritiert (16 %)	Vorwiegend Rentenalter, naturverbunden, traditionelle Normen, Abgrenzung von Hoch- und Jugendkultur
3. Jugendkulturell-modern (22 %)	Durchschnittsalter 29 Jahre, Computer- statt Naturverbundenheit, gutes Einkommen und Bildung

11 Kirche in der Vielfalt der Lebensbezüge. Die vierte EKD-Erhebung über Kirchenmitgliedschaft, hg. von *Wolfgang Huber* u.a., Gütersloh 2006 (= »KMU 4«).

12 *Friederike Benthaus-Apel*, Lebensstilspezifische Zugänge zur Kirchenmitgliedschaft, in: Kirche in der Vielfalt (s.o. Anm. 11.), 205–236.

4. Hochkulturell-modern (14%)	Durchschnittsalter 44 Jahre, liberal, höheres Einkommen und höhere Bildung, hochkulturelle und jugendkulturelle Freizeitinteressen
5. Von Do-it-yourself geprägt (18%)	Durchschnittsalter 42 Jahre, Gartenarbeit und Computernutzung, Kino, Diskothek – dörflich kleinstädtischer Bereich
6. Traditionsorientiert-unauffällig (16%)	Durchschnittsalter 53 Jahre, Vorliebe für Volksmusik, niedrigeres Einkommen, geringere Bildung

Versucht man hier, den Befund ebenfalls auf zwei Achsen aufzutragen, auf die *x*-Achse für die Kirchlichkeit und auf die *y*-Achse für die Religiosität, dann ergibt sich eine andere Form des Diagramms, die aber in derselben Art und Weise der Rekonstruktion sozialer Wirklichkeit begründet ist wie das bei den Milieus Vesters (s.o.) der Fall ist.

Ein letztes Beispiel für die Milieuforschung ist die »Sinus«-Milieustudie aus dem Jahre 2005/2006, durchgeführt von dem Marktforschungsinstitut Sociovision in Heidelberg. Besonders die katholische Kirche hat sich in den letzten Jahren sehr mit den Sinus-Milieus beschäftigt. Auch die Sinus-Studien benutzen wiederum ein Kartoffel-Diagramm. Der Ausgangspunkt sind auch hier die Parameter Bildung und Alter. Wenn man dabei jeweils drei Stufen annimmt (Jugendliche, junge und ältere Erwachsene sowie Akademiker, Angestellte, Arbeiter), dann kommt man auf 3x3=9 Felder. Diese 9 Felder bilden auch die Folie des Kartoffel-Diagramms der Sinus-Milieus. Nur ist es inzwischen so, dass das Alter nicht mehr so entscheidend ist und dass sich die Orientierungen von mehr und weniger Gebildeten überlagern. Darum gelangen wir nach der »Sinus-Studie« zu 10 Milieus, die sich in der 9-Felder-Matrix unregelmäßig anordnen lassen.

Die »Kartoffel-Grafik« von Sinus verortet die Milieus folgendermaßen: A. Von oben nach unten: Nach sozialer Lage in Schichten, auf der Grundlage von Bildung, Beruf und Einkommen; B. Von links nach rechts: Nach der Grundorientierung, in einem Spannungsbogen von traditionell bis postmodern. Die Milieus unterscheiden sich in dem Bezug auf Werte, im Stil, in der Sprache und in der Ästhetik, was also Konsumwünsche angeht. Ein modernes und aktuelles Milieu wird dabei unter dem Namen »die modernen Performer« beschrieben. Diese sind unter 30, karriere- und selbstbewusst, traditionskritisch und haben ein starkes Ich-Vertrauen. Wie vieles andere auch nutzen sie kirchliche Angebote mit Selbstbewusstsein. Eine »moderne Performerin« etwa formuliert: »Es ist nicht so, dass ich in die Kirche gehe und habe den Eindruck, ich komme da schlauer raus. Ich komme da oft raus und denke: Ja, ist mir schon klar. [...] Das bestätigt mich: Ich brauche euch jetzt nicht, um mir das noch mal zu sagen. Das habe ich schon selber kapiert. Aber manchmal gehe ich eben hin, um mir diese Bestätigung zu holen.«

C. Zur praktischen Relevanz: Milieus und Gottesdienstbesuch

Was folgt aus den Milieustudien für die kirchliche Praxis? Es ist zu wiederholen, dass es sich bei den Milieutheorien nicht um die objektive Abbildung von Wirklichkeit handelt, sondern um eine Form von Wirklichkeitsbeschreibung. Erst recht ist damit der Weg von der Wahrnehmung zur Praxis nicht unmittelbar aus den empirischen Ergebnissen abzuleiten. Verantwortete Praxis beruht vielmehr stets auf einer kriteriengeleiteten Entscheidung. Die Kriterien entstammen dabei nicht der Empirie selbst, sondern theologischen und pädagogischen Werturteilen. Daraus folgt, dass milieuspezifische Gottesdienste nur eine mögliche Option sind. Das zeigt schon das folgende Gedankenexperiment: Bei der Berücksichtigung mehrerer Parameter käme man sonst zu unzähligen Anlässen – zwei Geschlechter mal mindestens vier Lebensalter mal sechs oder 10 Milieus (je nachdem, ob man sich an den sechs Lebensstilen der EKD-Studie oder an den 10 Milieus von Sinus orientiert) – das wäre absurd (wenn auch die Rechnung nicht ganz stimmt, weil die Milieus wiederum nur in bestimmten Lebensaltern bestimmend sind). Auf jeden Fall aber kann die Milieuorientierung nur ein zusätzlicher Gesichtspunkt für die Planung von Gottesdiensten sein.

Ein Dilemma besteht auch darin, dass die Erweiterung an Partizipation gleichzeitig zu einer Verengung auf bestimmte Milieus tendiert. Auch dies ist nichts prinzipiell Neues; doch die Milieustudien stellen ein schärferes Instrumentarium der Wahrnehmung bereit, um solche Verengungen erkennen und benennen zu können. Schon länger wissen wir: Je mehr sich der Gottesdienst an einer bestimmten Zielgruppe (oder in diesem Falle: an einem bestimmten Milieu) orientiert, desto mehr schließt er andere aus und verliert seinen Öffentlichkeitscharakter. Die Milieustudien machen dieses Grundproblem zwischen pädagogischer Weitung und öffentlichkeitsbezogener Verengung noch einmal anders bewusst.

Meine grundlegende Schlussfolgerung ist darum eine andere. Sie lautet: Die Milieubeschreibungen haben weniger eine praktisch-produktive als vielmehr eine aufdeckende, theologisch könnte man geradezu sagen: eine »elenchtische« Funktion.

Die Studien zeigen uns die Grenzen der eigenen Wahrnehmung. Sie überführen manches theologisch unanfechtbare Argument als milieubeschränkt. Milieuorientierung kann demnach nicht bedeuten, die liturgischen Schätze der Kirche milieugerecht zu applizieren, um einen milieudifferenzierten liturgischen Supermarkt einzurichten. Gerade die postmoderne Ambivalenz gegenüber der Tradition verschärft noch das Spannungsfeld, das jeder in der Praxis kennt: Oft orientiert man sich am anderen besser dadurch, dass man ihm auch das Fremde der Tradition anbietet und zumutet.

Bei aller differenzierten Wahrnehmung der Milieus gibt es darüber hinaus auch so etwas wie kommunikative Standards für alle Milieus bei den Menschen, die Gottesdienste aufsuchen. Dort sollte erkennbar religiös kommuniziert werden und nicht nur über Religion; es sollte authentisch, aber nicht privat, sondern rollenbezogen authentisch religiös kommuniziert werden; und es sollte spürbar sein, dass die Agierenden die eigenen Milieuprägungen kennen, aber nicht in den Vordergrund spielen.

Ich rechne damit, dass es einen Grundbestand an öffentlicher Mitteilung und Darstellung von authentischer Religion, von christlichem Glauben gibt, der die Milieus überschreitet. Das Spezifikum der religiösen Kommunikation – das Ergriffensein, das Ringen um Verstehen und Interpretieren und das gleichzeitige Stehen vor einer Grenze, die Verbindung von inszenatorischer Routine und sachbezogener Fragehaltung, die genaue theologische Durchdringung und das Wissen um die Unmöglichkeit von Verstehen und Erklären, Humor als Selbstdistanz (statt selbstgefälliger witziger Bemerkungen) – alles das erschließt sich allen Menschen, die ernsthaft religiös fragen. Es gibt eine grundsätzliche Qualität des Fragens nach dem Ganzen und Letzten – da ist nicht »Experimentierer« oder »Bürgerliche Mitte«, nicht »Selbstverwirklichungsmilieu« noch »Harmoniemilieu« – da sind alle einig in der Suche nach authentischer Religion, biblisch gesprochen: nach Christus (vgl. Gal 3,27). Und es ist schließlich daran zu erinnern, dass sich der Gottesdienst in der Kirchengeschichte nicht nur an Gruppen orientiert hat, sondern selbst milieuproduktiv gewesen ist. Unsere Chöre sind die besten Beispiele, in denen die »bürgerliche Mitte« und die »Postmateriellen« zwar die Mehrheit bilden, wo aber auch »moderne Performer« und »Traditionsverwurzelte« angesprochen werden.

Freilich hat der Besuch des Gottesdienstes zwei Voraussetzungen: Erstens muss man sich für das Thema Religion, für den Glauben überhaupt interessieren. Man wird mit Gottesdiensten niemanden tiefer ansprechen können, der den Glauben aus innerer Überzeugung ablehnt – auch nicht durch das noch so gut spezifizierte Angebot. Andererseits aber gilt auch das Gegenteil: Durch bestimmte milieubezogene Stile kann man Menschen ausschließen, etwa durch die Musik. Eine einzige Musikrichtung ist ungeeignet, um dem Glauben der ganzen Gemeinde Ausdruck zu geben – darum ist das EG mit seinen Liedern aus vielen Epochen auch eine gute Grundlage.

Wenn allerdings einzelne Milieus besondere Aufmerksamkeit vertragen können, sind es wahrscheinlich die, die in der 4. EKD-Studie als »traditionsorientiert-unauffällig« (Typ 6) und in der Sinus-Studie als »bürgerliche Mitte« bezeichnet werden. Die Kirche wendet sich in der Regel den Starken und den Schwachen zu, also den etablierten und den progressiven Gebildeten einerseits und den Gescheiterten und Hilfsbedürftigen andererseits. Es finden sich kaum liturgische Angebote für das unauffällige Sechstel von Menschen, die zur Kirche gehören. Der erfolgreiche Versuch eines Angebotes für die bürgerliche Mitte war im Advent 2006 die »Heimatkirche in Alfeld«, ein adventlicher Abend mit einer NDR-1-Moderatorin, gestaltet von Fritz Baltruweit vom Michaeliskloster Hildesheim. Saxophon- und Harfenmusik, Begegnungen bei Gebäck und Wein sowie ruhige, leicht verständliche Gebrauchstexte umrahmten einen bewusst »gemütlich« und »harmonisch« gestalteten Abendgottesdienst, der nicht vom

Moment der Verfremdung und ästhetischen Spannung, sondern von »Stimmung« gekennzeichnet war.

(Dokumentiert nach: *Birgit Weyel / Michael Meyer-Blanck*: »Die Kirchenmitglieder – Milieus in der Kirche«, in: *dies.*, Studien- und Arbeitsbuch Praktische Theologie, Göttingen 2008, 72–82; die ebd. noch enthaltenen Aufgaben und Arbeitsvorschläge wurden für die Dokumentation gekürzt. Der Abdruck erfolgt mit freundlicher Genehmigung des Verlages Vandenhoeck & Ruprecht.)

Teil II

Das Sinus-Milieu-Modell und seine Bedeutung für eine milieusensible Kirche

a) Das Sinus-Milieu-Modell – eine Einführung

1. Eine wichtige Unterscheidung

Die Beschäftigung mit der SSBW hat – mindestens – drei Aspekte. Wir müssen unterscheiden
- das Sinus-Milieu-Modell,
- die Sinus-Studie Evangelisch in Baden und Württemberg (SSBW) und
- die Einstellungstypologie, die einen Teil der SSBW darstellt.

Wenn eine Gemeinde oder ein Pfarrkonvent sich auf die Lebensweltperspektive einlassen will, ist die genannte Unterscheidung von Bedeutung:
- Will man »nur« eine Einführung in das Milieumodell, die 10 Milieus und die Lebensweltperspektive, womöglich verbunden mit einer Reflexion auf Anwendungsmöglichkeiten und konkreten Nutzen für verschiedene Felder kirchlichen Handelns?
- Möchte man, etwa in Kenntnis des Milieu-Modells, die SSBW kennenlernen, die wichtigsten Ergebnisse dieser Studie erfahren und nach dem Nutzen für die Kirchen im Südwesten fragen?
- Ist das Ziel, mit der Typologie von acht Einstellungen zu arbeiten, die sich in der SSBW findet und die einen Hauptteil des Berichtes ausmacht?

Vielfach wird nach der Studie gefragt, gemeint ist aber eine allgemeine Einführung. Dass die SSBW selber zwar ein detailliertes Bild der Milieulandschaft der Kirchen im Südwesten enthält, aber als Alleinstellungsmerkmal eine differenzierte Typologie von acht Einstellungen zu Glaube, Gott und Gemeinde enthält, ist noch fast gar nicht bekannt und wird im Regelfall erst entdeckt, wenn es zu einer näheren Kenntnisnahme kommt.

Eine Veröffentlichung, die die SSBW dokumentiert und präsentiert, muss darum drei Erwartungen genügen: Sie muss zunächst (1) das Sinus-Milieu-Modell erläutern und erklären, wie Kirche schon allein von der Milieusensibilisierung profitieren kann, wenn sie sich auf dieses Modell einlässt. Der vorliegende Band versucht diese Erwartung in Teil II,a–c aufzunehmen. Sie muss (2) in die SSBW selbst einführen, die elementaren Ergebnisse dieser Studie aus dem Jahr 2012 präsentieren und wenigstens ansatzweise aufweisen, welche Konsequenzen sich womöglich für die beiden Kirchen aus dieser Sinus-Erhebung ergeben. Der vorliegende Band nimmt diese Erwartung in Teil III,a–b auf. Und sie muss (3) allen, die an der Typologie interessiert sind oder bei der Beschäftigung mit der SSBW auf diesen Schwerpunkt stoßen, eine mindestens erste Anleitung zu diesem Alleinstellungsmerkmal der SSBW geben. Im vorliegenden Band geschieht das in III,c. Die Beiträge, die den bunten Blumenstrauß von Impulsen im Teil IV bilden, beziehen sich sowohl auf die Bedeutung des Milieumodells wie auf die konkreten Ergebnisse der Milieustudie wie auf die Relevanz der neu erarbeiteten Typologie.

2. Was ist überhaupt Milieu- bzw. Lebensweltforschung?

Milieuforschung ist ein Teilgebiet der Lebensweltforschung.[1] Lebensweltforschung wiederum ist eine Arbeitsweise der modernen Soziologie. Eine wesentliche Aufgabe der Sozialwissenschaft ist es, ein differenziertes Bild einer Gesellschaft zu zeichnen. Sie hebt also ab auf die sozialen Unterschiede. In früheren Zeiten hat es gereicht, sich dabei auf die Schichtung der Gesellschaft zu konzentrieren. Ganz grob konnte man dafür drei Schichten ([neo-]marxistisch: Klassen) unterscheiden: Oberschicht, Mittelschicht und Unterschicht. Der Aufbau einer Gesellschaft konnte etwa durch das Bild einer Pyramide (oder eines Baumes, eines Hauses etc.) abgebildet werden.

Entscheidend ist für dieses Modell von Gesellschaft dreierlei:
(a) Es zeichnet das Bild eines absolut überschaubaren Gemeinwesens, und (b) es ist zureichend, um die Unterschiede in einer Gesellschaft ausreichend anzuge-

[1] Es gibt noch andere Mittel, um Lebenswelten zu analysieren und beschreiben, als die Milieu-Differenzierung. Hilfreich ist die etwas gröbere, einen ersten Zugang bietende Mentalitätendeklination mit ihrer Unterscheidung von prämodern-traditionsorientiert, modern-kritisch und postmodern-pluralistisch, oder die Lebensstilanalyse, die ebenfalls reduziert und in der die Frage nach der sozialen Lage zurücktritt. Es gibt zudem verschiedene Milieumodelle, die unterschiedlich viele Unterscheidungen kennen. Gerhard Schulze unterscheidet noch fünf Milieus, das Milieumodell von Schulz/Hauschildt/Köhler kennt sechs, die Sinus-Forschung arbeitet im Regelfall mit 10 Kategorien, das Modell von Carsten Wippermann nennt bis zu 19 Milieus. Grundsätzlich gilt: Je trennschärfer, umso besser, freilich auch umso unübersichtlicher.

ben. (c) Für die Bestimmung der sozialen Lage reichen zwei, in aller Regel konvergierende Kriterien: materielle und Bildungsressourcen, in früheren Zeiten nahezu identisch mit dem Herkommen.

ad a: Die Gesellschaft ist hierarchisch und übersichtlich aufgebaut. Es kann sein, dass man sie nicht für gerecht hält oder mit dem eigenen Ort in ihr nicht einverstanden ist: Aber man weiß, wer man ist und wer die anderen sind. Gesellschaft ist klar gegliedert, deshalb kann sie so übersichtlich dargestellt werden.

ad b: Man kann wissen, wer wie tickt, wo man also auf welche Einstellungen trifft. Eine besondere Unterscheidung, die mentale Gesichtspunkte berücksichtigt, erübrigt sich. (Die im Pyramidenmodell in der jeweiligen Schicht genannten Unter-Gliederungen sind modern und erste Hinweise dafür, dass diese ganz grobe Gliederung nicht mehr völlig zureicht.)

ad c: Man kann voraussetzen: Wer zur Unterschicht gehört, ist nicht oder kaum gebildet. Es gibt natürlich Ausnahmen, die dann bemerkenswert sind; wer zur etablierten und mehr oder weniger geschlossenen Oberschicht gehört, verfügt über erhebliche materielle und daher auch Bildungsressourcen; wer zur Mittelschicht gehört, ist aufstiegsorientiert und passt sich im Regelfall an.

Dieses Schichtmodell leistet nur eine ganz grobe Orientierung. Aber es bietet für eine Ausdifferenzierung der sozialen Unterschiede einen soliden Rahmen. So kann man natürlich in der Unterschicht ab dem 19. Jahrhundert verarmte Bauern/Landarbeiter und ausgebeutete Industrie-Arbeiter unterscheiden. In der Mittelschicht gibt es die verschiedenen Handwerker-Zünfte und Kaufmanns-Gilden und in der Oberschicht tritt neben die traditionelle Elite mindestens ansatzweise die Möglichkeit, durch Aufstieg in der Armee oder als Neureicher Zugang zu finden.

Dieses Modell hat sich bis nach dem Zweiten Weltkrieg mehr oder minder bewährt, auch wenn die Notwendigkeit einer immer weiteren Ausdifferenzierung – etwa in ein Haus mit mehreren Etagen und vielen Zimmern – gesehen wurde.

In den 80er Jahren gibt es dann einen wichtigen Neuansatz. Ulrich Beck formuliert das sog. *Individualisierungstheorem*. Er entwirft das Bild einer Risikogesellschaft, in der der Einzelne sein Leben – weitgehend befreit von den traditionellen Bindungen und Zwängen – selbst entwirft, aber eben auch – nicht abgesichert durch Familie und andere Bande – schneller scheitern kann. Die gewachsenen materiellen Möglichkeiten führen zu größeren Freiräumen für den einzelnen Menschen, die er in einer mental und wirtschaftlich dynamischer und flexibler gewordenen Gesellschaft realisiert. An diesem Ansatz ist dann sehr schnell kritisiert worden, dass Beck die materiellen und mentalen Bindungen unterschätzt; mit anderen Worten: Es gibt nach wie vor Klassen, und dass die moderne, etwas deutsche Gesellschaft keineswegs aus 81 Mio. Individuen besteht.

Hier setzt dann der nächste Entwicklungsschritt der Sozialwissenschaft an, der uns zur *Milieuforschung* bringt. Unter Rückgriff auf das bahnbrechende

Werk von Pierre Bourdieu »Die feinen Unterschiede«[2] formuliert Gerhard Schulze 1992 in seiner Monographie »Die Erlebnisgesellschaft« eine Gesellschaftstheorie, die den bis dahin anderweitig gefüllten Begriff des »Milieus« aufnimmt und für die deutsche Gesellschaft fünf Lebenswelten unterscheidet. Wie schon Bourdieu arbeitet Schulze ethnographisch. Er nutzt Einsichten aus der Völkerkunde. Dies zeigt sich vor allem an zwei Merkmalen der Milieutheorie: (1) Die soziale Gruppe ist von zentraler Bedeutung. Sie ist der bestimmende Faktor für die Ausgestaltung der Lebenswelt. Die Zugehörigkeit zu dieser Gruppe (dem »Stamm«) bestimmt meine Identität. Die Identität der Gruppe ergibt sich wiederum durch Abgrenzungsvorgänge gegenüber anderen Gruppen. Die Gruppen konstituieren Lebenswelten, die durch Distinktionsgrenzen voneinander getrennt sind. (2) Diese Schranken ergeben sich aber nicht – wie früher – vor allem oder allein auf Grund der sozialen Lage. Sie entstehen durch soziokulturell ausgeprägte Differenzen, die sich zeigen im »Habitus« (Bourdieu), in unterschiedlicher Ästhetisierung des Alltags, in unterschiedlichen mentalen Einstellungen. Was mich mit meinem Milieu verbindet, grenzt mich ebenso deutlich von anderen ab.

Die Milieutheorie bedeutet einen entscheidenden Fortschritt sowohl gegenüber dem Schichtenmodell als auch gegenüber dem Individualisierungstheorem:

- Es kann erklären, warum Menschen zur selben Schicht gehören und dennoch ganz unterschiedlich ticken.
- Es erklärt, warum wir es in der heutigen Gesellschaft eben nicht nur mit dem Megatrend Individualisierung zu tun haben, sondern ebenso sehr mit dem Drang von Menschen, sich zu überschaubaren Gruppen Gleichgesinnter zusammenzufinden und mit ihnen in einer Lebenswelt zusammen zu leben.
- Da die Milieus zu Abschließung und Abgrenzung tendieren, ist weiter erklärt, warum unsere Gesellschaft so segmentiert ist und Kommunikation zwischen verschieden geprägten Menschen im Regelfall sehr schwer fällt.

Der entscheidende Fortschritt wird dadurch erzielt, dass die soziale Lage ergänzt wird durch einen weiteren Gesichtspunkt: die Grundorientierung, Einstellung oder Mentalität von Menschen. Das Positionierungsmodell von Sinus kombiniert beides:

- die soziale Lage, die die Schichtung der Gesellschaft widerspiegelt und an den »objektiv« messbaren Faktoren wie Einkommen und Bildung orientiert ist, und
- die Grundorientierung, die die mentale Einstellung widergibt. Sind Menschen mehr traditionsorientiert? Sind sie modern eingestellt? Oder richten sie ihr Leben nach postmodernen Werten ein?

2 Frankfurt a.M. 1982; in Frankreich veröffentlicht 1979, aber früher entstanden.

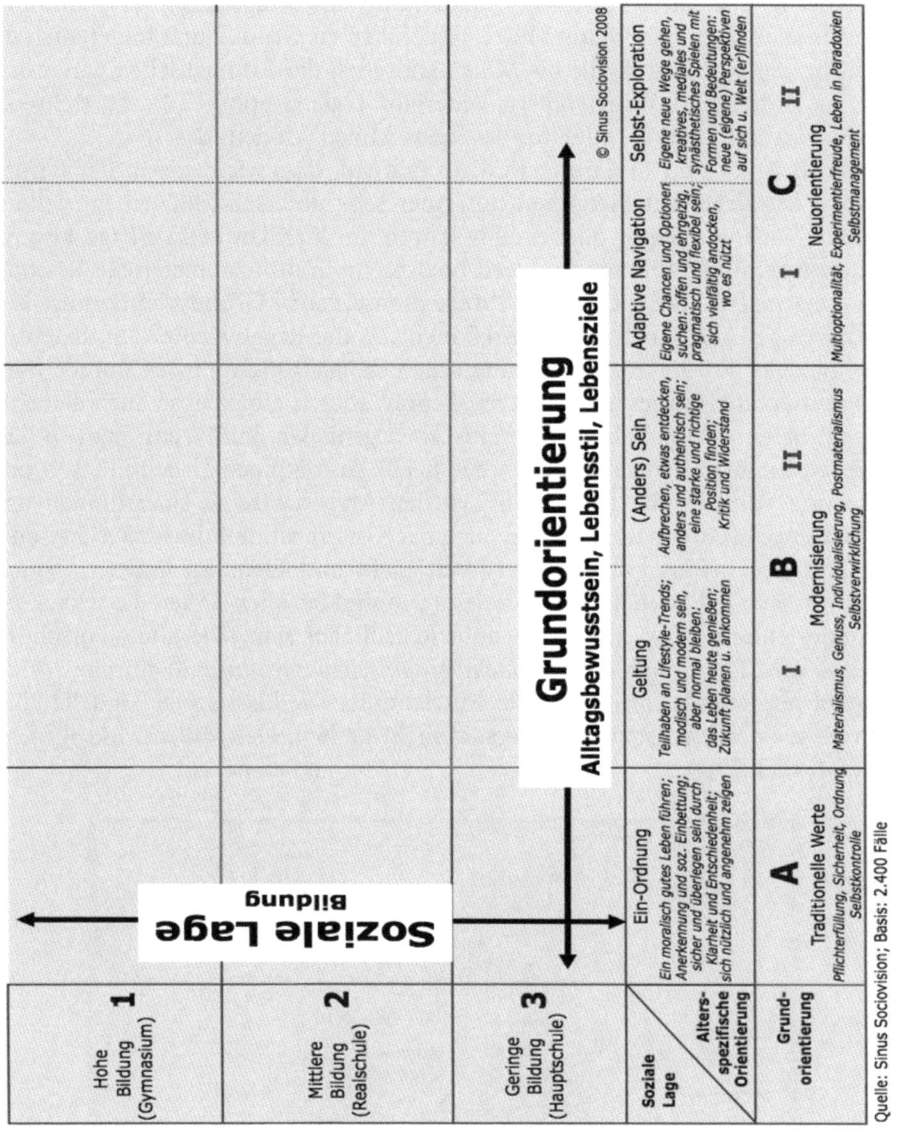

Natürlich sind das nur ganz grobe Indikatoren, die je nach Bedarf verfeinert werden können. In der entsprechenden Sinus-Graphik werden eine A-, B- und eine C-Säule unterschieden und jeweils mit Subdifferenzierungen versehen. Die »soziale Lage« wird auf der vertikalen Achse eingetragen, die Grundorientierung auf der horizontalen. Kombiniert man beide, kommt man zu einer zweidimensionalen Karte der Lebensweltlandschaft der Bundesrepublik Deutschlands und anderer westlich geprägter Länder (vgl. den Ansatz der sog. Meta-Milieus). Auf dieser Landkarte ist es nun möglich, die Milieus mit ihrer sozialen

Schichtung und ihrer mentalen Ausrichtung einzutragen. Dieses Positionierungsmodell liegt allen Sinus-Milieu-Graphiken zu Grunde und bildet auch die Basis der Sinus-Graphik, die die Milieulandschaft der Evangelischen Landeskirche in Baden und Württemberg widergibt (vgl. Graphik T2). Es stellt das Grundgerüst und die Architektur des Sinus-Milieu-Modells dar.

Ein Beispiel zum Erklärungswert: Es fällt auf, dass wir heute in der Berufsgruppe der Ärzte auf Menschen mit einer sehr unterschiedlichen Einstellung stoßen. Noch vor vierzig oder dreißig Jahren war klar: Die soziale Lage, also die hohe akademische Bildung und weit überdurchschnittliche materielle Ressourcen, entscheidet über die soziokulturelle, konservative Grundorientierung. Nur ganz wenige Fälle bildeten die Ausnahmen von der Regel. Heute kann man drei verschiedene Einstellungstypen unterscheiden. Natürlich gibt es immer noch den konservativ-bürgerlichen »Stern«-Fahrer, aber es gibt ebenso auch den eher yuppie-haften BMW-Fahrer, der sein Leben genießen will. Wenn man so hart arbeitet, hat man dann nicht auch das Recht auf häufigen Urlaub, Reisen und Erholung? Und es gibt als dritten Typ den Arzt, der seine Überstunden und Urlaubstage dazu verwendet, um in einer Untergrundklinik in Syrien (oder einem anderen Brennpunkt dieser Welt) Leid und Elend zu lindern. Bemerkenswert ist: die Parameter der sozialen Lage sind bei allen dreien die selben, die Grundorientierung könnte kaum unterschiedlicher sein. Die Sinus-Forschung spricht vom Phänomen der *soziodemographischen Zwillinge*: identische soziale Lage, divergierende soziokulturelle Ausrichtung. Die klassischen Modelle können diese Form von sozialer Diversität nicht greifen. Das Milieu-Modell bietet eine Möglichkeit.

Ein weiterer Vorteil dieses Ansatzes, gerade auch für die Kirche und ihre Kommunikationsherausforderungen, besteht darin, dass diese Forschung nach der Lebenswelt der Menschen fragt und ganz nah dran ist an ihrem Leben. Gegenstand der Sinus-Erhebungen sind die wichtigen Lebensbereiche wie Arbeit und Freizeit, Familie und Beziehungen, Geld und Konsum, Medien und Gesundheit, aber auch Religion und Sinn:

- Wo und wie verbringen Menschen ihre Freizeit, wo und wie machen sie Urlaub?
- Wie richten sie sich ein? Was für einen Geschmack haben sie? Welche Rolle spielt ihre Wohnung für sie? Haben sie überhaupt eine Wohnung, oder leben sie in Szenen?
- Wie wichtig ist ihnen Karriere und Konsum, Leistung oder Disziplin?
- Wie leben und wollen sie Partnerschaft? Wie verstehen sie »Mann« und »Frau«? Welche Formen von Gemeinschaft praktizieren sie, Netzwerk oder Verein, Facebook oder Stammtisch?
- Welche Medien nutzen sie?
- Worin sehen sie den Sinn ihres Lebens? Wie stehen sie zu Religion, Kirche, Gott, christlichem Glauben?

Die Gesichtspunkte ließen sich locker vermehren. Entscheidend ist, dass wir durch diesen Ansatz sehr viel über die Menschen erfahren, die wir erreichen wollen, und dass wir durch diesen Ansatz lernen, dass Menschen auf alle diese Fragen sehr unterschiedliche Antworten geben – oft ohne groß nachzudenken, aber mit ihrem Leben.

3. Was ist ein »Milieu«?

Es gibt verschiedene Definitionen von Milieu. Sie sind unterschiedlich lang, gehaltvoll und unterschiedlich handhabbar. Die kürzeste stammt vom Sinus-Institut selber und lautet: Ein Milieu ist eine Gruppe Gleichgesinnter, etwas umfangreicher und in akademischem Gewand:

»Milieus sind **Gruppen Gleichgesinnter**, die gemeinsame Werthaltungen und Mentalitäten aufweisen und auch die Art gemeinsam haben, ihre Beziehungen zu Menschen einzurichten und ihre Umwelt in ähnlicher Weise zu sehen und zu gestalten.«[3]

Michael N. Ebertz, der Nestor der katholischen Milieu-Forschung, hat die folgende, sehr anschauliche Milieudefinition formuliert:

»Der Milieubegriff umfasst somit Kontexte und Zusammenhänge bestimmter Bevölkerungsgruppen, die sich durch ähnliche Lebensbedingungen, Lebenserfahrungen, Lebensauffassungen, Lebensweisen, Lebensstile und Lebens-

[3] Im Anschluss an Sinus: *Nicole Burzan*, Lebensstile und Milieus, in: *Heinz Abels / Werner Fuchs-Heinritz / Wieland Jäger / Uwe Schimank* (Hg.), Soziale Ungleichheit – Eine Einführung in die zentralen Theorien, Wiesbaden 2004, 115.

führungen [auszeichnen] und eine verstärkte Binnenkommunikation aufweisen.«[4]

Carsten Wippermann legt in seiner Monographie eine weit längere, aber auch gehaltvollere und philosophisch anspruchsvolle Definition vor. Er war lange Zeit einer der Hauptmitarbeiter des Sinus-Instituts, ist auch Autor von Kirchenstudien und hat sich mit einem eigenen Institut (»Delta«) selbständig gemacht:

»Jedes Milieu ist ein selbstreferenzielles System mit eigenen Codes und Programmen. Jedes Milieu ist zwar umweltoffen, aber semantisch eine eigenständige Welt. Es kann seine Umwelt nur aus seiner Perspektive mit seinen spezifischen Wahrnehmungskategorien erfassen und operiert in seiner eigenen ›Logik‹. Zwischen den Milieus besteht Inkommensurabilität in Bezug aufwerte, Bedeutungen, Stilistik, Sprache und Ästhetik. Durch die hohe Binnenkommunikation reproduziert und verstärkt jedes Milieu seine Logik und Semantik. Ein wirkliches wechselseitiges Verstehen zwischen Menschen aus verschiedenen Milieus ist nicht oder nur begrenzt möglich. Milieus bleiben in vielen Hinsichten einander fremd: Es besteht subkulturelle Differenz. Diese sozialwissenschaftliche Perspektive liefert ein Verständnis für die innere Logik eines Milieus. Daher ist es wichtig, die konstitutiven Kategorien der Selbst- und Weltwahrnehmung eines Milieus zu verstehen sowie deren funktionale Verknüpfung. Erfolgreiche Kommunikationsmaßnahmen berücksichtigen und nutzen diese innere logische Struktur eines Milieus.«[5]

Die Definition von Sinus/Burzan ist kurz und behältlich, etwas für den Hausgebrauch. Die Definition von Ebertz hebt ab auf die Gemeinsamkeiten, durch die Menschen zusammengeschlossen sind in einem Milieu. Und die Definition von Wippermann ist sehr hilfreich, wenn es um die Frage geht, wie Milieus miteinander kommunizieren können oder wie in Milieus hinein kommuniziert werden kann.

4. Was ist eigentlich »Sinus«?[6]

Das Sinus-Institut wurde vor ca. 40 Jahren gegründet. Sinus ist Akronym für **S**ozialwissenschaftliches **I**nstitut **N**owak **u**nd **S**örgel. Der Bereich Sozialforschung befindet sich heute in Berlin, die Marktforschung hat ihren Schwerpunkt in Heidelberg. Sinus ist Partner von Integral, Wien, und hat z.Zt. etwa 30 Mitarbeiter in Deutschland und Österreich. Spin-offs sind »Delta« (C. Wipper-

4 *Michael N. Ebertz*, Anschlüsse gesucht. Ergebnisse einer neuen Milieu-Studie zu den Katholiken in Deutschland, in: herder korrespondenz 60. Jg. (2006), (173–177) 174.

5 *Carsten Wippermann*, Milieus in Bewegung. Werte, Sinn, Religion und Ästhetik in Deutschland. Das Gesellschaftsmodell der DELTA-Milieus als Grundlage für die soziale, politische, kirchliche und kommerzielle Arbeit, Würzburg 2011, 14f.

6 Ausführlichere Informationen finden sich in *Hempelmann*, Gott im Milieu, 38ff.

mann) und »Sigma«, das auf der Basis der gleichen Architektur vor allem für Automobilunternehmen arbeitet.

Sinus verfolgt im Wesentlichen zwei Ziele:

Ziel 1: den gesellschaftlichen Wandel so detailliert wie möglich wahrzunehmen und zu verstehen: (Zielgruppensegmentation als Wahrnehmungs-*tool*): Hier geht es um Sinus-Analysen zum Zweck der Kulturhermeneutik.

Ziel 2: beraten, wie Zielgruppen erreicht werden können: Milieumodelle und -studien dienen als Marketingstrategie und als Hilfe zur Verständigung. Hier geht es um Sinus als Kommunikationsmodell.

Kunden finden sich dort, wo diese beiden Ziele verfolgt werden. Es sind politische Einrichtungen (Bundesministerien, Parteien), Gewerkschaften, Wirtschaftsunternehmen und die katholische, in jüngster Zeit auch evangelische Kirchen. Das Institut ist z.Zt. in 28 Ländern tätig, auf deren Gesellschaftsformation das Sinus-Milieu-Modell anwendbar ist.

5. Wie sehen die einzelnen Milieus aus?[7]

Die Erklärungskraft des Milieumodells zeigt sich, wenn man die Milieus nebeneinander hält und vergleicht, die in etwa zur selben Schicht gehören.

Das Standard-Modell von Sinus unterscheidet 10 Milieus. Eine Übersicht mit Kurzcharakterisierungen hilft zu einer allerersten Einordnung. Meiner Erfahrung nach findet man am ehesten einen Zugang, wenn man nach Personen oder Szenen fragt, die man einer Lebenswelt zuordnen kann. So wird ein Milieu - bei aller Unschärfe und Vorläufigkeit - anschaulich.

[7] Vgl. die detaillierte Darstellung in II, c 1.2.

sinus:

Kurzcharakteristik der Sinus-Milieus®

Sozial gehobene Milieus

Konservativ-etabliertes Milieu **10%**	Das klassische Establishment: Verantwortungs- und Erfolgsethik; Exklusivitäts- und Führungsansprüche; Standesbewusstsein, Entre-nous-Abgrenzung
Liberal-intellektuelles Milieu **7%**	Die aufgeklärte Bildungselite: liberale Grundhaltung und postmaterielle Wurzeln; Wunsch nach selbstbestimmtem Leben, vielfältige intellektuelle Interessen
Milieu der Performer **7%**	Die multi-optionale, effizienzorientierte Leistungselite: global-ökonomisches Denken; Konsum- und Stil- Avantgarde; hohe IT- und Multimedia-Kompetenz
Expeditives Milieu **6%**	Die ambitionierte kreative Avantgarde: mental und geografisch mobil, online und offline vernetzt und auf der Suche nach neuen Grenzen und neuen Lösungen

Milieus der Mitte

Bürgerliche Mitte **14%**	Der leistungs- und anpassungsbereite bürgerliche Mainstream: generelle Bejahung der gesellschaftlichen Ordnung; Wunsch nach beruflicher und sozialer Etablierung, nach gesicherten und harmonischen Verhältnissen
Adaptiv-pragmatisches Milieu **9%**	Die moderne junge Mitte unserer Gesellschaft mit ausgeprägtem Lebenspragmatismus und Nutzenkalkül: zielstrebig und kompromissbereit, hedonistisch und konventionell, flexibel und sicherheitsorientiert; starkes Bedürfnis nach Verankerung und Zugehörigkeit
Sozialökologisches Milieu **7%**	Konsumkritisches /-bewusstes Milieu mit normativen Vorstellungen vom "richtigen" Leben: ausgeprägtes ökologisches und soziales Gewissen; Globalisierungs-Skeptiker, Bannerträger von Political Correctness und Diversity

Milieus der unteren Mitte / Unterschicht

Traditionelles Milieu **15%**	Die Sicherheit und Ordnung liebende Kriegs- / Nachkriegsgeneration: verhaftet in der alten kleinbürgerlichen Welt bzw. in der traditionellen Arbeiterkultur; Sparsamkeit, Konformismus und Anpassung an die Notwendigkeiten
Prekäres Milieu **9%**	Die um Orientierung und Teilhabe bemühte Unterschicht mit starken Zukunftsängsten und Ressentiments: Häufung sozialer Benachteiligungen, geringe Aufstiegsperspektiven, reaktive Grundhaltung; bemüht, Anschluss zu halten an die Konsumstandards der breiten Mitte
Hedonistisches Milieu **15%**	Die spaß- und erlebnisorientierte moderne Unterschicht / untere Mittelschicht: Leben im Hier und Jetzt, Verweigerung von Konventionen und Verhaltenserwartungen der Leistungsgesellschaft

Die Oberschicht-Milieus

Schon die Oberschicht – oder politisch korrekter und weniger anstößig ausgedrückt – die gehobene Schicht bietet eine enorme soziokulturelle Bandbreite:

Die *Konservativ-Etablierten* (KET): Ganz »links« finden wir, noch im Bereich der A-Säule, die klassische Elite. Man weiß, wer man ist und dass man etwas ist, und man zeigt das auch gerne. KET bleiben gerne unter sich, entre nous. Sie wissen sich und sehen sich in einer natürlichen und selbstverständlichen Leitungsverantwortung und nehmen diese auch gerne wahr. Wo »kreti und pleti« sind, wird man sie nicht finden. Partizipation kommt für sie nur in Frage, wo sie nicht zu denen gehören, die beglückt werden, sondern Verantwortung und Leitung übernehmen.

Die *Liberal-Intellektuellen* (LIB): LIB bilden die aufgeklärte Bildungselite. Wir denken an die Leser und Abonnenten von ZEIT und FAZ (»dahinter steckt immer ein kluger Kopf«). Globales, vernetztes Denken, das das Gesamte im Blick hat, führt zu einer Haltung universalen Verstehen-Wollens und weitgehender Toleranz. Zentrale Bedeutung kommt der Selbstbestimmung zu, die man selber leben, für die man aber auch andere gewinnen will. LIB werden sich überlegen, ob sie ihr Kind zur Taufe bringen oder nicht besser warten sollen, bis es selber entscheiden kann, ob es religiös sein will oder nicht.

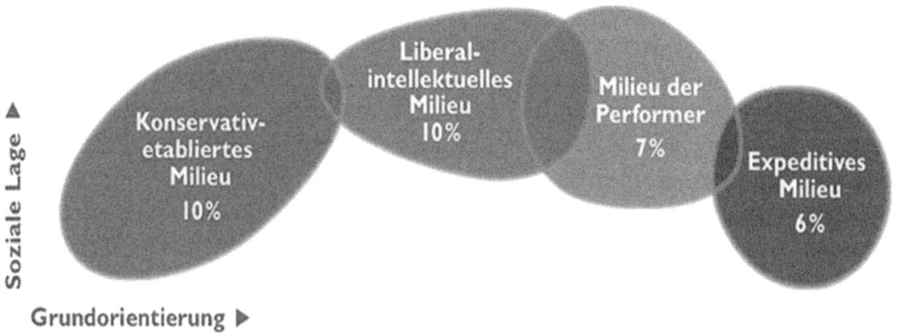

Die *Performer* (PER): PER bilden die flexible, dynamische Leistungselite unserer Gesellschaft. Sie sind die Motoren. Leistungsbereit und karriereorientiert wollen sie die Welt verändern und sind bereit, sich voll dafür einzusetzen. Design und Ästhetik, Audi und Apple, sind ihre Vorlieben. PER wollen – auch in der Kirche(ngemeinde) – etwas verändern; wenn sie merken, dass Kirche das nur beansprucht, aber nicht will, wenden sie sich schnell ab.

Die *Expeditiven* (EPE): EPE bilden die Elite des Selbst-Designs. Sie sind die Hyperindividualisten, immer auf der Suche nach Neuem; immer unterwegs mit dem Wunsch, neue Erfahrungen zu machen; nicht stehenzubleiben, sondern sich selbst zu überschreiten. Lieber gefährlich leben als gar nicht zu leben! Sie stellen den höchsten Prozentsatz von Menschen, die – auch gefährliche – outdoor-Sportarten praktizieren.

Die Mitte-Milieus

Die Sinus-Landkarte zeigt uns nicht nur ein, sondern drei Milieus, die die gesellschaftliche Mitte bilden: Neben der Bürgerlichen Mitte und dem Sozialökologischen Milieu ist seit 2010 das Adaptiv-Pragmatische Milieu emergent.

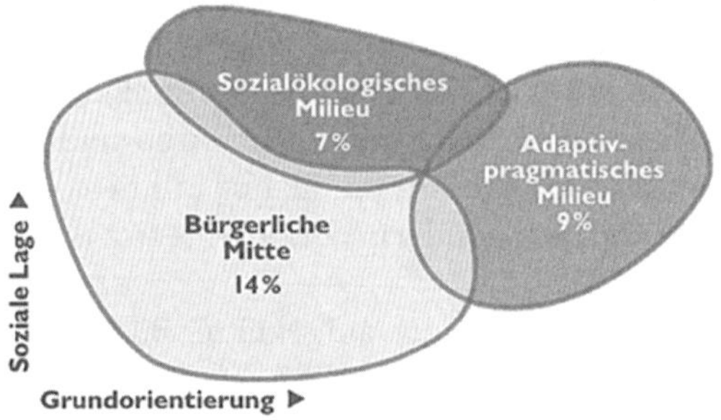

Die *Bürgerliche Mitte* (BÜM): BÜM stellt die traditionelle Mitte der Gesellschaft dar. Dieses Milieu ist in den letzten Jahren stark geschrumpft. Die Menschen, die ihm zugeordnet werden, haben – bezogen auf die Mitte der Gesellschaft – das höchste Durchschnittsalter. Wir treffen auf Eltern, aber auch schon Großeltern. BÜM sieht sich als Mitte der Gesellschaft und Verkörperung des *mainstream*. BÜM ist harmonie- und aufstiegsorientiert und darum anpassungsbereit. Es ist in der Kirche überdurchschnittlich präsent.

Das *Sozial-ökologische Milieu* (SÖK): Der Altersdurchschnitt von SÖK ist niedriger als im BÜM. SÖK ist das inzwischen klassische Wählerreservoir für »Die Grünen«. Man folgt postmateriellen Werten. Gesellschaftliche Gerechtigkeit und dem entsprechend Kritik an den bestehenden Zuständen sind Ankerwerte. SÖK sehen sich im Gegensatz zu BÜM (und PRA) als Vorreiter gesellschaftlicher Veränderungen und akzeptieren ihre Minderheitenposition. Ihr vielfach missionarischer Auftritt hinsichtlich der allein richtigen Weise zu denken und zu leben führt – etwa im Adaptiv-pragmatischen Milieu – zu deutlichen Abgrenzungsreaktionen.

Das *Adaptiv-pragmatische Milieu* (PRA): Das PRA bildet die neue, junge, dynamische Mitte unserer Gesellschaft. In vorangehenden Milieumodellen ist es noch nicht »existent«. Seine mentale Haltung ist ambivalent und nicht leicht zugänglich: Einerseits grenzt sich das PRA gegen die konventionelle, (spieß-)bürgerliche Haltung von BÜM ab, andererseits sucht man auch in diesem Milieu die Absicherung. Die Sozialforschung spricht vom Phänomen des *regrounding*. Einerseits reagiert man avers auf den ideologischen Weltverbesserungseifer von SÖK, andererseits gilt auch für dieses im Bereich der C-Säule liegende postmoderne Milieu nicht »anything goes«. Regeln und Ordnungen sind wichtig. Dominierend ist aber eine pragmatische Haltung. PRA begegnet der (Um-)Welt als *user*: Was passt zu mir und was nutzt mir (und den Meinen)? Kirche begegnet Menschen, die sich dem PRA zuordnen lassen, vor allem bei Kasualien, speziell wenn es um Taufen von Kindern geht.

Milieus der Unterschicht

Auch in der Unterschicht finden wir bei identischer oder vergleichbarer sozialer Lage eine große Bandbreite von mentalen Einstellungen.

Das *Traditionelle Milieu* (TRA): TRA sind herkömmlich die »einfachen Leute«. Sie verfügen über vergleichsweise geringe materielle Ressourcen und haben im Regelfall auch nur niedrige Bildungs- und Ausbildungsabschlüsse. Aber sie kommen zurecht. Sie haben sich eingerichtet, leben in bescheidenen Verhältnissen und sind ordnungsorientiert. Auch das hohe, im Milieuvergleich mit Abstand höchste Durchschnittsalter bringt es zusammen mit den geringeren materiellen wie Wissensressourcen mit sich, dass sie sich in der rasch wandelnden Gesellschaft eher abgehängt fühlen.

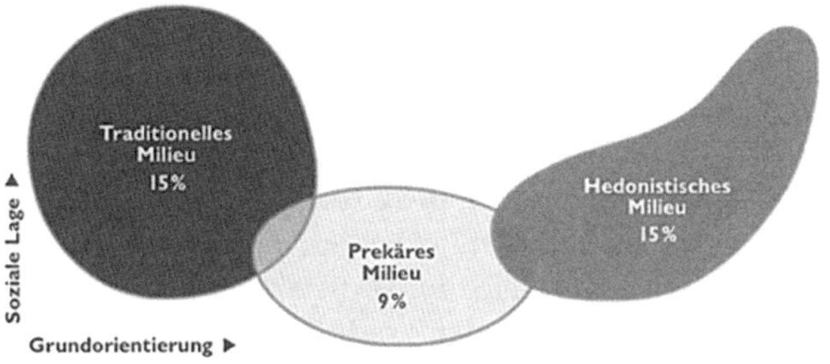

Das *Prekäre Milieu* (PRE): PRE leben in prekären Verhältnissen, sowohl materiell als auch hinsichtlich ihrer Bildungsverhältnisse. In der Gruppe der PRE finden wir den im Milieuvergleich höchsten Anteil von Personen, die staatliche Transferleistungen (»Hartz IV«) in Anspruch nehmen, und wir sehen den im Milieuvergleich höchsten Anteil von Menschen, die noch nicht einmal einen Hauptschulabschluss oder eine abgeschlossene Berufsausbildung haben. Die Menschen, die sich diesem Milieu zuordnen lassen, fühlen sich abgehängt und diskriminiert. Sie haben den einen Wunsch, bürgerlich gestellt zu sein, also aufzusteigen in die Lebenswelt der BÜM, wissen aber gleichzeitig, dass ihnen das voraussichtlich genauso wenig gelingen wird wie ihren Eltern. Der Sehnsucht nach Aufstieg und Dazugehören ist es geschuldet, dass sie nach Status-Gegenständen suchen, die sie sich eigentlich nicht leisten können (wie etwa Großbildfernseher). Kirche ist für PRE Inbegriff der BÜM und also der Welt, von der sie ausgeschlossen sind. Bei Kasualien achten sie peinlich darauf, dass sie nicht schlechter (anders) behandelt werden als Personen aus anderen Milieus.

Das *Hedonistische Milieu* (HED): Im HED gilt es zu unterscheiden zwischen zwei Sub-Milieus: auf der einen Seite finden wir – vor allem in der Unterschicht – einen Spaß-Hedonismus, orientiert allein am Hier und Jetzt. Chillen ist angesagt, Spaß haben, Leben in den Tag, als wenn es kein Morgen gäbe. Auf der anderen Seite gibt es das in den Bereich der Mittelschicht hineinragende Sub-Milieu der Experimentalisten, die ihr Leben ganz bewusst und reflektiert anders gestalten. Beiden Sub-Milieus ist gemeinsam, dass die Bewohner dieser Lebenswelten die Konventionen und Verhaltenserwartungen der bürgerlichen Gesellschaft ablehnen, mit Überzeugung oder instinktiv. Das wahre Leben ist das Erleben. Das schließt die Bereitschaft zur Anpassung nicht aus, soweit diese nötig ist, um sich die nötigen materiellen Ressourcen zu besorgen, die für den gewünschten Lebensstil doch nötig sind. Kirche ist für Menschen dieser Milieus der Unort schlechthin. Die Institution Kirche ist Inbegriff der Spaßfeindlichkeit. Kirche wird man freiwillig nicht aufsuchen. Sie steht für alles, was man ablehnt.

6. Anschlussfähigkeit

Ein Vorteil der Arbeit mit dem Sinus-Milieu-Modell besteht darin, dass die Ergebnisse der eigenen SSBW-Studie bezogen werden können auf eine Vielzahl anderer Studien zu thematisch relevanten und kirchlich interessanten Fragen. Die vier folgenden Graphiken sind nur Beispiele. Die Milieulandkarten fassen jeweils wieder nur die wichtigsten Befunde zusammen:

Durchschnittsalter im Milieu

Die Graphik gibt an, mit welchem Durchschnittsalter wir in einem Milieu zu rechnen haben. Zu beachten ist, dass die Grundgesamtheit, für die diese und andere Angaben repräsentativ sind, die Bevölkerung der Bundesrepublik Deutschland ab 14 Jahre aufwärts ist. Ändert sich die Grundgesamtheit, also der Bezugsrahmen, wird das angegeben. Zu beachten ist weiter, dass Durchschnittswerte nur begrenzt aussagefähig sind. Entscheidend ist die Spannweite im Milieu. So ist z.B. die Alters-Bandbreite im Milieu der Traditionsorientierten deutlich geringer als im Milieu der Hedonisten. Das bedeutet, dass wir im TRA (Durchschnittsalter 65 Jahre) im Wesentlichen auf ältere Menschen treffen und kaum auf Junge, dass wir im HED (Durchschnittsalter 39 Jahre) vielen Jüngeren und vergleichsweise vielen Älteren begegnen. Wir finden also immer nur Anhaltspunkte, die danach verlangen, das jeweilige Milieu genauer anzusehen oder die entsprechenden Angaben mit anderen zu kombinieren. Bezieht man etwa die Angabe über das EPE (Durchschnittsalter 28 Jahre) auf die Verteilung der Geschlechter (vgl. den übernächsten Gesichtspunkt; EPE 64 %), wird sofort ersichtlich: Wir haben es nicht nur mit dem mit Abstand »jüngsten Milieu« zu tun, sondern mit einer Lebenswelt, in der junge Männer eindeutig dominieren und die ein sehr spezielles Profil aufweist.

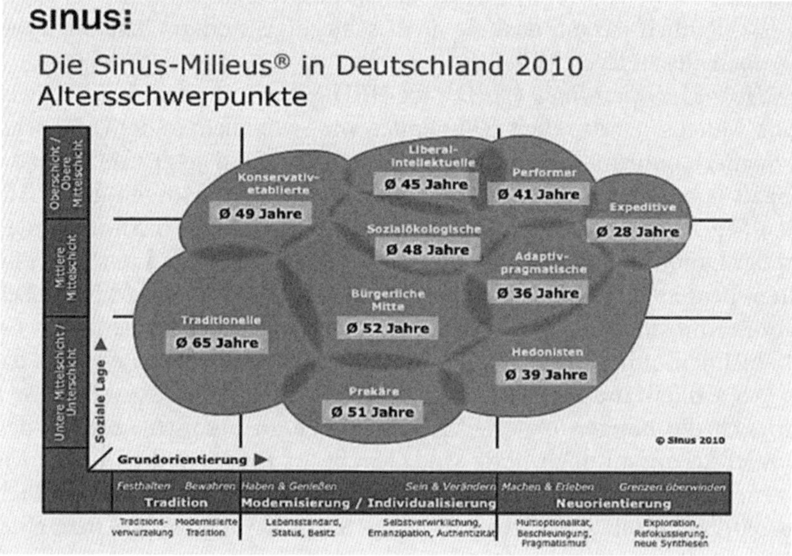

Verteilung der Milieus im Alter 50+

Wir können aber nicht nur angeben, wie alt die Menschen im Durchschnitt in einem Milieu sind, sondern auch umgekehrt fragen: Wie sieht denn die Milieuverteilung in einem Lebensalter aus? Grundgesamtheit ist hier die Bevölkerung, soweit sie 50 Jahre oder älter ist. Auffällig ist zum einen die große kulturelle Spannbreite, auf die wir treffen. Die soziokulturelle Spreizung der Lebensweisen und Einstellungen, und natürlich auch der materiellen Verhältnisse hält sich 50+ durch, verstärkt sich eher noch. Es fällt auf, dass das HED, trotz eines niedrigen Durchschnittsalters, bereits mit 12% repräsentiert ist; seine Lage signalisiert, dass die Orientierung noch nicht krass postmodern ausfällt. Allerdings ist für diese Graphik zu beachten, (a) dass sie noch auf dem Milieumodell von 2006 beruht (neuere Studien und Daten liegen noch nicht vor, wären aber für die beiden großen Kirchen von zentraler Bedeutung), (b) dass – fragebedingt – die jungen postmodernen Milieus in dieser Darstellung noch nicht so in Erscheinung treten.

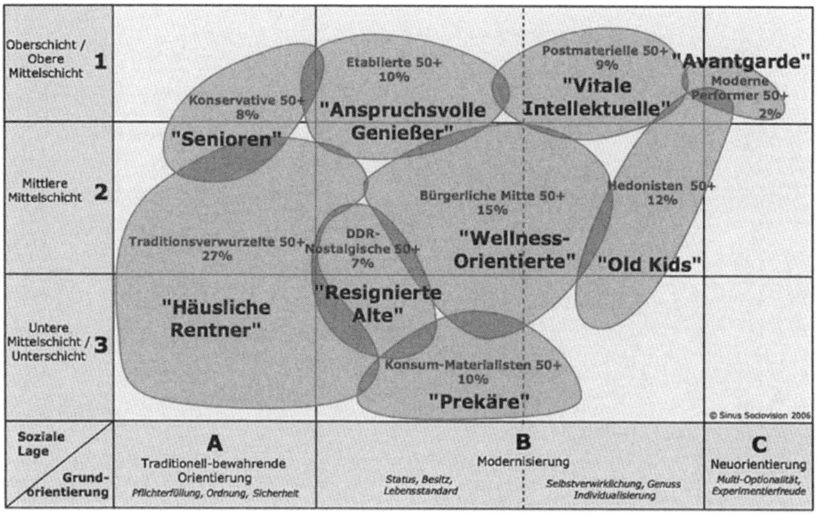

Jugendmilieuszenen

Von eminenter Bedeutung sind die verschiedenen Jugendstudien,[8] die auf dem Milieumodell basieren, für die aber wiederum methodologische Gesichtspunkte

8 *Carsten Wippermann / Marc Calmbach*, Wie ticken Jugendliche?, hg. vom Bund der deutschen katholischen Jugend & Misereor, Düsseldorf 2008; *Marc Calmbach / Peter Martin Thomas / Inga Borchard / Bodo Flaig*, Wie ticken Jugendliche? Lebenswelten von Jugendlichen im Alter von 14–17 Jahren in Deutschland. Sinus-Jugendstudie im Auftrag der Bischöflichen Medienstiftung der Diözese Rottenburg-Stuttgart, dem Bund der Deutschen Katholischen Jugend, der Bundeszentrale für politische Bildung, der Deutschen Kinder- und Jugendstiftung, Misereor und dem Südwestrundfunk, Düsseldorf 2012; *Peter Martin Thomas / Marc Calmbach* (Hg.), Jugendliche Lebenswelten. Perspektiven für Politik, Pädagogik und Gesellschaft, Berlin/Heidelberg 2013; *Hansjörg Kopp / Stefanie Hügin /*

zu beachten sind. Zum einen ist die Grundgesamtheit hier natürlich anders definiert, in der nebenstehenden Graphik beziehen sich die Daten auf Jugendliche zwischen 14 und 18 Jahren. Zum anderen ist grundsätzlich zu beachten, dass das Milieuschema mit seiner stillschweigenden Voraussetzung einer gewissen Konstanz und Persistenz des Verbleibens in einer Lebenswelt hier nicht einfach unterstellt werden kann. Statt von Milieus spricht man besser von Milieuszenen oder jugendlichen Lebenswelten, um eine – nicht der Realität entsprechende – Fixierung junger Menschen auf ein Milieu zu vermeiden. Auch die Achse, auf der die normative Grundorientierung eingetragen ist, zeigt, dass die Einstellungen noch fließend und gemischt sind. Schon ein erster Blick auf die Karte verdeutlicht aber, mit welcher Bandbreite von Lebenswelten wir schon in der Jugend zu rechnen haben. »*Die* Jugendarbeit« kann es unter diesen Umständen nicht geben.

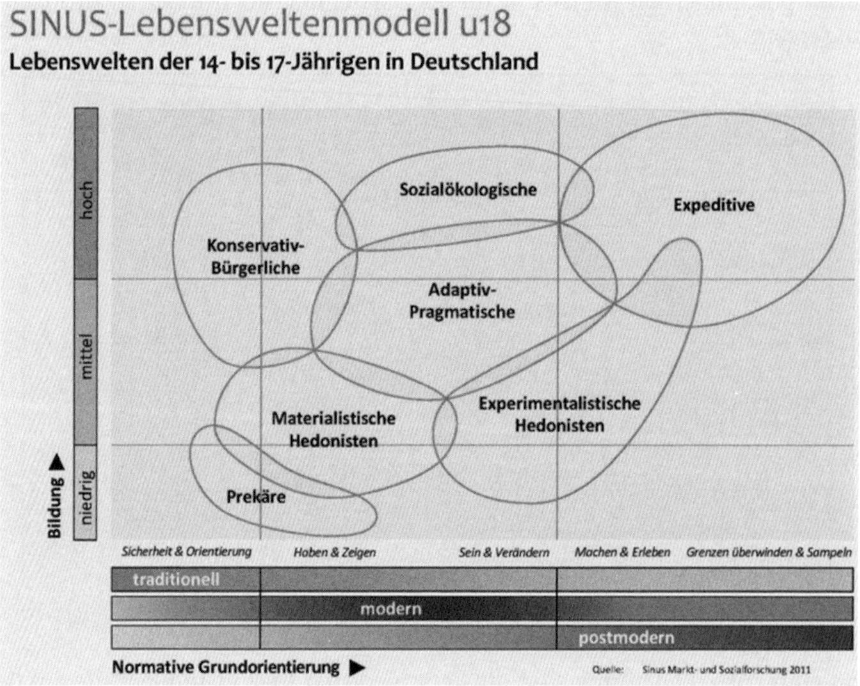

Verteilung Geschlechter

Ein profiliertes Bild ergibt sich auch, wenn man sich die Verteilung der Geschlechter in den einzelnen Milieus anschaut. Es gibt Milieus, die eindeutig männer-, und solche, die eindeutig frauendominiert sind. Für eine zielgruppenorientierte Arbeit in der Kirche ist es von Bedeutung zu wissen, dass man etwa in dem kirchenaffinen Milieu der SÖK auf 60% weibliche Mitglieder trifft, zumal dieses Milieu auch ganz spezifische Themen und Anliegen hat.

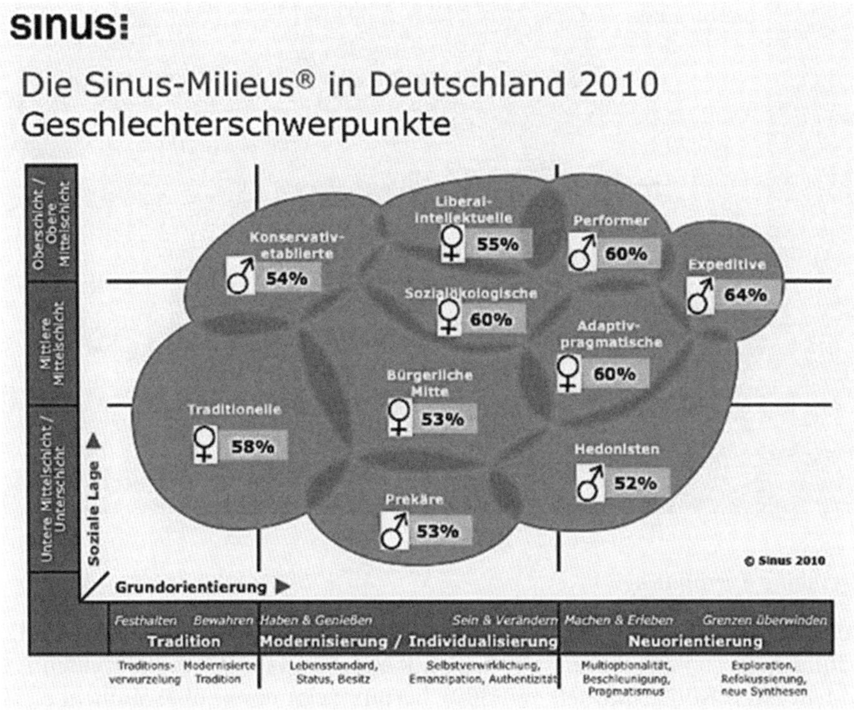

Milieuverteilung unter Migranten[9]

Eine 2007 im Auftrag des Bundesfamilienministeriums, des Landes Nordrhein-Westfalen und anderer Partner durchgeführte und 2008 veröffentlichte Studie zur Lage der Migranten in Deutschland ist geeignet, die pauschale Rede von *den* Migranten und die Unterstellung einer einheitlichen Kultur bzw. die Vorstellung einer mehr oder minder identischen sozialen Lage zu erschüttern. Es zeigt sich u.a. eine hohe kulturelle Vielfalt und auch eine Diversifizierung der sozialen Schichtung. Die Beschreibungen der Migrantenmilieus sind für Kirchen dort von Bedeutung, wo sie im Kontext eines hohen Anteils von Menschen mit Migrationshintergrund arbeiten.

9 Grundgesamtheit der Studie sind neben den in Deutschland lebenden Ausländern alle in Deutschland lebenden Zuwanderer (u.a. Spätaussiedler, Eingebürgerte) und ihre in Deutschland lebenden Nachkommen (Definition analog Statistisches Bundesamt 2006).

Die Sinus-Migranten-Milieus® in Deutschland

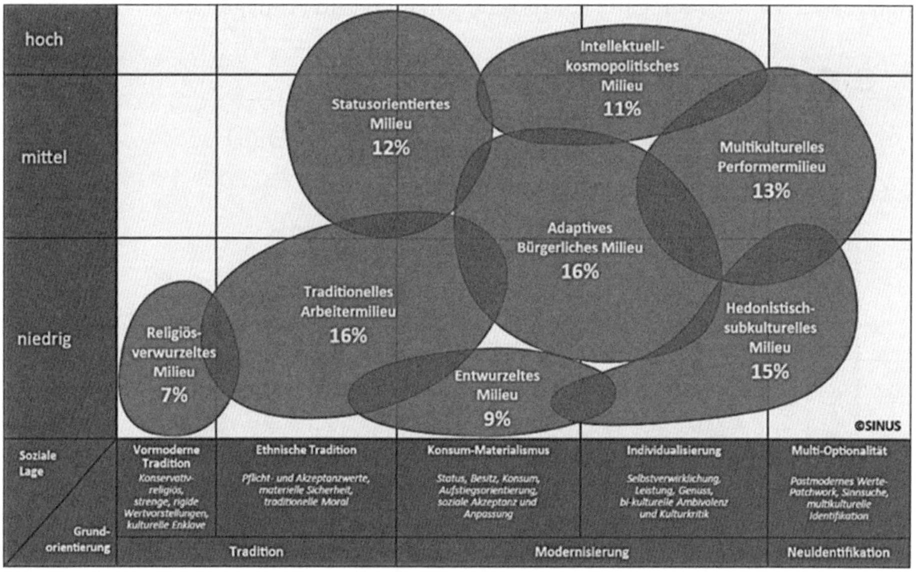

Allgemeine Fortbildung

Ein letztes von vielen weiteren möglichen Beispielen betrifft die Bereitschaft, an Fortbildungen teilzunehmen. Die Graphik aus dem Jahr 2010, die freilich noch auf dem alten Milieu-Modell von 2001 beruht, zeigt einen überraschenden, für Kirche ebenfalls relevanten Sachverhalt. Die Bereitschaft, sich weiterzubilden, ist im Bereich der C-Säule am höchsten. Sie ist am niedrigsten dort, wo wir auf kirchenaffine Milieus treffen. Experimentalisten wollen über sich hinausgehen. Sie suchen ihr Ich zu erweitern. Konservative und Traditionsorientierte sind daran aus unterschiedlichen Gründen deutlich weniger interessiert. Das Konservative Milieu ist hochgebildet, es braucht dem eigenen Selbst- und Bildungsverständnis nach nicht viel Fortbildung. Es ist eher geneigt, bei entsprechenden kulturellen Veranstaltungen Verantwortung zu übernehmen. Das Traditionsverwurzelte Milieu empfindet sich als ohnehin abgehängt. Es sieht – noch dazu im gegebenen Alter – für sich wenig Sinn in derlei Veranstaltungen. Es macht Sinn, wenn sich die Kirchen im Hinblick auf die Entwicklung und die Planung von Kursen zum Glauben, zur Bibel, zur Theologie an solchen Daten orientieren und zielgruppenorientiert agieren.[10]

[10] Vgl. *Ingrid Eilers*, Kurse zum Glauben für verschiedene Sinus-Milieus, in: Erwachsen glauben. Missionarische Bildungsangebote. Grundlagen – Kontexte – Praxis, hg. von der *Arbeitsgemeinschaft Missionarischer Dienste Projektbüro »Erwachsen glauben«*, Gütersloh 2011, 81–122; für die zweite Auflage: *Heinzpeter Hempelmann*, Milieusensibles Marketing für Kurse zum Glauben. Zur Bedeutung der SINUS-Milieuforschung für missionarische Bildungsangebote, in: Handbuch Erwachsen glauben. Missionarische Bildungsangebote. Grundlagen – Kontexte – Praxis, hg. von der *Arbeitsgemeinschaft missionarischer Dienste (AMD)*, Berlin, 2. Aufl. Gütersloh 2013, 26–86.

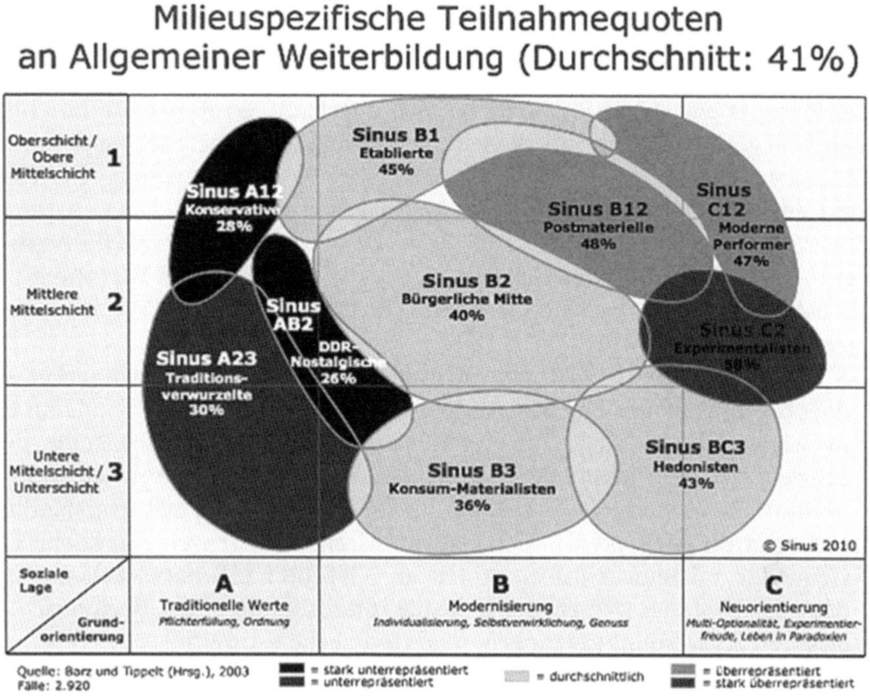

7. Anwendungsmöglichkeiten

Über die vielfältigen, in den letzten Jahren entwickelten Anwendungsmöglichkeiten gibt der ebenfalls in Teil II zu findende »Werkzeugkoffer« im Detail Auskunft. Hier sollen drei Möglichkeiten vorgestellt werden, die sich für kirchliche Arbeit besonders bewährt haben und die allein auf der Basis der Sinus-Plattform zur Verfügung stehen.

Die Microm-Geo-Milieus

Die rheinische Firma Microm bietet die Möglichkeit, über die allgemeine Angabe deutschlandweiter Verteilung der Milieus hinaus konkrete Voraussagen über die Präsenz eines Milieus in einem beliebigen geographischen Raum zu machen. Auf gut Deutsch: Wir haben relativ zuverlässige Daten, die es uns ermöglichen, für einen alten Stadtkern oder eine Neubausiedlung zu prognostizieren, auf welche Milieus wir wo in welcher Häufung stoßen.[11] Das Sammeln und Auswerten von Daten wird von vielen, auch in der Kirche, speziell in postmateriellen Milieus (wie SÖK und LIB) kritisch gesehen. Und das ist auch gut so. Als Konsequenz dieser sensiblen Haltung hat Microm eine Verschlüsselung entwickelt,

[11] Zu den Details vgl. *Hempelmann*, Gott im Milieu, 74–89.

die nicht reanonymisiert werden kann. Zwei Testate von staatlichen Stellen liegen vor, die bestätigen, dass die Datenschutzbestimmungen eingehalten werden.

Die beiden Kirchen in Baden und Württemberg (und auch die EKHN) haben einerseits die Daten für ihren Bereich angekauft, so dass diese nur noch gegen eine geringe Gebühr für die jeweilige Gemeinde aufbereitet werden müssen. Andererseits haben sie darüber hinaus einen Kodex zum Umgang mit den Daten entworfen und umfangreiche Maßnahmen getroffen, dass mit diesen sachgemäß umgegangen wird.[12] Auf dieser Basis und vor diesem Hintergrund ist ein Arbeiten mit Microm-Geo-Daten, wie die geographische Verortung von Milieu-Häufigkeit im Fachjargon heißt, verantwortbar und – sie kann sehr sinnvoll und nützlich sein:

- Mehrere benachbarte Kirchengemeinden im Bezirk oder Distrikt erkennen die sehr unterschiedliche Milieu-Zusammensetzung der Sozialräume, in denen sie jeweils tätig sind, und sie verabreden eine Zusammenarbeit, die diese Schwerpunkte berücksichtigt. Die Gemeinde mit dem hohen Anteil an PRA beginnt eine Arbeit mit Angeboten für dieses Milieu, das selbstverständlich nicht nur die Menschen in den eigenen Kirchturmsgrenzen einbezieht. Die Gemeinde mit einem hohen Anteil an KET und LIB entwickelt ein Bildungsangebot, das sich ebenfalls an alle Interessierten in der Region richtet. Das sind Schwerpunktsetzungen ohne zusätzlichen Aufwand.
- Ein Kirchenbezirk (oder eine Kirchengemeinde) möchte eine bestimmte Zielgruppe gezielt adressieren, verfügt aber nur über begrenzte materielle und personelle Ressourcen. Die Karte mit den Microm-Geo-Milieus zeigt ihm (ihr), wie sie ihre Mittel am besten einsetzt, auf welchen Bereich sie sich konzentrieren kann. Noch weitergehend kann sie feststellen, welcher Medieneinsatz in einem bestimmten Bereich sinnvoll ist.
- Ein Ältestenrat oder Kirchengemeinderatsgremium gleicht zwei Größen miteinander ab: die Milieuverteilung im eigenen Kreis und die Milieuverteilung im Sozialraum der Kirchengemeinde. Kommen die Milieus im örtlichen kirchenleitenden Gremium vor, die vor Ort präsent sind oder vielleicht sogar einen Schwerpunkt bilden? Wie repräsentativ ist unser Kirchengemeinderat? Ist das neue Siedlungsgebiet, in dem sich so viele junge PRA-Familien niedergelassen haben, überhaupt in unseren Gremien vertreten?

Die Fragestellungen ließen sich vermehren. Oft reicht schon die Milieusensibilisierung durch die Einführung der Milieuperspektive. In ausgewählten Fällen kann es sinnvoll sein, auch auf diese Microm-Geo-Daten zurück zu greifen.

- MükkE: **M**ilieu-**ü**bergreifendes **k**irchliches Handeln, basiert auf **k**irchendemographischen **E**rhebungen[13]

[12] Vgl. ebd., 86–89.

[13] *Heinzpeter Hempelmann*, Wenn die »Mükke« dreimal zusticht. Milieuübergreifendes kirchliches Handeln, basiert auf kirchendemographischen Erhebungen als Projekt des EKD-Zentrums Mission in der Region, aus: *Hans-Hermann Pompe / Thomas Schlegel* (Hg.), MitMenschen gewinnen. Wegmarken für Mission in der Region, Leipzig 2011, 51–66.

Das Konzept MükkE ist ein schönes Beispiel dafür, wie sinnvoll es ist, die Milieu-Perspektive in einen größeren Zusammenhang zu stellen und auf keinen Fall zu isolieren oder zu monopolisieren. Der Ansatz nimmt das sozialräumliche Denken auf und kombiniert die Microm-Geo-Daten mit zwei weiteren Darstellungsdimensionen: dem *soziodemographischen Wissen* über einen Ort, Ortsteil, eine Region, und den *Daten kirchlichen Lebens* für den definierten geographischen Raum. Heraus kommt ein dreidimensionales Bild der Kirchengemeinde in ihrem soziokulturellen Umfeld. Dieses komplexe Analyse-*tool* hilft sehr, zunächst einmal die Kirchengemeinde in ihrem Kontext wahrzunehmen, dann aber auch, strategisch zu planen, wenn die Frage ansteht, wohin es in Zukunft gehen soll. Beispiele können das zeigen:

- Eine Kirchengemeinde trifft sich an einem Wochenende, um Bilanz zu ziehen und listet ihre Aktivitäten auf. Dabei wird auch ausgesprochen, was nicht so gut läuft und wo man Korrektur- oder Ergänzungsbedarf sieht. In einem zweiten Schritt trägt sie die – zuvor im Rathaus und Internet, über Broschüren des Tourismus-Büros etc. gesammelten – Daten über den eigenen Ort und die Region zusammen. Es entsteht ein Bild des sozialen Kontextes, in dem die Kirchengemeinde, oder des regionalen Kontextes, in dem der Kirchenbezirk »ansässig« ist. Was leben hier für Menschen? Wie leben sie hier? Schlafen sie hier nur und arbeiten dann woanders? Wo verbringen sie ihre Freizeit? Wie viele Auspendler und Einpendler gibt es? Wie sieht in den jeweiligen Ortsteilen die Altersstruktur und die Beschäftigungsstruktur aus? Hinter den Zahlen werden dann oft konkrete Lebensverhältnisse sichtbar. Wo sind soziale Brennpunkte? Wo siedeln Familien mit Kindern, wo gibt es überdurchschnittlich viele Alleinlebende, wo ist das Durchschnittsalter besonders hoch? Wo gibt es viele Zu- oder Wegzüge oder beides? Vielfach ist die Anschauung bei den Verantwortlichen da, jetzt kann sie konkret abgerufen und eingeordnet werden. In einem dritten Schritt bildet sich dann auf einmal eine gemeinsame konkrete Perspektive aus. Was ist unsere Aufgabe, und was ganz offenbar nicht? Wir haben immer gedacht, wir müssten noch einen Kindergarten bauen, aber die soziodemographischen Daten zeigen, dass das sehr kurzfristig gedacht wäre. Oder umgekehrt: Wir haben immer gedacht, wir müssten einen noch deutlicheren Schwerpunkt auf die ältere Generation legen, und jetzt merken wir: Wir haben weit überdurchschnittlich viele junge Familien am Ort, die aber in den kirchlichen Angeboten kaum auftauchen.
- In einem MükkE-Projekt der EKD gab es einen anderen erhellenden Befund: Die Gemeinden des Bezirks bemühten sich um ein qualitativ anspruchsvolles Angebot für eine Frauenstunde, die man am Mittwoch-Vormittag anbot, das aber ohne nennenswerte Resonanz blieb. Die MükkE-Analyse zeigte eine sehr hohe Quote von Auspendlern und berufstätigen Frauen. Das Angebot der Kirchengemeinde war klasse, aber die Zielgruppe konnte es – zu der gegebenen Zeit – nicht wahrnehmen.

Milieu-Regio-Trend (MRT)

Microm stellt auf der Basis seiner Daten auch Prognosen über die zukünftige Entwicklung der Milieus zur Verfügung. Das ist eine große Hilfe, wenn man beurteilen will, welche Milieus – schon rein quantitativ – in Zukunft eine größere Rolle spielen und welche in ihrer Bedeutung zurücktreten werden. Die bisherige Entwicklung hat die Prognose bestätigt.

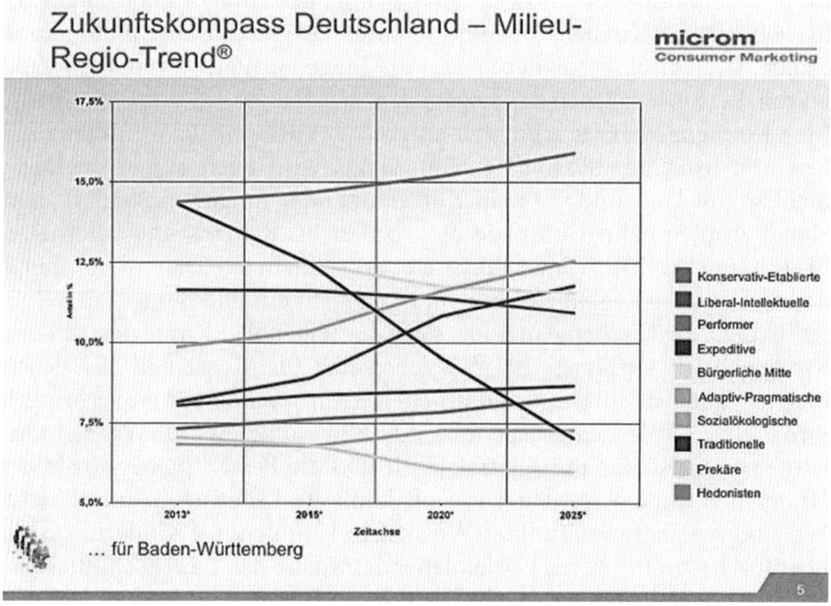

Die Zahlen sind – gerade für Verantwortliche in der Kirchenleitung – ein echter Wachmacher. Es fällt vor allem auf, dass das TRA von mehr als 14% im Jahr 2013 auf 7% im Jahr 2025 zurückgehen soll, eine glatte Halbierung. Plausibel ist das schon angesichts des hohen Durchschnittsalters der Personen, die wir diesem Milieu zuordnen. Das TRA ist aber eines der kirchlichen Stamm-Milieus, aus denen sich in erheblichem Maße der Gottesdienstbesuch am Sonntag-Morgen rekrutiert. Umgekehrt werden in Baden-Württemberg die Milieus zunehmen, die der C-Säule zugehören und die postmodern geprägt sind. Genau sie fremdeln weithin aber bislang mit Kirche, wenn man darunter kirchliches Leben vor Ort und kirchliche Angebote versteht.

Welche Konsequenzen ziehen wir als Kirche und Christen daraus? Klar ist: Die Kirche steht nicht mehr im Dorf. Wir sehen auch im MRT die Spuren eines tief- und weitreichenden Säkularisierungsprozesses. Werden wir als Kirche bereit, uns auch auf die Lebenswelten einzulassen, in denen es zwar einerseits noch recht viele Kirchenmitglieder gibt, die aber andererseits keine konservativ-christliche Prägung mehr erkennen lassen? Oder – auch das ist theoretisch eine Option – ziehen wir uns auf die Lebenswelten im Bereich der A- und B-Säule zurück, die wir als christlich und kirchlich akzeptieren können?

Gesellschaftlicher Wandel im Spiegel der Sinus-Milieu-Forschung[14]

Im Wechsel der Sinus-Milieu-Modelle bildet sich auch gesellschaftlicher Wandel ab. Man wird beim Vergleich der Modelle allerdings hohe methodologische Sorgfalt walten lassen müssen. Jedes Milieu-Modell ist ja nur eine Momentaufnahme.

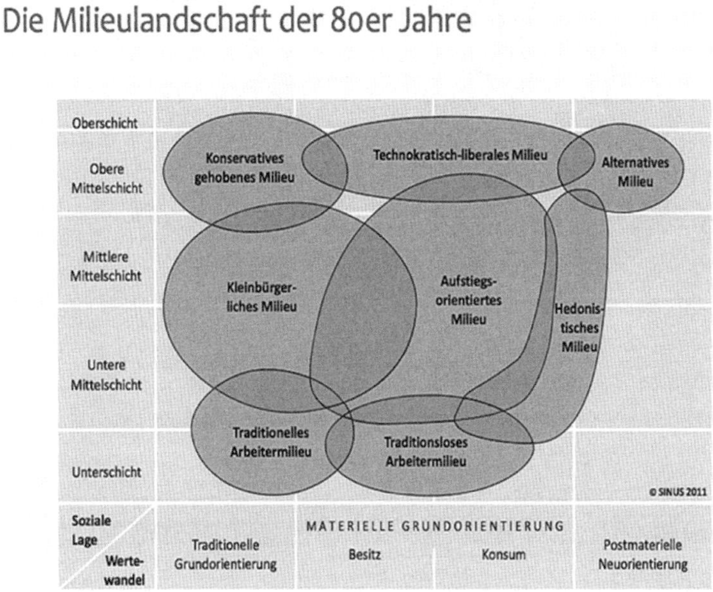

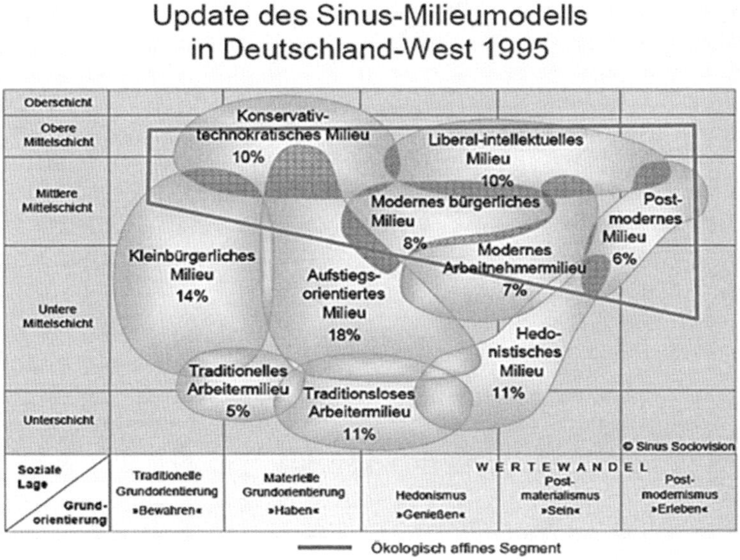

[14] Vgl. zu den Details *Hempelmann*, Gott im Milieu, 55ff.

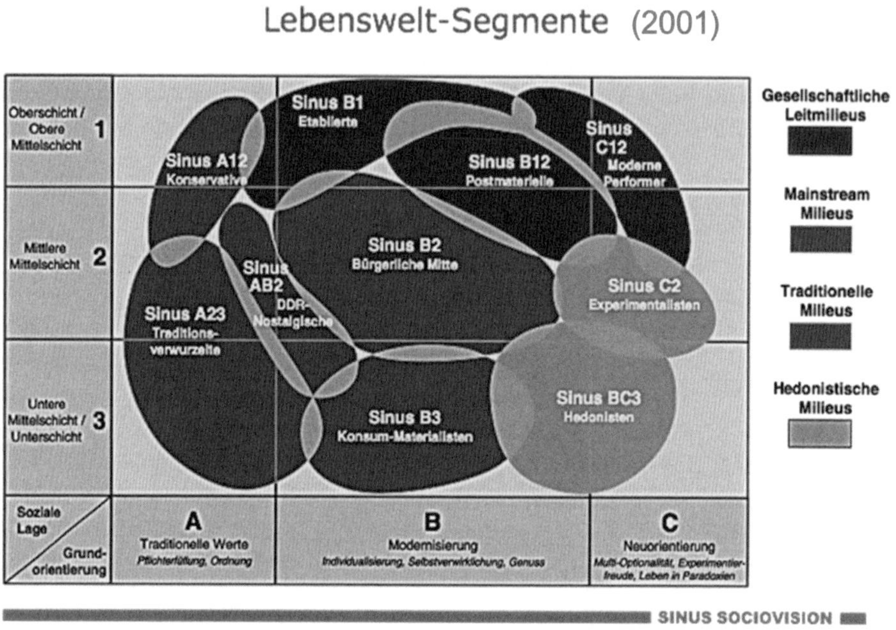
Lebenswelt-Segmente (2001)
Oberschicht / Obere Mittelschicht 1
Mittlere Mittelschicht 2
Untere Mittelschicht / Unterschicht 3
Sinus B1 Etablierte
Sinus A12 Konservative
Sinus B12 Postmaterielle
Sinus C12 Moderne Performer
Sinus B2 Bürgerliche Mitte
Sinus AB2 DDR-Nostalgische
Sinus A23 Traditionsverwurzelte
Sinus C2 Experimentalisten
Sinus BC3 Hedonisten
Sinus B3 Konsum-Materialisten
Soziale Lage
Grundorientierung
A Traditionelle Werte
Pflichterfüllung, Ordnung
B Modernisierung
Individualisierung, Selbstverwirklichung, Genuss
C Neuorientierung
Multi-Optionalität, Experimentierfreude, Leben in Paradoxien
Gesellschaftliche Leitmilieus
Mainstream Milieus
Traditionelle Milieus
Hedonistische Milieus
SINUS SOCIOVISION

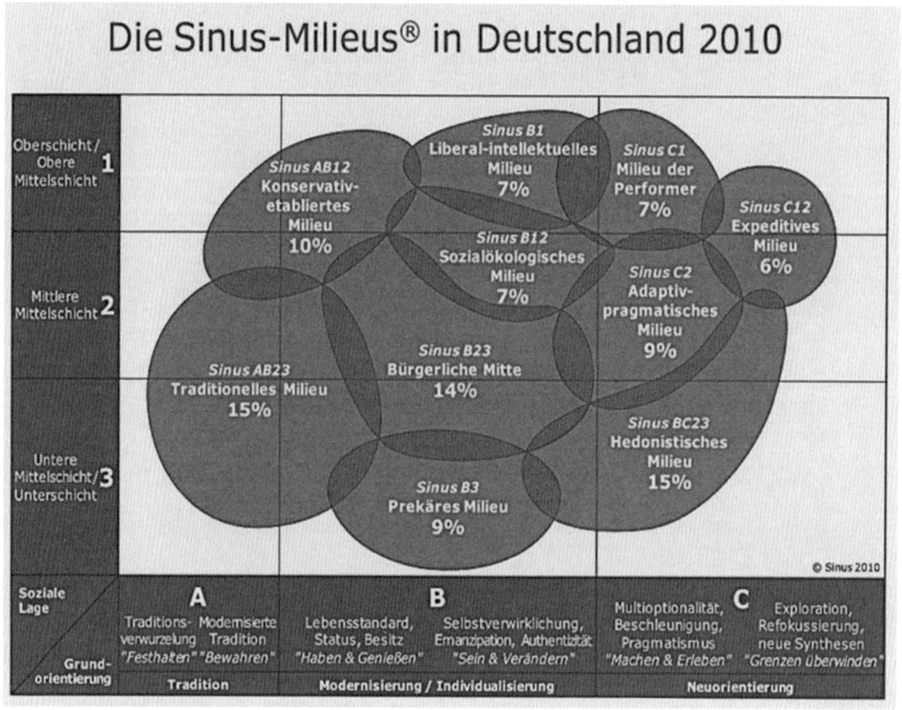
Die Sinus-Milieus® in Deutschland 2010
Oberschicht / Obere Mittelschicht 1
Mittlere Mittelschicht 2
Untere Mittelschicht / Unterschicht 3
Sinus B1 Liberal-intellektuelles Milieu 7%
Sinus AB12 Konservativ-etabliertes Milieu 10%
Sinus C1 Milieu der Performer 7%
Sinus C12 Expeditives Milieu 6%
Sinus B12 Sozialökologisches Milieu 7%
Sinus C2 Adaptiv-pragmatisches Milieu 9%
Sinus B23 Bürgerliche Mitte 14%
Sinus AB23 Traditionelles Milieu 15%
Sinus BC23 Hedonistisches Milieu 15%
Sinus B3 Prekäres Milieu 9%
© Sinus 2010
Soziale Lage
Grundorientierung
A
Traditions-verwurzelung "Festhalten"
Modernisierte Tradition "Bewahren"
B
Lebensstandard, Status, Besitz "Haben & Genießen"
Selbstverwirklichung, Emanzipation, Authentizität "Sein & Verändern"
C
Multioptionalität, Beschleunigung, Pragmatismus "Machen & Erleben"
Exploration, Refokussierung, neue Synthesen "Grenzen überwinden"
Tradition
Modernisierung / Individualisierung
Neuorientierung

Vergleiche leben von Konstanten. Aber worin bestehen diese? So wechseln ja von Modell zu Modell die Milieus. Es gibt ja nicht die Milieus an sich, die dann Quantität und Lokalität verändern, also wachsen bzw. schrumpfen und dann nach links oder rechts auf der Skala der Grundorientierungen wandern. Vielmehr definiert sich ja ein Milieu vor allem durch seinen Ort in der Konstellation aller anderen. Hier finden dann auch Betrachtungen wie der Milieu-Regio-Trend mit seiner Prognose über anderthalb Jahrzehnte ihre deutliche Grenze. Was wissen wir, ob es in 10 Jahren noch ein Expeditives Milieu gibt? Zwischen 2001 und 2010 ist das Milieu der DDR-Nostalgischen so weit geschrumpft, dass es nicht mehr abbildbar war, das Milieu der Adaptiv-Pragmatischen als völlig neue Lebenswelt dazu gekommen. Mit einem solchen Wandel ist ja auch für die Zukunft zu rechnen.

Diese methodologisch bedingten Einschränkungen einkalkuliert, lässt sich allerdings doch – aus heutiger Sicht und als Momentaufnahme! – sagen:

- Die von Sinus auf der Werteachse vorgenommene Feinjustierung bedeutet in der Sache, dass die recht grobe Grundorientierung nach Traditionsorientierung (Prämoderne), Moderne/ Individualisierung und Neuorientierung (Postmoderne) nicht ausreichend ist. Die verschiedenen Mentalitäten differenzieren sich weiter aus. Die mentale Segmentierung der Gesellschaft schreitet fort. Unsere Gesellschaft wird noch unübersichtlicher. Im Bereich der A-Säule lassen sich Traditionsverhaftete von Menschen unterscheiden, die Tradition insofern akzeptieren, wie sie sich bewährt hat. Im Bereich der B-Säule gibt es die schon bei E. Fromm zu findende Subdifferenzierung in Haben (und Genießen) und Sein (und Verändern-Wollen). Ganz spannend ist im Bereich der C-Säule die Ausdifferenzierung in ein pragmatisch-utilitaristisches Weltverhältnis einerseits und ein Streben nach Innovation und Selbst-Erfindung andererseits. Neben die Orientierung am Erleben und Genießen tritt hier die kreative Suche nach neuen Synthesen, in denen sich das Individuum selbst überschreitet.

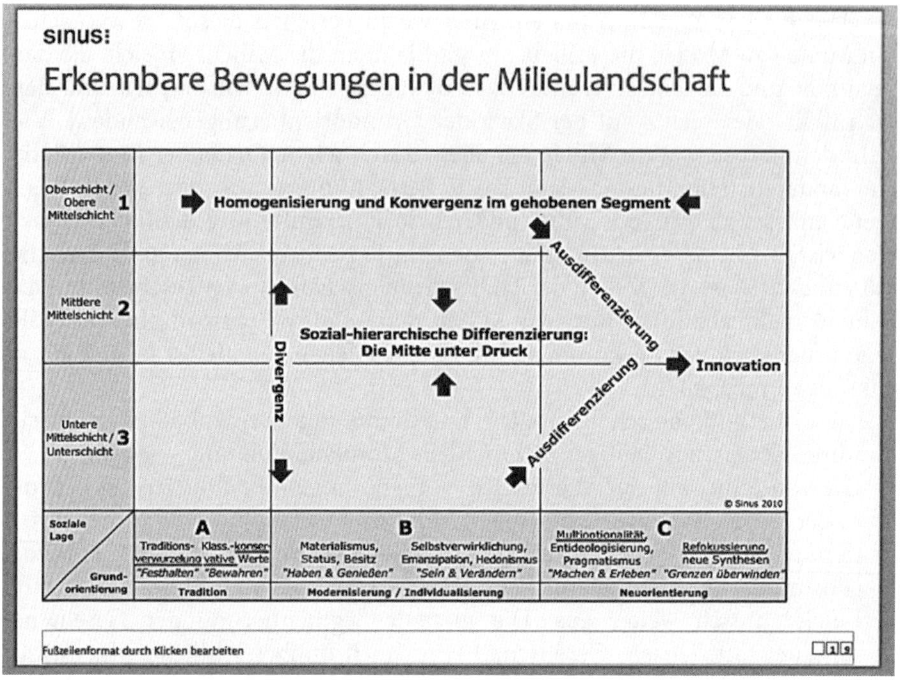

- Die Entwicklung über die letzten drei Jahrzehnte zeigt, dass einerseits der Bereich der A-Säule abschmilzt (es gibt im Milieu-Schema von 2010 kein eigenständiges Konservatives Milieu mehr), andererseits im Bereich der C-Säule neue Lebenswelten entstehen. Diese – das ist ein weiterer Befund – differenzieren sich immer weiter aus. Postmoderne Einstellungen und Lebensweisen gewinnen an Bedeutung, incl. der entsprechenden Ästhetisierungen der Lebenswelt(en). Der Milieu-Regio-Trend zeigt, dass der beschriebene Prozess nicht nur qualitativ relevant ist, sondern auch quantitativ.
- Interessanterweise gibt es im Bereich der Oberschicht eine mentale Konvergenz: Das Konservative Milieu verschmilzt mit dem Etablierten und ist in der A-Säule kaum noch nachzuweisen. Im Bereich der Mitte der Gesellschaft finden wir die schon beschriebene bemerkenswerte Ausdifferenzierung, die uns im Ergebnis von drei Mittelschicht-Milieus sprechen lässt, die je für sich ein spezifisches Profil haben. Das BÜM hat seine soziale Lage verlagert und weist – auch Konsequenz der Wirkungen der Finanzkrise – einen »Hängebauch« auf; sie reicht weit in den Bereich der Unterschicht hinein. Das bedeutet: die traditionelle Mitte gerät unter Druck. Das äußert sich mental in Abstiegssorgen und dem Wunsch nach Absicherung und Harmonie, betrifft aber nicht nur BÜM, sondern auch PRA.

All diese allgemeinen Entwicklungen haben konkrete Auswirkungen, auch für Kirche und Gemeinden.

b) Wie die Lebenswelt-Perspektive unser Bild von Kirche beeinflusst

1. Methoden erzeugen Bilder

Die Antwort auf die Ausgangsfrage scheint denkbar einfach zu sein. Was »SINUS« mit der Kirche macht? Gar nichts. Das Milieu-Modell ist nur eine Sehhilfe. Sie hilft uns, die Dinge besser zu sehen, im besten Fall auch: Dinge zu sehen, die wir bisher vielleicht noch nicht wahrgenommen haben. Aber dadurch verändert sich natürlich unser Bild von Kirche. Bestimmte Aspekte treten viel deutlicher hervor, in diesem Fall: die große Unterschiedlichkeit der Menschen, die mit Gründen zur Kirche gehören; andere treten mehr zurück, etwa die Einheit der Kirche. Das veränderte Bild von Kirche kann dann Erwartungen wecken, und diese Erwartungen können wiederum zu Fragen und Imperativen führen, was denn jetzt zu tun sei und noch getan werden muss. Und *das* kann dann sehr wohl zu einer veränderten Kirche führen.

Die vielerlei sehr hoch gesteckten Erwartungen an die SINUS-Studie und den Gebrauch des Milieumodells wie umgekehrt die teilweise sehr polemisch-emotionale Abwehr dieses Instrumentes haben vermutlich beide mit diesem Gespür zu tun: Das SINUS-Milieu-Modell ist zwar nur eine Methode, und diese dient allein dazu, etwas besser und noch einmal anders wahrzunehmen, aber diese Methode und die generierten Ergebnisse haben es dennoch in sich.

Das legitimiert die vorliegenden Reflexionen zur ekklesiologischen Bedeutung der Lebensweltperspektive, wie wir sie im SINUS-Milieu-Modell in der Typologie der SSBW, aber auch in anderen Ansätzen wie etwa dem Modell von Schulz/Hauschildt/Köhler finden. Mit anderen Worten: Es ist nicht gleichgültig, mit welchen Methoden wir arbeiten und für welche wir uns öffnen. Durch die verschiedenen Methoden ergeben sich verschiedene Sichtweisen und eben auch Bilder von Kirchen.

Schon diese Einsicht hat aber Konsequenzen. Denn ein Bild von Kirche haben wir ja schon jetzt. Die Frage ist, ob es zureichend ist oder ergänzungsbedürftig und ob wir es uns leisten können, auf diese spezielle Sehhilfe zu verzichten. Viele denken bei Kirche an die Kirchgänger, die sich »treu« zur Kirche halten, die den Gottesdienst und andere Angebote der Kirchengemeinde vor Ort wahrnehmen oder – wie es schon ziemlich wertend heißt – zur »Kerngemeinde« gehören. Zur selben Gemeinde gehören aber ja auch eine ganze Reihe von Personen, die sich kaum und selten in den Regelveranstaltungen blicken lassen, aber sehr wohl alle zwei Jahre auf die Kirchentage fahren und diese als ihre »Kirche« ansehen, oder die sich zu einer Jugendkirche halten, in der sie sich ohne weitergehenden Anspruch beheimaten, auch ohne den Wunsch, sich zur Sonntagsmorgengottesdienstgemeinde zu halten, die für sie gerade die (Gestalt von) Kirche ist, die sie nicht anzieht. Lebensweltforschung lehrt, diese anderen Formen von Kirche als solche zu würdigen und nicht nur als minderwertige Formate von Gemeinde abzuwerten.

Wer die SINUS-Brille aufzieht, sieht Gemeinde nicht mehr nur als Gemeinschaft der Heiligen/Erlösten/Gerechtfertigten/Getauften, je nachdem worauf theologisch der Akzent ruht. Kirche wird erkennbar als Ensemble sehr unterschiedlicher Menschen, mit sehr unterschiedlichen Erwartungen an Kirche und Pfarrerin und Einstellungen zu Glauben, Gott, Gottesdienst und Gemeinde. Schaut man näher hin, wird Kirchenmitgliedschaft auf sehr unterschiedliche Weise begründet und Nähe wie Distanz zur Gottesdienstgemeinde, zum Kirchengebäude wie zu anderen Einrichtungen interessanterweise mit ästhetischen und kulturellen Interessen und Prägungen plausibilisiert, also oft ganz untheologisch. Das macht es nicht einfacher. An die Stelle der abstrakten Redeweise von der Kirche, an die Stelle der Einheitsperspektive tritt ein Ensemble von Differenzen, auf die wir Rücksicht nehmen müssen, wenn wir den Menschen gerecht werden wollen. An die Stelle der einen Kirche treten – im besten Fall – Milieukirchen, von denen die Sonntagsmorgengottesdienstgemeinde nur eine ist. An die Stelle der einen Volkskirche als erratischem Block tritt die segmentierte Volkskirche, die ihre Mitglieder interessanterweise in allen Milieus hat und die die Segmentierung der Gesellschaft 1:1 nachvollzieht (vgl. Graphik T8). Der Schock der kirchlichen Milieuforschung besteht ja nicht nur darin, dass Kirche nur vier von sechs Milieus wirklich erreicht. Er besteht ja auch darin, dass es Kirche überhaupt in allen Milieus gibt, insofern es selbst in postmodernen Milieus der C-Säule (Neuorientierung/Postmoderne) einen prozentualen Anteil an den Kirchenmitgliedern gibt, der dem an der allgemeinen Bevölkerung in Baden-Württemberg weitgehend entspricht (vgl. Graphik T2). Ist Kirche nicht viel homogener? Hatten wir das nicht stillschweigend vorausgesetzt, dass sie im Wesentlichen aus traditionsorientiert-prämodernen, bürgerlichen und einigen hochengagiert Postmateriellen besteht?

Wenn wir nach der Bedeutung des SINUS-Modells oder allgemeiner: nach der Bedeutung der Lebensweltperspektive für Kirche fragen, dann steht darum am Anfang eine Frage und eine Entscheidung: Sind wir überhaupt daran interessiert, unser Bild von Kirche zu erweitern, auch zu verändern und zu korrigieren? Schon hier passiert eine Weichenstellung für Kirche, die von großer Bedeutung ist.

Für diese Entscheidung spielen auch psychologische Gesichtspunkte eine Rolle. Die Kirche, die wir kennen, mit der können wir umgehen. Wir mögen vielleicht nicht alles an ihr, aber wir wissen sie zu managen. In Zeiten der Krise und des Umbruchs ist es verlockend und kann es sehr plausibel sein, sich auf das Bewährte zurückzuziehen, selbst wenn es nicht mehr so gut funktioniert wie

»früher«. Die Lebensweltperspektive transportiert das Versprechen, gerade die Krise und den Wandel besser verstehen zu lernen und Hilfen für angemessenere Reaktionen zu finden. Aber sie beinhaltet natürlich insofern ein Risiko, als sie plausibel macht, dass Veränderungen notwendig sind. Im Grunde steuern wir also schon durch die Wahl oder Abwahl einer Methode unser Bild und damit auch ein Stück weit die Zukunft von Kirche. In der Debatte um kirchliche Milieuforschung wäre es in manchen Fällen ehrlicher und zielführender, den Fokus auf die eigenen Vorstellungen von und Erwartungen an Kirche zu lenken und die differenten Kirchenbilder zu artikulieren und zum Gegenstand der Kontroversen zu machen. Konkret hieße das dann etwa: Wollen wir HED im kirchlichen Leben – oder eher nicht? Sind wir mit der gegebenen Prägung ganz zufrieden und wollen unter uns bleiben, oder sehen wir unseren Auftrag als Volkskirche weitergehen?

2. Die eine Kirche und die gespaltene Kirche

Die Übersicht der SSBW macht deutlich:

- Es gibt Milieus, in denen die Kirchen im Vergleich zum Land Baden-Württemberg – teilweise deutlich – überrepräsentiert sind. Das trifft vor allem auf SÖK zu, aber auch auf KET und BÜM. Selbst das TRA ist in der Kirche noch stärker repräsentiert als im Landesdurchschnitt.
- Es gibt Milieus, die überraschen: LIB, PER und EPE liegen im Landesdurchschnitt. Ein Prozent Differenz liegt im Bereich des statistischen Rauschens und rechtfertigt keine Deutung im Sinne einer Abweichung.
- Es gibt drittens Milieus, die deutlich unter dem Schnitt liegen. Man wird die Zahlen für das HED, PRA und auch für das PRE aus den genannten Gründen korrigieren müssen: HED gemessen 7 %, realistisch 9 %, PRA gemessen 4, realistisch 6–7 %, PRE gemessen 1 %, realistisch 3–4 %.

Unter dem Strich bedeutet das, abgekürzt formuliert: Es gibt Milieus, die in der Kirche stark vertreten, solche, die in Kirche durchschnittlich präsent sind, und unterdurchschnittlich repräsentierte. Aber es gibt keine, in denen sie nicht in nennenswertem Umfang Mitglieder hätte.

Kirche ist also, jedenfalls aus soziologischer Perspektive, viel bunter, vielfältiger und heterogener, als man meinen könnte, wenn man sich vorwiegend im Bereich der Kerngemeinde bewegt und diese im Blick hat. Diese überraschende Einsicht bedeutet zunächst eine Störung des normalen, üblichen Bildes von Kirche:

- *Die* Kirche gibt es ebenso wenig wie *die* Gesellschaft. Kirche vollzieht die Zerspaltung der Gesellschaft geradewegs nach. Das kann ja gar nicht anders sein. Das ist aber auch enttäuschend.
- Kirche ist tatsächlich immer noch Volkskirche und hat Mitglieder in allen Milieus.

- Kirche hat ein Drittel Mitglieder, die abgesehen von gelegentlichen und eher seltenen Kasualien in ihren Regelveranstaltungen eher nicht in Erscheinung treten und von ihren Regelangeboten, vorwiegend der Kirchengemeinde, eher nicht angesprochen werden.

Diese Befunde »stören« in mehrfacher Hinsicht:
- Sie lassen zunächst einmal ganz schlicht nach der Ressourcengerechtigkeit fragen. Wenn Kirche die Kirche aller ist, ist sie dann auch für alle da, und zwar in gleicher Weise? Was bedeutet das für den Einsatz der Kirchensteuermittel und die Tätigkeit von Pfarrern/innen?
- Wenn Kirche in sozialer und mentaler Hinsicht so unterschiedlich ist, worin besteht denn dann ihre Einheit? Die Abwehr sozialwissenschaftlicher, soziale und mentale Unterschiede thematisierender Forschung wird hier noch ein Stück weit mehr verständlich und plausibel.
- Die Frage wird drängend, wie theologische Dogmen und lebensweltliche Befunde verbunden werden können. Wir werden sie als theologische Herausforderung noch einmal thematisieren. Eines freilich ist jetzt schon klar: Die Leugnung der Existenz unterschiedlichster Milieus im Raum der Kirchengemeinde (vgl. die Prognosen der Microm-Geo-Milieu-Daten über die Wahrscheinlichkeit, in einer bestimmten Region Milieus anzutreffen) und unter den Mitgliedern der Kirche im Namen der Einheit der Kirche sind nicht zielführend.

3. Milieuperspektive und ergänzende, neue Formen von Kirche (»fresh expressions«)

Die Lebensweltforschung weist auf, dass die einzelnen Milieus sich grundlegend unterscheiden durch
- ihre Ästhetik, auch durch ihren Musikgeschmack, durch das, was für sie ein begehrter Ort ist und was als »Unort« gilt, bei dem man sich noch nicht einmal überlegen würde, ob man ihn aufsucht,
- ihre Partizipationsweisen: PRE packen lieber handfest an, fühlen sich aber abgeschreckt, wo Postmaterielle ihre Chance für Selbstbestätigung sehen: im Umgang mit Wort und Schrift; PRA fragen sehr genau, worin der Nutzen für sie besteht, für SÖK ist schon diese Frage ein Problem, geht es doch darum, den anderen zu zeigen, wie die Welt gerettet werden kann;
- ihre Kommunikationsweisen und ihren Mediengebrauch: Wo der TRA den Gemeindebrief an zentraler Stelle aufbewahrt, nicht ohne ihn vorher genau »studiert« zu haben, ist dieses Medium für den EPE und HED höchstens dann relevant, wenn er ihn über die hoffentlich aktuelle Seite der Kirchengemeinde herunterladen kann, um zu wissen, wann er denn zu Taufe und Konfirmation erscheinen muss;

- ihre Gemeinschaftsformate: Wo BÜM Kirche als erweiterte Familie unterstellen und entsprechende Veranstaltungsformate wünschen (»warum gibt es nur so wenig Familiengottesdienste?«); wo KET nicht erwarten, in kirchlichen Kontexten auf Ihresgleichen zu treffen; wo TRA hoffen, Altbekannten zu begegnen und Geselligkeit suchen, da präferieren SÖK und LIB Foren mit globalem Horizont und herausfordernden Themen; da fragen PRA, was ihnen eine Begegnung bringt, und PER suchen nach dem, was sie in einer aufgeschlossenen Gruppe bewegen können. EPE und HED werden die von anderen geliebte und geschätzte Stetigkeit und Gleichförmigkeit »ätzend« und die Idee einer Dauervergemeinschaftung abstoßend, weil im Kernkonflikt mit der eigenen Lebensweltlogik empfinden.

Die pikante Pointe der Milieuperspektive auf Kirche ist ebenso klar wie provokativ: Das, was sich meist als den Repräsentanten von Kirche versteht, die örtliche Kirchengemeinde, ist selber nur Milieukirche und eben nicht – wie ebenso unausgesprochen wie selbstverständlich – *die* Kirche; Gottesdienst ist »nur« eine Submilieuveranstaltung, die im Durchschnitt – auch das sagen die Zahlen unmissverständlich – von 4% der Mitglieder angenommen wird, aber eben nicht die Veranstaltung für alle, wie die gelb- und violettweißen Ortseingangsschilder in vielen süddeutschen Gemeinden suggerieren.

Wieder stört die Milieuperspektive das gängige Bild von Kirche, und zwar an zentraler Stelle. Sie stellt die Mittelpunktstellung des traditionellen Rückgrats von Kirche ebenso in Frage, wie sie einen plausiblen Erklärungsansatz für den evidenten Rückgang an Attraktivität für den Sonntagsgottesdienst als ehemalige Hauptveranstaltung von Kirche anbietet. In einer fragmentierten und segmentierten, sich mental und soziokulturell immer weiter ausdifferenzierenden Gesellschaft – und Kirche! – kann ein solches Veranstaltungsangebot nur für einen Teil der Mitglieder attraktiv, anziehend sein.

Die Ortsgemeinde als Milieugemeinde hat in der Anziehungskraft, die sie für 2–3 Milieus entfaltet, ebenso ihre Legitimation, wie sie zu der Frage provoziert, welche kirchlichen Formate es denn für die Milieus gibt, die nicht BÜM, TRA oder KET sind.

Aus lebensweltlicher Perspektive ist die Prägung einer Kirchengemeinde durch TRA und BÜM als dominanten Milieus kein Problem, sondern eher eine zu erwartende Selbstverständlichkeit, die zur Attraktivität der Gemeinde für Menschen beiträgt, die eben ähnlich geprägt sind. Umgekehrt führt das zu der Frage, welche Formate von Gottesdienst, Gemeinschaft, Partizipation, Ästhetik, Veranstaltung Kirche denn für die Milieus vorhanden sind, die immerhin ein Drittel ihres Mitgliederbestandes ausmachen.

Die Milieuperspektive mit ihrer Differenzierung unterschiedlicher Lebenswelten leitet geradezu dazu an, nach Formaten zu fragen, die der jeweiligen Lebenswelt entsprechen und womöglich aus dem Milieu herauswachsen. Kirche auf der Messe, auf dem Campingplatz, im Grünen, im Europa-Park oder auf dem Stadtfest sind nur aus der Perspektive von BÜM, TRA, KET und SÖK ein Problem, nicht aber für die, für die sie da sind.

Konsequenterweise müssten diese Angebote, mit denen Kirche tief in die unterschiedlichen Lebenswelten hinein reicht, nicht nur vermehrt werden, sie müssen auch den Anspruch des Besonderen und Außerordentlichen verlieren. In einer segmentierten Gesellschaft sind sie die Normalität, ebenso wie die normale Kirchengemeinde unter Milieuperspektive etwas Besonderes ist.

Der nicht mehr nur in Großbritannien zu findende, sondern auch in Deutschland breit rezipierte Ansatz von *fresh expressions of church*[1] macht im Grunde nichts anderes, als der Milieudifferenzierung kirchlich zu entsprechen. Das Evangelium soll in alle Lebenswelten hinein. Darum braucht es LoGs und LoKs, lebensweltorientierte Gemeinden und Kirchen, die zu Wegweisern und Lokomotiven einer zukunftsfähigen Kirche werden.

Spannend ist natürlich die Frage, wie sich diese *fresh* expressions zu den *traditional* expressions verhalten und ob, ja wie sie eine *mixed economy* bilden können: ein kirchliches Gebilde, in dem alte und neue kirchliche Formate nebeneinander stehen, sich ergänzen und zum Wohle des Ganzen, *der Kirche*, zusammenwirken. Kirche ist hier verstanden als theologischer Leit- und Zielbegriff. Mit dieser Kirche im theologischen Sinne ist keine der vorfindlichen, geschichtlich gewordenen, soziokulturellem Wandel unterworfenen Gestalten von Kirche identisch.

Die erörterten Dimensionen stellen vor eine ganze Reihe von theologischen Herausforderungen, die dann nicht zum Problem werden, wenn ihre Erörterung ein kreatives Potential im Denken über Kirche freisetzen kann.

4. Theologische Herausforderungen

Insgesamt stehen wir vor mindestens vier theologischen Herausforderungen, auf die wir uns einlassen müssen, wenn wir die Milieu- und allgemeiner: die Lebensweltperspektive implementieren. Es sind Weichenstellungen gefragt, die nicht einlinig entweder eine evangelikal-charismatisch-neupietistisch oder liberal-modern-protestantisch oder hochkirchlich-traditional bestimmte Ekklesiologie unterstützen. Die Frage: wer steckt dahinter, wer soll gestärkt, wessen Einfluss soll vergrößert werden, hilft nicht sehr weit.

1 Vgl. *Heinzpeter Hempelmann*, Das regionale Netz des Evangeliums spinnen. Gemeinsam in aller Verschiedenheit, in: *Christhard Ebert / Hans-Hermann Pompe* (Hg.), Handbuch Kirche und Regionalentwicklung. Region, Kooperation, Mission, Leipzig 2014, 177–205.

a) Herausforderung 1: Kirche kreativ und flexibel denken

Kirche und Gemeinden alternative, noch einmal andere Gestalten, Formate, Ordnungen geben, geht das überhaupt? Kirche nicht anpassen, aber so leben, dass es für Menschen in den unterschiedlichen Lebenswelten möglich wird, an sie anzudocken – dem steht *theologisch* nichts entgegen. Die verschiedenen Bekenntnisschriften formulieren keine Ordnungen, sondern geben Kriterien vor für das, was Kirche ist. Nach protestantischem Verständnis ist Kirche ja vor allem eines: *creatura verbi*, also eine soziale Gestalt, die sich letztlich dem Wort Gottes verdankt. Die Verkündigung durch die Predigt und die Sakramente sind denn auch die beiden Gestalten des Wortes Gottes, die Voraussetzung dafür sind, dass eine Versammlung der Heiligen, eine Gemeinschaft derer, die geheiligt und gerechtfertigt sind, entsteht und existiert. Das lässt natürlich maximalen Spielraum. Das gibt nicht vor, wie lange eine Gemeinde bestehen muss, um Gemeinde zu sein; wo sie sich versammeln muss, um als Kirche anerkannt werden zu können; welche Formen von Mitgliedschaft nötig sind; wann man sich als Kirche allein versammeln kann – und was keine gottesdienstlichen Zeiten sind; was Orte und was Unorte für Gottesdienst sind; auch nicht, ob ein Pfarrer oder eine Pfarrerin dabei sein muss. Das alles regeln höchstens Ordnungen. Aber die sind genauso änderbar, wie sie andere Ordnungen abgelöst haben. Das alles kann auch gar nicht anders sein, weil Kirche sich nicht sich selbst verdankt, sich nicht selbst entwirft, sondern dem Herrn der Kirche, der sie gestiftet hat, in immer neuen Formen und durch steten Wandel hindurch erhält und in immer neuer Weise schafft. Mit anderen Worten: Was Kirche ist, bestimmen nicht wir, Gott schafft sie. Unsere Aufgabe ist die der Wahrnehmung und des demütigen Nachvollzugs der ekklesiogenen Kreativität Gottes. Die Orientierung an Ordnungen aus vergangenen Zeiten darf nicht zum Götzendienst werden.[2]

b) Herausforderung 2: Ist Kirche wirklich für alle da?

Die evangelischen Kirchen verstehen sich durchweg als Volkskirchen. Die Evangelische Landeskirche in Württemberg und die Evangelische Kirche in Baden zählen die Barmer Theologische Erklärung zu ihren Bekenntnisschriften. Die Barmer Theologische Erklärung formuliert als Aufgabe und Merkmal der Kirche, die Botschaft von der freien Gnade Gottes auszurichten allem Volk (vgl. Barmen IV).

In einer »vielfältig kulturell geprägten Gesellschaft«[3] wird das zu einer Aufgabe mit einer quantitativen und nunmehr auch qualitativen Dimension. Es entsteht neu die Frage: Was heißt eigentlich »allem Volk«? Oder ehrlicher formuliert: Was soll »allem Volk« heißen?

2 Das gilt z.B. für die nahezu exklusive Geltung, die der Parochie als *der* und allein legitimen selbstverständlichen Gestalt von Kirche mental weithin zukommt.

3 Gemeinsam Evangelisch; EKD-Texte 119, 2014, 7.

- Heißt es wirklich: Kirche für alle Milieus, Kirche nicht nur für die, die sich mit ihrer sozikulturellen Prägung mehr oder minder wohlfühlen in, bei und mit Kirche? Kirche nicht nur für die Traditionsorientierten, Bürgerlichen, Sozialökologischen und Konservativ-Etablierten? Hier steht der Anspruch, Volkskirche zu sein, konkret auf dem Spiel. Als Alternative lockt das freikirchliche Modell, das auf Grund der von vornherein begrenzten Größe und Grenze der Möglichkeiten einen milieuverengten Weg geht.
- Heißt es wirklich, Kirche ohne Bedingungen zu sein? Auch hier hilft der Blick auf den Regelfall freikirchlicher Ekklesiologie. Diese sucht die Definition der Identität des eigenen Kirche-Seins, indem sie ganz bewusst Grenzen formuliert und auch Minimalanforderungen markiert. Bedingung für die Zugehörigkeit zu einer Kirche ist volkskirchlich lediglich der Wunsch, zu dieser Kirche zu gehören und die im Regelfall an einem als Kind vollzogene Taufe und die damit gegebene Eingliederung nicht rückgängig zu machen. Wie ein Kirchenmitglied seine Mitgliedschaft gestaltet, ob es seine Glaubenspraxis intensiviert oder nicht, ob und wann es in verschiedenen Phasen Nähe oder Distanz zur Kirchengemeinde und zur Pfarrerin, zu Angeboten der Kirche und zur christlichen Spiritualität sucht, welche Einstellungen es hat, woran es zweifelt und was seine Gewissheiten sind, wo es an traditionelle Formen von christlicher Religiosität anknüpft und wo es sich synkretistisch verhält und auch fremde Elemente in seine Patchworkreligion einbaut, ist dann ins Ermessen des Einzelnen als religiösen Subjekts gestellt. Greifbar wird das etwa bei Anlässen wie Taufe und Bestattung, die eine bemerkenswerte Pluralisierung der Inszenierung erfahren und die oft ästhetische wie theologische Toleranz der hauptamtlich Verantwortlichen stressen und an ihre Grenzen bringen. – Wollen wir wirklich und programmatisch eine solche Kirche, in der sich das Individuum als religiöses Subjekt – also in Freiheit – verhält, Kirche umgekehrt bereit ist, einen Rahmen für diese plurale Praxis zu bieten, Menschen aber einlädt zu dieser Botschaft von der freien Gnade Gottes, indem sie sie an – ihr oft sehr entlegen vorkommenden – Orten abholt und ihnen soziokulturell ausdifferenzierte Gelegenheiten bietet, an »kirchliche« Angebote anzudocken? Vielen wird dieser Weg viel zu wenig eindeutig sein; vielen wird er viel zu vage und offen sein. Es ist ein Weg, den nur eine Volkskirche, in bewusstem Gegenüber zu einem freikirchlichen Modell, gehen kann. Es ist ein Weg, den nur eine Kirche gehen kann, die sich ihrer selbst und ihres Auftrages sehr bewusst ist und die in der gemeinsamen Loyalität gegenüber dem Herrn der Kirche ein Gegengewicht zu einer Pluralität besitzt, die sie sonst zu zerreißen und ihr Profil völlig zu diffundieren droht. Kirche kann sich umso mehr Vielfalt leisten, je klarer die Verantwortlichen verbunden sind im Glauben an denselben Gott. Da sich dieser freilich unterschiedlich ausdrücken kann, muss Kirchenleitung gewährleisten, dass für die Mitglieder der Kirche erkennbar bleibt und wird, was oder besser: *wer der* sie Verbindende ist. Das ist ein überaus anspruchsvolles Programm. Wir lassen uns auf es ein, wenn wir die Überzeugung gewinnen, dass es uns hilft, in einer stark ausdifferen-

zierten Gesellschaft allem Volk die Botschaft von der freien Gnade Gottes *nahe* zu *bringen*.[4]

- Heißt es wirklich: Kirche nicht nur für die konservativ-traditionell-bürgerlich Eingestellten? Wir stehen wieder vor einer herausfordernden und ggf. folgenreichen Weichenstellung. In unserer Kirche finden wir Menschen mit prämodern-traditionsorientierter Mentalität, mit modern-kritischer Grundorientierung und mit einem postmodern-pluralistischen Mindset[5]. Welches ist das Richtige? Welches soll dominieren? Über Jahrhunderte war der christliche Glaube die Leitkultur des Abendlandes. Die in der Tradition gewordenen Überzeugungen bildeten über sehr lange Zeit den gesellschaftlichen Mainstream, und sie wirken bis heute fort. Für sehr viele Menschen ist bis heute, sowohl aus affirmativer wie aus kritischer Perspektive, christlicher Glaube Inbegriff der Tradition, Konvention, des Herkömmlichen, auch Unbeweglichen, Fixierten. In den letzten beiden Jahrhunderten hat es der Protestantismus geschafft, Anschluss an die Moderne zu finden und sich mindestens teilweise ein modernes Gesicht zu geben: Kritik, Fortschritt und protestantisches Christentum bilden weithin keine Gegensätze mehr (von der Organisationsform protestantischer Institutionen einmal abgesehen). Für unsere Kirchen bedeutet das: Es besteht eine hohe Affinität und gefühlte Nähe zu moderner und prämoderner Mentalität, auch wenn deren Verhältnis in unserer Kirche nicht spannungsfrei ist. Was aber ist mit der postmodern-pluralistischen Mentalität? Von kirchlicher Seite nahezu unbemerkt hat sich in den letzten drei Jahrzehnten eine als Postmoderne qualifizierte Grundorientierung in weiten Teilen unserer Bevölkerung gebildet, die ihren konkreten lebensweltlichen Ausdruck in den SINUS-Milieus der C-Säule findet. Wo kirchliche Wahrnehmung dieser Lebenswelten stattfindet, ist sie häufig, ja im Regelfall kritisch-ablehnend. Die Ästhetiken wie die Einstellungen dieser neu aufgetauchten Mentalität stehen im Konflikt mit sowohl prämodern-traditionsorientierten wie auch mit modern-kritischen Überzeugungen und Anschauungen. Die propagierte Pluralität ist für Traditionsorientierte heterodox, für Moderne unkritisch. Apperzeption: Übernahme, Anwendung in den kirchlichen Bereich findet kaum und an vielen Orten gar nicht statt. Zu fremd scheint das den beiden kirchlichen Stämmen der Prämodernen und Modernen zu sein. Die Herausforderung besteht in dieser Situation nicht darin, dass sich Kirche anpasst, sondern dass sie sich auf einen vergleichbaren Prozess der Kontextualisierung einlässt, wie sie ihn in Antike (Rezeption der griechischen Philosophie, v.a. Platons und des Neuplatonismus), Mittelalter (Rezeption des über den Islam neu aktuell gewordenen Aristoteles) und Neu-

[4] Programmatischen Ausdruck findet dieser Ansatz in den von den beiden Landeskirchen in Baden und Württemberg unterstützten Veröffentlichungen »Handbuch Taufe« (2013) und »Handbuch Bestattung« (2015).

[5] Vgl. zur Unterscheidung der drei Mentalitäten die horizontale Achse des SINUS-Milieu-Milieus; zur Einführung *Heinzpeter Hempelmann*, Prämodern, modern, postmodern. Warum ticken Menschen so unterschiedlich?, Neukirchen-Vluyn 2013.

zeit/Moderne (Auseinandersetzung mit einer sich autonom begründenden Vernunft) vielfältig vollzogen hat. Kontextualisierung ist eine der zentralen missionstheologischen Aufgaben von Kirche. Sie entsteht dort, wo die Verkündigung des Evangeliums auf eine Kultur trifft, die vom Evangelium noch nicht oder kaum berührt oder gar durchdrungen wäre. Genau vor einer solchen Aufgabe steht eine Kirche heute, die sich in unserer milieudifferenzierten Gesellschaft vor Kulturen und Subkulturen sieht, die ihr fremd sind. Erschwerend, aber vielleicht auch hilfreich kommt hinzu, dass sie auf diese Kulturen nicht nur außerhalb ihrer selbst, sondern in ihren Mauern trifft, wie die Graphik der Milieulandschaft in ELKWü und EKiBa zeigt.

c) Herausforderung 3: von der Notwendigkeit einer Kehrtwende

Missional meint viel mehr und auch etwas ganz anderes als missionarisch. Der Ansatz bei der Milieusegmentierung – innerhalb und außerhalb der Kirchen – zielt nicht ab auf eine Stärkung der Ämter für missionarische Dienste, so wichtig diese sind und bleiben werden. Es geht auch nicht um spezielle, traditionell im Bereich des Neupietismus beheimatete Spezialanliegen. Wenn wir fragen, wie Volkskirche das Volk unter den Bedingungen einer segmentierten und fragmentierten Gesellschaft erreichen kann, reichen nicht ein paar zusätzliche Veranstaltungen und eventuell neu beschlossene Stellen. Es geht um eine vertiefte Sicht in die Sendung der Kirche, die anschließt an die Kommunikation des dreieinigen Gottes mit dieser Welt, an ihr Maß nimmt und sich an ihr orientiert. Missionale Kirche schließt an die Mission Gottes an. Sie entdeckt in der Mitte ihres Glaubens einen Gott, der Mensch wird, um Menschen zu erreichen; der nicht (mehr) erwartet, dass wir werden wie er; der vielmehr selber wird wie wir; der nicht mehr wartet, dass wir zu ihm kommen, der vielmehr zu uns kommt; der nicht mehr erwartet, dass wir ins Heilige/Heiligtum kommen, sich vielmehr in unsere Lebenswelt hineinbegibt (vgl. Phil 2,5ff). Nichts anderes bedeutet Weihnachten, Inkarnation, Menschwerdung Gottes in unser »Fleisch«, in unsere Welt hinein. Eine Kirche, die sich missional orientiert, steht in ihrem eigenen Kommunikationsverhalten vor einer Kopernikanischen Wende. Sie kann nicht mehr erwarten, dass die Menschen zu ihr kommen; sie geht vielmehr hin zu den Menschen. Aus der Komm-Erwartung wird eine Geh-Bereitschaft. Aus der Kirche mit Komm-Struktur wird eine Kirche der Geh-Struktur.

Das hat Konsequenzen. Über Jahrzehnte haben auch die missionarisch gesinnten Kreise in unserer Kirche Gemeindebau und Gemeindeaufbau betrieben, der durch das attraktionale Modell bestimmt war. Selbstverständliche Voraussetzung und selbstverständlicher Zielpunkt aller Bemühungen war – und ist es vielfach bis heute –: Die Menschen sollen zu uns kommen. Wenn sie das nicht tun, liegt das daran, dass Kirche, kirchliche Angebote nicht attraktiv genug sind. Attraktionales Modell heißt dann schlicht: Kirche muss ihre Attraktivität erhöhen, solange bis die Menschen, Mitglieder wie auch Nichtmitglieder, kommen, zu ihr kommen, in ihre Veranstaltungen und in ihre Räume kommen. Die kirchliche Milieuforschung führt hier zu einer grundsätzlichen Ent-Täuschung. Es gibt Milieus, die kommen nicht in kirchliche Räume, ganz gleich, was Kirche anbietet: Kirche, Gemeindehaus etc. sind Unorte. Das gilt in vergleichbarer Weise für PRE und HED, für KET und PER, wenn auch aus ganz unterschiedlichen Gründen. Theologisch motiviert ist die Zurückhaltung in den seltensten Fällen. Es geht um Ästhetik, um Lebensweltlogik, um das, was man – in dem jeweiligen Milieu – tut, und was man selbstverständlich nicht tut. Kirche und Gemeindehaus sind für PRE und HED Unorte, weil PRE spüren: Diese bürgerliche Welt ist nicht meine Welt; hier passe ich nicht hinein; sie wissen instinktiv: Den Verhaltens- und Kommunikationserwartungen können sie nicht entsprechen. HED fühlen sich nicht unterlegen, sondern lehnen im Gegenteil die konventionelle, angepasste bürgerliche Welt aus Überzeugung ab. Man geht nicht in die Kirche. Das ist gedankenlos, lächerlich. Kirche ist Inbegriff der Spaßbremse. Das würden KET ganz anders sehen. Kirche ist vielen in diesem Milieu inzwischen viel zu angepasst, ihre Angebote bis hin zum Gottesdienst verflacht. Auf ihresgleichen stoßen sie in diesem wenig anspruchsvollen Kontext eher nicht. Und wenn PER ein Gemeindehaus anfahren und keinen Parkplatz finden, weil dessen Vorplatz von wohlmeinenden SÖK mit Pollern abgesperrt ist, dann spüren auch sie, instinktiv: Sie sind hier nicht erwünscht und werden auch nicht erwartet, von der abgenutzten Ästhetik der Immobilie ganz abgesehen.

Was ist die Konsequenz aus alledem? Nicht Trotz, nach dem Motto: Wer nicht will, der hat schon; auch nicht Rückzug, in der resignierten Haltung: Wir erreichen sie eben nicht, sondern: Überprüfen und Ergänzen des attraktionalen Modells durch einen missionalen, inkarnatorischen Ansatz. Konkret heißt das: Kirche sucht die unterschiedlichen Lebenswelten auf, geht in sie hinein, kommuniziert mit den Menschen da, wo sie leben. Kirche und Gottesdienst ist dann für die KET nicht der Familiengottesdienst, den sie scheuen, sondern die Matthäuspassion und das Weihnachtsoratorium. Theologisch und musikwissenschaftlich vorsichtig eingebettet werden sie in kirchlicher Mitträgerschaft in einem dritten Raum wie einem Konzertsaal oder aber auch in einem Kirchengebäude aufgeführt und erreichen KET auf ihre Weise. PER lassen sich durch eine Veranstaltung mit einem hochkarätigen, gerade viel diskutierten Redner in einem 4****-Hotel ansprechen, das nicht um die Ecke liegen muss, aber eine Anfahrt wert sein sollte.

Der missionarische Auftrag der Kirche ist aus dieser Perspektive keine Sache einiger weniger Spezialisten, an die er delegiert werden kann; er ist aber auch keine Zusatzbelastung ohnehin schon überlasteter Hauptamtlicher im Verkündigungsdienst. Er ist die Sache derer, die in einem Milieu schon leben und die dort ihr Christsein entfalten wollen. Hierzu braucht es – v.a. für die Milieus der C-Säule – theologische Reflexion und mehr Hilfe, als sie Kirche und Theologie bisher schon bieten.

5. Geistliche Herausforderungen

Ist der Besitz des iPhone 6 in Gold nur Beweis dafür, dass jemand etwas Besonderes sein will, angeberisch und Mittel unchristlicher Abgrenzung von denen, die nicht über entsprechende materielle Möglichkeiten verfügen? Oder ist es geschmackvolles Attribut der eigenen Lebensweise, ein weiterer Ausdruck dafür, wie man sich versteht, dass einem Schönes wichtig ist und dass man bereit ist, für etwas Besonderes auch etwas zu investieren?

Die Antwort fällt je nach Lebenswelt, in der sie gegeben wird, völlig unterschiedlich, ja gegensätzlich aus. Die Abwehr ist hinüber und herüber sofort spürbar und spontan abrufbar. Die Ekelschranken sind schnell gezogen. So wie der/die möchte ich nicht sein. Für Kirche bedeutet das eine Herausforderung. Natürlich kann sie den Weg gehen, dass einige wenige in ihr eine Leitkultur etablieren, die sagt, was richtig ist. Aber genau damit wird sie ja dem Anspruch, alle einzuschließen, inklusiv und einladend zu sein, gerade nicht gerecht. Ist auch Kirche der Ort, an dem sich ein weiteres Mal *eine*, partikulare Kultur als allein richtige Leitkultur etabliert, nach deren Pfeife alle anderen tanzen müssen?[6] Ist dieses Problem erkannt, wird es erst recht spannend. Kirche versteht sich ja gerade theologisch als Gemeinschaft der Heiligen. Sie stellt eine Einheit da. Sie will diese natürlich auch repräsentieren und eine Gestalt geben. Aber wie ist das möglich, wenn die Milieusegmentierung, die sie mit der Gesellschaft teilt, in ihr dazu führt, dass Christen gegen Christen die Ekelschranken hochziehen und Distinktionsgrenzen errichten, um mit anderen nur nichts zu tun zu haben, mit diesem schrecklichen Musikgeschmack, mit dieser unmöglichen Kleidung, mit diesem unverantwortlichen Lebensstil, mit dieser trost- und lustlosen Konsumkritik …?

Die Anwendung der Lebensweltforschung lässt manche Konflikte in der Gemeinde vor Ort wie in der Kirche als Ganzer in neuem Licht erscheinen. Viele Auseinandersetzungen haben weniger einen theologischen oder gar geistlichen Grund. Sie sind vielmehr häufig soziokulturell und ästhetisch bedingt. Wenn sich junge Menschen heute weniger bereitfinden, auf Anfragen nach Mitarbeit einzugehen, liegt das nicht daran, dass sie weniger motiviert, bequemer, in ihrem Glauben weniger engagiert wären. Sie sind vielfach nur nicht bereit, sich auf unbegrenzte Dauer auf etwas verpflichten zu lassen, was sie nicht überschauen können, und sich auf etwas einzulassen, von dem sie nicht wirklich wissen, ob es (auf Dauer) zu ihnen passt. Wer die Formatierung der Nachfrage ändert und sich auf die jeweilige Lebensweltlogik einstellt, wird sehr schnell feststellen, wieviel bereitwillige Mitarbeit für definierte Aufgaben abgerufen werden kann [vgl. die Tabelle 3 zu Partizipation/Ehrenamt].

Die Milieuforschung, mit ihren Anleihen an der ethnologischen, völkerkundlichen Lebensweltforschung stellt ein ganzes Arsenal an Möglichkeiten zur

6 Das ist zugegebenermaßen ohne Respekt formuliert, aber mit dem Anspruch, theologisch oder ethisch eingehüllte Herrschaftsansprüche auf das in ihnen gegebene Dominanzpotential hin ideologiekritisch anzuschauen.

Verfügung, das kirchliche Leben, Zusammenleben und Nebeneinander wie Widereinander nicht nur kritisch zu akzentuieren, sondern ggf. auch neu zu gestalten. Es sind vor allem vier sozialpsychologische Theorieelemente, von denen Kirche profitieren kann. Sie gehören zusammen, und der Profit für Kirche besteht vor allem darin, dass sie zu Ent-Täuschungen helfen können:

- Gruppenbildungen über Distinktionsgrenzen und Ekelschranken,
- Inklusion und Exklusion,
- Dominanz von Milieus,
- Selbstrekrutierungsmechanismus.

a) Gruppenbildung durch Ekelschranken und Abgrenzung

Die vielleicht größte Kränkung, die Milieuforschung für die Kirche bereithält, ist die Zumutung zu erkennen, dass auch sie, die Kirche, sich aus Gruppen zusammensetzt. Ein Milieu ist aber nach einer gängigen Definition nichts anderes als eine Gruppe Gleichgesinnter. Die Bildung einer Gruppe und das Miteinander von Gruppen gehorcht allgemeinen Gesetzen, die eben auch für die Kirche gelten. Milieus definieren und konstituieren sich dadurch, dass sie sich voneinander abgrenzen. Menschen suchen in einer Lebenswelt Beheimatung. Sie suchen nach Identität. Sie wollen bestimmen und wissen, wer sie sind. Sie tun es, indem sie mit anderen ihrer Art zusammenleben; mit solchen, die in ähnlicher Weise wie sie ticken: denken, reden, handeln; die so eingestellt sind wie sie und die so kommunizieren wie sie; bei denen sie sich nicht ständig erklären müssen, bei denen sie vielmehr ähnliche Überzeugungen und Handlungsweisen voraussetzen können. Das entlastet, und es gibt Sicherheit. Gleich und gleich gesellt sich gern – das gilt auch heute noch. Es gilt vermehrt in einer Gesellschaft, die völlig unübersichtlich geworden ist und in der der Einzelne vor Optionen und Angeboten, auch in ethischer und weltanschaulicher Hinsicht, völlig den Überblick zu verlieren droht. In einer solchen Situation bietet die Gruppe mit ihrer Lebenswelt Orientierung, Identität, Absicherung, Entlastung. Hier denken ja alle so wie ich. Für mich bedeutet das: Ich bin normal, ich darf mich als normal empfinden, und ich muss mich nicht rechtfertigen. Die Gruppen Gleichgesinnter stützen mich im Gegenteil darin, dass ich/wir normal sind und die anderen nicht. Ist es nicht unmöglich, sich so zu kleiden; so zu reden; so mit seinem Geld umzugehen; so seine Freizeit zu verbringen; so zu wohnen; so ein Auto zu fahren; so seinen Partner zu behandeln; so seine Kinder zu erziehen? Jede Abstoßung anderer verbindet mit den eigenen Leuten. So leben die Milieus gerade nicht locker und freundlich nebeneinander her. Es stimmt zwar, dass sie nur wenig Berührungspunkte haben. Aber das hat Methode.[7] Ich bin, wer ich

7 Und es beruht auf der Methode der Erzeugung der »Kartoffeln«: Die Überschneidungsflächen zwischen den Milieus bedeuten methodisch, dass es eine ganze Reihe von Menschen gibt, die nur unscharf zuzuordnen sind und auf der Basis der zur Verfügung stehenden Daten nicht nur einem Milieu zugeschrieben werden können.

bin, als Teil einer *bestimmten* Lebenswelt. Wie sehr diese *bestimmt* ist, zeigt sich erst dann, wenn ich auf Personen treffe, die anderen »Milieus« angehören. Sie sind mir fremd, genauso wie ich ihnen fremd erscheine. Die Lebensweltforschung zeigt nun, dass diese Distinktionsgrenzen emotional hoch aufgeladen sind. Aus der Ethnologie stammt der Begriff der Ekelschranke. So, wie der andere sich gibt, verhält, kleidet, etc. – das geht gar nicht; das ist aber keine oder erst später eine kognitive Reaktion. Das ist eine sehr spontane, unwillkürliche Abstoßung. Und diese Ekelschranken gibt es, das ist die Zumutung, eben auch in der Kirche. Sie sind greifbar, wenn im Gottesdienst eben doch unterschiedliche Milieus aufeinanderstoßen. Orgelmusik ist ätzend und Inbegriff dessen, was man nicht lebt; umgekehrt sind E-Gitarren und Schlagzeug ungeistlich und gehören nicht in die Kirche. Kirchenlieder und Choräle sind verstaubt, einfach unmöglich; umgekehrt sind diese Lieder in englischer Sprache erstens völlig unnötig, wir sind in Deutschland, und dann in ihren unendlichen Wiederholungen flach und oberflächlich. Kein Wunder, dass man sich diesen *clash* nicht dauernd zumutet.

b) Dominanz von Milieus

Diese Zusammenstöße passieren noch da, wo verschiedene Milieus um die Vorherrschaft in einer Gemeinde kämpfen oder wenigstens um Räume für ihre Entfaltung. Eine weitere Einsicht der Milieuforschung besteht aber darin, dass Gruppen von Menschen, wenn sie nicht eine gewisse Größe überschreiten und unübersichtlich und zusammenhanglos werden, eben durch bestimmte Milieus dominiert werden. Nicht anders funktioniert ja der Zusammenhalt. Es herrschen eben bestimmte Milieus vor, die das Zusammenleben in seiner Ästhetik, in seinen Ordnungen und seinen Inhalten bestimmen. Anders würden diese Gruppen nicht funktionieren und nicht die Funktion wahrnehmen, die ihnen für das Leben des Einzelnen zukommen. Dominante Milieus beobachten wir auch in den Ortskirchengemeinden, speziell in den Gemeindekernen. Diese Milieus herrschen vor. Sie können unterschiedlich sein, je nachdem, ob sie ländlich, städtisch, in einer Universitätsstadt oder einer Stadtrandlage loziert sind. Es sind aber fast immer ein oder zwei, benachbarte Milieus, die das Gemeindeleben mit seinem Angebot bestimmen. Die Abwanderung von Jugendgemeinden, die Bildung von CVJMs als eigenen Gemeinden, die Verselbständigung von Hauskreisen ergibt unter diesen sozialwissenschaftlichen Gesichtspunkten einen ganz neuen Sinn. Manchmal gelingt es sehr umsichtigen Gemeindeleitungen, bestimmte, besondere Gruppen eigene Lebensräume zu geben, in denen sie ihr Profil leben können, ohne die zentrale Gruppe zu sehr zu stören und so den Zusammenhalt von Verschiedenen zu wahren.

Milieudominanz bedeutet ein Doppeltes: Der ekklesiologische Anspruch, Kirche für alle zu sein, erweist sich als kaum einlösbar. Die Veranstaltungen und Einrichtungen, die dem Anspruch nach für alle da sind, sind de facto nur Angebote für eine Minderheit, schon aus deren Perspektive angelegt, organisiert und überwacht. In der Praxis bleibt nur der – unwahrscheinliche und unzumutbare – Weg der Anpassung derer, die zur Gemeinde dazu gehören wollen, aber mit ihrer Prägung nicht klarkommen, oder der Weg einer mehr oder minder behutsamen Verselbständigung.

c) Inklusion und Exklusion

Das in unserer Gesellschaft immer wichtiger werdende Thema der Inklusion und Exklusion spielt auch für die Kirche eine Rolle. Wenn eine Gemeinde durch bestimmte Milieus geprägt ist, wenn sie – in diesem Sinne – »Milieugemeinde« ist, dann hat das zwei Konsequenzen: Sie übt eine starke Anziehungskraft auf die Menschen aus, die zu diesem Milieu affin sind, ihm selbst angehören und sich hier wohlfühlen. Das ist die Stärke einer milieudominierten Gemeinde, dass sie in bestimmter Hinsicht für bestimmte Menschen eine hohe Attraktivität entfaltet, diese zu inkludieren vermag. Dieser Inklusionswirkung steht aber ebenso deutlich und wirksam eine Exklusionswirkung gegenüber. Für die betroffenen Gemeinden entsteht ein ebenso bemerkenswerter wie gefährlicher Effekt: Je wohler sich die einen fühlen, weil ja alles oder sehr vieles stimmt, umso mehr fühlen sich andere ausgeschlossen. Genau diese Abstoßung anderer ist aber kaum nachvollziehbar, weil es mir/uns ja gerade so gut gefällt. Für eine Gemeinde, die sich auf die Fahnen geschrieben hat, einladende, missionarische, attraktive oder auch offene Kirche zu sein, ist das schwer zu verkraften, aber eben sehr relevant, wenn sie ihrem Anspruch gerecht werden will. »Offen« kann ja nicht heißen: Ihr seid alle willkommen, aber ihr müsst so werden und »ticken« wie die, die schon da sind.

d) Selbstrekrutierungsmechanismus

Eine weitere für Kirche und Gemeinde hoch relevante sozialwissenschaftliche Beobachtung kommt hinzu. Es ist der sog. Selbstrekrutierungsmechanismus. Er besagt, dass sich soziale Gruppen durch Menschen ergänzen, die zu ihnen passen und ebenso sicher Menschen abstoßen, die nicht zu ihnen passen. Gruppen behalten ihre Identität, indem sie Menschen anziehen, die so sind wie die Menschen, die zu dieser Gruppe gehören. Andere mögen für kurze Zeit ebenfalls angezogen sein, aber sie merken sehr schnell, dass sie nicht zu der Gruppe dazupassen. Und wenn sie nicht in einer relevanten Quantität auftreten, die es ihnen ermöglicht, sich zu etablieren und den Charakter der Gruppe zu verändern, werden sie diese sehr bald wieder verlassen, eben weil sie spüren: Das ist nicht meins. Hier passe ich nicht hinein.

Für Kirchengemeinden und Gemeinschaften bedeutet das: Sie können über sehr lange Zeit stabil sein; sie können sogar wachsen, eben weil es ihnen durch ein soziokulturelles Profil gelingt, weitere Menschen mit ihrer Milieuprägung anzuziehen. Man bleibt aber unter sich, selbst dann, wenn man als Gruppe wächst. Für Gruppen mit einem missionarischen oder offenen Selbstverständnis ist das substantiell. Eine Wirkung im Sinne der Überschreitung von Milieugrenzen ist nämlich nicht gegeben. Eine Offenheit für – wirklich – andere und alle Menschen ist nicht gegeben, auch wenn Selbstverständnis und öffentlicher Anspruch anders lautet.

6. Die Leitungsherausforderung

Mit alledem stehen wir vor Herausforderungen für die Kirche, die sich dann zeigen, wenn Kirche sich auf die Lebensweltperspektive einlässt. Die Herausforderungen sind da; sie sind gegeben; sie liegen vor. Aber die Milieuforschung und das Milieumodell lassen sie so deutlich in Erscheinung treten, dass wir sie nicht mehr übergehen können. Das mag ein weiterer Grund dafür sein, dass viele vor der Milieubrille zurückschrecken, zumal ja ebenso deutlich wird, dass wir etwas tun müssen, um auf das neu Wahrgenommene zu reagieren.

a) Milieusensible Kirche werden

Gemeinde- und Kirchenleitung entdeckt und schärft ein, was es heißt, milieusensible Kirche zu sein; was dominante Milieus für Kirchengemeinden bedeuten; dass es darauf ankommt, die Milieugrenzen zu überschreiten und nicht, nur unter sich zu bleiben. Eine solche milieusensible Kirche wird sich nicht überfordern, weil sie um die anthropologische und soziologische Bedeutung von Distinktionsgrenzen weiß. Sie wird aber im Wissen um die Einheit der Kirche als geistliche Vorgabe versuchen, Schritte zu gehen: angefangen mit der Einübung von Milieutoleranz über die Milieuspreizung, mit der sie vorsichtig versucht, auch benachbarte Lebenswelten mit zu erreichen und teilweise zu integrieren, bis hin zum Überschreiten von Milieugrenzen.

Ein erster Schritt kann und sollte die theoretische Information über die Milieudifferenzierung in Kirche und Gesellschaft und die Milieubefangenheit und Milieuverengung von Kirche sein. Eine solche Beschäftigung stellt mindestens eine mentale Zuwendung zu solchen dar, die anders sind, und sie kann reale Zuwendung vorbereiten. Die evangelischen Kirchen in Baden und Württemberg haben für diesen Zweck einen ganzen Stamm von qualifizierten Mitarbeiter/innen ausgebildet.

b) Keine kirchliche Mischkultur etablieren, wohl aber eine Koexistenz von Milieukirchen unter einem Dach

Es kann nicht das Ziel sein, die milieuformatierten und funktionierenden Angebote so zu öffnen, dass ihr Profil verloren geht; die (Kirchengemeinden als) Milieugemeinden so zu öffnen, dass sich die Milieus, die man bislang erreichte, nicht mehr zu Hause fühlen, die anderen aber auch nicht beheimatet sind. Mit anderen Worten: Eine Mischkultur, ein Milieumix ist keine angemessene Konsequenz aus der Milieuperspektive. Sie funktioniert nicht und entspricht auch nicht den Einsichten der Milieuforschung.

Sinnvoll ist dagegen ein Miteinander von traditioneller Ortsgemeinde und neu zu etablierenden oder schon vorhandenen lebensweltorientierten Gemeinden (LoGs). Kirchenleitung bedeutet beides: die Stärken der vorhandenen Kirchengemeinden zu stärken und ihre Defizite durch LoGs auszugleichen und Kirchengemeinden wie LoGs unter einem Dach zu einer Symbiose zu helfen. Oft wird es gar nicht nötig sein, neue Milieugemeinden zu gründen, sondern Initiativen zu unterstützen und aufzuwerten, die es bereits gibt. Auch wenn die vorhandenen Ortsgemeinden vielfach selbst »Milieugemeinden« sind, kommt ihnen de facto die Funktion des tragenden Rückgrats zu. Die LoGs mit ihren *fresh expressions of church* sind dagegen Experimentierfeld und dürfen es sein. LoGs ersetzen also nicht die Ortsgemeinde, sondern ergänzen sie. Die Zukunft evangelischer Landeskirchen wird entscheidend davon abhängen, ob sie hier ein Format findet, das flexibel genug ist, um Aufbrüche und Initiativen zu integrieren, unterstützen und unter dem Dach evangelischer Kirche zum Wohl des Ganzen eine Zukunft zu geben.

c) Kirche über den Kirchturm hinaus: Regionale Kirche realisieren

Die Wahrnehmung der Milieudifferenzierung von Gesellschaft und Kirche, die naheliegende Konsequenz, alle und nicht nur vier Milieus erreichen zu wollen, überfordert jede Kirchengemeinde; Milieus in ihrer ganzen mentalen und ästhetischen Breite ansprechen zu sollen, überfordert jede Pfarrerin und jeden Diakon. Sinnvoll sind dagegen Spezialisierungen auf der Basis von Kooperationen in der Region. Die Microm-Geo-Analysen zeigen in hilfreicher Weise, welche Milieu- und Mentalitätsschwerpunkte jeweils wo vorliegen. Die Milieu-Karte zeigt Neubaugebiete mit weit überdurchschnittlichen PRA-Schwerpunkten oder aber Gebiete, in denen bevorzugt PER siedeln. Benachbarte Kirchengemeinden entdecken parallele Herausforderungen und verabreden Zusammenarbeit. Gaben- und aufgabenbasierte Zusammenarbeit im Kirchenbezirk oder Distrikt bietet die Möglichkeit, den jeweiligen Gegebenheiten und auch vorhandenen Begabungen gerecht zu werden.

Die Kirchengemeinden eines Bezirks präsentieren eine Gottesdienstlandschaft. Sie tragen zusammen, was alles an gottesdienstlichen (und anderen) Angeboten in ihrem Bereich für unterschiedliche Zielgruppen, an unterschiedlichen Orten zu unterschiedlichen Zeiten stattfindet, wie reich und plural Kirche – jetzt schon – ist. Und sie präsentieren der Öffentlichkeit eine gemeinsame Homepage, auf der sie als ein Anbieter auftreten. Pastorale Aufträge haben einen Ortsanteil und als zweites eine milieuspezifische Aufgabe, die den Begabungen des Hauptamtlichen entspricht. Delegationen erlauben es, auch den jeweiligen persönlichen Stärken und Schwächen besser zu gerecht zu werden. Pfarrer X, gerade 60 geworden, macht der Umgang mit Jugendlichen zunehmend mehr Mühe, zu älteren Menschen findet er aber einen immer besseren Zugang. Pfarrer Y findet Besuche bei älteren Menschen eher ätzend, aber sein Motorrad öffnet ihm die Herzen und Ohren der Jüngeren. Die Pfarrerin mit Kind findet spielend einen Zugang zu PRA-Eltern, wenn sie am Kindergarten auf sie trifft.

Die Herausforderung, als milieusensible Kirche Milieuverengungen aufzubrechen, kann nur gemeinsam angenommen werden. Entdeckt sich Kirche unter dem Imperativ der Milieusensibilisierung als Kirche in der Region neu, liegen darin aber auch große Chancen.

d) Und die Einheit? »Wir sind EINS!«

Auch wenn Paulus wie kein anderer die Einheit der Gemeinde beschwört (vgl. nur Röm 12; 1Kor 12 und die Einheit der Gemeinde aus Juden und Heiden im Phil), weiß er darum, wie die Gruppenbildung dem Zusammenhalt und dem Bestand der Gemeinde gefährlich werden kann. Paulus wählt angesichts der verschiedenen Gruppen in der Gemeinde in Korinth aber nicht den Weg, die Einheit der Gemeinde bloß zu beschwören und die Diversität theologisch zu überspielen. Er benennt, in 1Kor 1, die Gruppen und hebt ein Band der Einheit hervor, das stärker ist als alle gegebenen soziokulturellen und mentalen Unterschiede: der Glaube an Jesus Christus und die gelebte Loyalität gegenüber dem lebendigen Gott. Paulus ist darin Vorbild, dass er die Unterschiede nicht überspielt oder gar bestreitet, aber einen Weg zeigt, wie richtig mit ihnen umzugehen ist:

- Hier ist nicht Jude noch Grieche, hier ist nicht Sklave noch Freier, hier ist nicht Mann noch Frau; denn ihr seid allesamt einer in Christus Jesus. (Gal 3,28)
- Da ist nicht mehr Grieche oder Jude, Beschnittener oder Unbeschnittener, Nichtgrieche, Skythe, Sklave, Freie, sondern alles und in allen Christus. […] Über alles aber zieht an die Liebe, die da ist das Band der Vollkommenheit. (Kol 3,11.14)

Paulus eröffnet eine faszinierende Perspektive, die Pluralität und Einheit miteinander verbindet. Natürlich gibt es in der christlichen Gemeinde weiter Männer und Frauen, genauso wie es weiter Juden und Griechen, Sklave und Freier in ihr gibt. Aber genau diese Fundamentaldistinktionen, über die Menschen sich abgrenzen, sollen in der Gemeinde keine dominierende Rolle mehr spielen. Sie werden entscheidend relativiert durch die gemeinsame, alles andere in den Schatten stellende Zugehörigkeit zu Christus. Paulus weist hier den Weg auch für eine Gemeinde des 21. Jahrhunderts, die die pluralen Verhältnisse der Gesellschaft, in der sie lebt, spiegelt und sich genau darin den urchristlichen Verhältnissen wieder annähert. Die christlichen Gemeinden wirkten eben auch dadurch attraktiv, dass sie diese enorme Integrationskraft über kulturelle und materielle Gräben hinweg hatten. Und sie können eine solche Attraktivität auch heute entfalten inmitten einer und für eine Gesellschaft, die an ihrer Segmentierung, ja Fragmentierung zu zerbrechen droht.

So bedeutet die Perspektive einer milieusensiblen Kirche einerseits eine enorme Herausforderung, andererseits bietet sie die Chance, Kirche neu zu entdecken, das Evangelium durch Kontextualisierung neu zu erschließen, dem Glauben eine wirklich plurale Gestalt zu geben und in der gemeinsamen Orientierung hin auf Christus zu exemplifizieren, wie Einheit und Pluralität zusammenfinden können.

c) Theologische Stolpersteine und Herausforderungen in der Begegnung mit dem fremden, anderen Blick der Sozialwissenschaft

Wenn wir als Theologen oder Verantwortungsträger mit Sozialwissenschaft umgehen, müssen wir uns klarmachen, dass vieles zwar leicht zugänglich und verständlich zu sein scheint, dass wir hier aber – wenn wir nicht selber vom Fach sind – einer fremden Welt begegnen. Es gibt eine Reihe von Stolpersteinen, die Anlass zum Anstoß sein können und die wir deshalb besonders hervorheben müssen.

a) Eine fremde Disziplin und ein fremdes Bild von Kirche: wissenschaftstheoretische Überlegungen

Das Bild von Kirche, dem wir in der Milieuforschung begegnen, ist nicht unseres. Kirche ist doch eine einheitliche, wohl bekannte Größe. Es weiß ein Kind von sieben Jahren, was Kirche ist, schreibt M. Luther in den Schmalkaldischen Artikeln. Wir sind verunsichert, wenn wir wahrnehmen, wie fremd uns die Kirche ist, die uns die Milieuperspektive zeigt. Schon dass durch die normalen kirchlichen Lebensäußerungen nur 2–3 (katholische Kirche) bzw. 3–4 (evangelische Kirche) Milieus erreicht werden sollen, klingt doch sehr befremdlich; dass Kirche genauso segmentiert ist wie die Gesellschaft, ebenso. Man kann sich schon daran stoßen, dass für Lebensweltforschung die Frage der Mitgliederbindung so wichtig sein soll. Geht es denn um Mitglieder und nicht um Getaufte, Christen? Geht es nicht um die Bindung des Menschen an Gott und Jesus und nicht darum, Menschen an eine menschliche Institution zu binden? Die Anstöße lassen sich mühelos vermehren.

Die sozialwissenschaftliche Perspektive wirkt fremd. Und das ist gut so. So wird schneller bewusst, dass wir es hier mit einer ganz anderen Brille zu tun haben, mit einem ganz anderen Zugang und mit ungewohnten Fragestellungen.

Die Wissenschaftstheorie zeigt uns, dass die unterschiedlichen Disziplinen darin ihren je besonderen Wert haben, dass sie uns dasselbe aus völlig unterschiedlichen Blickwinkeln zeigen; sich demselben mit ganz anderen Fragen nähern. Wissenschaftstheoretisch gesprochen: Die unterschiedlichen Disziplinen konstitutieren ihren Gegenstand auf sehr unterschiedliche Weise. Es ist zwar »dieselbe« Wirklichkeit, auf die wir uns alle beziehen, aber es kommen doch sehr unterschiedliche Bilder heraus. Grund sind eben die heterogenen

Zugänge. Jede Wissenschaft erreicht nur ein Modell der Wirklichkeit. Kein Modell erfasst die Wirklichkeit ganz, übrigens auch nicht die Physik. Jede Wissenschaft konzentriert sich ja auf eine Perspektive. Und ihre Bedeutung ergibt sich eben daraus, dass sie in dieser einen Hinsicht sehr genau und sehr gut arbeitet, allerdings auf Kosten der Zurückstellung anderer Perspektiven und um den Preis der Reduktion einer ganzheitlichen, umfassenden Schau auf die Wirklichkeit. Ein möglichst umfassendes Bild ergibt sich erst dann, wenn wir die verschiedenen Modelle, Bilder, Beschreibungen als Ergänzungen verstehen und nicht als einander ausschließende Bestimmungen.

Auch »Kirche« kann so in unterschiedlicher Weise zum »Gegenstand« verschiedener wissenschaftlicher Disziplinen werden. Wir sind es gewohnt, Kirche theologisch zu verstehen: als Gemeinschaft von Menschen, die Gott zu sich gerufen hat, die sich haben taufen lassen und die durch Glaube und Taufe die Versammlung der Heiligen bilden – so mindestens eine mögliche theologische Definition. Kirche bildet durch diese Definition quasi automatisch eine Einheit. Hervorgehoben wird ja das, was verbindet. Die Sozialwissenschaft schaut ganz anders auf Kirche. Sozialwissenschaft hat die Aufgabe, soziale und mentale, also soziokulturelle Unterschiede zu erarbeiten. Dementsprechend ist ihre Methodik. In der Lebensweltforschung helfen dazu die Differenzierungen in Schicht und Grundorientierung, kombiniert in der Unterscheidung von Lebenswelten. Mit anderen Worten: Der Fokus ist ein ganz anderer. Theologie fragt nach Einheit, sucht sie und unterstellt sie auch. Sozialwissenschaft fragt nach Diversität, sucht sie und unterstellt sie ebenfalls.

Wir fahren am besten, wenn wir diese divergenten Zugänge unterscheiden und ihre Ergebnisse nicht gegeneinander ausspielen, sondern als Ergänzungen begreifen. Wollte man Kirche nur als Einheit begreifen, entgingen uns die tiefen mentalen und sozialen Grenzen, die für das Leben der Menschen, die zur Kirche gehören, ja sehr wohl eine große Bedeutung haben. Wollte man nur die Unterschiede sehen, entginge umgekehrt die erstaunliche Perspektive, dass so unterschiedliche Menschen durch ein Gemeinsames verbunden sind, das – wenigstens der theologischen Theorie nach – stärker ist als alle kulturellen Unterschiede: den Glauben an den dreieinigen Gott.

Wenn wir also in dem Sinus-Bericht oder in anderen religions- oder kirchensoziologischen Untersuchungen auf den Begriff »Kirche« stoßen, müssen wir uns vergegenwärtigen, wie dieser Begriff jeweils gemeint ist. Wenn das Verhalten der Kirchenmitglieder untersucht wird, geht es dann natürlich nicht um den Glauben der Glieder am Leib Christi – den kann Sozialwissenschaft nicht messen –, sondern um Bindungsverhalten der Kirchenmitglieder. Kirche ist dann für diese Perspektive nichts anderes als jede andere Institution. Es wird dann in einem zweiten Schritt darauf ankommen, die sozialwissenschaftliche und die theologische Perspektive sorgfältig zueinander ins Verhältnis zu setzen. So kann es z.B. natürlich nicht ein *theologisch* (!) legitimes Ziel sein, die Bindung von Menschen an die Evangelische Landeskirche in Baden oder Württemberg oder sonstwo oder an ein freikirchliches Werk zu stärken. Wir müssen vielmehr diese Suggestion, die sich auf Grund einer sozialwissenschaftlichen Perspektive nahelegt, immer erneut kritisch anschauen. Aber es ist doch zu diskutieren, ob nicht eine bestimmte menschliche Einrichtung Zeugin des Evangeliums von Jesus Christus ist und ob es aus diesem Grunde dann auch legitim ist, die Frage nach der Kirchenbindung ihrer Mitglieder zu stellen. Das ist dann eine Frage des theologischen Urteils.

Die sozialwissenschaftliche Perspektive ersetzt nicht die theologische, aber sie kann sie ergänzen. Sie ist eine sehr eingeschränkte Perspektive, aber das, was sie erkennen lässt, beschreibt doch mindestens einen Aspekt von Kirche, wie sie real existiert, und es wäre aus diesem Grund falsch, das sich hier ergebende Wissen nicht wahrzunehmen oder vernachlässigen zu wollen.

b) Ein sehr konstruiertes Bild von Kirche – methodologische Überlegungen

Es gehört zu den Vorzügen der Sinus-Forschung, dass sie es geschafft hat, ihre Ergebnisse und ihren Ansatz in einer leicht zugänglichen, unmittelbar evidenten Weise zu präsentieren. Die Kehrseite dieses Vorzugs ist es, dass die ganzen Voraussetzungen, die Vorannahmen und Hypothesen, die dem fertigen Bild etwa der 10 Milieus zugrundeliegen, kaum sichtbar sind. Es wirkt alles sehr selbstverständlich.

Auch hier gilt wieder: Wer kritisch weiterfragt und diese Darstellung hinterfragt, liegt richtig. In diesem Sinne ist auf mindestens drei Sachverhalte hinzuweisen:

(1) Es »gibt« die 10 Milieus nicht wirklich. Es lassen sich unterschiedlich viele Milieus unterscheiden. Ihre Anzahl und Unterscheidung ist auch eine Frage der Praktikabilität. Die Milieugrenzen sind nicht beliebig, sonst würden sie sich ja auch nicht verändern, wenn sich die Gesellschaft ändert. Aber Milieus existieren nicht einfach in der Wirklichkeit so, dass wir sie aufsuchen könnten. Sie sind mentale Konstrukte, die sich freilich bewähren und für Verhalten und Kommunikation eine handfeste Hilfe darstellen.

(2) Die Milieuprofile beschreiben in einer sehr allgemeinen, allerdings zueinander trennscharfen Weise idealtypische Lebenswelten. Sie stellen *keine psychologische Persönlichkeitstypologie* dar. Es ist also im strengen Sinne nicht statthaft, von den Hedonisten oder den Prekären oder den Traditionellen zu sprechen. Genau genommen reden wir von Personen, die sich mehr oder weniger zutreffend einem Milieuprofil zuordnen lassen. Basis ist ein Katalog von 29 sog. Items, also Merkmalen. Sind diese gegeben, gehört jemand gleichsam in die Mitte eines Milieus hinein. Je weniger Items zutreffen, umso mehr rutscht die Person – bildlich gesprochen – an den Rand. Die Überlappungszonen in der Milieugraphik zeigen deutlich, dass es einen nicht unerheblichen Unschärfebereich gibt. Personen, die hier zuzuordnen sind, passen sowohl zum einen wie zum anderen Milieu.

(3) Und überhaupt die Milieu-Bezeichnungen bzw. das, was aus ihnen beim abkürzenden Sprachgebrauch wird! Hier ist dreierlei zu bemerken: Bezeichnungen bedeuten grundsätzlich keine Wertung. Wissenschaft beschreibt, sie bewertet nicht. »Unterschicht« meint keine Abwertung, sondern gibt die materiellen und Bildungsressourcen an, die für eine Lebenswelt im Durchschnitt charakteristisch sind. Das Zweite: Die Milieubezeichnungen sind natürlich keine zureichenden Charakterisierungen. Sie sind etwas für das Hausgebrauch, eine allererste Orientierung. Sie stellen Abbreviaturen dar, die für etwas anderes stehen. Die Milieunamen fokussieren ein Merkmal, dem eine Mittelpunktbedeutung zukommt. Nicht nur die Personen, die sich dem hedonistischen Milieu zuordnen lassen, sind hedonistisch orientiert. Auch Konservativ-Etablierte, die einen guten Wein zusammen mit einer sehr guten Zigarre zu schätzen wissen, sind ebenso »Hedonisten«. Aber für sie kommt dieser Dimension nicht eine solche Mittelpunktbedeutung für ihr Leben zu. Die Bezeichnungen versuchen also, schlaglichtartig einen Marker zu setzen. Das Dritte: Die Kurzbezeichnungen ersetzen nicht das Wissen, das das Sinus-Institut in verschiedensten Studien über die einzelnen Milieus zusammen getragen hat und das ständig aktualisiert wird. Wer das Milieu-Profil auf Theorieebene wirklich kennen lernen will, muss sich auf diese sehr umfangreichen Befunde einlassen.

c) Ein hilfreiches und provokatives Bild von Kirche – theologische Reflexion

Die Ergebnisse kirchlicher Milieuforschung beschreiben nicht, wie Kirche ist. Das können sie nicht. Aber sie fassen zusammen, was sich unter einer bestimmten, sehr eingeschränkten Perspektive über Kirche zeigt. Diese Ergebnisse normieren Kirche nicht. Sie geben Kirchenleitung nicht vor, wie sie zu handeln hat. Sie provozieren dagegen sehr wohl die theologische Urteilsbildung. Ein Beispiel: Es zeigt sich etwa, dass Kirche schwerpunktmäßig durch konservativ-etablierte, traditionsorientierte, bürgerliche und sozialökologische Mentalitäten geprägt ist. Das ist der Befund. Theologischem Urteil obliegt jetzt die Reflexion darüber, ob das gut so ist; ob man das ändern sollte; ob das nicht vielleicht dem Wesen des christlichen Glaubens entspricht, oder ob es ihm widerspricht. Das alles kann Milieuforschung nicht sagen. Diese Fragen kann sie nicht beantworten, aber sie kann sie provozieren. Es könnte z.B. sein, dass man erkennt: Die Ausrichtung einer funktionierenden Kirchengemeinde wollen wir gar nicht ändern. Hier liegt keine Milieuverengung, sondern eine Milieufokussierung vor. Aber, auf regionaler Ebene müssen wir gemeinsam versuchen, andere Kirchenmitglieder noch einmal anders anzusprechen.

Also, die Sinus-Perspektive und Milieu-Analyse nimmt uns weder unsere theologische noch unsere kirchenleitende Arbeit ab. Sie kann uns maximal helfen, sie effektiver, besser zu tun.

Die Milieusensibilisierung ersetzt ebenfalls nicht die Kommunikationsaufgabe. Es wäre völlig falsch und illusionär zu glauben, wir müssten die Menschen nur richtig ansprechen, um sie für die Kirche zu gewinnen. Wo dieser Eindruck entsteht, wird in fahrlässiger Weise mit diesem Instrument umgegangen. Die Milieuanalyse und Milieusensibilisierung, der Aufweis von Brücken und Barrieren in die verschiedenen Lebenswelten ist eine Hilfe für die Kommunikation des Evangeliums, aber er *macht* diese nicht. Die Einsicht in die unterschiedlichen Lebensweltlogiken ist ein notwendiges, aber kein hinreichendes Mittel der Kommunikation. Um es theologisch zu sagen: Diese Milieusensibilisierung ersetzt nicht den Heiligen Geist. Das gilt in einer doppelten Weise:

- Keine noch so ausgefeilte Methode ersetzt die konkrete Zuwendung. Überspitzt könnte man vielmehr sagen: Würden wir uns entschlossener auf die konkreten Mitmenschen und ihre Lebensbedingungen einlassen, bräuchten wir keine Milieustudien. Das ist der richtige Kern mancher Kritik an einer Überschätzung und Überbetonung dieses Instrumentes.
- Wir können den christlichen Glauben, das, was wir zu sagen haben, nicht so lange anpassen, bis unser Gegenüber irgendwann zustimmt. Wir haben dann unterwegs, auf dem Weg der Vermittlung unsere Botschaft, das, was wir zu übergeben haben, lange verloren. Und es ist dann eigentlich auch nicht mehr einsichtig, worin überhaupt die spezielle christliche Botschaft bestehen, ja worin der Sinn von Kirche bestehen soll, wenn sie auch nichts anderes sagt und tut als andere. Vom Anpassen ist das Andocken zu unterscheiden. Wir passen Evangelium nicht an, aber wir kommunizieren es in einer Gestalt, in dem es für den Anderen überhaupt einmal erst zugänglich, verstehbar wird und dann auch ein Anstoß entstehen kann. Inmitten einer Lebenswelt, Kultur, im Horizont eines Milieus muss es Möglichkeiten geben, sich auf das Evangelium einzulassen, nicht unkritisch, sondern kritisch: in Widerspruch, Ablehnung oder Affirmation. Ein in der Sache paralleler Vorgang liegt vor, wenn die Bibel in eine fremde Sprache übersetzt wird oder die Predigerin versucht, ein Bibelwort für die konkreten Zeitgenossen, die sie vor Augen hat, zu adressieren und ihre Sprache zu sprechen. Das ist immer ein riskanter, aber immer auch ein notwendiger Vorgang. Sein Potential kann das Wort Gottes nur entfalten, wenn es in seiner Bedeutung verstanden worden ist.

d) Bündelung: Fünf Herausforderungen

Die moderne Soziologie eröffnet uns einerseits einen erhellenden Blick auf Gesellschaft und Kirche. Die Milieuperspektive ist für uns auch deshalb so interessant, weil sie so nahe an den Menschen dran ist; weil ihr Gegenstand der Alltag der Menschen ist, ihre Lebensweisen, die Art und Weise, wie sie »ticken«. Wer bereit ist zur Selbstkritik, kann hier ungeheuer profitieren: Wir bekommen Antworten auf die Frage: Wo sind wir gut? *Wo* erreichen wir die Menschen? *Welche* Menschen erreichen wir? Welche fühlen sich in den gegebenen Formaten kirchlichen Lebens wohl? Und umgekehrt: Wo sind unsere blinden Flecken oder vielleicht sogar: blinden Flächen? Der Blick von außen, der fremde sozialwissenschaftliche Blick kann hier helfen, sich ein Stück weit von einer manchmal betriebsblinden Binnenperspektive zu lösen. Die Sinus-Milieu-Brille ist vor allem eine ausgezeichnete Sehhilfe, und es ist so wie mit jeder Brille: Wer sie nicht aufsetzt, ist selber schuld, wenn er nicht sieht.

Gleichzeitig ist es aber auch notwendig, auf mögliche Probleme im Umgang mit der Lebensweltforschung hinzuweisen. Nur wenn diese berücksichtigt werden, können wir dieses wertvolle Instrument angemessen gebrauchen und verbrennen es nicht durch unsachgemäße Handhabung. Wir stehen vor mindestens fünf Herausforderungen:

Herausforderung (1): Sozialwissenschaftliche und theologische Perspektive müssen wohl unterschieden werden.

Protestantischerseits gibt es verbreitet zwei Haltungen zu nicht-theologischen Zugangswegen zur Wirklichkeit. Einerseits werden diese oft als »uneigentlich« pauschal abgelehnt, andererseits finden wir manchmal auch fast kritiklose Begeisterung. Beides ist nicht dienlich. Wir sollten die Brille, die uns hier gereicht wird, den fremden Blick, der uns angeboten wird, nicht verschmähen. Andererseits ist die Milieuforschung nicht das Evangelium. Sie liefert uns nur ein Modell der Wirklichkeit; sie ist nicht sehr präzise; sie ändert sich ständig. Und sie kann uns auch nicht sagen, was wir tun sollen.

Die Sozialforschung kann uns nur sagen, wie sich ihr die Gesellschaft unter einer bestimmten Perspektive darstellt. Sie kann uns aber nie und nimmer sagen, was Kirche ist oder gar, wie sie sein soll. Sie kann etwa erheben, wie sich Menschen ihre Kirchenmitgliedschaft denken, was für Vorstellungen sie davon haben. Wie wir diese Vorstellungen werten, wie diese sich zur Gliedschaft am Leibe Christi nach 1. Kor 12 verhalten, das ist eine ganz andere Frage. M.a.W.: Milieuforschung kann uns nicht sagen, was Kirche ist, aber wir sollten über Kirche nicht nachdenken, ohne ihre Erkenntnisse zu berücksichtigen.

Herausforderung (2): Wir müssen die Aussagekraft von Sozialforschung richtig und nüchtern einschätzen. Wir dürfen die Milieuperspektive nicht monopolisieren.

Milieuforschung ist nur ein *tool* unter vielen wertvollen anderen. Milieudaten beginnen erst dort richtig zu sprechen, wo sie in einen größeren Zusammenhang hineingehalten werden. Sinnvoll ist eine Kombination mit den Daten des kirchlichen Lebens (Ein- und Austritte, Taufen, Beerdigungen, Entwicklung Mitgliederstand) und dem geographischen Daten der Region (Beschäftigungsverhältnisse, Altersverteilung etc.):

- Wie sind die demographischen Entwicklungen und geographischen Verhältnisse? Was wissen wir über die wirtschaftlichen und finanziellen Lebensverhältnisse? Wo arbeiten, schlafen und leben Menschen? Fällt das zusammen?
- Wie sehen die »Daten des kirchlichen Lebens« aus? Was wissen wir über Kirchenein- und -austritte, Taufen und Beerdigungen, die Verteilung von kirchlichen Einrichtungen, die Repräsentanz von Orts- und Stadtteilen im

Gemeindeleitungskreis etc.? Welche Entwicklungen lassen sich hier über Zeiträume von 10–15 Jahren feststellen, und was ergibt sich, wenn wir diese hochrechnen?

Erst im Rahmen von Soziodemographie und Daten kirchlichen Lebens kommt Lebensweltorientierung und konkreten Milieudaten eine Aussagekraft zu.

Interessant kann es auch sein, andere als die Sinus-Milieus zugrundezulegen und sich etwa auf die drei Basismentalitäten Moderne, Postmoderne und Prämoderne einzulassen oder mit der 4. Kirchenmitgliedschaftsuntersuchung der EKD nach Lebensstilen[1] zu fragen.

Herausforderung (3): Wir dürfen nicht bei einer milieutheoretischen Hinwendung zu den Menschen stehenbleiben.

Sozialwissenschaftliche Fokussierungen erledigen und erübrigen eben nicht die konkrete Hinwendung zu Menschen. Mit der Anwendung des Sinus-Milieu-Modells und der Auswertung der Microm-Geo-Milieus ist es nicht getan. Die vielen bunten Graphiken haben eine ungeheuer suggestive Kraft. Sie vermitteln schnell den Eindruck: Jetzt weiß ich Bescheid. Jetzt weiß ich, wie die Menschen ticken. Jetzt sind wir als Kirche und Christen schon ganz nah bei den Menschen. Das ist aber ein Irrtum! Wir stehen nur vor einem hochkonstruktiven, hochkomplexen Abbild unserer sozialen Wirklichkeit. Und jede Beobachtung, die ich selber mache und bei der ich nicht sofort wieder urteile und verurteile, in meinem Stadtviertel, in der S-Bahn, auf Bahnhöfen und beim Einkaufen, ist wertvoller als jedes vorgesetzte Wissen. Christen in der Anglikanischen Kirche haben die gute Übung, ihre sozialen Wahrnehmungen mit Gebetsspaziergängen zu verbinden, bei denen Gott ihnen erst einmal die Augen öffnen soll für das, was die Menschen, unter denen sie als eine Subkultur und für sich leben, brauchen. Solche Begehungen und Erkundungen können sich über Monate hinziehen. Am Ende steht ggf. etwas, was Gott einer Gemeinschaft von Menschen aufs Herz legt. Es geht nicht um die bunten Bilder, sondern um Wahrnehmungen, die unser Herz ergreifen und uns motivieren, uns den Menschen um uns herum real zuzuwenden. Auch wenn wir diese Menschen vielleicht zuerst nur sehr theoretisch als Bewohner eines uns fremden Milieus identifizieren, sind sie doch viel, viel mehr: individuelle Gedanken Gottes, von Gott geliebte Menschen und gewollte Kinder.

[1] Vgl. Friederike *Benthaus-Apel*, Lebensstile und Kirchenmitgliedschaft. Zur Differenzierung der »treuen Kirchenfernen«, in: *Kirchenamt der EKD* (Hg.), Kirche – Horizont und Lebensrahmen. Weltsichten, Lebensstile, Kirchenbindung. Vierte EKD-Erhebung über Kirchenmitgliedschaft. Hannover 2003, 55–70. Auf der Basis dieses Modells haben *Claudia Schulze / Eberhard Hauschildt / Eike Kohler* ein sechstypiges Milieumodell entwickelt und wertvolle Hilfen für die Praxis gegeben: Milieus praktisch. Analyse- und Planungshilfen für Kirche und Gemeinde, Göttingen 2008; *dies.*, Milieus praktisch II. Konkretionen für helfendes Handeln in Kirche und Diakonie, Göttingen (2010) 3. Aufl. 2010.

Herausforderung (4): Wir dürfen aus den Ergebnissen der Milieuforschung keine übereilten Schlüsse ziehen.

Dass wir vor Ort mit unserem Gottesdienst keine Hedonisten erreichen, bedeutet weder,

- dass wir unseren Gottesdienst am Sonntagmorgen nun so gestalten sollten, dass auch Hedonisten kommen (der Effekt wird sein, dass sie – am Sonntagmorgen – weiterhin nicht kommen, in die Kirche schon gar nicht, und dass die Konservativ-Traditionsorientierten wegbleiben). Mischkulturen funktionieren nicht, weil sie nicht attraktiv sind, für niemanden. Es bedeutet aber auch nicht
- dass ich persönlich jetzt versuchen müsste, die Milieugrenzen zu überwinden, die Netto-Kids anzusprechen, und mit Lederjacke und im muscle-shirt rumlaufe. Das wäre nicht authentisch und würde im Übrigen die meisten von uns überfordern. Es bedeutet ebenfalls nicht,
- dass wir aus dem Befund, dass wir mit unserem gottesdienstlichen Angebot nur eine Subkultur ansprechen, jetzt die Konsequenz zu ziehen hätten, dass wir alle Milieus erreichen müssten.

Das alles und vieles andere mehr sind Fehlschlüsse, Überlegungen, die auch viel Angst und Abwehr auslösen. Milieubefunde könnten aber

- die Frage anstoßen, was denn sinnvoll ist, auf welche Herausforderung wir uns konzentrieren wollen,
- worin denn vielleicht eine besondere Aufgabe der Kirchengemeinde bestehen könnte, die ihrem speziellen Milieuprofil entspricht,
- ob nicht auf regionaler Ebene Spezialisierungen möglich sind, die auch spezielle Begabungen von Menschen berücksichtigen,
- ob es nicht Menschen gibt, die durch Prägung und Lebenslauf Brücken in andere, der örtlichen Gemeinde eher ferne Milieus bauen und selber darstellen können,
- ob nicht neben dem normalen Gottesdienst auch andere Formate an anderen Orten und zu anderen Zeiten denkbar sind, mit denen wir Menschen erreichen können, die noch einmal ganz anders »ticken« als wir. Dafür ist es dann allerdings sinnvoll, zu wissen oder wenigstens zu ahnen, wie sie ticken, wo sie sich befinden, wie das Milieuprofil unseres Ortsteils aussieht, wie ich Menschen unterstützen kann, die solche Milieuüberschreitungen versuchen und vielleicht bisher eher am Rand der Gemeinde stehen.

Entscheidend ist, dass wir den Umgang mit der Milieuforschung als geistlichen Prozess begreifen und fragen, welche Konsequenzen wir nach Gottes Willen ziehen sollen. Sonst artet das gut gemeinte Unternehmen in Stress und Überforderung, Blockade und Unfrieden aus.

Herausforderung 5: Andocken bedeutet nicht anpassen. Wir müssen lernen, wie wir das Evangelium in einer nicht-christlichen Kultur kontextualisieren.

Es geht nicht darum, dass wir uns als Kirche anpassen, dass wir das Evangelium anpassen. Es geht vielmehr darum, dass wir eine bisher vom Evangelium noch nicht geprägte postmoderne (Teil-)Kultur[2] durchdringen. Dass in unserer nachchristlichen Gesellschaft, in der moderne, prämoderne und postmoderne Orientierungen nebeneinander, in Konkurrenz zueinander und oft genug auch noch widereinander existieren, *alles* möglich ist, bedeutet noch nicht, dass alles *möglich* ist im Sinne von: dass geistlich alles verantwortbar wäre; dass theologisch alles, was uns begegnet, zu legitimieren wäre, nur weil es es gibt. Wir müssen einen dritten Weg finden jenseits der Sanktifizierung, Heiligsprechung unserer mehrheitlich traditionsorientierten Lebensweisen und einer pauschalen unterschiedslosen Bejahung alles Anderen und Neuen; zwischen einer pauschalen Verwerfung postmoderner Lebensstile und einer Festlegung auf die Prämoderne bzw. eine traditionsorientierte Bürgerlichkeit als Inbegriff des einzig christlichen Lebensstiles. Milieus und Mentalitäten sind nicht als solche christlich oder nichtchristlich. Postmoderne Milieus sind schlicht und einfach noch nicht vom Evangelium erreicht und durchdrungen. Typisch ist ein Satz, der mir neulich begegnete: *Nina Hagen ist eine Christin geworden? Das kann doch gar nicht sein!*

Postmoderne ist nicht einfach gut oder schlecht. Sie ist nicht unchristlich, sondern *a*christlich. Wir sagen es immer: Deutschland ist Missionsland geworden, selbst im Südwesten. Wir stehen vor einer missionarischen Herausforderung. Missionstheologen sprechen von der Herausforderung, das Evangelium zu kontextualisieren: Es soll in einer Kultur wirksam werden und diese verändern, die ihm noch fremd und fern ist. D.h. aber auch: Wir dürfen nicht selbstgenügsam bei dem stehen bleiben, was wir erreicht haben. Man kann in unseren Kirchen immer noch auf angesehene Mitarbeiter stoßen, die die Auffassung vertreten: Die 4%, die in die Kirche kommen, sind genug; oder: Wir erreichen im Wesentlichen die Mitte der Gesellschaft. Das ist genug.[3] Ob wir denn wirklich wollten, dass 100% in unsere Gottesdienste kämen. Die Antwort ist klar: *Das Evangelium ist zu wichtig, als dass wir es nur einer Minderheit kommunizieren und selbstsüchtig unter uns bleiben dürften.* Wir werden dafür neben den eingeführten und guten Formaten von Gottesdienst und Gemeinde noch ganz andere Gestalten von kirchlichem Leben im weitesten Sinne brauchen.

2 Dieses Urteil ist allein kulturgeschichtlicher Natur. Es darf nicht missverstanden werden. Es bedeutet keine Position über das Wirken des Heiligen Geistes und die Qualität postmoderner Sub-Kulturen.

3 Vgl. die Aussagen von Isolde Karle, zit.n. Publikforum 5/2015, 28f.

d) Die Milieu-Perspektive von Sinus: eine Stärken-Schwächen-Analyse

Von der Notwendigkeit einer Stärken-Schwächen-Analyse

Die größten Fehler, die man im Umgang mit dem Sinus-Milieu-Modell oder generell der Lebensweltperspektive machen kann, bestehen – erstens – in einer unkritischen Ablehnung auf der Basis oberflächlicher, oft nur nachgesprochener Argumente und – zweitens – in einer unkritischen, überhöhten Erwartung an das Sinus-Modell und seiner Überforderung als Hebel zur Kirchenreform.

»Sinus« besitzt beides: Stärken und Schwächen. Es bietet Chancen, beinhaltet aber auch Gefahren. Wir wollen im Folgenden nicht stur am Schema klassischer SWOT-Analysen entlang gehen und getrennt voneinander Stärken (**S**trength) und Schwächen (**W**eakness) und danach Chancen (**O**pportunities) sowie Gefahren (**T**hreds) abhandeln. Das wäre viel zu langweilig (vgl. aber die Zusammenfassung der Argumente auf S. 106f)). Wir nehmen vielmehr die gängigsten Einwände gegen die Arbeit mit der Lebensweltperspektive auf und trennen dann jeweils die Spreu vom Weizen: Wo liegt berechtigte Kritik vor? Welche Anfragen sind unbedingt zu hören? Welcher Einwand kann sinnvoll aufgenommen und so entkräftet werden? Welche Kritik trifft nicht?[1]

Schon dieses Abwägen zeigt: Wir haben es mit einem hochkomplexen Instrument, mit einem Stück Sozialwissenschaft mitten in der Kirche zu tun. Die Kirchenleitungen haben dem entsprochen, indem sie eine wissenschaftlich begleitete fundierte Schulung für kirchliche Lebensweltarbeit etabliert haben.[2].Die mit dem Besuch der Kurse verbundene Zertifizierung berechtigt in der badischen und württembergischen Landeskirche zur Arbeit mit den von den Kirchen angekauften Microm-Geomilieu-Daten und zur Beratung auf Gemeindeebene. Dazu kommen umfangreiches Schulungsmaterial und verschiedene Arbeitshilfen. Die Rückfragen an das Modell sind in Ordnung. Sie sind Zeichen

[1] Vgl. den sehr anregenden und anschaulichen Bericht von *Markus Dobstadt*, Und Gott sprach: Es lebe die Vielfalt, in Publik-Forum 5/2015, 27–30.

[2] Die Kurse finden in der Regel im Frühjahr und Herbst jeden Jahres im Forum Hohenwart, Nähe Pforzheim, statt. Sie üben eine Anziehungskraft im ganzen Bundesgebiet aus und sind Zeichen für ein Desiderat in anderen Landeskirchen und Freikirchen.

einer lebendigen Auseinandersetzung.[3] Wichtig ist, dass ihnen auch eine Bereitschaft zum Hören und zum Gehen auf neuen Wegen korrespondiert.

1. Das Milieu-Modell führt zu Schubladendenken

Der Vorwurf: Wir Menschen sind einzigartig, und das Sinus-Modell (wie auch andere Milieu-Modelle) steckt alle Menschen in 10 Kästchen oder Schubladen. Das kann doch gar nicht passen und stimmen. Zudem verleitet es zu Kästchendenken, wo Offenheit gefragt wäre.

Man wird sofort einräumen müssen, dass die 10 Milieus, mit denen das Standardmodell arbeitet, oder auch die acht Typen, die wir auf der Basis der Daten der SSBW berechnet haben, gemessen an der tatsächlichen Vielfalt der Menschen ein sehr grobes Raster bedeuten. Und wir alle wissen auch, wie hoch die Gefahr ist, dass wir Menschen unter der Brille von Vorurteilen festlegen.

Wichtig wird zunächst sein, dass wir uns diese Gefährdungen und Probleme des Ansatzes beim Umgang mit der Methode immer wieder vergegenwärtigen. Es braucht immer wieder ein methodisches Innehalten mit der Frage: Was tun wir hier eigentlich? Dazu gehört dann aber auch die Einsicht, warum wir diese sozialwissenschaftliche Methode trotz ihrer Gefährdungspotentiale anwenden:

(1) Das Sinus-Modell ist zwar grob, aber es ist gerade so ein Augenöffner. Ziel ist es ja gerade, soziale und mentale, also soziokulturelle Unterschiede deutlich zu machen. Der entscheidende Fortschritt in der Aufnahme der Lebensweltperspektive besteht darin, dass wir nicht mehr umhin können, die große Vielfalt von Lebensweisen und Lebensformen in unserer Gesellschaft nicht nur theoretisch zu wissen, sondern konkret anzuerkennen und kennenzulernen. Abgekürzt formuliert: 10 Kategorien sind besser als bloß eine: meine, die unterstellt, dass alle Menschen mehr oder weniger gleich ticken, nämlich so wie ich. »Hedonisten gibt es in unserer Kirche nicht.« Die Lebensweltperspektive ist ein ausgesprochener Augenöffner für Vielfalt auch in der Kirche, auch dort, wo ich sie verdrängt oder bisher übersehen habe.

(2) Natürlich kann man mehr Kategorien und Typen wählen. Es gibt ja etwa das Delta-Modell von Carsten Wippermann[4], das mit bis zu 19 Milieus unterscheidet. Aber abgesehen von methodischen Schwierigkeiten stellt sich hier vor allem eine praktische Frage: Kann man damit noch arbeiten? Wer außer Fachleuten kann damit noch umgehen? Für kirchliche Arbeit bewegen wir uns mit dem 10er-Schema an der Grenze dessen, was zugemutet werden kann. Das zeigt die Erfahrung. Grundsätzlich gilt: je übersichtlicher, um so grober, aber eben

[3] Der Band »Gott im Milieu« dient in Gänze dem Umgang mit dem Instrument der Lebensweltperspektive. Das Kap. VII beschäftigt sich in umfangreicher Weise mit Fragen und möglichen Kritikpunkten.

[4] Vgl. *Carsten Wippermann*, Milieus in Bewegung. Werte, Sinn, Religion und Ästhetik in Deutschland. Das Gesellschaftsmodell der DELTA-Milieus als Grundlage für die soziale, politische, kirchliche und kommerzielle Arbeit, Würzburg 2011.

auch umgekehrt: Je feiner und vielfältiger die Unterscheidungen werden, umso unübersichtlicher. Man muss eben auch zusehen, dass man vor lauter Bäumen den Wald nicht mehr sieht. Das 10er-Schema mit seinen Möglichkeiten, bei Bedarf noch weitere Subdifferenzierungen vorzunehmen, ist deutlich präziser als die – vor allem zur Einführung geeignete – Mentalitätendeklination[5] mit ihrer groben Orientierung prämodern-traditionsorientiert, modern-kritisch und postmodern-pluralistisch und auch als das Milieu-Konzept von Schulz/Hauschildt/Kohler mit seinen sechs Milieus. Mit anderen Worten: Das Sinus-Milieu-Modell ist ein guter, praktisch handzuhabender Kompromiss.

(3) Genau genommen bedeutet das Milieu-Modell keine Persönlichkeitstypologie. Es re-konstruiert Lebenswelten und ordnet dann Menschen diesen Lebenswelten zu. Dazu dient eine ganze Batterie von Kriterien, sog. Items, die mehr oder minder erfüllt sein müssen. Die grauen Überlappungsflächen in den Sinus-Graphiken zeigen, dass es nicht ganz kleine Mengen von Personen gibt, die nicht eindeutig nur einem Milieu zugeordnet werden können. Schon die Darstellungsweise zeigt also an, wie wenig der Ansatz einem zwanghaften, gewaltsamen Kästchendenken zuneigt. Um das zu begreifen, braucht man freilich ein etwas präziseres und nicht bloß oberflächliches Wissen über den Milieuansatz.

Verwandt mit dem ersten Vorwurf ist ein zweiter:

2. Das Sinus-Modell vereinfacht zu sehr und bleibt an der Oberfläche

Die Charakterisierungen, die wir der Kartoffelgraphik beigegeben finden, sind sehr allgemein. Sie enthalten nicht sehr viele Informationen. Noch schwieriger sind die Milieu-Namen, die ja regelrecht fahrlässig wirken. Ist es legitim, von den Hedonisten oder den Traditionsorientierten zu sprechen? Und ist nicht Traditionsorientierung und Hedonismus etwas, was für sehr viele Menschen auch außerhalb dieser beiden Milieus zutrifft?

Richtig ist: Die Kurzcharakterisierungen der Milieus sind sehr knapp. Genau das sollen sie aber auch sein. Denn sehr viele Menschen haben den Wunsch, sich sehr schnell einen profilierten Überblick zu verschaffen, ohne tief einsteigen zu müssen. Theoretische Bedürfnisse und pragmatische Wünsche kollidieren hier. Grundsätzlich ist auch hier wieder darauf zu achten, dass wir verstehen und beachten, womit wir es zu tun haben und worauf es ankommt. »Die Hedonisten« ist eine Redeweise, die wir in Sinus-Veröffentlichungen gar nicht finden, wohl aber nach einer gewissen Vertrautheit mit dem Milieuschema gerne selbst gebrauchen. Wenn wir – etwas präziser – vom Hedonistischen Milieu sprechen, dann ist auch diese Redeweise eine Abbreviatur. Sie kürzt ab, indem ein Begriff für einen ganzen, unter ihm liegenden Komplex steht. Hedonismus ist also

[5] *Heinzpeter Hempelmann*, Prämodern, Modern, Postmodern. Warum »ticken« Menschen so unterschiedlich? Basismentalitäten und ihre Bedeutung für Mission, Gemeindearbeit und Kirchenleitung, Neukirchen-Vluyn 2013.

nicht das einzige Merkmal, das für diese Lebenswelt steht. Sinus-Forschung weist im Gegenteil darauf hin, dass es natürlich in vielen Milieus hedonistische Orientierungen gibt. Die konservativ-etablierte, etwas ältere Dame, die sich bei ihren Innenstadtbesuchen jede Woche einmal ein Stück Kuchen in ihrem Lieblingscafé gönnt, zeigt auf ihre Weise durchaus hedonistische Züge. Aber Hedonismus steht nicht im Mittelpunkt ihrer Lebensweltlogik. Er ist nicht der Gesichtspunkt, nach dem sie ihr Leben organisiert. Anders ist das bei Menschen, die ihr Leben ganz bewusst und zentral an dem Wunsch ausrichten, möglichst viel zu genießen, zu chillen und dafür auch Nachteile in Kauf nehmen. »Hedonismus« ist also ein Begriff, der für ein zentrales Anliegen steht, aber natürlich nicht die Weite der Lebenswelt, die Breite der Motivik, die Differenziertheit der Lebensweise selbst in diesem einen Milieu erschließt. Wer hier mehr wissen will, der kann auf das umfangreiche Wissen zurückgreifen, das die Sinus-Forschungen für verschiedenste Kunden aus dem Bereich Politik, Wirtschaft und Kultur zusammengetragen haben. Dieses liegt diesen Kurzcharakterisierungen zu Grunde. Diese Schätze verlangen danach, gehoben zu werden, sobald es darum geht, ein Milieu nicht nur oberflächlich für eine erste Charakterisierung zu kennzeichnen, sondern richtig kennenzulernen (soweit das rein theoretisch überhaupt möglich ist).

In summa: Die Kurzcharakterisierungen und die Milieunamen sollen knapp sein. Sie sollen und wollen keine Tiefenschau geben, sondern nur eine erste Übersicht ermöglichen. Sie wollen locken, sich weiter- und tiefergehend zu beschäftigen. In diesem Sinne bietet etwa das Forum Hohenwart (in 2016) Studientage zum Adaptiv-Pragmatischen Milieu und zum Milieu der Performer an. Hier wird präsentiert, was es alles an relevanten Informationen gibt und wie diese zu nutzen sind: von den Daten über materielle und Bildungs-Ressourcen über Freizeit- und Konsumverhalten, Mediennutzung, Kommunikationsweisen, Gemeinschaftsformaten, Ästhetisierungen des Alltags (wie gestalte ich meine Lebenswelt? Ist mein Wohnzimmer der Mittelpunkt meines Lebens, oder habe ich so etwas gar nicht, weil ich meiner Szene lebe?) bis hin zur Frage, worin der Sinn des Lebens gesehen und wie er gefunden wird.

Die ungeheure Materialfülle findet sich einerseits im Download-Bereich des Sinus-Institutes oder in selektierter und geordneter Form in Veröffentlichungen kirchlicher Lebensweltforschung.[6]

[6] Vgl. aus dem katholischen Bereich: *Matthias Sellmann / Gabriele Wolanski* (Hg.), Milieusensible Pastoral. Praxiserfahrungen aus kirchlichen Organisationen, Würzburg 2013; vgl. meine detaillierte Darstellung der Milieus, incl. theologischer Brücken in die Lebenswelten, in: Milieusensibles Marketing für Kurse zum Glauben. Zur Bedeutung der SINUS-Milieuforschung für missionarische Bildungsangebote, in: Handbuch Erwachsen glauben. Missionarische Bildungsangebote. Grundlagen – Kontexte – Praxis, hg. von der *Arbeitsgemeinschaft missionarischer Dienste* (AMD) Berlin, 2. Aufl. Gütersloh 2013, 26–86.

3. Das Milieumodell stigmatisiert und diskriminiert

Die Modul-Bezeichnungen, aber schon die Rede von Unter-Schicht ist nicht unproblematisch. Bedeutet es nicht eine Diskriminierung, als »Prekärer« bezeichnet oder dem prekären Milieu zugeordnet zu werden? Und empfinden es nicht auch manche als Abwertung, als konservativ oder traditionsorientiert abgestempelt zu werden?

Richtig ist, dass die Begriffe Assoziationen herbeiführen, die einen wertenden, oft abwertenden Charakter haben. Das kann auch dann passieren, wenn man sich sehr darum bemüht, diese Wirkung zu umgehen. Richtig ist ebenfalls, dass die sozialwissenschaftlichen Bestimmungen einen statischen Charakter haben. Sie ordnen ein und zu. Die Perspektive einer Veränderung kommt in ihnen nicht vor.

Wiederum merken wir, wie sehr es darauf ankommt, sich immer wieder klarzumachen, was wir tun, wenn wir dieses soziologische Instrument gebrauchen, und seine Anwendung auch immer wieder kritisch zu überprüfen. Jemand dem prekären Milieu zuzuordnen, darf eben nicht heißen: Da gehört er hin. Es darf eben nicht bedeuten: Da wird er wohl bleiben. Im kirchlichen Kontext schauen wir die Menschen promissional: verheißungsorientiert an, unter der Perspektive: Was kann Gott aus einem Menschen und aus einer Lebenslage machen? Wir legen sie gerade nicht fest. Das muss sich auch in unserem Umgang mit dem Sinus-Milieu-Modell bewahrheiten. Wenn wir sehen, dass ein Mensch einem Milieu der Unterschicht zugeordnet werden kann, dann darf das eben nicht bedeuten: Da ist er, und da wird er wohl bleiben. Es kommt also auf einen evangelischen Gebrauch dieses *tools* an.

Fachwissenschaftlich ist auf Folgendes hinzuweisen:

(1) Wenn ein Physiker die Masse eines menschlichen Körpers bestimmt und etwa 120 kp misst, dann ist das keine Diskriminierung. Es ist nichts anderes als eine empirische Wahrnehmung nach einem vorgegebenen Beschreibungsrahmen. Wissenschaft hat einen deskriptiven, keinen normativen Charakter. Das jedenfalls ist ihr Anspruch. Wenn Lebensweltforschung von Unterschicht oder Armut oder geringen Bildungsressourcen spricht, dann sind das Beschreibungen nach vorgegebenen Regeln. Jemand verfügt womöglich nicht über einen Hauptschulabschluss; jemand verfügt womöglich nicht über 60 % des Durchschnittseinkommens der Bevölkerung. Welche Konsequenzen wir dann in einem zweiten Schritt aus diesen Feststellungen ziehen, ist eine deutlich andere Sache.

(2) Es gab bei der Einführung des neuen Milieu-Modells von 2010 eine intensive Diskussion über die Kennzeichnung des Unterschichtsmilieus in der B-Säule. Bedeutet es nicht tatsächlich eine Diskriminierung, wenn man eine ganze Lebenswelt als »prekär« qualifiziert? Die Entscheidung fiel dann doch für diesen Begriff, einmal weil die vorangehende Bezeichnung (konsum-materialistisch) tatsächlich wertend missverstanden werden konnte, zum anderen, um tatsäch-

lich die Lebensverhältnisse im Prekären Milieu nicht zu verschleiern, also der schon angesprochenen Möglichkeit, Milieuzuschreibungen als Festlegungen zu verstehen, ganz bewusst entgegenzuwirken. Als »prekär« wird das PRE jetzt also darum qualifiziert, um deutlich zu machen: Wer sich in einer solchen Lebenswelt bewegt oder besser bewegen muss (offenbar tut das niemand freiwillig!), der lebt unter prekären, d.h. nicht zureichenden Lebensverhältnissen.

In summa: Die Bezeichnungen diskriminieren und werten nicht; sie haben grundsätzlich beschreibenden Charakter. Es kommt freilich sehr darauf an, in welchen Rahmen wir die Ergebnisse der Lebensweltforschung hineinhalten und wie wir sie verwenden: im Sinne einer Festlegung und Stabilisierung der Verhältnisse oder in einem evangelischen Sinne: als Beschreibung eines womöglich nicht befriedigenden Ist-Zustandes, der aber offen ist hin zu Veränderung und Verbesserung.

4. Die Milieuperspektive alleine reicht nicht und nützt nichts

Warum diese Monopolstellung des Sinus-Modells? Warum nur Sinus? Sinus wird überschätzt und reicht nicht, wenn es darum geht, den Zustand der Kirche zu analysieren.

Das Sinus-Milieu-Modell allein nützt nichts? Richtig! Nur, etwas anderes hat bisher niemand behauptet. Das zentrale Ziel der Kommunikation des Milieumodells ist eine milieusensible Kirche. Ziel ist die Sensibilisierung für soziokulturelle Unterschiede, nicht die Verbreitung eines bestimmten Milieumodells und dessen Monopolgeltung. Wie diese Sensibilisierung erreicht wird, ist deutlich zweitrangig. Sehr viele Menschen habe allein auf Grund einer sehr präzisen und geübten Zuwendung zu ihren Mitmenschen ein sehr ausgeprägtes Sensorium für Unterschiede. Ihnen helfen Milieumodelle höchstens noch zu einer Formulierung oder Feinabstimmung. Nötig sind sie dann aber nicht. Sehr viele andere Menschen leben freilich auch in der Kirche im Wesentlichen unter Ihresgleichen. Hier helfen Ansätze wie die Mentalitätendeklination, die Unterscheidung von Lebensstilen oder Milieus, ganz gleich welche Herkunft sie haben.

Dass die Milieuperspektive nicht allein stehen kann und soll, ist sowohl im Rahmen der Arbeit der EKD mit den Sinus-Milieus wie auch in den genannten Milieu-Schulungen eine Standard-Überlegung. So versteht das MükkE-Modell des EKD-Zentrums für Mission in der Region die Milieuperspektive ausdrücklich als Teil eines dreidimensionalen, umfassenderen Modells. Es ergibt sich, wenn (a) soziodemographische Daten über die Region, (b) Daten des kirchlichen Lebens mit (c) den Daten der Microm-Geo-Milieus über die Milieuverteilung in einem gegebenen geographischen Raum verbunden werden und ein Bild von der Position einer Gemeinde in einem gegebenen Sozialraum ermöglichen. In der Badischen und Württembergischen Landeskirche wird zudem die Milieuperspektive eingebaut in den Kontext der Gemeindeberatung (und teilweise auch der Visitation), für die sie nur ein Instrument neben vielen anderen ist. Warum der Ansatz des Sinus-Instituts favorisiert wird, das ist eine andere Frage, und dafür lassen sich eine Reihe von Gründen angeben:[7]

- Das Sinus-Milieu-Modell besitzt eine fundierte, breite empirische Basis. Es gibt eine Vielzahl von veröffentlichten und nicht veröffentlichten Studien, in denen es zur Anwendung gekommen ist und in denen es sich einerseits bewährt hat, die aber andererseits durch die gewonnenen Erkenntnisse auch dazu beigetragen haben, das Modell immer wieder scharf zu stellen bzw. zu einem Modell-Wechsel beigetragen haben, wenn der gesellschaftliche Wandel eine Anpassung notwendig machte. Der letzte große Switch passierte 2010. Nachdem im Jahr 2001 das erste gesamtdeutsche Milieumodell vorgestellt worden war, hat das Institut 2010 ein völlig überarbeitetes Bild der Lebenswelten in der Bundesrepublik vorgestellt. Basis waren damals 3000 explorative Tiefeninterviews und 300.000 empirische Befragungen. Hier bewährt sich der Doppelcharakter des Sinus-Instituts als Sozialforschungsunternehmen, das andererseits konkrete Marketing- und Beratungs-Dienstleistungen erbringt.[8]
- Das Sinus-Milieu-Modell ist aktuell. Das Bild unserer Gesellschaft und ihrer Segmente ist nicht nur 2010 einer fundamentalen Revision unterzogen worden, die die aktuellen gesellschaftlichen Transformationsprozesse erkennen lässt und abbildet. Es wird auch ständig, etwa in der Angabe der Prozentzahlen für die einzelnen Milieus, scharfgestellt. Die in der SSBW auf Sinus gefallene Wahl bewährt sich auch deshalb, weil die letzte große im Auftrag der Evangelischen Kirche durchgeführte kirchensoziologische Untersuchung über solche aktuellen Daten zur Lebenswelt nicht mehr verfügt. Lapidar heißt es in einer ersten Broschüre, die erste Ergebnisse der fünften Kirchenmitgliedschaftsuntersuchung (= KMU) vorstellt: »Die V. KMU legt keine weitere Lebensstil- bzw. Milieutypologie vor«[9] (11). Noch die KMU IV war durch die breite und relativ differenzierte Untersuchung von lebensstilspezifischen Zugängen zur Kirchenmitgliedschaft geprägt und bestimmt. Die Milieuforschung hielt mindestens ansatzweise in die Kirchensoziologie Einzug. Die KMU V meint, darauf verzichten zu können. Die Lebensstiltypologie, die Beschreibung der Lebenswelten, wird nicht aktualisiert. Das zentrale Steuerungsinstrument der kirchenamtlichen Soziologie der EKD beruht hinsicht-

[7] Vgl. ausführlicher *Hempelmann*, Gott im Milieu, 229–236.

[8] Zur Zeit dienen jedes Jahr 45.000 qualitative Erhebungen der Scharfstellung des Sinus-Milieu-Modells.

[9] Engagement und Indifferenz. Kirchenmitgliedschaft als soziale Praxis. V. Erhebung über Kirchenmitgliedschaft, hg. von der *Evangelischen Kirche in Deutschland*, Hannover 2013, 11.

lich der Lebensweltdifferenzierung der Mitglieder auf Daten, die mittlerweile 15 Jahre alt sind.[10]

- Das Sinus-Milieu-Modell bietet einen hohen Grad an Differenzierungsmöglichkeiten, ohne unpraktisch zu werden. Die 10 Milieu-Profile sind deutlich trennschärfer als das erste Milieumodell von Gerhard Schulze, das fünf Kategorien kennt. Und es differenziert profilierter als die Lebensstiltypologie, die der IV. Kirchenmitgliedschaftsuntersuchung zu Grunde liegt[11] und als das Milieumodell von Schulz/Hauschildt/Kohler[12]. Beide Ansätze arbeiten nur mit sechs Unterscheidungen.
- Mit dem Sinus-Milieu-Modell ist Kirche anschlussfähig an viele andere Untersuchungen, die für sie von Bedeutung sein können: Zu finden sind u.a. Studien über Jugend und Alter, Männer und Frauenbilder, Freizeitverhalten und Mediengebrauch, Wertewandel und Integration von Migranten.
- Die Sinus-Milieu-Perspektive bedeutet einen »fremden Blick«. Sie hilft Kirche, sich von außen, aus einer nicht-kirchlichen Perspektive, wahrzunehmen. Im Gegensatz zu den kirchlichen Milieus und Lebensstilen der Kirchenmitgliedschaftsuntersuchungen vermessen die Sinus-Milieus die gesamte Gesellschaft. Sie erlauben damit auch wertvolle Vergleiche zwischen kirchlichen und außerkirchlichen Verhältnissen.
- Die prozentuale Verteilung der Sinus-Milieus kann für jeden beliebigen geographischen Raum angegeben werden. Wir können nicht nur sagen, wie sich die 10 Milieus deutschlandweit verteilen, sondern auch für einen Stadtteil, ein Neubaugebiet, einen Straßenzug angeben, auf welche Milieus wir - wahrscheinlich - treffen.[13]

In summa: Das Sinus-Milieu-Modell ist z.Zt. für die Kirchen das vermutlich beste Modell, wenn es darum geht, soziokulturellen Wandel innerhalb und außerhalb der Kirchen nachzuvollziehen. Es bietet gegenüber der Konkurrenz eine Reihe von Vorzügen, die freilich erst dort richtig zur Geltung kommen, wo das Milieumodell eingebunden wird durch andere ergänzende sozialräumliche Fragestellungen und Untersuchungen. Entscheidend ist grundsätzlich nicht die

[10] Zur Sache vgl. *Hempelmann*, Kirchendistanz oder Indifferenz? Wie die Kirche von der Typologie der Lebensweltforschung profitieren kann. Ein kritischer Abgleich der Sinus-Studie für Baden-Württemberg mit der 5. Kirchenmitgliedschaftsuntersuchung, in: ThBeitr 45 (2014), 284–303.

[11] Vgl. *Friederike Benthaus-Apel*, Lebensstilspezifische Zugänge zur Kirchenmitgliedschaft, in: *Wolfgang Huber u.a.* (Hg.), Kirche in der Vielfalt der Lebensbezüge. Die vierte EKD-Erhebung über Kirchenmitgliedschaft, Gütersloh 2006, 205–235.

[12] Vgl. *Claudia Schulz / Eberhard Hauschildt / Eike Kohler*, Milieus praktisch. Analyse- und Planungshilfen für Kirche und Gemeinde, Göttingen 2008.

[13] Dieser einmalige Vorzug beruht auf der Zusammenarbeit des Sinus-Institutes mit der Firma Microm, die aus vielen Datenquellen die entsprechenden Angaben zu Milieuprofilen zusammensetzt und diese so anonymisiert, dass diese nicht repersonalisiert werden können, für einen bestimmten Bereich aber prognostizierbar ist, auf welche Milieus in einem Cluster von (mind.) 5 Haushalten zu treffen ist.

konkrete Methode, mit der soziokulturelle Unterschiede erkannt werden, sondern die Sensibilisierung für die Differenzen der Lebenswelten und ihre Gründe.

5. Das Sinus-Modell ist »nicht wissenschaftlich«

Immer erneut wird – von interessierter Seite – der Vorwurf vorgebracht, die Sinus-Forschung sei nicht seriös, weil sie nicht wissenschaftlichen Maßstäben entsprechen würde.[14] Es ist sehr bildhaft etwa von der Coca-Cola-Formel die Rede, die von zentraler Bedeutung sei, vom Sinus-Institut aber geheimgehalten werde. Man könne darum die Ergebnisse nicht nachprüfen. Das Modell sei darum unwissenschaftlich.

Richtig ist, dass das Sinus-Institut an keiner Stelle den Zuordnungsalgorithmus und die 29 Merkmale (»Items«), die den Milieuindikator ausmachen, veröffentlicht hat. Wenn aus dieser Tatsache die Behauptung abgeleitet wird, das Sinus-Milieu-Modell sei nicht nachprüfbar, liegt hier aber ein Missverständnis von Milieuindikator und Zuordnungsalgorithmus vor. Es ist nicht verstanden, wie die Sinus-Milieu-Modelle entstehen:

- Die Milieus und ihre Charakteristika hängen nicht von einer geheimen mathematischen Formel ab. Sie werden nicht alchemistisch konstruiert, sondern – das ist ein entscheidender Unterschied – *re-konstruiert*, nicht frei gebildet, sondern *nach*-gebildet. Entscheidend ist die am Anfang stehende qualitative Lebensweltanalyse, aus der heraus ein Milieumodell gebildet wird. Hier fallen die Entscheidungen. Dieses wird dann in einem zweiten Schritt repräsentativ mit Hilfe quantitativer Methoden verallgemeinert. Nicht die quantitativen Zuordnungen sind entscheidend, sondern die sehr aufwendigen Explorationen von Lebenswelt.[15] Zweck ist letztlich die quantitative Verallgemeinerung qualitativer Setzungen, die den Theoriekern ausmachen. Die Milieuprofile selber sind aber in umfangreichen Materialien und Beschreibungen der einzelnen Milieus vollkommen offen gelegt.
- Man wird es dem privatwirtschaftlich geführten Institut nicht übelnehmen können, dass es ein kommerzielles Interesse daran hat, die Milieus exklusiv nachbilden zu können. Die Nachkontrollierbarkeit und Überprüfbarkeit der entscheidenden Annahmen ist auch so gegeben.
- Im Hinblick auf die Frage nach der Wissenschaftlichkeit, sprich Kontrolle und Bewährung der Milieutheorie kann man getrost von einer »empirisch ge-

14 Vgl. *Eberhard Hauschildt / Eike Kohler / Claudia Schulze*, Wider den Unsinn im Umgang mit der Milieuperspektive, in: Wege zum Menschen 64. Jg. (2012), 65–82; *Wolfgang Ilg*, Sinus-Milieu-Studien: Viel genutzt, kaum hinterfragt. Anfragen an die Wissenschaftlichkeit am Beispiel von ›Brücken und Barrieren‹, in: Zeitschrift für Pädagogik und Theologie (ZPT) (2014), 66, 68–84.

15 Im Übrigen kann jeder Interessent mit ein wenig Aufwand in den über das Internet zugänglichen Materialien und Analysen die 29 Items des Milieuindikators selbst herausbekommen. Diese ändern sich freilich immer wieder, weil sie für quantitative Analysen eine trennscharfe Unterscheidung und Zuordnung ermöglichen sollen.

sättigten Plausibilität des Milieu-Modells« (B. Flaig) sprechen und darauf hinweisen, dass es auch deshalb so viel Echo in universitärem Rahmen[16] findet, weil es offensichtlich über eine soziokulturelle Tiefenschärfe verfügt.

- Auch wenn dieses Argument nur »pragmatischer« Natur ist, sei an dieser Stelle noch einmal daran erinnert, dass das Milieu- als Gesellschaftsmodell auf Grund des breiten Einsatzes als Zielgruppenmodell für unterschiedliche Kunden auf ein Maß an Daten und Informationen zurückgreifen kann, das es für ein rein akademisches Modell nicht geben kann.

In summa: Der Sinus-Milieu-Ansatz ist durch seine Anwendung und ständige Überprüfung als Zielgruppenmodell hoch bewährt. Seine entscheidenden Voraussetzungen liegen offen.

6. Ein Marketing-Instrument passt nicht für Kirche

Religion ist nicht mit Marken vergleichbar. Kirchenmitglieder sind keine Konsumenten. Das Evangelium ist keine Ware. Das Wort Gottes ist keine Ware, die wir an den Mann und die Frau zu bringen hätten. Schon Paulus sagt: Wir treiben keinen Handel mit dem Evangelium (2Kor 2,17). Kurzum, die Methode passt nicht.

Richtig ist: Der Ansatz von Sinus bietet beides: ein Gesellschaftsmodell und ein Zielgruppenmodell, das auch für marktwirtschaftliche Zwecke eingesetzt werden kann. Das Gesellschaftsmodell eignet sich als Zielgruppenmodell. Es ist aber als solches eine Theorie über die soziokulturellen Differenzen in unserer Gesellschaft und die Kommunikationsprobleme, die daraus resultieren, dass Menschen so unterschiedlich »ticken«; auf Grund der ihnen jeweils selbstverständlichen Lebensweltlogik sehr unterschiedliche Dinge für normal und normativ halten und genau deshalb durch Barrieren und Distinktionsschranken voneinander getrennt sind. Wenn auf der Basis dieser Analyse nicht nur Barrieren, sondern auch Brücken deutlich werden, dann ist dieses Modell im Kern auch eine Kommunikationshilfe.

Die dem Kommunikationswillen inhärente Bemühung um den Anderen, der Wille, ihn »zu erreichen«, das Wissen um Kommunikationsschranken und -chancen ist dabei nicht etwas, was dem christlichen Glauben fremd wäre, sondern elementarer Bestandteil der Mitteilung des Evangeliums. In diesem Sinne ist 2Kor 2,17 der Kommunikationsimperativ aus 1Kor 9 an die Seite zu stellen, gemäß dem Paulus den Juden ein Jude, den Griechen ein Grieche wird, auf dass er auf allerlei Weise etliche erreiche.

[16] Vgl. für den theologischen Bereich nur den in diesem Band dokumentierten Beitrag von Birgit Birgit *Weye* / Michael *Meyer-Blanck*, »Die Kirchenmitglieder – Milieus in der Kirche«, in: *dies.*, Studien- und Arbeitsbuch Praktische Theologie, Göttingen 2008, 72–82. Hinzuweisen ist auch auf die Studien, die in Kooperation mit universitären Partnern durchgeführt worden sind.

Entscheidend ist theologisch die Differenz zwischen *anpassen* und *andocken*. Theologisches Kommunikationsziel ist nicht eine Anpassung des Evangeliums, die das Gegenüber so lange manipuliert, bis es letztendlich, zum guten Schluss, zustimmt, sondern das Ziel, das Evangelium so mitzuteilen, dass ein Mensch in seiner Lebenswelt erreicht wird, ästhetische und andere Barrieren ein Verstehen nicht verhindern. Ziel ist eine möglichst unverstellte Begegnung, die nicht an der falschen, sondern an der richtigen Stelle Ärgernis nimmt am Wort vom Kreuz.

In summa: Der Sinus-Ansatz beinhaltet zunächst und zuerst ein Gesellschaftsmodell und macht eine analytische Aussage über die Segmentierung unserer Gesellschaft. Dieses Modell kann auch für Marketing-Zwecke genutzt werden. Für Kirche und Theologie, speziell Missionstheologie unter den Bedingungen postmoderner Kulturen, ist es aber als Kommunikationsmodell relevant. Kennzeichnend für das Sinus-Milieu-Modell ist ein dem Evangelium nicht fremder, sondern ihm eigener Imperativ, den Anderen zu erreichen, seine Welt mit ihm zu teilen, um ihm so das Evangelium in einer Weise mitzuteilen, dass eine von falschen Barrieren möglichst freie Begegnung möglich wird.

7. Sozialwissenschaftliche Forschung kann religiöse Realität nicht erfassen

In der Kirche geht es um – christliche – Religion, Spiritualität, Glaube. Dies sind Größen, die sich sozialwissenschaftlicher Analyse oder Theoriebildung nicht erschließen. Es liegt ein Kategorienfehler vor: Das Instrument passt nicht zum Gegenstand.

Richtig ist – und man kann das gar nicht genug einschärfen: Mit Methoden der Sozialwissenschaft kann keine religiöse Realität gemessen werden.[17] Religiöse Realität kann überhaupt nicht *gemessen* werden. Sie ist nicht *quantifizierbar*. Auch christlicher Glaube ist nicht messbar. Er ist weder quantifizierbar auf einer Skala von 0 bis 10, noch gibt es Möglichkeiten, ihn von außen zu erschließen. Introspektion in ein Gottesverhältnis ist nicht möglich. Würden Religionssoziologie oder Religionspsychologie einen solchen Anspruch erheben, verlören sie ihren Charakter als Wissenschaft. Sie beanspruchten zu wissen, was sie nicht wissen können.

Religionssoziologie und -psychologie bleiben an der Oberfläche. Immer. Aber, ist das ohne Nutzen? Die Methoden, die wir einsetzen, sind immer in einer gewissen Weise »dumm«. Sie benutzen nur eine begrenzte Zahl von Kategorien, sind also immer zu grob, um dem Einzelfall gerecht zu werden. Sie be-

[17] Vgl. zur Problematik: Johannes Zimmermann: Theologische Einführung, in: *Anna-Konstanze Schröder / Johannes Zimmermann* (Hg.), Wie finden Erwachsene zum Glauben? Einführung und Ergebnisse der Greifswalder Studie, Neukirchen-Vluyn 2010, (17–30) 15f. Auch die Greifswalder Konversionsstudie stand vor der Frage, ob, wie und inwiefern »Glaube« überhaupt Gegenstand sozialwissenschaftlicher Forschung werden kann. Ich habe seinerzeit ein Drei-Ebenen-Modell entwickelt, das Johannes Zimmermann ebd. erläutert.

nutzen Begriffe, mit denen sie zwar beschreiben, aber doch nicht das Wesen einer Sache erklären, erfassen, begreifen können. Warum nutzen wir sie dann? Weil das, was wir mit ihnen erkennen können, immer noch besser ist, als wenn wir allein auf unsere subjektiven und immer individuellen Eindrücke angewiesen wären. Gerade diese widersprechen sich ja in aller Regel. Die wissenschaftliche, auch religionssoziologische und religionspsychologische Erkenntnis bleibt an der Oberfläche, sie kann nicht ersetzen, was wir wahrnehmen. Aber was sie uns zeigt, hat insofern Hand und Fuß, als es überprüfbar ist. Insofern kann sie zur Orientierung helfen. Sie kann freilich nur ergänzen, nicht ersetzen.
Ein Beispiel[18] kann das zeigen: Natürlich können wir nicht messen, wie jemand zur Kirche steht. Schon dieser banale Satz ist gegenüber der manchmal allzu selbstverständlichen Alleingeltung von kirchensoziologischen Ergebnissen festzuhalten. Aber es ist eben doch möglich, Menschen danach zu fragen, wie sie sich einschätzen: ob sie regelmäßig, eher selten oder nie in die Kirche gehen. Mit den Einsichten schaue ich Menschen nicht ins Herz, aber es ergeben sich eben doch gewisse Anhaltspunkte für die Beantwortung der Ausgangsfrage. Es ist eben sehr unwahrscheinlich, dass jemand regelmäßig in die Kirche geht, wenn ihm überhaupt nichts an Kirche liegt, und natürlich umgekehrt.
Zu beachten sind dabei freilich die Einschränkungen eines solchen Verfahrens, die es nicht entwerten, uns aber vorsichtig mit ihm umgehen lassen:

- Wir fragen nach der Selbsteinschätzung der Menschen. Was »regelmäßig« heißt, wird nicht festgelegt. Das füllen Menschen selber. Regelmäßig kann dann etwa auch heißen, einmal im Jahr, an Weihnachten/Heiligabend, aber das eben jedes Jahr. Spannend bleibt dann aber der Sachverhalt, dass Menschen das für einen regelmäßigen Kirchgang und sich selbst für »regelmäßige Kirchgänger« halten. Das wiederum signalisiert Verbundenheit.
- Wir unterstellen eine Korrelation von Kirchenbesuch und Haltung zur Kirche. Aber könnte es nicht sein, dass man aus anderen Gründen als der Bindung an die Kirche »regelmäßig« in die Kirche geht, z.B., weil man muss; z.B., weil man es so gewohnt ist; z.B., weil man sich davon Vorteile verspricht?

In summa: Religionssoziologie (incl. Kirchensoziologie) und Religionspsychologie bleiben an der Oberfläche. Sie ermöglichen keine Einsichten und schon gar kein Urteil über den Glauben. Aber sie liefern Indizien, die uns bei unserer Einschätzung helfen und unsere Vorurteile korrigieren können.

8. Die Milieudifferenzierung überfordert die Gemeinden

Die Milieudifferenzierung überfordert Gemeinde und Hauptamtliche. Es ist unmöglich, dass eine Gemeinde alle 10 Milieus erreicht. Das zu erwarten, würde sowohl die Gemeinde überfordern wie auch den Pfarrer und die Pfarrerin. Das

[18] Vgl. SSBW, Graphik T6.

gilt umso mehr, wenn man die sozialanthropologischen Einsichten[19] über Milieubindung, Distinktionsgrenzen und Ekelschranken beachtet. Wenn Kirchengemeinden durch ein oder zwei Milieus bestimmt sind, können sie sich nicht einfach »öffnen«. Wenn die Pfarrerin durch ein bestimmtes Milieu geprägt ist, ist sie nicht einfach unbegrenzt kommunikationsfähig. Hinzu kommt, dass viele Hauptamtliche ja gerne mehr täten, aber ohnehin jetzt schon am Limit ihrer Kräfte und Möglichkeiten sind. Im Ergebnis erhöht die Milieusensibilisierung also nur den Druck auf die Pfarrpersonen und andere Verantwortliche.
Richtig ist – und auch das kann man nicht genügend betonen –: Werden die falschen Konsequenzen aus der Einsicht in die Milieusegmentierung in Gesellschaft und Kirche gezogen, sind die Folgen desaströs:

- Mischgottesdienste, die alle Milieus bedienen wollen, gefallen niemand: Sie verprellen die, die herkömmlich kamen, und die, die man gewinnen will, kommen trotzdem nicht.
- Mitarbeiter, ganz gleich ob ehren- oder hauptamtlich, die Milieugrenzen überschreiten wollen und dabei ihre soziokulturelle Prägung verleugnen, wirken nicht authentisch, verlieren ihre Identität und sind einfach nur »uncool«.
- Zusätzliche Veranstaltungen, mit denen man weitere Lebenswelten erreichen will, kosten eine immense Kraft, können oft nicht lange durchgehalten werden und enden vielfach in Frust und Resignation.

Wenn die Einsichten in die Milieusegmentierung von Kirche (und Gesellschaft, die Kirche ja auch angeht) richtig sind, bleibt die Frage: Was wären denn dann die *richtigen* und *praktikablen* Konsequenzen?

Recht verstanden, geht es nicht um zusätzliche Belastungen, sondern um eine andere Organisation der vorhandenen Ressourcen bis hin zu Perspektiven für eine Entlastung von Gemeinden und Haupt- wie Ehrenamtlichen:

- Schwierig ist der – vielfach unausgesprochene – Anspruch, in jeder Gemeinde ein Komplettangebot vorzuhalten. Voraussetzung ist hier ein Kirchturmsdenken, das nicht weiter sieht als bis zu den eigenen Gemeindegrenzen. Wo Gemeinden sich als Teil einer größeren Einheit begreifen, etwa als Distrikt oder gar als Kirchenbezirk, ergeben sich völlig neue Möglichkeiten. Dann werden Spezialisierungen möglich, weil nicht jede und jeder alles machen muss. Genau das kann aber sehr entlasten. Ziel ist eine gabenorientierte Delegation von Aufgaben und eine aufgabenorientierte Kooperation von vielen, die im Einzelfall zu Entlastungen führt. Mancher ältere Pfarrer wird dankbar sein, wenn er keine Jugendarbeit mehr machen muss oder im KU-Bereich entlastet wird; er spürt einfach, welche Welten ihn von den Jüngeren trennen. Manche jüngere Kollegin wird aufatmen, wenn ihr der Senioren-Club, in dem sie sich nicht zuhause fühlt, abgenommen wird. Manche kirchlichen Regelungen sind auch schlicht nicht sinnvoll, etwa wenn auch in Mittelstädten im Innenstadtbereich in fußläufiger Entfernung zur selben Zeit an verschie-

[19] Vgl. Teil II b, 5 (S. 74ff).

denen Orten ein nahezu identisches Gottesdienstangebot vorgehalten wird, das einerseits jeweils mit einem immensen Aufwand an Kraft und Zeit erstellt worden ist, umgekehrt aber nur von relativ wenigen Besuchern angenommen wird. In der Stadt, vielfach aber auch schon auf dem Land sind Menschen sehr viel flexibler, als oft und gerne kolportiert wird. Man ist es inzwischen doch gewohnt, für ein gutes Angebot auch ein bisschen fahren zu müssen. Kooperation und Delegation können nicht nur zu Entlastung von weniger angenehmen Aufgaben und Schwerpunkten in einem Bereich führen, in dem man seine Gaben sieht. Sie können sogar dazu führen, dass Ressourcen frei werden, die dazu eingesetzt werden können, tatsächlich noch unerreichte oder wenig erschlossene Lebenswelten zu fokussieren. Das ist dann nicht und sofort Aufgabe der »zuständigen« bezahlten Hauptamtlichen. Es lohnt der Blick nach Brückenpersonen, die einerseits zum unbekannten Milieu gehören, sich andererseits zur Kirchengemeinde halten. Sie stehen hier vielleicht aufgrund ihrer Prägung eher am Rande, könnten aber bereit sein, als Brücken in die Lebenswelten zu fungieren, die man erreichen möchte.

- Microm-Geo-Analysen können zusammen mit sozialräumlichen Analysen zeigen, welche Gemeinde wo vor welchen besonderen Herausforderungen steht; welche Lebenswelten in ihr »überrepräsentiert« sind. Im Distrikt oder Kirchenbezirk kann das dann zu speziellen Verabredungen über besondere Arbeitsschwerpunkte führen, die umgekehrt an Entlastungen gekoppelt sind. Diese werden möglich, weil die Nachbargemeinde eine Aufgabe wahrnimmt, die die eigene nicht mehr leisten muss. Praktikabel und plausibel wird das dort, wo Kirche ein neues, regionales Selbstverständnis entwickelt und etwa auch entsprechend auftritt, z.B. mit einer gemeinsamen Internet-Plattform. Hier sind dann nicht nur die Veranstaltungen einer einzelnen Kirchengemeinde zu finden, wie üblich, sondern alle Angebote aller kirchlichen Einrichtungen und Gruppen in einer definierten Region.
- Vielfach braucht es gar keine neuen Angebote für bestimmte Milieus. In vielen Fällen reicht es aus, sich die bereits gegebene Fülle von Veranstaltungen, Gruppen, Kreisen, Events, Projekten zu vergegenwärtigen und diese dann anders: als Angebote der Kirche in der Region, und besser: weil über die Gemeindegrenze hinweg, in der etwas stattfindet hinaus, zu kommunizieren. Gottesdienstlandschaften oder Überblicke, aus denen ersichtlich ist, was wann wo für wen stattfindet, erschließen die oft erstaunliche Fülle kirchlichen Lebens.
- Abschließend ist zu warnen vor dem ja naheliegenden »Automatismus«: Es gibt 10 Milieus, also müssen wir für alle etwas machen. Wir haben Veranstaltungen für 2–3 Lebenswelten, also fehlen uns noch Angebote für sieben weitere. Wer so denkt und argumentiert, kann angesichts des schon vorhandenen Belastungspegels nur in die Knie gehen. Wichtig ist nicht nur eine Analyse, wo die Gemeinde(n) stark ist und wo sie – gemessen an der Milieulandschaft, die ihr Kontext ist – schwächelt. Wichtig ist vor allem, sich in einem geistlichen Prozess darüber zu verständigen, wo man eigene Schwerpunkte

setzen will, was im Kontext der oben beschriebenen Zusammenarbeit auch bedeutet: was man abgeben kann und was man delegieren will.

In summa: Eine Überforderung von Gemeinden und Haupt- wie Ehrenamtlichen liegt nur dann vor, wenn die Milieusensibilisierung angesichts der erkannten Milieuverengung der eigenen Gemeinde zu dem unreflektierten Impuls führt, man müsse nun auch noch alle anderen Milieus erreichen. Denkt man Kirche regional, gabenorientiert und Aufgaben delegierend, ergeben sich Formen der Kooperation, die im Gegenteil sogar entlastend und neue Ressourcen generierend wirken können. Was nicht geht: sich auszuruhen darauf, dass man ja schon jetzt die Mitte der Gesellschaft erreiche und sich dabei eben aus pragmatischen Gründen bescheiden müsse. Eine solche Argumentation ist nicht mehr theologisch und schon gar nicht mehr verantwortlich.

9. Wo bleibt die Einheit der Kirche, wenn es nur noch Milieugemeinden gibt?

Merkmal der Kirche ist ihre Einheit. Diese kann nicht nur unsichtbar sein. Kirche muss immer auch nach sichtbarem Ausdruck dieser Einheit suchen. Wenn als Folge der Milieusensibilisierung nur noch Milieugemeinden existieren, verliert sie dieses Merkmal. Das ist theologisch inakzeptabel. Kirche darf nicht auseinanderfallen in lauter Gruppenkirchen mit ihren speziellen Interessen und Geschmäckern, die doch nur Ausdruck ihrer individuellen Orientierung sind und die gemeinsame Ausrichtung auf Christus beeinträchtigen.

Richtig ist: Wir müssen uns als Kirche auch um einen sichtbaren Ausdruck der Einheit der Kirche bemühen, auch und gerade unter den Bedingungen einer milieusegmentierten Gesellschaft. Gerade wenn man die theologischen Vorgaben bejaht, ist der propagierte theologische Grundsatz aber zunächst einmal Anlass zur kritischen Selbstkorrektur:

- Die Einheit der Kirche ist ja nicht bedroht durch das Konzept von Milieukirchen, sondern ist ja schon jetzt nicht gegeben, weil die existierenden Kirchengemeinden im Regelfall Milieugemeinden sind, sprich durch dominante Milieus geprägt sind.
- Darf man den Boten schlagen, wenn einem die Botschaft nicht gefällt? Kirche ist milieusegmentiert, sie muss es nicht erst werden. Es geht nicht um die Frage, ob wir Milieugemeinden wollen. Wir haben sie bereits in großer Zahl. Es geht aber sehr wohl um die Frage, ob wir in unserer Kirche Ressourcengerechtigkeit wollen und ob es darum neben traditionsorientierten oder sozialökologisch geprägten Kirchengemeinden auch noch andere geben darf, oder ob die Gemeinden herkömmlichen Typs dominieren sollen, auch gesamtkirchlich.

Damit ist die theologische Frage nach der Einheit der Kirche nicht vom Tisch, ganz im Gegenteil! Eine milieusensibilisierte Kirche wird sie um so schärfer stellen, weil sie merkt, wie die traditionellen Orientierungen genau dieser Einheit aller ihrer Glieder aus allen Lebenswelten gerade entgegenstehen.

Wir stehen hier vor einer Aufgabe für die Zukunft. So wenig, wie es bis jetzt Ansätze für eine Kirche in der Region gibt,[20] so sehr ist es ein Desiderat, eine Kirche zu entwickeln, die zwar aus Milieugemeinden besteht, neben Kirchengemeinden aber zu ihrer Ergänzung lebensweltorientierte Gemeinden (sog. LoGs) nicht nur zulässt, sondern fördert.

Milieukirchen stehen nicht gegen die Einheit der Kirche; sie können sogar ein besonderer Ausdruck der Einheit sein, wo sie bei aller Verschiedenheit in der ästhetischen, kulturellen und mentalen Ausprägung gemeinsam zeigen, worin sie verbunden sind. Der gemeinsame Glaube, die gemeinsame Loyalität gegenüber Christus (vgl. Kol 3,11) bedeutet ein Band, das alle Unterschiede umfasst, das aber auch immer wieder eine anschauliche und (b-)greifbare Gestalt bekommen sollte.[21]

In summa: Milieusensibilisierung zerstört oder bedroht nicht die Einheit der Kirche, sondern deckt allererst ihre faktische, schon gegebene Segmentierung auf. Will Kirche den unterschiedlichen Lebenswelten gerecht werden, benötigt sie nicht nur für traditionsorientierte und konservative oder sozialökologische Kirchenmitglieder Lebensweltgemeinden, sondern für alle anderen auch. Es gehört zu den Aufgaben einer zukünftigen Ekklesiologie, nach Gestalten von Kirche zu suchen, die einerseits der lebensweltlichen Diversität in Form von lebensweltorientierten Gemeinden Raum geben, andererseits diese LoGs so zusammenbinden, dass ihre Einheit in Christus auch eine sichtbare Gestalt bekommt.

Stärken (Strength)	**Schwächen (Weakness)**
• Einübung soziokultureller Unterschiede • Übersichtlichkeit • Handhabbarkeit • schnelle Orientierung • Profilierte Milieukennzeichnungen • Beschreibung, nicht Wertung • MükkE und andere Ansätze betten die Milieuperspektive ein • Sinus bietet entscheidende Vorteile gegenüber anderen Modellen (Aktualität, Bewährung, Anwendbarkeit; Anschlussfähigkeit; Trennschärfe)	• Wird dem Individuum nicht gerecht • (zu) leichte Zugänglichkeit und Eingängigkeit des Milieu-Modells • Modulbezeichnungen rufen Vorurteile auf • Beschreibungen (»Unterschicht«, »prekär«) können als Wertungen missverstanden werden • Die Milieuperspektive ist als solche begrenzt und muss andere Blickwinkel ausblenden • Der Zuordnungsalgorithmus wird von Sinus nicht offengelegt.

[20] Vgl. *Christhard Ebert / Hans-Hermann Pompe* (Hg.), Kirche und Regionalentwicklung. Region, Kooperation, Mission, Leipzig 2014, darin v.a. die Kap. 2,3 und 4.

[21] Beispiele dafür gibt es schon. So besteht die Mosaikgemeinde im Großraum Frankfurt aus lauter Teilgemeinden, die sich durch unterschiedliche spirituelle und soziokulturelle Schwerpunktsetzungen auszeichnen, aber gleichzeitig ihrer Einheit auf vielfältige Weise Ausdruck geben.

• Der entscheidende Theoriekern: die qualitative Modulation der Milieulandschaft, ist allgemein zugänglich • Der Sinus-Milieu-Ansatz beinhaltet ein Kommunikationsmodell • Religions- und kirchensoziologische Arbeitsweisen geben verlässliche Hinweise und liefern Indizien zur Einschätzung des religiösen Habitus • Forderung und Anerkennung von lebensweltorientierten Gemeinden	• Das Gesellschaftsmodell von Sinus findet Anwendung als Marketingmodell • Religionssoziologische Arbeitsweisen bleiben an der Oberfläche; sie können religiöse Realität nicht erfassen • Einseitige und enggeführte Erschließung des Evangeliums durch milieuorientierte Gemeinden
Möglichkeiten (Opportunities) • Einübung der Wahrnehmung soziokultureller Unterschiede • Wahrnehmung: Ich bin nicht »normal« • Methodische Kennzeichnung von Unschärfen und Grenzen empirischer Zuordnung zu Milieus • Nutzung und Ausbeutung des veröffentlichten Wissens über die Milieus • Einübung eines reflektierten und sensiblen Umgangs mit dem Milieu*tool* • Programmatische Betonung der Öffnung für alle *tools*, die der Sensibilisierung für soziokulturelle Unterschiede dienen • Selbständige Erarbeitung unterscheidungsstarker Items • Sensibilisierung für »Barrieren« und »Brücken« • Korrektur individueller, subjektiver Einschätzungen durch wissenschaftlich erarbeitete Ergebnisse • Organisation von Gemeinden, die der soziokulturellen Diversität von Milieugemeinden Raum gibt, aber deren gemeinsame Loyalität gegen den Herrn der Kirche sichtbar macht	**Gefahren (Threads)** • Verlockung zu Schubladendenken • Missverständnis als Persönlichkeitstypologie • Missverständnis der Milieunamen als ausreichende Kennzeichnungen • Missverständnis der Milieubezeichnungen als Wertungen • Verabsolutierung eines Modells und einer Perspektive • Zurückhaltung relevanter Informationen aus kommerziellen Interessen • Anpassen statt Andocken • Überschätzung der Aussagemöglichkeiten der Religionssoziologie, die den Menschen nicht ins Herz schauen kann • Diffusion von Kirche in Milieukirchen, deren Einheit in Christus nicht mehr erkennbar ist

e) Tabelle 1: Kirche – Pfarrer/in aus dem Blickwinkel der 10 Milieus – ein Überblick

Zu den Tabellen

Die vorliegende Reihenfolge weicht von der Standardreihenfolge in den Sinus-Übersichten ab (Milieus der Oberschicht, beginnend mit KET; Milieu der Mitte; Milieus der Unterschicht). Die folgende Reihenfolge der Milieus richtet sich nach der Verbundenheit mit der Kirchengemeinde, wie sie in der SSBW erkennbar wird. Wir besprechen zunächst TRA, KET, SÖK und BÜM, lassen dann das noch fehlende Milieu der Mitte (PRA) folgen und kommen dann zu den Milieus der Unterschicht (PRE und HED) sowie zu den restlichen Milieus mit postmoderner Prägung (PER, EPE).

Quellen sind die empirischen Untersuchungen des Sinus-Instituts für kirchliche Auftraggeber in Deutschland und der Schweiz, unter Katholiken und Evangelischen, sowie auch die Projektionen, die sich aus den Milieubeschreibungen ergeben, sowie die Explorationen in den Pfarrkonventen.

Die Tabelle bietet nur sehr knappe, in der Regel pauschale Beschreibungen. Es werden sich immer Fälle finden lassen, bei denen die Kennzeichnungen nicht zutreffen. Diese können dann Anlass sein, sich daran zu erinnern, dass diese Tabellen keine ausreichende Differenzierungen leisten sollen, vielmehr Groborientierungen und Impulse geben wollen.

Bezugspunkt sind die Milieus, sofern die ihnen zugeordneten Personen Kirchenmitglieder sind. Nota bene: Die genannten religiösen Einstellungen gelten nicht allgemein für alle Personen, die sich den entsprechenden Milieus zuordnen lassen.

Erläuterung zu Tabelle 1:

Wir gehen alle 10 Sinus-Milieus nacheinander durch und fragen jeweils nach

- Milieukennzeichen:[1] als Zusammenfassung die sog. Lebensweltlogik, dann die Angaben zur Verbreitung in der Bevölkerung (Sinus 2015), zum Anteil der evangelischen Kirchenmitglieder am Milieu (nach Typologie der Wünsche 2011) und zu den Anteilen des Milieus an der Gesamtheit der Kirchen-

[1] Vgl. dazu aber auch die Kurzcharakteristik, die sich im Anhang findet.

mitglieder in Baden und Württemberg (nach SSBW 2012).[2] Bitte beachten: Die Zahlen sind nicht direkt miteinander vergleichbar, sondern sind Resultate unterschiedlicher Fragerichtungen. Die Zählwerte zu HED, PRE und PRA sind aus methodischen Gründen zu niedrig,[3]

- dem Bild von Kirche,
- dem Bild von und der Erwartung an den Pfarrer bzw. die Pfarrerin,
- den Goes und No-Goes, also möglichen instinktiven und spontanen Zustimmungs-und Abwehrreaktionen,
- möglichen Brücken in die Lebenswelt und
- »evangelischen Provokationen«. Ziel des milieusensiblen Brückenschlags ist ja nicht eine distanzlose Anpassung, sondern eine Kommunikation, die ihre Adressaten erreicht und versucht, unnötige Anstöße zu vermeiden, aber vom Evangelium her auch kritische Gesichtspunkte gegenüber der jeweiligen Lebenswelt artikuliert. Die Formulierungen sind nicht homiletisch aufbereitet. Sie sollen nur Anstöße geben, in welche Richtung man denken kann.

Es fällt auf, dass schon die ersten vier, als kirche(ngemeinde)nah geltenden Milieus sich in ihren Erwartungen sehr unterscheiden. Noch größere Differenzen findet man, wenn man sich die drei Milieus anschaut, die zur Mitte der Gesellschaft gehören: BÜM, SÖK und PRA, und schließlich natürlich zur PRE, HED sowie PER und EPE.

2 Es liegen nur Zahlen für die Badische und Württembergische Landeskirche vor. Andere Landeskirchen haben sich noch nicht zu ähnlichen Untersuchungen entschlossen. Die Zahlen sind auf Grund der besonderen Prägung der südwestdeutschen Kirchen nicht einfach auf die Verhältnisse in anderen Landeskirchen übertragbar.

3 Vgl. die Erläuterung zur Graphik.

Milieu - Lebensweltlogik - Verbreitung in Deutschland - Anteil der Evangelischen am Milieu - Anteil des Milieus an den Evangelischen in Baden und Württemberg	Bild von Kirche (und auch Erwartung an Kirche)	Bild vom Pfarrer / der Pfarrerin	Goes / No-Goes	Brücken	Evangelische Provokationen
Das Traditionelle Milieu TRA Lebensweltlogik V: • Verlustempfinden • Vergangenheitsorientierung • Verstimmung (»früher war Vieles besser«) 15% 35% 19% (im Land B/W 17%)	Heimatliche Volkskirche Kirche ist • Heimat • Teil des eigenen Lebens *»Wir gehören dazu«* (zur Gemeinde und damit zur Gesellschaft/ Gemeinschaft vor Ort)	Pfarrer/in als • Hirte • Lebensbegleiter/in • Seelsorger/in	Was gut kommt: • das Bewährte anerkennen und »hochhalten« • für Werte und Normen eintreten Was nicht gut kommt: • Veränderung des Gewohnten • »Experimente«, »Neumodisches« • kritische Auseinandersetzung • Reflexion • Infragestellung von Glaube, Kirche und Autoritäten	• das Persönliche • das Verbindliche • das Wurzelnde • das Tragende • das Herkömmliche • das Stabilisierende; das, was Halt gibt • das Einfache • das Wertschätzende z.B. • Hausbesuche	• Ermutigung • gegen Angst, Resignation • Neues zumuten, um andere zu erreichen • »Wer heute tut, was die Väter taten, tut nicht mehr, was die Väter taten«

Das Konservativ-Etablierte Milieu KET Lebensweltlogik E • Establishment • Erfolg • Exklusivität • Entre-nous 10% 39% 16% (im Land B/W 11%)	Kirche als • Fundament und Garant von Moral • Trägerin abendländischer Hochkultur, • Mitte der Gesellschaft, *»Hier finde ich meinesgleichen nicht.«* + *»Ich biete mein Wissen an.«*	Pfarrer/in als • akademisch gebildete(r), professionelle(r) Repräsentant/in einer gesellschaftlichen Großinstitution • gebildeter Glaubenshüter	Was gut kommt: • Status • Anspruch • (Hoch-)Kultur • Leistung • Disziplin • Professionalität Was nicht gut kommt: • alles, was unter dem eigenen Niveau ist • das Schäbige, Abgestoßene, Abgenutzte (z.B. Gemeindehaus) • das Unschöne und Vulgäre	• Anspruch • Profil • Niveau • Hochkultur (Konzerte, Kunst, Oper) • Sponsoring erbitten • Fachwissen anfragen / Kompetenz abrufen z.B. • Passionsmusik oder Weihnachtsoratorien • klassische (christliche) Kunst	• Kirche für *alle* (Milieus) • plurale Kirche • Kirche für und *mit* geistig und materiell Armen • Kirche, die die Gesellschaft vom Evangelium her in Frage stellt • Kirche als Institution, in der man dient und die im Grundsatz nicht hierarchisch ist

Das Sozial-Ökologische Milieu SÖK Lebensweltlogik G: • Gesellschaftliche und globale Gerechtigkeit • Gewissen • Gefährdung der Welt 7% 33% 18% (im Land B/W 8%)	Kirche als • sozial-emanzipative Bewegung • gesellschaftliche Reformkraft Distanz zu Kirche als Institution *»Die Kirche müsste sich mehr einsetzen!«*	Pfarrer/in als • Motivator/in • Initiatorin • Verbündete/r	Was gut kommt: • Ressourcen schonen • Verantwortung zeigen Was nicht gut kommt: • autoritär-autoritative Vorgaben • dogmatische Zumutungen • Intoleranz • das Protzige, Luxus • das Trendige	Verbindung von Glaube und gesellschaftlicher Verantwortung Bereitschaft zu (selbst-)kritischer Haltung Kirchliche Kritik an Missständen	• Unser Heil hängt nicht von uns ab. Wir retten uns nicht selbst • Wir können und wir müssen nicht die Welt retten • Es gibt eine verschwenderische Güte Gottes
Die Bürgerliche Mitte BÜM Lebensweltlogik F: • Familie/Freunde • Fleiß • (bürgerl.) Format 14% 35% 18% (im Land B/W 13%)	Kirche als • familiale Nahwelt, mit Angeboten für die Familie vor Ort • Kirche(ngemeinde) als Erweiterung der Familie: Wertegemeinschaft • gelegentlich: Bürgeragentur • Rahmen für Familienfeste *»Manchmal ein Ort für mich und meine Kinder«*	Pfarrer/in als • Animateur und Entertainer, bei dem ich mich / wir uns wohlfühlen • universaler Kommunikator, der »es mit allen kann«	Was gut kommt: • das Moderne • das, was in ist • das, was vernünftig ist • Fleiß • was der Familie / den Kindern dient Was nicht gut kommt: • das Exzentrische • das Unvernünftige • das Spießige • das Kleinbürgerliche • das Experimentelle/ Unnormale	Familiärer Bezug von Glaube, Gemeinde, Gott Glaube als Orientierungshilfe und Lebenshilfe Gegenwartsfragen mit familiärem Bezug	• Glaube, der provoziert • Glaube, der Kritik übt

Das Adaptiv-Pragmatische Milieu PRA Lebensweltlogik P: • pragmatisch • persönlich relevant • nach Passung suchend 9% 32% 4% (im Land B/W 10%)	Kirche als Dienstleister Kirche wird erlebt als wenig oder nicht alltagsrelevant *»Wir haben nichts gegen Kirche«* (aber sie kommt in unserem Lebensalltag nicht vor)	Pfarrer/in als • Dienstleister • Berater in praktischen Fragen der Lebensweise	Was gut kommt: • Offenheit, Flexibilität • Sich-Auskennen und Können • Absicherung und – nichtbürgerliche – Geborgenheit (Bedürfnis nach *re-grounding*) Was nicht gut kommt: • abgehobene Glaubensinformation • mangelnder Praxisbezug • alles Ideologische • traditionelle Werte • Hochkultur	Kirche und Glaube sind da relevant, wo sie ins persönliche Leben hineinragen und »passen« Glaube als Hilfe zum Leben	• Kirche, die (auch inhaltlich) einen Standpunkt hat • Kirche, die sich gesellschaftlich engagiert • Kirche, die etwas *will*

Das Prekäre Milieu PRE Lebensweltlogik B: • benachteiligt • bemüht (um Anschluss an die bürgerliche Mitte) • beunruhigt und besorgt (was die Zukunft bringt und wie sie gelebt werden kann) Ambivalent: Das Milieu empfindet sich »eigentlich« als stark und attraktiv 9% 26% 1% (im Land B/W 8%)	Kirche als • sozial-diakonischer Rettungsanker • fremde – »bürgerliche« – Welt, zu dem man nicht dazu gehört (auch wenn man es möchte) *»Da passe ich nicht rein. Da gehören wir nicht dazu.«*	Pfarrer/in als Sozialarbeiter, Helfer (im Falle sozialer Not- oder Schieflagen)	Was gut kommt: • Wertschätzung • klare Regeln • Ordnung • Hilfestellungen • Absicherungen • Harmonie • Unterhaltung (volkstümlich) Was nicht gut kommt: • alles, was überheblich klingt • alles »Akademische« • alles, was man nicht versteht • alles, was die eigenen Minderwertigkeitsempfin-dungen stärkt (Arbeiten mit Texten, Papier und Stift)	Nichts Theoretisches, das Praktische Körperbetonte Tätigkeiten Körperlich stark, handwerklich geschickt sein	• Christus wendet sich den Schwachen zu • Wir *alle* sind schwach • Ein Leben mit Christus kann aus Schwachheit Stärke machen

Das Hedonistische Milieu HED Lebensweltlogik Sp: • spontan • Spaß • Spannung 15% 21% 7% (im Land B/W 14%)	Kirche als • einengende Institution • »Spaßbremse« • durch Konventionen, Normen, Spießigkeit bestimmte Gegenwelt *»Kein Bock auf Spießbürger!«*	Pfarrer/in als • -/- (hat keine Bedeutung, allenfalls als) • Kumpel (auf Augenhöhe)	Was gut kommt: • Chillen, Abhängen • Genießen • in den Tag leben, ohne an Morgen zu denken • sorglos sein Experimentalistisches Submilieu: • sich selbst erfahren • Grenzen überschreiten • Neues probieren Was nicht gut kommt: • was einengt • was keinen Spaß macht • was regelmäßig und geplant abläuft Experimentalistisches Submilieu: • Regeln, die einengen, • Phantasielosigkeit, wie es anders geht	Brücken entstehen, wo Kirche sich erweist als • stylisch • offen • abwechslungsreich • flexibel • mobil • existentiell wichtig Event-Formatierung Chillig (Bsp.: Zeltlager oder Tauf-Feste)	ICH lebe nicht isoliert. Gott ist mein großes DU. Gott hat einen Anspruch auf mein Leben. Ich gehöre mir nicht selbst. Beziehungen leben von Absprachen Mit anderen leben bedeutet Verantwortung zu übernehmen Wo ist der rote Faden im eigenen Leben?

Expeditives Milieu EPE Lebensweltlogik I: • Individualismus (extrem gesteigert) • Inszenierung von Individualität • Innovation • Interesse 7% 35% 5% (im Land B/W 6%)	Kirche als • Amtskirche • Inbegriff ritualisierten und institutionalisierten religiösen Lebens *»Kirche? – Nicht meine Welt«*	Pfarrer/in als • de facto: Vertreter der Institution Kirche • im besten Fall: Mystiker, spiritueller Praktiker, religiöser Profi	Was gut kommt: • Herausforderungen • Dynamik • Grenzen überschreiten Was nicht gut kommt: • Das Normale • Das Übliche • Das, was *man* tut • Kirchliche Gebäude/ Räume	- Das Narrative - Alles, was den Horizont erweitert - Das stylisch Neue - Das Undogmatische - Das spirituell Ausgefallene - Das Wählen-Können (Bsp.: Schweigeretraits in Klöstern)	Evangelium als • Angebot und Anspruch, • als Option und Provokation in die Konkretion, • individueller Ruf in eine Gemeinschaft von anderen Individuen

Milieu der Performer PER Lebensweltlogik A: • Anspruch • Avantgarde • Antrieb • Abwechslung • Abgrenzung (über Design und Leistung) 7% 33% 5% (im Land 7%)	Kirche als • virtuelle Dienstleisterin (etwa bei der Inszenierung familiärer Events) • Sozialagentur für Benachteiligte und Schwache • weitgehend veränderungsunwillige/-unfähige Beharrungsgröße • Fortschrittsbremse *»Kirche ist da, wo ich nicht bin«* *»Kirche braucht mich nicht«*	Pfarrer/in als • Dienstleister/in • religiöser Profi und: • Bremse für Wandel • Autokrator	Was gut kommt: • Leistungsbereitschaft • Zielstrebigkeit • Streben nach Effizienz • anspruchsvolles, modernes Design • Distinktionsmöglichkeiten Was nicht gut kommt: • Das Prinzipielle • Das Unbewegliche • Das bloß Behauptete • Scheu vor Risiko und Veränderung • Orientierung an Konventionen • triviale Kultur • billiges Design • mangelnde Professionalität	Events Herausforderungen Projekte Prozesse (Bsp.: Bitte um Mitarbeit mit einer selbständigen Funktion/Übernahme einer Leitungsfunktion bei einem Prozess)	Annahme bei Gott ohne vorgängige Leistung Gottes Präsenz in zerbrochenen Lebenszusammenhängen

Liberal-Intellektuelles Milieu LIB Lebensweltlogik L: • Liberalität • Leistung • Leiten-Wollen 7% 29% 7% (im Land B/W 6%)	Kirche als traditionsorientierte gesellschaftliche Großinstitution mit ambivalenter Wirkung (Einrichtungen der Nächstenliebe; Unterdrückung selbstbestimmter Orientierung) *»Kirche müßte (selbst-) kritischer sein und global mehr Verantwortung übernehmen«*	Pfarrer/in als Motivator/in, Initiator/in und Unterstützer/in von sozialen Prozessen	Was gut kommt: • sachkundiger, selbstbewusster, selbstkritischer Auftritt • offene, argumentative und kundige Kommunikation über Gott und die Welt Was nicht gut kommt: • Intoleranz • Arroganz • »missionarischer« Ton/Habitus • zur Passivität verurteilt zu sein	Brücken über das • Rationale • Reflektierte • Intellektuelle • Verantwortliche • Selbstbestimmte	Vor Gott sind alle Menschen gleich viel wert. Intellekt und Bildung machen keine besseren Menschen. Kirche als konkrete Zumutung einer Gemeinschaft von sehr unterschiedlichen Menschen Selbstbestimmung bildet sich im Gegenüber zum Willen Gottes für unser Leben.

f) Tabelle 2: Milieu und Gottesdienst, favorisierte Gemeinschaftsform aus dem Blickwinkel der 10 Milieus – ein Überblick

In dieser zweiten Tabelle geben wir einen zweiten Überblick. Was für Konsequenzen ergeben sich aus der Zugehörigkeit zu einem bestimmten Milieu für die Erwartungen und Vorlieben beim Gottesdienst? Welche Ausprägungen von Spiritualität[1] und Zugänge zu ihr zeigen sich in den unterschiedlichen Lebenswelten?[2] Auf welche favorisierten Gemeinschaftsformate treffen wir?

Die drei Gesichtspunkte werden zusammen behandelt und nebeneinander gestellt. Die favorisierte Form von Gemeinschaft hat natürlich Konsequenzen für den Gottesdienst, den man erwartet, ebenso die Spiritualität (Religiosität), die man lebt. Umgekehrt wirkt die Gottesdiensterfahrung zurück auf die Gestaltung von Spiritualität und Gemeinschaft und die Erwartungen an Kirche.

Dreierlei ist in diesem Zusammenhang wieder von Bedeutung:

- Es fällt natürlich auf, dass für die vier zuerst behandelten Milieus (KET, TRA, BÜM, SÖK) der »normale« Gottesdienst am Sonntagmorgen mehr oder weniger noch eine Option ist. Die Distanz zu dieser Gottesdienstform wächst, je moderner oder postmoderner die Grundorientierung ist. Für SÖK, BÜM und PRA als Milieus der Mitte gibt es noch Anschlussmöglichkeiten an andere Gottesdienstformate (Kasualiengottesdienste, Gottesdienste zu den hohen Festtagen). Für LIB, PER, EPE braucht es Formate, die aus der Lebenswelt herauswachsen (bspw. Event-Orientierung). Bei PRE und vor allem HED ist überhaupt nicht mehr vorstellbar, wie »ihr« Gottesdienst – im klassischen Sinne – aussehen können soll.
- Auch der »normale« Gottesdienst am Sonntagvormittag ist schwerpunktmäßig eine Veranstaltung für ein bestimmtes Milieu. Insofern ist dieser Gottesdienst »normal« nur *für* bestimmte Milieus. Vor allem die SSBW hat gezeigt, dass unterschiedliche Gottesdiensttypen von den einzelnen Milieus in sehr unterschiedlicher Weise goutiert werden.[3]

[1] Ich benutze hier einen bewusst unscharfen, weiten Begriff.

[2] Vgl. hierzu neben *Hempelmann/Schließer/Schubert/Weimer*, Handbuch Taufe, auch: *Marc Calmbach / Berthold Bodo Flaig / Ingrid Eilers*, MDG-Milieuhandbuch 2013. Religiöse und kirchliche Orientierungen in den Sinus-Milieus, im Auftrag der MDG-Mediendienstleistung GmbH, Heidelberg/München 2013. Das MDG-Handbuch beruht auf einer qualitativen Untersuchung für die katholische Kirche. Bestimmte Aussagen sind von daher nicht anwendbar, andere müssen entsprechend gewertet werden.

[3] S. den Bericht auf der CD, Folie 46ff.

- Insofern stellt sich im Hinblick auf neue und veränderte Gottesdienstformen gar nicht die Frage, ob Kirche hier etwas, was an sich gegeben, an sich richtig ist, mehr oder weniger verantwortbar an ihre Mitglieder »anpasst«. Wir dürfen wahrnehmen, dass die normalen Sonntagvormittagsgottesdienste bereits angepasste Gottesdienste sind, die sehr gut vor alleman das – allerdings stark schrumpfende – Milieu des TRA adaptiert sind. Es geht also nicht um die Frage, ob wir das Gute und theologisch Richtige verlassen und – womöglich – in gefährlicher Weise anpassen. Wir stehen vielmehr vor der Herausforderung, auch für die Kirchenmitglieder, die nicht zu den vier kirchen(gemeinde)nahen Milieus der TRA, BÜM, KET und SÖK gehören, Gottesdienste anzubieten, die ihrer Lebenswelt entsprechen, im besten Fall aus ihrer Lebenswelt herauswachsen.
- Schaut man sich die favorisierten Formate an und gleicht man diese mit den Angeboten in der eigenen Gemeinde, im Distrikt und Kirchenbezirk ab, wird erkennbar, wieviel Kirche für die verschiedenen Milieus jetzt schon bietet. Entscheidend ist, dass sie ein regionales Selbstverständnis gewinnt und den Blick nicht auf das verengt, was eine einzelne Kirchengemeinde an Programm anbietet bzw. bieten kann. In vielen Fällen werden kaum neue Gottesdienstformate nötig sein. Es wird oft reichen, auf einer gemeinsamen Plattform zu kommunizieren, was Kirche in der Region alles für die Mitglieder und Bewohner der Region veranstaltet.
- Je postmoderner ein Milieu geprägt ist, umso deutlicher wird auch, dass die alleinige Frage, wie ein Gottesdienst für die betreffende Lebenswelt aussehen könnte, der »passt«, schon eine Engführung bedeutet. Weiterführend ist es oft, wenn Kirche das attraktionale Modell hinterfragt (was müssen wir tun, damit die Leute zu uns kommen?) und sich entschlossen der Geh-Struktur zuwendet: Wie sieht ein Angebot aus, das aus der Lebenswelt der jeweiligen »Milieubewohner« herauswächst? Es zeigt sich dann, dass Gottesdienste nicht unbedingt die Form sind, über die am besten und zuerst zu kommunizieren ist. Wenn der Gottesdienst herkömmlich – schon auf Grund seiner Verkündigungsstruktur – eine eher monologische Struktur hat, beispielsweise aber LIB gerne und selbstverständlich »mitreden« wollen, wenn Gottesdienst klassisch eher zur Untätigkeit verurteilt (allenfalls auf gedankliches Mitgehen abzielt), PER aber gerne mittun wollen, dann gibt es Veranstaltungsformate, die dem eher entsprechen als der herkömmliche Gottesdienst. Auch diese alternativen Formen (etwa »Dialog«) können Gestalten der Kommunikation des Evangeliums sein.

Milieu Kurzcharakteristik nach SINUS	Favorisiertes Gemeinschaftsformat	Spiritualität / Religiosität / christliches Leben	Gottesdienst wird erwartet, gewünscht, erlebt als
TRA Die Sicherheit und Ordnung liebende Kriegs- und Nachkriegsgeneration: • verhaftet in der alten kleinbürgerlichen Welt bzw. in der traditionellen Arbeiterkultur • Sparsamkeit, Konformismus und • Anpassung an die Notwendigkeiten *Wonach guckt man besonders:* Orientierung an Tradition	Gemeinschaft: • stabil • beständig, bodenständig • häuslich • überschaubar • geordnet • gesellig Klassisch: der Verein, kirchlich: der Seniorenclub, die Frauenstunde etc.	• Religion ist – nicht in Frage gestellte – Lebensgrundlage. Sie gibt Sinn und Orientierung • Der christliche Glaube bestimmt oft (noch) den Alltag • Hinwendung zum »Herrgott«; Gebete haben einen festen Platz • Kirchgang ist selbstverständlicher Teil der eigenen Biographie und des Lebensalltags • Regelmäßige Teilnahme an Gottesdiensten und Veranstaltungen • Regelmäßige Mitarbeit in karitativen Diensten • Gremienarbeit (bis zur Überlastungsgrenze) Der christliche *Glaube* bestimmt oft (noch) den Alltag • Hinwendung zum »Herrgott«; Gebete haben einen festen Platz • Kirchgang am Sonntag Klassisch: • Gesangbuch • evtl. Losungen	Gottesdienst als religiöse Vergewisserung einer geordneten Welt *Favorisiertes Format:* Der Gottesdienst am Sonntag-Vormittag ist die Hauptveranstaltung *(Brücken-)Themen:* • was lokal relevant ist • etwas, das betroffen macht • Anleitungen für persönliche, rituelle und liturgische Frömmigkeit • Werte und Bewährtes *Kommunikationsempfehlungen:* das Persönliche das Verbindliche das Wurzelnde das Tragende das Herkömmliche das Stabilisierende

KET • Das klassische Establishment • Verantwortungs- und Erfolgsethik • Exklusivitäts- und Führungsansprüche • Standesbewusstsein • Entre-nous-Abgrenzung *Wonach guckt man besonders:* Anspruch	Merkmal: fester, überschaubarer, sozial homogener Freundeskreis Gemeinschaft: • exklusiv • abgegrenzt • dem eigenen Anspruch entsprechend • nicht unter Niveau • hochkulturelle, niveauvolle Formatierung • man macht sich nicht gemein, es sei denn »für einen guten Zweck« (charity) • man sucht Leute mit demselben Niveau Klassisch: • Einladungen • Empfänge, (Familien-)Feste • Rotary • Gemeinsame Fern- und Bildungsreisen • Besuch von Konzerten, Theateraufführungen, Opernabenden, Ausstellungen	*Religion* • Religiöse und kirchliche Orientierung oft noch Teil der Familientradition • Häufig intellektuelle Auseinandersetzung mit Fragen des Glaubens, der Ethik und Moral *Kirche/Gemeinde* • Regelmäßiger Gottesdienstbesuch • Interesse an theologischen Vorträgen, Seminaren, Kursen • Kirchenmusik • Wertschätzung kirchlicher Trägerschaft von Einrichtungen *Glaube* • Christliche Werte als Leitfaden für das Alltagshandeln • Bewahrung (konservativer) Werte und Tugenden • Individuelle Zwiesprache mit Gott • Pflege kirchlicher Rituale	Gottesdienst als traditionelles religiöses Ritual, aber: vielfach Distanz zu den als kleinbürgerlich empfundenen Regelangeboten *Favorisiertes Format:* • Kirchenmusikalische Veranstaltungen • Kunstgottesdienst *Brückenthemen:* • Wertewandel/Werteverfall • Kirche in der Gesellschaft *Kommunikationsempfehlung:* • intellektuell anspruchsvoll • historisch eingebunden • hockulturell • mit Niveau

SÖK Konsumkritisches und -bewusstes Milieu mit normativen Vorstellungen vom »richtigen« Leben: • ausgeprägtes ökologisches und soziales Gewissen • Globalisierungsskeptiker • Bannerträger von Political Correctness und Diversity« *Wonach guckt man besonders*: Kritik, kritische Haltung (auch Aneignung passiert durch kritische Auseinandersetzung hindurch)	Merkmal: Hoher Anspruch an Freundeskreis: Niveau, Kontinuität, Verbindlichkeit Gemeinschaft als: • Aktion • Bündnis • Bewegung • Dialog, Diskurs • Initiativen • gemeinsames Engagement • Lesung Klassisch: • Demonstration • Hearing • Protest • Bürger-Initiative	*Religion* • Christliche Werte als Grundlage einer solidarischen Gesellschaft • Als Christ(in) Vorbild sein, selbstverantwortlich handeln • Ideologie-kritische Auseinandersetzung mit Religion und Kirche • Ausgesprochene, aber kritische Nähe zum modernen, liberalen Protestantismus *Kirche* • kirchenkritische Grundhaltung (Kritik an dogmatischer, unbeweglicher, zu wenig engagierter Kirche), freilich ambivalent: • Kirche auch als Verbündete *Glaube:* • Der persönliche Glaube ist nicht an eine Religion gebunden, häufig individuelles Glaubens-Patchwork • Offenheit für fernöstliche spirituelle Angebote *Gottesdienste an sich* wenig attraktiv, aber • Bildungsangebote, kulturelle Angebote • Unterstützung von Wohltätigkeitsveranstaltungen	Gottesdienst als religiös konnotiertes und orientiertes Reflexionsangebot Distanz zu Regelgottesdiensten (wg. Distanz zur Amtskirche und zur Kirche als Institution) Favorisierte Formate: • Politische Gottesdienste • Friedensgebete • Ökumenische Gottesdienste • Gottesdienste mit integrativen und emanzipativen Anliegen (für und mit Migranten, Asylanten, Flüchtlingen, sozial Schwachen etc.)

BÜM Der leistungs- und anpassungsbereite bürgerliche Mainstream: • generelle Bejahung der gesellschaftlichen Ordnung, • Wunsch nach beruflicher und sozialer Etablierung, • nach gesicherten und harmonischen Verhältnissen *Wonach guckt man besonders:* Beziehung	Gemeinschaft als: • Beziehungspflege • Partnerschaft • Kontakte mit Kindern, Enkeln, Freunden Klassisch: • Besuche • (Familien-)Feste • Hauskreise • Gartenparties	*Religion* • Glaube kann (in unsicheren Zeiten) Rückhalt und Orientierungshilfe sein • Glaube, Religion und Kirche gehören zusammen; Kirche ist fester Bestandteil des sozialen Gefüges • Akzeptanz der ritualisierten religiösen Praxis (z.B. Gebete) *Kirche* • Kirche als ein Stück Heimat (Jugenderinnerungen) • Angebote der Kirche sind gut, aber man selbst braucht sie nicht • Mitarbeit bei geselligen Anlässen • (Vergleichsweise) wenig Eigeninitiative *Glaube:* • Orientierung an den Zehn Geboten • Gottesbegegnungen im Gottesdienst, durch Beten • Persönlicher Glaube als Rückhalt im Leben und als Hilfe zur ethischen Orientierung	Gottesdienst als Gemeinschaftserlebnis aber: Distanz zum Gottesdienst, wo und wenn er nicht familienformatiert ist Favorisierte Formate: • Kinder- und Familiengottesdienste (evtl. Schulgottesdienste) • Gottesdienste zu den Festzeiten • Kasual-Gottesdienste, die in Familienfeste integriert sind

PRA Die moderne junge Mitte unserer Gesellschaft mit ausgeprägtem Lebenspragmatismus und Nutzenkalkül: zielstrebig und kompromißbereit, hedonistisch und konventionell, flexibel und sicherheitsorientiert; starkes Bedürfnis nach Verankerung und Zugehörigkeit *Wonach guckt man besonders:* Nutzen	Gemeinschaft als • Freundschaften mit Menschen, die in vergleichbaren Lebenssituationen sind • Netzwerke Klassisch: • Nachbarschaft • Party • Feste (mit Freunden und Kollegen) • Diskotheken, Clubs • gemeinsame Fun-Urlaube	*Religion* • Die Frage nach Gott spielt im Alltag keine Rolle • Christliche Rituale als Markierungspunkte von Lebensphasen • Sicherheit durch Regeln, aber kein Zwang • Beten nur mit Kindern *Kirche/Gemeinde* • Feste ohne Kirche nicht vorstellbar, sonst wenig Berührungspunkte • allenfalls Nützlichkeitsaspekte (Kirche als Service-Agentur) • Kirche hat keine Alltagsrelevanz *Glaube* • Glaube und Religion sind alltagsfern; aber Offenheit für Kasualien • Religion und Glaube werden unter Nützlichkeitsaspekten betrachtet; Kirche als Dienstleisterin • Wunsch nach spirituellen Wellness-Angeboten	Gottesdienst als religiöses Erlebnis, aber: Distanz zur Kirche als Institution und als Regelveranstaltung, darum Distanz zum Sonntagmorgengottesdienst Favorisierte Formate: • Kasualgottesdienste als Service und Dienstleistung • Gottesdienste zu den hohen Festtagen Möglich: • Gottesdienste in der Lebenswelt der PRA (Kindergarten; Schule; Einkauf) • Gottesdienste in Verbindung mit Essensangeboten (etwa Gottesdienst im Grünen verbunden mit anschließendem Grillen: ungebunden, passend, nützlich)

PRE Die um Orientierung und Teilhabe bemühte Unterschicht mit starken Zukunftsängsten und Ressentiments: • Häufung sozialer Benachteiligungen • geringe Aufstiegsperspektiven • reaktive Grundhaltung • bemüht, Anschluss zu halten an die Konsumstandards der breiten Mitte *Wonach guckt man besonders:* Dazugehören!	Merkmal: unter seinesgleichen Gemeinschaft wird gesucht • in der Familie (hier fühlt man sich sicher) • unter gleichartigen Freunden, die »Familie« sind • unter sich: Abschließungstendenz • in der Peergroup, deren Anerkennung besonders wichtig ist • im kleinen Kreis, in dem man vor Diskriminierung und Unterlegenheitserfahrungen sicher ist Klassisch: • mit Freunden zusammen sein • gemeinsam fernsehen • Vereine • Gasthaus, Kneipe	*Religion* • Erfahrung, dass das eigene Leben »christlichen« Wertvorstellungen nicht entspricht • Gebete um Veränderung oder Linderung der prekären Lage • Empfänglichkeit für esoterische Angebote • Teils »kindliche« Anhänglichkeit, teils Abwendung aufgrund von schlechten Erfahrungen *Kirche/Gemeinde* • Pragmatische Inanspruchnahme von sozialen Einrichtungen • Beratungsangebote sind wenig gefragt • Oft massive Kirchen- und Religionskritik (hoher Anteil von SÄD) *Glaube* • Häufig fehlende Bezüge zu Religion und Glaube, Konzentration auf das Diesseits • Den wenigen (oft schlicht) Gläubigen spendet ihr Glaube Trost und Hoffnung • Verbreitet Enttäuschung durch Kirche und Kirchenvertreter und Abwendung vom Glauben	Gottesdienst als religiös-bürgerliche Veranstaltung, aber: Distanz zu Kirche, Kirchengebäude und kirchlichen Angeboten: Kirche und dem entsprechend Gottesdienst als die eher andere, fremde bürgerliche (Lebens-)Welt, der man nicht zugehört Kasualgottesdienste (bei mehreren Taufen/Kindern im Gottesdienst wichtig: Gleichbehandlung; Wertschätzung) Evtl. möglich: • Gottesdienst(lich)e (Elemente) im Verein (Dorf, ländliches Leben) • Tafelgottesdienste (Stadt)

HED Die spaß- und erlebnisorientierte Unterschicht / untere Mittelschicht: Leben im Hier und Jetzt, Verweigerung von Konventionen und Verhaltenserwartungen der Leistungsgesellschaft *Wonach guckt man besonders:* *Submilieu Konsum-Hedonisten:* etwas erleben *Submilieu Experimentalisten:* neues ausprobieren	Merkmal: Wechselnde Formate. Es gibt nicht die feste Form, zu der man einladen und um die herum man organisieren könnte. Gemeinschaft ist wichtig. Man ist nicht gern allein. Ein großer Freundeskreis ist erstrebenswert. Gemeinschaft • in der »Szene« (ggf. Anschluss an subkulturelle Szenen) • an wechselnden Orten • spontan, freiwillig, unorganisiert • als Rumhängen, Chillen • Posten von Parties, flashmops Klassisch: • Club • Parties • gemeinsame Besuche von Diskotheken, Konzerten	*Religion* • Ablehnung religiöser Ge- und Verbote • Diffuser Gottesbegriff • Großes Interesse an esoterischen Angeboten und Praktiken • Keine klassischen Gebete *Kirche/Gemeinde* • Teils empfänglich für die besondere Atmosphäre von Gottesdiensten • Teils ist Kirche »im Moment nicht dran« *Glaube* • Glaube und Religion haben im Alltag wenig Bedeutung • Die Bestimmungen der (christlichen) Religion sind einengend und spaßfeindlich • Stark individualisierte Glaubenskonzepte – losgelöst von Kirche, Religion oder sogar Gott • gegen religiöse Konventionen • Kirche als Inbegriff bürgerlicher Konventionen	Distanz zur Kirche Gottesdienst als »Unort«/Gegenwelt Evtl. möglich: • Kirche am anderen Ort, die sich nicht als solche plakatiert und durch Mitleben in der Szene gottesdienstliche Elemente einbringen kann • fresh expressions wie Kneipe, Cafe, Skater-Park • Auch die besondere Atmosphäre von Gottesdiensten in alten oder sehr schönen Kirchen mit der Anmutung des Heiligen und einer ästhetischen Erfahrung können attraktiv sein als das, was *strange* ist Favorisierte Formate: • happening (flashmop im Pfarrhausgarten • Event (Tauffeste)

EPE Die ambitionierte kreative Avantgarde: • mental und geographisch mobil, • online und offline vernetzt und • auf der Suche nach neuen Grenzen und neuen Lösungen *Wonach guckt man besonders:* Sich finden und überschreiten	Merkmale: Hyperindividualismus und Abwechslung. Sehr gut vernetzte Einzelgänger Gemeinschaft • intensiv und wechselnd • bezogen auf Musik und Sport als die entscheidenden Erlebnisformate • online und offline: große Bedeutung von chats und Parties oder angesagten Szenen im Bereich Sport, Musik etc. • zentrale Bedeutung von sozialen digitalen Netzwerken • virtual community, online community Klassisch: • outdoor-Sportarten • Diskotheken, Clubs • Konzerte	*Religion* • Zehn Gebote als Universalwerte • Ablehnung kirchlicher Praxis • Gelebte Spiritualität in der Auseinandersetzung mit sich selbst *Kirche* • Keine Beteiligung, kein Interesse • Der eigene Glaube wird außerhalb der Kirche gelebt *Glaube* • Glaube als individuelles Konzept jenseits der bestehenden Religionen • Offenheit für unterschiedlichste spirituelle Angebote; häufig Patchwork-Glauben • Ablehnung institutionalisierten religiösen Lebens und jeder Art von religiösem Fanatismus	Gottesdienst als spirituelle Erfahrung und Horizonterweiterung, aber: Mentale Distanz zu allem, was schon immer so war; was konstant und kontinuierlich ist, was mich festlegen will darum auch zu einer Einrichtung wie Regelgottesdiensten, Ritualen und religiösen Konventionen Möglich: • Gottesdienste als ausgesprochen spirituelle (nicht sozialdiakonische etc.) Veranstaltungen mit dem Ziel der Selbsttranszendenz hin zu neuen Erfahrungen • Digitale, virtuelle Angebote im Netz • Gottesdienste im Kleinkunsttheater, im Kino, im Wohnzimmer

LIB Die aufgeklärte Bildungselite: • liberale Grundhaltung und postmaterielle Wurzeln; • Wunsch nach selbstbestimmtem Leben; • vielfältige intellektuelle Interessen *Wonach guckt man besonders:* sich kognitiv selbst bestimmen	Merkmal: selbstbestimmt im Gegenüber zu Anderen. Ideale Form der Gemeinschaft ist der Diskurs / die Diskussion / das Gespräch Klassisch: • Symposien, Vortrags- und Diskussionsveranstaltungen • Einladungen, Empfänge • Gemeinsamer Besuch von Konzerten, Ausstellungen • Restaurantbesuche	*Religion* • Verständnis von Gott als allem innewohnende Kraft • Glaubenspraxis Meditation • Kleine, selbst geschaffene Rituale im Alltag • Christliche Ethik, aber Relativierung des dogmatischen Glaubenssystems *Kirche* • Kritische Haltung auch als Ausdruck von Engagement • Souveränität im Umgang mit Kirchenregeln *Glaube* • Interessiert-kritischer Zugang zu Glauben und Religion(en) • Religion als zentraler Bestandteil kulturellen Lebens • Glaube als Basis einer ethischen Grundhaltung • Wunsch nach religiöser Vielfalt und Ökumene • spirituelles Grundbedürfnis	Gottesdienst als Bildungsveranstaltung, aber: Distanz zur Kirche als einer mental, ästhetisch, kognitiv vielfach erstarrten Institution mit dogmatischem Denken, zum Gottesdienst als traditionalistisch erstarrter Monologveranstaltung mit prämoderner (»biblischer«) Orientierung evtl. möglich: Dialog- und Diskussionsgottesdienste mit der Möglichkeit zu Artikulation und Partizipation Favorisiertes Format: Ökumenische Gottesdienste

PER Die multi-optionale, effizienzorientierte Leistungselite: • global-ökonomisches Denken; • Konsum- und Stil-Avantgarde; • hohe IT- und Multimedia-Kompetenz *Wonach guckt man besonders:* etwas (sich, die Welt, andere) bewegen	Merkmal: kein Selbstzweck, sondern funktional orientiert, als »Arbeits-Gemeinschaft« zum Erreichen von beruflichen (und persönlichen) Zielen Klassisch: • auf Zeit: keine Formate möglich, die auf Dauer angelegt sind • kompetitiv: der PER sucht den Vergleich und den Wettkampf • anspruchsvoll, sinnvoll und produktiv: was PER – auch in ihrer Freizeit – tun, hat Bedeutung für das Gesamtkonzept des Lebens	*Religion* • Prinzip der Nächstenliebe als Fundament der Gesellschaft • Ablehnung von Frömmigkeit und Gottesfurcht • Wenig spirituelle Erfahrungen • Gebet als innerer Dialog *Gemeindeleben* • Keine regelmäßige Beteiligung (Zeitmangel) • Wenig Interesse (Gemeindeleben ist etwas für Alte oder Einsame) • Angst vor Missionierung *Kirche* • Formale Mitgliedschaft • Kirche ist gut als Kirche für andere *Glaube* • Glaube widerspricht (oft) den Kernwerten Rationalität und Eigenverantwortung • Glaube als »Exit-Strategie« aus den Zwängen des Alltags • Vorbehalte gegenüber den etablierten Religionen • Distanz zur Kirche als Institution • kirchliches Leben ist kaum anschlussfähig an das moderne Leben	Gottesdienst als religiöse Ressource für Rückzug und Rekreation, aber: (Teilweise wohlwollende) Distanz zu Kirche als unflexibler, traditionsorientierter Institution: Gottesdienst als kontinuierliches, konstantes Geschehen steht im Gegensatz zur Ästhetik der Flexibilität, Veränderung und Innovation Kirchliche Gebäude als no-go-Area evtl. möglich: • Gottesdienste am anderen Ort, nicht in der Kirche, sondern in der Lebenswelt der PER • in aufregenden, attraktiven *locations* • Gottesdienste mit Möglichkeit der Teilnahme und Mitgestaltung, ggf. schon im Vorfeld • gottesdienstliche Formate in der Lebenswelt der PER (auf der Messe, im Flughafen) • Gottesdienst/Andacht als *break* (zur Rekreation, in Verbindung mit anderen Angeboten • Gottesdienst-App

g) Tabelle 3: Mitarbeit, Partizipation und Kirchenbindung aus dem Blickwinkel der 10 Milieus – ein Überblick

Vorbemerkung

Eine der entscheidenden Fragen für die Gemeindepraxis lautet: Wie gewinnen wir (neue) Mitarbeiter? Wie halten wir alte? Wie motivieren wir zur Mitarbeit? Die weitergehende Frage lautet: Wie stabilisieren wir Mitgliedschaft und Interesse? Wie erreichen wir es, dass Menschen sich mit ihr identifizieren und sich für Kirche einsetzen? Hintergrund dieser heute sehr drängenden Fragen sind Erfahrungen, die zeigen, dass die alten Konzepte oft nicht tragen. Geht man von der Milieudifferenzierung aus, ist es möglich, milieusensibel zu handeln und die Wahrscheinlichkeit erfolgreicher Mitarbeiter-Akquise und Identifikation zu erhöhen. Es zeigt sich, dass Personen unterschiedlich angesprochen werden wollen und differenziert motiviert werden müssen.
Grundsätzlich ist zu beachten:

- Wir wollen Menschen gewinnen zur Mitarbeit. Diese muss »passen«; sie muss etwas bedeuten.[1] Es muss ein individueller Benefit erkennbar sein.
- Nahezu jede/r macht gerne mit, wenn er/sie zeigen kann, was er/sie kann. Nahezu niemand ist so masochistisch veranlagt, dass er/sie mitmacht, wenn abzusehen, dass man sich blamiert; nicht so gut dasteht; versagt oder auch nur schlechtes Mittelmaß ist. Wir möchten uns entlang unseren Begabungen und Stärken einsetzen.
- Genau diese Begabungen unterscheiden sich aber. Im Idealfall ergänzen sie sich im Sinne des Reichtums des Leibes Christi im Sinne von 1Kor 12. Wir haben hier mitten im Neuen Testament eine Anweisung, Stärken und Gaben wie Begabungen zu nutzen.
- Lebensweltforschung mit ihren Differenzierungen hilft, die unterschiedlichen Prägungen als Begabungen zu qualifizieren; diese dürfen nicht gegeneinander ausgespielt, sondern müssen als Ergänzungen verstanden werden. Wir bauen alle am »Haus der lebendigen Steine« (1Petr 2,5) mit, aber eben auf ganz unterschiedliche Weise.

[1] Das ist übrigens nicht erst in *postmodern times* so. Auch die gute alte Pflichterfüllung »bedeutet« etwas für das Individuum und sein Selbstbild: etwa, einer sittlichen Anforderung nachgekommen zu sein; etwas für das Gemeinwohl getan zu haben etc. Sie ist nicht eo ipso etwas »Selbstloses«.

- Identifikation mit einem Anliegen, einem Projekt, einer Institution geschieht über *Partizipation*. Wo ich mitmache, gehöre ich dazu. Mitarbeit ist eine Form der Integration. Das, dessen Teil ich bin, kann aber nicht ganz schlecht sein – schon deshalb nicht, weil ich ja dabei bin und mitwirke. Mitarbeit ist also insofern Mittel der Integration, Identifikation auf dem Wege der Partizipation. Wir identifizieren uns mit den Dingen, zu denen wir beigetragen, mit den Projekten, an denen wir mitgewirkt haben. Die Mauer, die ich gebaut habe, an der ich mitgebaut habe, ist grundsätzlich die schönere und bessere. Das Team, in dem ich mitgespielt habe, ist mein Team – das Team, zu dem ich halte und für das ich bin.[2]
- Eine möglichst breite Partizipation und Identifikation beruht auf einer alle Milieus einbeziehenden Ressourcen-Anamnese. Leitfrage ist: Was können Sie gut? Wo liegen die Ressourcen, die Sie in das Ganze einzubringen haben?
- In der Differenzierung als solcher liegt schon eine Wertschätzung der individuellen Person. Diese spürbare Wertschätzung ist eine weitere, fundamental wichtige Voraussetzung dafür, jemanden für die Mitarbeit zu gewinnen.

Mitarbeiter für ehrenamtliches Engagement zu gewinnen, ist – anders als die verbreitete Mär glauben machen will – dann möglich und sogar relativ einfach, wenn man sich die Lebenswelt incl. der Begabungen und Interessen vergegenwärtigt, aus der eine Person kommt; wenn man sie seelsorgerlich daraufhin anschaut, was ihr Weg und ihr Platz in einer Gemeinschaft sein könnte, und dann dieses Bild mit den Erfordernissen und Möglichkeiten einer Kirchengemeinde oder einer regionalen Kirche abgleicht. Vielfach entstehen ja erst über der Wahrnehmung der Perspektiven, die Menschen bieten und in ihrer Unterschiedlichkeit mitbringen, auch erweiterte Perspektiven für das, was Kirchen und Gemeinden tun können.

2 Vgl. das psychologisch beschriebene Phänomen der *Eigengruppenbevorzugung*.

Milieu	Mitarbeit Selbstverständnis	Partizipation	Mitgliederbindung/Mitgliedschaftsgrund
TRA	*Ich bin ein eher einfacher Mensch und kann mit den Gebildeten nicht mithalten. Deshalb möchte ich auch nicht im Rampenlicht stehen.* *Aber was ich handwerklich gelernt habe, kann ich. Ich habe immer noch Kraft und bin bereit, mich einzusetzen, wenn man mich fragt. Aber, ich dränge mich nicht auf.*	Partizipation vor allem über • Teilnahme am Gottesdienst • Teilnahme am kirchlichen Leben vor Ort Mitarbeit • auf Anfrage und Nachfrage • passive Rolle, • abhängig von der Anweisung • Empfänger-Rolle • Aktivität auf Anweisung • Bereitschaft, bei dem mitzuarbeiten, was bewahrt und was sich bewährt hat • körperliche und handwerkliche Aufgaben • eingespielte Organisationsaufgaben *Nota bene:* • Man kennt seine Grenzen • Man möchte »nicht vorne stehen« • Man möchte nicht leiten	• Wertschätzung • Anerkennung *Mitgliedschaftsgrund* • Heimat haben • Dazugehören • Orientierung und Vergewisserung in einer immer unübersichtlicheren Welt

KET	*Ehrenamtliche Mitarbeit in gesellschaftlichen Einrichtungen wie der Kirche versteht sich für mich von selbst. Anders kann Gesellschaft nicht funktionieren.* *Wir können nicht alle Aufgaben an den Staat delegieren.* *Ich bin hochgebildet, kultiviert, verfüge über weit überdurchschnittliche Bildungs- und materielle Ressourcen, und ich setze das gerne ein.* *Ich biete mein Wissen, meine Bildung und meine Möglichkeiten an.*	Partizipation über: • Mäzenatentum • Sponsoring (KET spenden gerne und sind großzügig)* • Angebot der Mitarbeit auf Leitungsebene • Aktive Rolle bei Bildungsveranstaltungen • Öffentlich repräsentieren *Nota bene:* • Man ist nicht einfach überall dabei; man möchte gebeten werden • keine Lobeshymnen, die peinlich sind • respektvolle Anerkennung der Leistung • man möchte lieber mitgestalten, als Gegenstand des Gestaltens anderer zu werden • Vielfach Erfahrung mit ehrenamtlichen Strukturen und Arbeitsweisen (die akzeptiert werden)	• Wertschätzung erfahren • Anerkennung bekommen • Gebraucht-werden *Mitgliedschaftsgrund* • Kirche als Größe, die die Gesellschaft stabilisiert • Ich kann mich verantwortlich und mit meinen Gaben einbringen
BÜM	*Wir helfen gerne. Nächstenliebe ist wichtig.* *Wir sind allerdings durch doppelte Berufstätigkeit und die Kinder mehr als ausgelastet und sehen kaum eine zeitliche Möglichkeit zur Mitarbeit.*	Bereitschaft zur Mitarbeit ist am größten, wo es um Gemeinde als Familie und entspr. Angebote geht: • Kinderkirche • Konfirmandenarbeit, etc. *Nota bene:* • Gemeinschaft, Nächstenliebe, Hilfe für andere sind Ankerwerte, über die man sich selber definiert, aber: • hohe zeitliche Beanspruchung; darum • familiennahes Heranführen an Mitarbeit • zunächst nicht in Leitungsverantwortung oder in einem Umfang, der überfordert	• Wertschätzung erfahren • Anerkennung bekommen • Gebraucht-werden *Mitgliedschaftsgrund* • Kirche als institutionalisierte Nächstenliebe, als Stimme der Schwachen • Kirche als familienzugewandte Einrichtung

SÖK	*Wir sehen die Geschlechter-, Generationen- und die soziale wie politische Ungerechtigkeit; wir suchen solche, die mit uns ringen um Frieden, Gerechtigkeit und Bewahrung der Schöpfung.* *Wir sind dabei, wo andere für eine bessere Welt kämpfen.*	Kirche als Plattform für eigene Anliegen: Mitarbeit bei Anliegen im Schnittfeld von SÖK und modernem Protestantismus Mitarbeit in kirchlichen Projekten ist naheliegend, wo diese den Anliegen des SÖK entsprechen *Nota bene:* • sehr große Bereitschaft zum Engagement • Interesse an Weiterbildung und Weiterkommen durch die Mitarbeit (Offenheit für Schulungen etc.) • Distanz zu hierarchischen Strukturen, vorgegebenen Regeln; allem, was nicht demokratisch anmutet	• Wertschätzung erfahren • Anerkennung bekommen • Gebraucht-werden • Bestätigung der eigenen Ziele und Überzeugungen; Unterstützung *Mitgliedschaftsgrund* • Forum für eigene Anliegen und Überzeugungen • Gelegenheit zu kritischem Diskurs • Unterstützer gewinnen

PRA	*Wir haben nur sehr wenig Zeit. Berufliches Vorwärtskommen und Familie/Partnerschaft lässt nicht viel Spielraum für ehrenamtliches Engagement.* *Dieses müsste ja auch Spaß machen und dürfte nicht unangenehm oder schwer sein.*	Ehrenamtliche Tätigkeit muss *mir* etwas bringen Schlüssel sind sog. *feelgood*-Tätigkeiten, am besten im Lebensumfeld Option und Teilhabe sind wichtig • PRA wollen über Beteiligung oder Nicht-Beteiligung frei entscheiden können (Multioptionalität ist wichtig) • Angebote dürfen nicht zu lange binden, sondern müssen überschaubar sein • Sie wollen einbezogen werden • Sie wollen in der Kirche Beteiligungsmöglichkeiten nicht nur für alte und junge Menschen *Nota bene:* • Im Milieuvergleich die geringste Bereitschaft zu diakonischem oder sozialem Engagement • Zugang eventuell über Freundes- oder Bekanntenkreis	• Wertschätzung erfahren • Anerkennung bekommen • Gebraucht-werden *Mitgliedschaftsgrund* • Kirche als Dienstleisterin (Kasualien) • Kirche als lebensdienliche Institution • Kirche als kompetente und alltagsbezogene Beraterin in Lebensfragen mit frischen, jungen Gesichtern • Undogmatische Regrounding-Perspektiven, die der flexicurity des Milieus entsprechen • Bindung eher zu Personen, nicht zur Institution; Beziehungen zu Christen könnten ein Schlüssel auch zur Einrichtung Kirche sein (wobei nach PRA-Logik diese wertvollen Beziehungen auch ohne Mitgliedschaft zu haben sind)

PRE	*Grundsätzlich helfen wir gerne. Nur:* *mich braucht man nicht. Ich weiß auch nicht, ob und wo und wie ich etwas Sinnvolles beitragen kann.* *An sich sind wir ja auch* stark – *überall da, wo man Hand anlegen muss.* *Aber eigentlich helfen wir doch da, wo andere Hilfe brauchen. Das ist doch selbstverständlich. Wir wissen aus eigener Erfahrung, wie wichtig es ist, dass einer dem anderen hilft.*	Stärke zeigen und etwas können • wo Hand angelegt werden muss (und es etwa auf Körperkraft oder handwerkliche Geschicklichkeit ankommt) • wo Beziehung/Geselligkeit gefragt ist *Nota bene:* • Partizipation über die Stärken des Milieus • Im Prinzip gegebene Bereitschaft zur Hilfe, aber • negative Erfahrungen der Unterlegenheit, des Gedisst-werdens	• Wertschätzung erfahren • Anerkennung bekommen • Gebraucht-werden *Mitgliedschaftsgrund* Kirche, • die uns wertschätzt • die uns gleich behandelt wie die anderen • die uns braucht • die uns hilft (in prekären Verhältnissen)

HED	*Wir gehören nicht dazu; wir wollen auch nicht dazu gehören. Kirche ist nicht unsere Welt. Wir passen nicht zu dieser spießigen, kleinbürgerlichen Welt.* *Wir lassen uns nicht auf etwas ein, was uns vielleicht sehr schnell keine Freude mehr macht. Und dann gibt es den Stress, wenn man nicht mehr will.*	Chancen für die Mitarbeit erhöhen sich bei • Angeboten, die Spaß und Gemeinschaft bieten • Anfragen, die zeitlich begrenzt sind oder sich nur auf eine (An-)Gelegenheit beziehen *Nota bene:* • Im Milieuvergleich sehr niedrige Bereitschaft, sich einzubringen • Sorge, sich zu lange zu binden (auch wenn es keinen Spaß mehr macht oder anderswo mehr fun zu gewinnen ist) • Sorge, überfordert zu werden • Sorge, bildungsmäßig nicht zu genügen • Sorge, anzuecken und – schon rein äußerlich – anzuecken Für das experimentalistische Sub-Milieu: Angebote, bei denen es möglich ist, • Neues auszuprobieren • Grenzen zu überschreiten • sich zu riskieren und engagieren	• Wertschätzung erfahren • Anerkennung bekommen • Gebraucht-werden *Mitgliedschaftsgrund* Kirche, die Spaß macht, Themen behandelt, die mit dem Leben zu tun haben

EPE Lieber riskant leben als gar nicht leben	*Grundsätzlich kann ich mir ehrenamtliche Mitarbeit vorstellen, aber nicht in den verkrusteten Strukturen, die für Kirche so typisch sind (Gremienarbeit, Regeln, lange terminliche Vorausplanungen).* *Ehrenamtliche Mitarbeit muss mir die Möglichkeit bieten, kreativ zu sein und meine Ideen zu realisieren, und sie darf mich nicht zu langfristig binden.* *Wenn ich mich einsetzen soll, muss das extrem attraktiv sein. Ich mache ja schon so viele interessante und kreative Sachen.*	Weit überdurchschnittliche Kompetenzen im Bereich Design, IT (teilw. Kunst, Sub-Kulturen) Anfragen: • Webseiten gestalten lassen • Kleider designen lassen • Räume einrichten lassen *Nota bene:* • hyperindividualistische Grundeinstellung kann Mitarbeit nur sehen im Kontext eigener Weiter-»Bildung« • Mitarbeit als Chance, sich mit sich selbst auseinanderzusetzen und selber weiterzukommen	• Wertschätzung erfahren • Anerkennung bekommen *Mitgliedschaftsgrund* Kirche, • die herausfordert, • die nonkonfirmistisch ist, • die spirituell neue Horizonte eröffnet • deren Glaube (heraus)fordert
LIB	*Selbstverständlich will ich mich ehrenamtlich einbringen, sofern das meine berufliche Auslastung zulässt. Ich muss sehr genau selektieren, wofür ich mich einsetze.* *Kirche muss dabei den Horizont erweitern. Es geht nicht nur um Frauenkreis und Seniorenclub.*	Mitwirkung oder gar Initiative bei Aufgaben mit • politischer, gesellschaftlicher, sozialer, ökonomischer Bedeutung • regionaler, bundesweiter oder internationaler Dimension • Kontakt mit oder Initiativen für NGOs *Nota bene:* • Selbstbewusster Auftritt • postmaterielle Werte sollen gefördert werden (Autonomie, Verantwortung, Toleranz, soziales Engagement) • hohe und höchste Kompetenz • weiter Horizont	• Wertschätzung erfahren • Anerkennung bekommen • (Nicht-materieller) Dank, wenn die knappe Ressource Zeit eingesetzt wird *Mitgliedschaftsgrund* Kirche, • die lokal, regional, bundesweit und international Verantwortung wahrnimmt • die sich politisch und sozial engagiert

PER	*Ich bin leistungsbereit und möchte die Welt gestalten. Ich bin auch in der Kirche dabei, wenn ich etwas bewirken und gestalten kann.* *Sehr oft ist meine Erfahrung aber: Die sagen, sie wollen und brauchen mich. Aber dann ist kaum oder letztlich keine Veränderungsbereitschaft da. Und der Kampf gegen die Regeln, Strukturen und das Herkommen macht Fortschritt fast unmöglich.* *Ich habe nichts gegen Kirche, aber das ist nicht meine Welt; nicht der Ort, wo ich mich selbstverwirklichen kann.*	Partizipation durch • verantwortliche Mitarbeit an Projekten • Prozessmoderation • Beratung *Nota bene:* • PER wollen gefordert werden • PER wollen eigenverantwortlich handeln • PER gestalten gerne, wenn das zu ihrem Selbstverwirklichungskonzept passt	• Wertschätzung erfahren • Anerkennung bekommen • Gebraucht-werden Kirche als Kirche *für andere*, als soziale Institution

* Vgl. Spendenverhalten in den SINUS-Milieus. Zielgruppen-Insights auf Basis des GfK CharityScope, Heidelberg 2013, 38ff.

h) Was man mit der Lebensweltperspektive alles machen kann: ein Werkzeugkoffer

a) »Gebrauchsanweisung«: Vor Gebrauch bitte sorgfältig lesen!

1. Wir achten auf Qualität

Die Sache ist hochkomplex, manchmal auch kompliziert. Wo Sozialwissenschaft und Theologie zusammentreffen, gibt es viele Möglichkeiten, sich misszuverstehen. Dazu kommt, dass etwa die Sinus-Graphiken sehr plausibel wirken und eine allzu schnelle Rezeption in der Sache fast provozieren. Schließlich gibt es viele, die dieses Werkzeug einfach nur möglichst schnell anwenden wollen. Wir achten demgegenüber in den Kontexten, in denen wir tätig sind und für die wir Verantwortung tragen, auf die notwendige Qualität in der Darstellung und Vermittlung.

☛ Die Landeskirchen von Baden und Württemberg führen Multiplikatorenschulungen durch, in denen sie geeignete Mitarbeiter schulen, die vor Ort oder in der Region qualifiziert anleiten und begleiten können. Wer sie absolviert, bekommt ein entsprechendes Testat und eine Lizensierung für den Umgang mit den Sinus- und Microm-Materialien. Das ist vorbildlich. Es ist sinnvoll, auf dieses Potential zuzugreifen und nicht selber etwa mit den Microm-Geo-Daten zu experimentieren. Sonst sind Enttäuschungen und Frust vorprogrammiert.

☛ Wir bemühen uns um eine gute Didaktik und eine Elementarisierung, die den Zugang erleichtern und die Herausforderungen deutlich machen. Hilfreich ist der Erfahrungs- und Materialaustausch, auch über konfessionelle Grenzen hinweg (vgl. etwa die in der Akademie Hohenwart[1], Pforzheim stattfindenden Kurse und Studientage).

☛ Wir haben den Mut, uns gegen Erwartungen schneller Umsetzung zu sperren. Die Beschäftigung mit der Lebenswelt anderer Menschen und die Erarbeitung der Milieuperspektive darf »etwas kosten«. Wir nehmen uns Zeit und fordern die nötigen Zeiträume und Orte für die Einarbeitung und Einübung auch ein. Es macht keinen Sinn, verdirbt im Gegenteil ein wertvolles Instrument, in einer Stunde in die Sinus-Milieus und ihre Bedeutung für die Arbeit der Gemeinde vor Ort einzuführen und womöglich auch schon Umsetzungsvorschläge zu machen. Die langjährige Erfahrung zeigt, dass es vielmehr sinnvoll und ertragreich ist, mehrere »Lesungen« durchzuführen. Nur so entsteht eine Vertrautheit, die Wahrnehmung ermöglicht.

[1] Vgl. hohenwart.de.

2. Wir sind bereit, uns selber zu verändern (nicht nur die anderen, denen wir effektiv etwas mitteilen wollen)

Im Bereich der katholischen Kirche spricht man von »milieusensibler Pastoral«. Dieser Begriff macht deutlich: Es geht nicht in erster Linie um eine – technisch – umsetzbare Methode[2]. Wichtig ist es, eine *Haltung* einzuüben. Die Lebensweltorientierung sollte schon deshalb nicht vorschnell rezipiert und »angewendet« werden, weil sie viel mehr verlangt, als auf den ersten Blick der Fall zu sein scheint. Sie bedeutet mehr, als eine sozialwissenschaftlich untermauerte Technik zu haben, mit der ich andere besser erreichen kann, damit sie sich verändern können. Mit der Milieuunterscheidung zu arbeiten bedeutet zunächst und vor allem,

- ☛ die Milieuperspektive zu verinnerlichen und zu einem anderen Umgang mit Anderem, mit Unterschieden, mit Fremdem zu kommen. Es ist fast banal zu betonen: Das kostet etwas; das ist nicht einfach. Das fordert heraus. Es bedeutet, dass die Veränderung bei mir anfängt;
- ☛ die Milieuperspektive in ihren Konsequenzen auf alle Felder der Gemeindearbeit durchzubuchstabieren. Das ist ebenfalls ein längerer Lernprozess. Das Lernziel ist mit dem sozialwissenschaftlichen Begriff der Milieutoleranz nur unzureichend beschrieben. Geistlich geht es um Demut: das Eingeständnis, die gegebene Unterschiedlichkeit der Menschen bisher nicht (ausreichend) wahrgenommen und berücksichtigt zu haben; die Einsicht, dass man es sich in der Vergangenheit vielleicht manchmal »zu einfach« gemacht hat. Letztlich geht es um die Frage, ob eine Gemeinschaft von Menschen den Willen und die Liebe aufbringt, sich für anderes zu öffnen, das sie in ihrem mentalen und kulturellen Profil, in den Selbstverständlichkeiten, die ihr Zusammenleben bestimmen, in Frage stellt. Es ist ja so einfach, sich selbst – was psychologisch naheliegt – als »normal« zu apostrophieren und dem entsprechend die Verhaltensweisen anderer, die sich davon unterscheiden, als »unnormal«. Das Problem ist eben nur: Das geht eben auch andersherum. So bekommen wir die Herausforderung Pluralität, die eben im Kern eine Herausforderung Diversität ist, nicht in den Griff.
- ☛ Die Differenzierung von Milieus und die Sensibilisierung für unterschiedliche Lebenswelten, von denen man selber nur eine bewohnt, leitet dazu an, sich selbst zu verändern und einen anderen Umgang mit Alterität zu lernen: »Lass mich dich lernen, dein Denken und Sprechen, dein Fragen und Dasein, damit ich daran die Botschaft neu lernen kann, die ich dir zu überliefern habe« (Klaus Hemmerle[3]).
- ☛ Die Milieuperspektive führt aber ganz unvermutet auch in missionstheologische Dimensionen hinein: In der Sache stehen wir vor der Aufgabe der *Kon-*

[2] Vgl. *Matthias Sellmann*, Zuhören, Austauschen, Vorschlagen. Entdeckungen pastoraltheologischer Milieuforschung, Würzburg 2012.

[3] Was fängt die Jugend mit der Kirche an? Was fängt die Kirche mit der Jugend an?, in: Internationale Katholische Zeitschrift Communio 12 (1983), 306–317.

textualisierung des Evangeliums in anderen als den christianisierten Lebenswelten. Im Bereich der traditionsorientierten, der bürgerlichen, der konservativen Milieus ist das Evangelium über Jahrhunderte »indigenisiert« worden, so sehr, dass das Christliche von vielen inzwischen mit dem Konservativen, dem Bürgerlichen, dem Traditionsorientierten identifiziert wird. Kirche hat es bisher schlicht unterlassen, das Evangelium auch in spätmoderne und postmoderne Lebenswelten hinein zu kontextualisieren. Ein erprobtes Mittel der Kontextualisierung ist nicht die theologische Theorie, sondern die Konvivenz, das Zusammenleben mit denen, die ich erreichen will; das Eintauchen in ihre Lebenswelt. Hier wird erneut deutlich, vor welchen Herausforderungen wir stehen.

☛ Anwendung der Milieuperspektive bedeutet darum auch und zunächst, die Kosten zu überschlagen: Kann ich das? Will ich das? Können wir das, wollen wir das? Bin ich damit nicht überfordert? (An wen) kann ich Aufgaben delegieren? Haben wir es hinauszuführen? Und weiterführend: Wo gibt es Möglichkeiten der Kooperation (in der Region: auf Bezirks- und Distriktebene)? Wo finden wir Entlastungen? Hilft eine Fokussierung auf bestimmte Aufgaben?

☛ Hinwendung zum Milieu bedeutet dann aber auch eine mentale und ggf. theologische Veränderung: Es geht dann nicht nur mehr darum, anderen etwas zu bringen, sondern auch um die Frage: Wo ist der lebendige Gott beim Anderen, in der scheinbar ganz *a*christlichen Lebenswelt schon am Werk? Natürlich soll nicht einfach vorhandene Religiosität mit dem Evangelium gleichgesetzt werden. Damit würde ja die entscheidende Differenz übersehen. Aber umgekehrt dürfen wir doch fragen und damit wieder eine missionstheologische Kategorie aufnehmen: Wo gibt es eine *präparatio evangelica*? Wo gibt es in einer (Sub-)Kultur »natürliche« Anknüpfungspunkte für die Kommunikation des Evangeliums? Wo ist sie in einer bestimmten Weise schon vorbereitet? Zum eisernen Bestand der Missionstheologie gehört die Gewissheit, dass der dreieinige Gott schon vor dem Missionar in einer Kultur anwesend und am Wirken ist. Wo gibt es im Anderen Wahrnehmungen desselben lebendigen Gottes? Wo stoßen wir im Fremden auf den Einen? Das impliziert in keiner Weise eine synkretistische, das Christliche applanierende Perspektive. Hier gibt es aber die enorme Chance, sich bereichern und den eigenen Horizont erweitern zu lassen, bis hin zu der für viele ernst gemeinten Frage, ob denn die Punkerin Nina Hagen überhaupt Christin geworden sein *könne*. Ist Gott größer, als ich ihn in meiner Kultur zu denken vermag?[4]

4 *Matthias Sellmann / Gabriele Wolanski* (Hg.), Milieusensible Pastoral. Praxiserfahrungen aus kirchlichen Organisationen, Würzburg 2013.

3. Wir gehen kritisch mit einer pragmatischen Anwendungsorientierung um

- ☛ An vielen Orten stirbt die Milieuperspektive auch den Tod der Überschätzung und der Überforderung. Milieusensibilisierung ist nötig, aber nicht ausreichend. Die Lebensweltperspektive ist eine Hilfe, aber kein Universalhebel und nicht mit dem Evangelium identisch. Manche sonst nicht nachvollziehbaren Aversionen und Abwehrhaltungen gegen die Lebensweltorientierung erklären sich daraus, dass Wohlmeinende an die Milieuforschung Heilserwartungen für eine Kirche in einer pluralistischen Kirche adressieren. Das ist kontraproduktiv.
- ☛ In diesen Zusammenhang gehört ein naheliegender Mechanismus: Wir erkunden, was die Leute wünschen, und dann liefern wir als Kirche und bedienen die Bedürfnisse möglichst marktgerecht. Paulus sagt: »Wir treiben keinen Handel mit dem Wort Gottes« (2Kor 2,17), und bei allen Anläufen, allen alles zu werden (vgl. 1Kor 9), weiß er, dass in der Mitte des Evangeliums ein Stachel, ein Anstoß, ein Skandalon steckt, das nicht einfach beseitigt werden kann (vgl. 1Kor 1,18ff). Freilich muss das Evangelium in einer Lebenswelt eine Gestalt bekommen, die das »richtige« Skandalon erst ermöglicht. Menschen sollen sich nicht an der Orgelmusik und einer für sie nicht mehr zugänglichen Bibelübersetzung stoßen, sondern an dem Gott, der so ganz anders ist, als sie sich ihn denken. Dafür muss er ihnen aber erst einmal »nahegebracht« worden sein, in ihrer Kultur, auf der Basis ihrer Mentalität.
- ☛ Wir halten fest: Kirche ist nicht einfach Bedürfnisbefriedigungsanstalt, eine Institution, die dazu da ist, »es den Leuten recht zu machen«[5] (K. Barth); das Evangelium, das die Kirche auszurichten hat, ist eine kritische Größe, die den Milieus auch *gegenüber*steht. Das Evangelium ist einerseits unbedingte Zuwendung, es ist aber andererseits auch *skandalon.* Es muss den Menschen in ihren Milieus nicht passen, aber zu ihnen passen, es muss verstanden werden können, bevor es in richtiger Weise zum Anstoß werden kann.
- ☛ Wir fragen nicht nur: Wo drohen postmoderne, hedonistische Affirmationen? Wir prüfen auch: Wo gibt es bereits Kontextualisierungen, die zu unkritischen, etwa traditionsorientierten, konservativen oder bürgerlichen Anpassungen des Evangeliums geworden sind?
- ☛ Milieuforschung geschieht nicht zum Zweck ungebrochener Affirmation, Anpassung an die Lebenswelt, die Anschauungen und Vorstellungen des jeweiligen Milieus. Sie dockt an, passt sich aber nicht an. Milieusensible Kirche setzt nicht einfach um, was Menschen von ihr erwarten. Ihre Botschaft ist nicht eine Variable der jeweiligen Lebenswelt. Was das für das jeweilige Milieu bedeutet, genau das ist – in vielen Fällen sicher mühsam – erst zu erarbeiten und zu identifizieren.

[5] Vgl. *Karl Barth*, Der Pfarrer, der es den Leuten recht macht. Eine religiös-soziale Predigt, in: ChW 30. Jg. (1916), Sp. 262–267.

4. Wir beachten Rahmenbedingungen für Veränderungsprozesse

☛ *Wir nehmen institutionelle und mentale Rahmenbedingungen wahr und übergehen sie nicht*

Es gibt erhebliche Rezeptionsblockaden unterschiedlichster Art, die bei Veränderungsprozessen beachten werden müssen. Es wäre unnüchtern und im Ergebnis nicht hilfreich, solche Hindernisse und Widerstände vernachlässigen oder einfach umgehen zu wollen:

- Wir leben in einer Institution, in der sich Entscheidungswege ausgebildet haben, an denen wir nicht einfach vorübergehen können. Graswurzelinitiativen haben es in diesem Kontext immer etwas schwerer gehabt.
- Es gibt, vor Ort und in den Leitungsgremien, dominante Milieus, die sich zudem auch noch unterscheiden. Man darf nicht erwarten, dass diese Milieus einfach begeistert davon sind, dass ihre Dominanz in Frage gestellt wird.
- In Kirche und Milieuforschung treffen sehr unterschiedliche mentale Ausrichtungen aufeinander. In kirchlichen Institutionen stoßen wir auf eine Machtlogik, die auf Selbsterhalt abzielt, in der Milieuperspektive auf Marktlogik, die auf Ausbreitung abzielt. Beides ist nicht unproblematisch, beides hat sein begrenztes Recht. Beides zusammenzuführen, darin besteht die Herausforderung.
- Zudem erliegen auch die vorliegenden Reflexionen nur allzu schnell der Milieufalle. Unsere Überlegungen zur Reform, unsere vorausgesetzten Kirchenbilder, unsere Kommunikationsformen verdanken sich selber einer bestimmten Milieuperspektive und können eine exkludierende Wirkung haben. Dazu gehört auch, dass die – postmateriell-intellektuelle – Bewusstmachung der Herausforderung noch nicht die Lösung des Problems bedeutet, auch wenn sie die milieuspezifische Weise des Umgangs mit Herausforderungen ist. Zur Milieusensibilisierung der Kirche, die Gegenstand dieses Bandes ist, gehört im Vollzug die Einsicht, dass diese nicht nur kognitiv, per Aufklärung, Diskussion und Debatte, also auf dem Weg postmaterieller Medien, zu erreichen ist. Neben den Diskurs muss die Exkursion in andere Lebenswelten treten; neben die Reflexion die Rezeption des Anderen, neben das intellektuelle Affiziert-Werden von Gedanken und Ideen das Infiziert-Werden der Herzen und Gemüter.

☛ Es gibt Widerstände unterschiedlicher Art. Hilfreich ist ein Widerstandsmanagement,

- das Argumente gegen die Nutzung der Milieuperspektive wahrnimmt, ernstnimmt, aufnimmt und die Menschen, die Fragen haben, mitnimmt;
- das sich auszeichnet durch Wertschätzung des Vorfindlichen: Veränderung gelingt nur im Klima von Lob, Anerkennung und Wertschätzung. Es ist nicht alles schlecht, was ist. Die Parochie mit ihrer verbreiteten Monokultur hat doch nicht nur Schwächen, sondern ist ein überaus bewährtes Erfolgsmodell. Das Bestehende hat seine Logik und seine Stärken, die es hervorge-

bracht haben. Anerkennung leistet die Möglichkeit der Verknüpfung von Herkömmlichem, Gewachsenem und Neuem, Ergänzendem.

- Gewinnend sind erfolgreiche Beispiele, die wir kommunizieren. Was gelingt woanders? Was ermutigt? Aber auch: Was hat nicht funktioniert? Dabei ist die verbreitete Rede von *best practise* mit Vorsicht zu genießen. Sie legt die Latte sehr hoch und kann auch überfordern und dadurch abschrecken. Oft reichen schon die Beispiele von *good practise*, verbunden mit dem Hinweis auf das, was man noch besser machen kann, und dem Aufweis dessen, was aber bereits hier, etwa in einer ganz durchschnittlichen Gemeinde, mit normalen Bordmitteln schon gelungen ist.
- Es kann voranbringen, begrenzte Experimente zu ermöglichen und zu realisieren, den Eindruck eines totalen-totalitären Anspruch zu vermeiden und Institutionen wie Menschen nicht zu überfordern. Es ist nötig, eventuelle Ängste zu nehmen, indem deutlich wird: Auch unter einem alternativen Format geht die Sache Jesu nicht verloren, sie geht buchstäblich *weiter*. Kirchenrechtlich ist eine grundsätzliche Verankerung oft ein sehr zeit- und kraftraubender Prozess. Hilfreich kann es sein, Freiräume dadurch zu gewinnen, dass man für begrenzte Zeit und mit begrenzten Mitteln ein Projekt durchführt, dieses auswertet und – falls es gelingt – für das Anliegen sprechen lässt.
- Hilfreich sind Institutionen und Personen mit hoher Kompetenzzuschreibung. Wir brauchen die Unterstützung durch Oberkirchenrat und Leitfiguren.
- Wichtig ist es, mit den Motivierten anzufangen und auf innovationsbereite Minderheiten zu setzen. Wer auch noch abwarten will, bis er die Letzten gewonnen hat, dem laufen womöglich die Ersten schon wieder weg. Es ist gar nicht entscheidend, in der Region alle für die Milieuperspektive, den Ankauf der Microm-Daten etc. zu gewinnen. Es kann einen Modelldistrict geben, der vormacht, welche Leistungsfähigkeit im Zugang liegt und der auch anderen Lust macht auf mehr. Unbedingt alle gewinnen zu wollen, kann auch schnell ein totalitäres »G'schmäckle« bekommen.
- Notwendig ist es, mit Menschen und Gemeinden Wege zu gehen, auch über längere Zeit und längere Strecken.
- Die Erfahrung zeigt: Gemeinden brauchen Aufgaben und konkrete Herausforderungen; nötig sind Erfahrungsräume, in denen sie die Relevanz der Milieudifferenzierung entdecken können.

☛ Unabdingbar ist die Einbettung der Milieu-Perspektive in einen *geistlichen Horizont*. Wird der vergessen, wird das Instrument wirkungslos.

- Sinus macht uns aufmerksam auf die »Demut der Märkte« (Marc Calmbach) und fragt nach der Hör- und Lernbereitschaft von Christen und Kirchen. Können und wissen wir schon alles? Dürfen wir von Sozialwissenschaft lernen?

- Wichtig ist die theologische Selbstvergewisserung über den Zusammenhang von Milieu und Mission: *Wollen wir* etwas für die treuen Kirchenfernen, *wollen wir* Menschen mit dem Evangelium erreichen?
- Entscheidend ist der Zusammenhang von Milieu und (Nächsten-)Liebe: Es reicht nicht zu sehen und zu abstrakt zu *wissen*, wie die anderen sind, welche Milieus es gibt und wie deren Profil aussieht. Entscheidend ist die Bereitschaft zur Hinwendung, auch zur Kenose. (»Und hätte der Liebe nicht ...«). Noch einmal ist auch hier zu warnen vor einem vorschnellen Willen zur Umsetzung. Die Umsetzung der Milieuperspektive macht zuallererst etwas mit uns; sie fordert zuerst uns heraus.
- Milieusensibilisierung bedeutet Wertschätzung dessen, was anders ist. In kleinerer Münze heißt es, Respekt vor dem Fremden einzuüben. Es darf nicht bei der Wahrnehmung der sozialen und mentalen Unterschiedlichkeit bleiben. Entscheidend ist die konkrete, gelebte Zuwendung. Geistlich geht es um das Lernen von wachsender Milieutoleranz.

5. Was bedeutet die Milieuperspektive für unser Konzept von Kirche?[6]

- Es gibt eine Spannung zwischen sozialwissenschaftlicher und theologischer Beschreibung von Kirche, die wir nicht auflösen dürfen. Kirche ist theologisch »unsichtbar«, ihre Einheit vorgegeben, ihre Gemeinschaft eine – sozialphilosophisch gesprochen – Utopie, die wir geistlich als *Verheißung* begreifen. Kirche teilt dagegen aus sozialwissenschaftlicher Perspektive in ihrer sozialen Welt die Fragmentierung, Segmentierung, Zersplitterung der Gesellschaft, zu der sie gehört.
- Wir können uns von der Sozialwissenschaft nicht sagen lassen, was Kirche sein soll und sein kann. Aber wir sollten das, was Kirche ist, nicht unabhängig von ihren Einsichten bestimmen.
- Konkrete Konsequenzen für Ekklesiologie:
- Wir wollen keine *dominanten* Milieus (im psychologischen und philosophischen, nicht im mikrogeographischen Sinne), die immer inkludierenden und immer exkludierenden Charakter haben;
- wir realisieren ideologiekritisch: Keine Kultur (weder eine traditionsorientierte noch eine postmaterielle) ist als solche mit dem Evangelium, kein Milieu ist als solches mit der Kirche identisch!
- Wir lassen unterschiedliche Formate von Kirche zu und realisieren die evangelische Freiheit, die sich daraus ergibt, dass Kirche allein theologisch definiert ist: als *creatura verbi* (Ort, wo das Wort Gottes kommuniziert wird). Wir ergänzen die parochiale Struktur durch andere Formate von »Kirche«, die der Lebensweltlogik der Menschen entsprechen, die wir erreichen wollen.

[6] Vgl. Teil II, b.

- Wir verzichten auf die Vorstellung, eine Kirchengemeinde müsse als solche und alleine das Komplettprogramm von Kirche anbieten, also die »ganze Kirche« sein.

Wenn das Evangelium mit keiner Mentalität, mit keinem Milieu an sich identisch ist, könnte es dann nicht sein, dass es da, wo es wirksam wird: wo es gehört und geglaubt wird, eine Mentalität *sui generis*, eine soziale Größe neuer Art freisetzt? War es nur eine Utopie, wenn Paulus die kulturellen Fliehkräfte - wir würden heute von Milieus, Mentalitäten und *gender* sprechen - umfangen sah von der alle verbindenden Loyalität zu dem einen HErrn? *Da ist nicht Jude noch Grieche, da ist nicht Sklave noch Freier, da ist nicht Mann noch Frau, denn ihr alle seid einer in Christus Jesus* (REb Gal 3,28). Wir setzen auf eine verbindende Größe, wir leben eine Mentalität eigener Art, die milieuübergreifend ist und ein Milieu eigener Art darstellt. Wir gewinnen im Miteinander der Verschiedenen eine Kirche, die Lust macht auf andere, die anders sind; in der Milieutoleranz eingeübt (gelernt) und gelebt wird; in der wir nicht nachlassen, Milieugrenzen zu überschreiten, Ekelschranken in ihrer Bedeutung zu relativieren; eine Kirche, in der Menschen entdecken, wo Gott bei anderen ganz anders am Werk ist. Wir sehen die Konflikte, aber wir setzen - gerade als Kirche - darauf, dass der lebendige Gott uns nicht in Milieudominanz und -intoleranz verharren lässt.

b) Ein Blick in den sich füllenden Werkzeugkoffer

Was können wir mit dem Milieuansatz anfangen?

Das Sinus-Milieu-Modell und seine Bedeutung für verschiedene kirchliche Handlungsfelder.

Wir beginnen erst - in der katholischen und nun vermehrt auch in den evangelischen Kirchen - zu begreifen, wo und wie die Milieuperspektive sich auf den verschiedenen Feldern kirchlichen Handelns gewinnbringend auswirken kann. Dennoch lassen sich schon jetzt eine ganze Reihe von konkreten Hinweisen geben.

Vorbemerkungen

(1) Die Frage nach der Anwendung der Milieuperspektive ist keine rein technische Frage. Es gehört aufs engste zusammen: Menschen wahr zu nehmen und auf Gott zu hören. Die Milieuperspektive ist nicht als solche die Lösung; sie hilft zur Lösung. Sie bringt das Sehen in die Liebe hinein, in den Willen zur Zuwendung. Wenn aber die Liebe fehlt, so ist's - mit Paulus gesprochen - alles nichts (vgl. 1Kor 13).

(2) Die Instrumente, die wir hier vorstellen, gehen vom Ansatz her top down vor. Sie richten sich in erster Linie an kirchliche Mitarbeiter in gemeinde- oder

kirchenleitender Verantwortung. Das kann angesichts der vorgegebenen Struktur der Zusammenhänge, in denen wir uns meist bewegen, auch nicht anders sein. Die Instrumente setzen trotzdem vielfältig auf möglichst frühe Partizipation. So ist bei den meisten Verfahren, etwa wenn es um Datenerhebung geht (etwa [3] MükkE), eine Beteiligung der Gemeinde oder gar Dritter möglich, sinnvoll, ja sogar wünschenswert.

Vier Bereiche können unterschieden werden:

I Instrumente für Analyse und Prognose

(1) Mentalitäten-Deklination: als Hilfe für eine erste Sensibilisierung hinsichtlich fundamentaler mentaler Unterschiede
Für viele haupt- und ehrenamtliche Mitarbeiter in den Gemeinden bedeutet es eine Überforderung, 10 Milieus auf einmal kennenzulernen. Mentale Unterschiede lassen sich elementar und eindrücklich plausibilisieren, wenn man sich zunächst, in einem ersten Schritt, auf Prämoderne, Moderne und Postmoderne konzentriert. Wir können dann anhand einer Mentalitätentafel deutlich machen, wie unterschiedlich Menschen hinsichtlich alltäglicher und grundsätzlicher weltanschaulicher, allgemeinmenschlicher und religiöser Fragen »ticken«. Eine solche Mentalitätendeklination nimmt die Horizontale im Positionierungsmodell mit ihren »Grundorientierungen« der A-, B- und C-Säule auf und bereitet die Milieudifferenzierung vor.[7]

(2) Microm-Geo-Daten: raumbezogene Milieuverteilung in der Kirchengemeinde, im Distrikt, im Kirchenbezirk, in der Region
Die Firma Microm in Neuss arbeitet seit Jahren enger mit dem Sinus-Institut zusammen. Auf der Basis des Sinus-Milieu-Modells werden Daten aus verschiedenen Quellen den einzelnen Milieus so zugeordnet, dass eine Prognose über die Antreffwahrscheinlichkeit möglich ist. Die Daten werden so anonymisiert und zusammengefasst, dass ein unbedenkliches Arbeiten mit ihnen möglich ist.[8] Die Microm-Geo-Milieus werden inzwischen von sehr vielen Kirchengemeinden und Kirchenbezirken benutzt. Es ist vor einer Anwendung dieser – fortgeschrittenen – Anwendung aber zu prüfen, ob dieses sehr konkrete Wissen wirklich nötig ist. In sehr vielen Fällen reicht schon eine allgemeine Milieusensibilisierung.

Es empfiehlt sich in jedem Fall, auf eine/n der geschulten und zertifizierten Mitarbeiter/innen zuzugehen, die über die Oberkirchenrat angefragt werden können.

7 Vgl. zur Einführung: *Heinzpeter Hempelmann*, Prämodern, Modern, Postmodern. Warum »ticken« Menschen so unterschiedlich? Basismentalitäten und ihre Bedeutung für Mission, Gemeindearbeit und Kirchenleitung, Neukirchen-Vluyn 2013, sowie das Material zum download auf heinzpeter-hempelmann.de.

8 Vgl. zu den Details *Hempelmann*, Gott im Milieu, 74–89.

- Wo gibt es Milieukonzentrationen in einer und im Bereich einer Kirchengemeinde?
- Wie homogen/heterogen ist sie?
- Wie unterscheiden sich die Gemeinden eines Distriktes, einer Region?
- Was für eine »Persönlichkeit« zeigt eine Kirchengemeinde im Vergleich zu anderen?
- Abgleich: Ist und Soll: Welche Milieus sind auf dem Gebiet unserer Gemeinde(n) wie stark vertreten? Spiegelt sich die Milieuzusammensetzung im kirchlichen Leben und im Programm der Kirchengemeinde(n) wider?
- Was für Aufgabenschwerpunkte könnten sich daraus für welche Gemeinde ergeben?
- Aufgabenstellung für Gemeindeleitungskreise: Was beobachten sie auf den Microm-Graphiken, was deckt sich mit ihren Beobachtungen, was ist neu für sie? Was für Konsequenzen legen sich, auch auf regionaler Ebene, nahe?

(3) MükkE: Milieuübergreifendes kirchliches Handeln, basiert auf kirchendemographischen Erhebungen: Integration der Milieuperspektive in ein dreidimensionales Bild der gesellschaftlichen Wirklichkeit demographische Daten der Region
Das ursprünglich für die Evang. Landeskirche in Württemberg entwickelte und im Rahmen des EKD-Zentrums für Mission in der Region weiterentwickelte Programm bindet die Milieuperspektive in weitere Perspektiven ein und ergänzt sie dadurch. MükkE bietet ein dreidimensionales Bild der sozialen, soziodemographischen und soziokulturellen Umwelt von Kirche(ngemeinde) und stellt so ein ausgefeiltes sozialräumliches Modell das. Es werden integriert

- als Dimension (1): die soziodemographischen Daten (was wissen wir über die Menschen, die im Kontext der Kirchengemeinde leben?),
- als Dimension (2): die soziokulturelle Wahrnehmung über die Milieuanalyse und
- als Dimension (3): die Daten des kirchlichen Lebens.

Als Ergebnis entsteht ein doch ziemlich umfassendes Bild von dem sozialräumlichen Kontext der Kirchengemeinde.
Es hat sich bewährt,

- haupt- und ehrenamtliche Mitarbeiter einzubeziehen und Daten sammeln und aufbereiten zu lassen,
- »Pfadfinder« zu schulen und Beobachtungen in ihrem Ort/Ortsteil machen zu lassen; nach entsprechender Schulung Interviews durchführen zu lassen. Entscheidend sind die Entdeckungen, die man selber macht, nicht die, die einem vorgesetzt werden,
- auf Studientagen auf lokaler und regionaler Ebene die gesammelten Daten und Beobachtungen zusammenzutragen, zusammenzusetzen und dann gemeinsam vor Gott nach Konsequenzen zu fragen.

(4) Milieu-Regio-Trend: raumbezogene Prognose
Wie werden sich in den nächsten 15 Jahren die Anteile der Milieus bezogen auf einen konkreten geographischen Raum darstellen?

Welche nehmen ab, welche nehmen zu? (In Württemberg wird das TRA als kirchliches Kernmilieu in den nächsten 13 Jahren um prognostiziert 60% abnehmen)

Wird Christentum in einer postmoderner werdenden Gesellschaft einfach aussterben? Gibt es eine Aufgabe der Kontextualisierung?

Wie können wir uns darauf einstellen? Wie können wir andere als die herkömmlichen Milieus ansprechen? Die postmodernen Milieus werden teilweise stark zunehmen.

Integration in das MükkE-Modell, das ebenfalls die kirchensoziologischen Daten zu erwartetem Kirchenmitgliedschaftsverhalten berücksichtigt. Wo liegen zukünftige Herausforderungen? Wo muss Kirche(ngemeinde) umsteuern?

II Instrumente für Bildung, Mission und Kommunikation

(5) Kurse zum Glauben: »Erwachsen glauben« als EKD-Projekt eines milieusensiblen Glaubenskursmarketings

Ziel sind milieusensible und milieudifferenzierte Angebote von Glaubens-, Bibel- und Theologiekursen auf der Basis regionaler Zusammenarbeit. Für verschiedene Milieus werden verschiedene Kurse auf regionaler Ebene durchgeführt. Ziel ist einerseits die Zusammenarbeit in der Region, andererseits ein ausdifferenziertes Angebot, das von jedem Interessierten ohne zu langen Anfahrtsweg wahrgenommen werden kann. So wird einerseits eine Überlastung einer Kirchengemeinde vermieden, andererseits ein breites Kursangebot gewährleistet.[9]

(6) Gemeindepädagogische Projekt Milieuüberschreitung

Überwindung der Milieugrenzen ist nur das letzte Ziel kirchlichen Handelns vor Ort oder in der Region. Gemeinde muss sich selbst verändern, bevor sie Menschen anderer Milieus erreichen kann. Erste, vorangehende Stufen sind:

- Milieuaufklärung im Kontext etwa des dreidimensionalen MükkE-Modells: in welchen sozialen und mentalen, wirtschaftlichen und religiösen Zusammenhängen leben wir?
- Milieuverortung: Welche Milieus dominieren das gegebene kirchliche Leben?
- Milieufokussierung: Welche wollen wir erreichen, und welche nicht?
- Milieuspreizung: Für welche benachbarten Milieus kann sich eine Gemeinde ohne große Mühe ansatzweise und punktuell öffnen?
- Milieuwahrnehmung: Durch welche Milieus bin ich / sind wir jeweils geprägt?
- Milieusensibilisierung: Welche Ekelschranken und Distinktionsgrenzen trennen mich, ohne dass ich das will oder reflektiere, von Menschen, die in anderen Lebenswelten zu Hause sind?

[9] Vgl. *Daniel Hörsch / Heinzpeter Hempelmann*, Praxiserfahrung: Reichweiten und Grenzen von regionalen Glaubenskursen, in: *Christhard Ebert / Hans-Hermann Pompe* (Hg.), Handbuch Kirche und Regionalentwicklung. Region, Kooperation, Mission, Leipzig 2014, 110-116.

- Milieuöffnung: Können wir nicht auch Menschen jenseits unseres kirchlichen Milieus erreichen?
- Milieuerschließung: Welche Menschen, die zur Kirchengemeinde und gleichzeitig zu »gemeindefremden« Milieus gehören, können als Brücken fungieren?
- Milieutoleranz: Wie können wir es als Christen zunehmend lernen, ästhetische Unterschiede zu ertragen? Welche Formen von Einheit können wir bei aller Unterschiedlichkeit – zunehmend – praktizieren? »Wir sind eins«: Wie wird die Loyalität zu Christus stärker als alle kulturellen Unterschiede und ästhetischen Barrieren?

(7) Partizipationschancen eröffnen

Jedes Milieu hat sein eigenes »Idealbild« von Kirche und – seiner Lebensweltlogik entsprechend – auch sehr unterschiedliche Partizipationserwartungen wie Kompetenzen, sich einzubringen.[10] Kirchengemeinden und -bezirke können milieudifferenziert Chancen der Teilnahme am kirchlichen Leben eröffnen, die der Lebensweise der verschiedenen Milieus entsprechen. Die Bilder von Kirche und die – impliziten – Erwartungen an mögliche Weisen der Mitwirkung gilt es zunächst einmal zu erkunden und dann abzugleichen mit dem, was Kirche und Kirchengemeinden an Partizipation bieten. Damit Menschen am kirchlichen Leben teilnehmen, müssen *touchpoints* gegeben sein. Es muss beachtet werden, was für das jeweilige Milieus *goes* und *nogoes*, Orte und Unorte sind. Die unterschiedlichen Milieus erwarten unterschiedliche Gratifikationen. Grundsätzlich gilt, was sich in den missionarischen Aufbrüchen der Anglikanischen Kirche erneut bestätigt hat: *belonging before believing!* Eine scheinbar äußerliche Teilnahme an Kirche kann ein Schritt hin zum Glauben oder in ein vertieftes Gottesverhältnis sein.

(8) Fortbildungen für Multiplikatoren, Gemeindeberater, Schulungen für Haupt- und Ehrenamtliche, die gezielt bestimmte Lebenswelten ansprechen wollen und Informationen wie Einführungen suchen

Wir haben in Zusammenarbeit von Evangelischer Kirche in Baden und Evangelischer Landeskirche in Württemberg gemeinsam mit der Sinus-Akademie ein anspruchsvolles Fortbildungscurriculum entwickelt, das in Kursen von 2 1/2 Tagen Dauer angeboten wird und bisher sechsmal stattfinden konnte. Wer den Kurs absolviert hat, erhält von Sinus und seiner Landeskirche ein Zertifikat, das dazu berechtigt, mit dem vom Heidelberger Institut eigens für diesen Zweck zusammengestellten Material zu arbeiten. Die Kirchenleitungen haben die Teilnahme an diesem Kurs zur Bedingung dafür gemacht, dass jemand in Gemeinden mit Hilfe des Sinus-Milieu-Modells und der Microm-Geo-Daten eine Gemeindeberatung durchführt. Wir halten das Instrument für einerseits so verführerisch, andererseits so komplex, dass ein solcher Führerschein sinnvoll ist und im Übrigen auch hilft, die rechtlichen Probleme der Arbeit mit den Sinus-

10 Vgl. Teil II, g.

Graphiken in den Griff zu bekommen. Sinnvoll und realisiert ist eine Teilnahme von Personen der mittleren Leitungsebene. Die katholischen Bistümer bieten ebenfalls entsprechende Schulungen an. Es wäre wünschenswert, wenn – ggf. über die Sinus-Akademie – eine Koordination oder mindestens gegenseitige Befruchtung in Form des Austausches von Erfahrungen und Material stattfinden könnte.

Die genannten evangelischen Kirchen haben eine Einführung in die Lebensweltperspektive für Theologen in Auftrag gegeben, die vor kurzem in zweiter, erweiterter Auflage erschienen ist. Der Band »Gott im Milieu. Wie Sinus-Studien den Kirchen helfen können, Menschen zu erreichen«[11] ist sowohl vom Sinus-Institut wie auch von der Firma Microm in den einschlägigen Passagen autorisiert.

Ausgeschrieben sind nun sowohl Rezertifizierungs- wie auch Vertiefungsangebote zu den einzelnen Lebenswelten. Es handelt sich um weiterführende Kurse, die – evtl. auch mit integrierten Exkursen – in die unterschiedlichen Milieus einführen. Was ist die Lebensweltlogik, was die Tonalität, was sind die typischen Kommunikationsweisen? Was für Formen von Gemeinschaft treffen wir an? Was sind Anliegen, Themen, typische Lebensfragen? Wie ist die Haltung zur Kirche, wo liegen *touchpoints*, was sind *goes* und was *nogoes*, Brücken oder Barrieren, Orte und Unorte? Wo gibt es einen theologischen Zugang zum Milieu, und wie müssten kirchliche Angebote aussehen, mit denen wir ein bestimmtes Milieu erreichen?

In Zusammenarbeit mit der Akademie Hohenwart gibt es zudem thematische Kurse, in denen die Relevanz der Lebensweltperspektive zusätzlich deutlich wird (etwa zur Bestattungskultur und der Frage, wie sich Lebensweltorientierung jeweils in den Wünschen und Erwartungen von Menschen manifestiert).

(9) Milieusensible Kommunikation und milieudifferenzierter Medieneinsatz

Kommunikation muss andocken können in einer immer spezifischen Lebenswelt; Inhalte kommen nur über spezifische Medien zu den Bewohnern einer Lebenswelt. Viele sehen heute nicht mehr fern; sehr viele lesen keine Bücher mehr; viele haben keinen Zugang zum Internet. Umgekehrt ist ein milieuspezifischer, ressourcenschonender Umgang mit unterschiedlichen Zielgruppen erreichbar. Das hat Konsequenzen etwa für Gemeindebriefe, homepages und den Auftritt in den öffentlichen Medien. Was wäre gewonnen, wenn Gemeindebriefe nicht eine einseitige Milieuprägung spiegeln würde, sondern eine Bandbreite an Zielgruppen, die gezielt adressiert werden? Dabei geht es nicht nur um »Alte und Junge«, »Männer und Frauen«, sondern eben um bestimmte, teilweise sehr differente Welten, in denen sich Junge und Alte, Männer und Frauen jeweils bewegen.[12] Bestimmte Angebote sprechen bestimmte Milieus an, und diese können wiederum besonders gut über für sie spezifische Medien angesprochen werden.

[11] Gießen 2. Aufl. 2013.

[12] Vgl. Sinus-Institut: Mediennutzung, Print, TV, Online, Heidelberg 2011 (Die aktualisierten Sinus-Milieus 2011. Infopaket Teil 2); DIVSI Milieu-Studie zu Vertrauen und Sicherheit im Internet. Eine

Besonders wichtig ist natürlich das Wissen um die Mediennutzung für den Bereich der Jugendlichen, der sich für heutige Jugendforschung bis »Ende Zwanzig« erstrecken kann.[13]

(10) Milieusensibler Ideenwettbewerb
In der württembergischen Landeskirche entsteht ein Konzept, das programmatisch dem Ziel dient, die Milieugrenzen von Kirche zu überwinden und Kirche für alle Milieus interessant und attraktiv zu machen. Dem soll ein Ideenwettbewerb auf landeskirchlicher und regionaler Ebene dienen. Die ausgezeichneten Vorschläge erhalten Finanzmittel, mit denen sie umgesetzt werden können. Die inhaltliche Vorgabe lautet: Der Köder muss dem Fisch schmecken, nicht dem Angler. Wie sehen milieugerechte, milieusensible, milieudifferenzierte Angebote aus, mit denen Kirche Menschen etwas bedeutet, weil sie in ihre spezifische Lebenswelt hineinragt? Hier soll, kann und muss radikal alternativ gedacht werden können.

In ähnlicher Weise greift die Kommunikations-Kampagne der Badischen Landeskirche (»Kirche geht weiter«) auf das Milieu-Modell wie auf die Typologie der SSBW zurück, um Menschen konkret anzusprechen.

(11) Milieudifferenzierte Strategien zur Kirchenbindung
Im Anschluss an Sinus-Studien für die katholische Kirche wird eine Gratifikationstypologie erarbeitet: Warum verlassen Menschen die Kirche, aus welchen Gründen bleiben Menschen in der Kirche?[14] Die hier zu findenden Ergebnisse sind auch auf evangelische Verhältnisse übertragbar und können für sie fruchtbar gemacht werden.

III Pastoraltheologische Instrumente

(12) Milieusensible Gottesdienste
Hier gibt es zwei unterschiedliche Anwendungsmöglichkeiten: (a) Analyse durch ein Gottesdienstkataster: Mit welchen Veranstaltungen sprechen wir wann wo wen an? In der Region / im Kirchenbezirk wird erhoben, wie die Gottesdienstlandschaft sich darstellt, also welche Zielgruppen zu welchen Zeiten an welchen Orten und mit welchen Formaten schon adressiert werden. Oft zeigt sich: »Wir«, also Kirche, tun viel mehr, als wir gedacht haben. Es braucht gar nicht soviel zusätzliche Angebote. Es reicht – als erster Schritt – schon, auf einer

Grundlagenstudie des Sinus-Instituts Heidelberg im Auftrag des Deutschen Instituts für Vertrauen und Sicherheit im Internet (DIVSI), Hamburg/ Heidelberg 2012.

13 *Peter Behrens / Marc Calmbach / Christoph Schleer / Walter Klingler / Thomas Rathgeb*, Mediennutzung und Medienkompetenz in jungen Lebenswelten. Repräsentative Onlinebefragung von 14- bis 29-Jährigen in Deutschland, in: Media-Perspektiven 4/2014, 195–218.

14 *Marc Calmbach / Clemens Lechner*: Kirchenaustrittserwägungen unter deutschen Katholiken: Verbreitung und Ursachen. Eine explorative Re-Analyse des MDG-Trendmonitors Religiöse Kommunikation für die MDG, Berlin 2010.

gemeinsamen Plattform zu kommunizieren, was in der Region passiert. – (b) Anders funktioniert das Konzept milieufokussierter und milieusensibilisierter Gottesdienste. Hier steht die Frage im Vordergrund: Wie können wir die Menschen, die wir erreichen bzw. erreichen wollen, noch besser ansprechen? Wenn sich in einem Gottesdienst offenbar ein bestimmtes Milieu schwerpunktmäßig einfindet, wie kann dann womöglich das Profil dieser Veranstaltung noch geschärft werden? Aber auch: Wie können benachbarte Milieus durch gezielte Überschreitung von Milieugrenzen womöglich integriert werden?

(13) Milieusensibles Taufkasual
Wie kann man mit Tauffamilien milieusensibel umgehen? Welchen Sinn hat die Milieudifferenzierung im Umgang mit den Familien, die ihr Kind zur Taufe bringen? Wie kann man sie milieusensibel ansprechen, begleiten, wie eigene Erfahrungen verstehen und verarbeiten? 2013 ist in der neu gegründeten Reihe »Kirche und Milieu« (Neukirchener Verlag) als erster Band das »Handbuch Taufe«[15] erschienen, mit einem grundsätzlichen Teil zur Bedeutung der Milieuperspektive für das kirchliche Taufhandeln und einem zweiten praktischen Teil (Manual), in dem für jedes Milieu Hinweise für ein milieusensibles kirchliches Handeln im Kontakt mit den Tauffamilien gegeben werden. Zwei große süddeutsche Kirchen unterstützten das Projekt großzügig. Die Fortsetzung der Reihe ist geplant (noch 2015 soll ein Band zum Wandel der Bestattungskultur und der diagnostischen wie praktischen Bedeutung der Milieudifferenzierung erscheinen).

(14) Kirche am anderen Ort (fresh expressions; mixed economy)
Wenn Kirche bei den Menschen sein will und viele Menschen nicht mehr »in die Kirche kommen«, wo können wir Kirche am dritten, am anderen Ort in noch mal anderen Formaten bauen, weit über das Modell des Zweit-Gottesdienstes mit seiner immer noch gegebenen »Komm-Struktur« hinaus?[16]

Es leuchtet ja ein: Wenn das gegebene kirchliche Leben vor Ort Ausdruck der Dominanz eines bestimmten Milieus ist, das Kirche und Gemeindeleben nach seinem Gusto prägt, dann ist eine gegebene Kirche eben nicht Kirche für alle; dann ist eben danach zu fragen, wie auch andere Milieus durch Formate von Kirche beheimatet werden können, die ihrer Lebenswelt entsprechen.

Wegweisend sind hier die Überlegungen zu *fresh expressions of church* in der Anglikanischen Kirche – also zu Formaten von Kirche, die die Parochie nicht ersetzen, wohl aber ergänzen.[17] Wir denken inzwischen auch in Deutschland, im Südwesten wie im Norden und Osten über eine *mixed economy* nach, in der traditionelle, bewährte Formen als Trägerstruktur von Kirche durch experimen-

[15] *Heinzpeter Hempelmann / Benjamin Schließer / Corinna Schubert / Markus Weimer*, Handbuch Taufe. Impulse für eine milieusensible Taufpraxis, Neukirchen-Vluyn 2013.
[16] *Uta Pohl-Patalong*, Von der Ortskirche zu kirchlichen Orten. Ein Zukunftsmodell, Göttingen 2. erw. Aufl. 2006.
[17] Vgl. *Heinzpeter Hempelmann / Michael Herbst / Markus Weimer* (Hg.), Gemeinde 2.0. Frische Formen für die Kirche von heute, Neukirchen-Vluyn ^{2}2013.

telle, eventuell auch kurzlebigere Formate ergänzt werden. In der Evangelischen Landeskirche in Württemberg und der Evangelischen Kirche in Baden (wie inzwischen auch in anderen Landeskirchen) gibt es regionale »Runde Tische«, in denen über die Korrelation und Korrespondenz von Lebenswelt und Gestalt von Kirche nachgedacht und Erfahrungen mit neuen ergänzenden Gestalten von Kirche ausgetauscht und reflektiert werden. Dabei kommt es am konkreten Objekt zu sehr grundsätzlichen Fragen:

Was ist Kirche? Was sind ihre Minimalbedingungen?

Ist Kirche an eine bestimmte Mentalität oder an ein bestimmtes Milieu gebunden?

Kann es Kirche auch in der Kneipe, im Café, im Skater-Park, im Kleinkunsttheater, auf einer Freizeit geben?

(15) Milieubezogene kirchliche Veranstaltungsangebote

Lebensweltexplorationen helfen, kirchliche Veranstaltungsformate zu generieren, mit denen eine Milieuüberschreitung möglich ist. Warum nicht statt Bockwurst mit Kartoffelsalat ein Gemeindefest mit Sushi und Cocktails oder ein »Candlelight-Dinner für Paare zwischen 25 und 55 Jahren«? Gemeinden haben die Erfahrung gemacht, dass sie mit diesen Angeboten ganz andere Zielgruppen ansprechen und erreichen.

(16) Neuformatierung klassischer Zielgruppenangebote

Wer die Lebensweltorientierung umsetzt, weiß: Es gibt nicht *die* Jugend,[18] nicht mehr *den* Senior / *die* Seniorin.[19] Die Zielgruppenarbeit der Kirchen muss sich darauf einstellen. Es gibt konsequenterweise auch nicht mehr *die* Jugendarbeit, sondern milieubezogene Arbeit mit Jugendlichen. Möglich sind angesichts der tief verzweigten und fragmentierten Jugendszene nur Submilieu-Arbeitszweige. Hier greift aber etwa die Möglichkeit der Kombination mit Instrument 14: regionale Kooperation. Mehrere Gemeinden schließen sich zusammen und beschäftigen einen Jugenddiakon für bestimmte Zielgruppen, die sie alleine nicht erreichen könnten. Analog gibt es nicht »*die* Seniorenarbeit«. Diese stirbt langsam, aber sicher aus. Zukunftsträchtig ist eine Ausdifferenzierung, die die verschiedenen Typen älterer Menschen und ihr jeweiliges Selbstverständnis ernst nimmt und entsprechende Formate entwickelt.

[18] *Marc Calmbach / Peter Martin Thomas / Inga Borchard / Bodo Flaig*, Wie ticken Jugendliche? Lebenswelten von Jugendlichen im Alter von 14–17 Jahren in Deutschland. Sinus-Jugendstudie im Auftrag der Bischöflichen Medienstiftung der Diözese Rottenburg-Stuttgart, dem Bund der Deutschen Katholischen Jugend, der Bundeszentrale für politische Bildung, der Deutschen Kinder- und Jugendstiftung, Misereor und dem Südwestrundfunk, Düsseldorf 2012.

[19] *Dorothea Nowak / Joop de Vries*, »Jugendwahn« im Altersheim. Die neuen Marketingzielgruppen, Heidelberg 2002.

IV Steuerungsinstrumente für Gemeindeleitung

Grundsätzlich gilt, dass die Lebensweltorientierung gerade für die mittlere Leitungsebene unserer Kirchen von Interesse sein kann, während die ortskirchengemeindliche Ebene ja mit der Wahrnehmung von Diversität schnell überfordert ist.

(17) Personalplanung
Welche Leute brauchen wir für eine milieusensible, Milieugrenzen überwindende Kirche? Und wo bekommen wir sie her? Eher aus den angestammten Milieus? Wie muss ihre Ausbildung aussehen? Brauchen wir neben Pfarrerinnen und Pfarrern für »Milieuaufgaben« nicht verstärkt auch Diakoninnen und Diakone? Dürfen wir bei der Fixierung auf das Hauptamt und die Hauptamtlichen stehenbleiben? Wir brauchen das akademische Studium für den pfarramtlichen Dienst. Was benötigen wir an ergänzenden Ausbildungsformaten?

(18) Stellenausschreibung und -besetzung
An vielen Orten werden Stellenbeschreibungen inzwischen mit Angaben der Milieulandschaft versehen. Ebenso spielt – im Idealfall – eine Kompetenz im Umgang mit bestimmten Milieus und Mentalitäten bei der Besetzung einer Stelle eine entsprechende Rolle.

(19) Gemeindeberatung und -entwicklung
Wen erreichen wir mit welchen kirchlichen Lebensäußerungen? Wo stehen wir im Kontext der bürgerlichen Gemeinde, und wo wollen wir hin? Mit welcher Entwicklung ist für die Zukunft in unserem sozialen Umfeld zu rechnen? Wie sieht die Altersstruktur aus? Welche Mentalitäten beherbergen wir? Lohnt noch eine Erweiterung des kirchlichen Kindergartens, oder ist vielleicht eher die Unterstützung eines Mehrgenerationenhauses sinnvoll?

(20) Mittlere Leitungsebene (Arbeitsteilige Kooperation, Pluralitätsmanagement, Ressourcengewinnung)
Dekane und Superintendenten fungieren als Pluralitätsmanager, die die vorhandenen Ressourcen so einsetzen, dass mit den gegebenen Mitteln Menschen aus möglichst vielen Lebenswelten angesprochen werden. Dabei werden nicht nur die Milieuschwerpunkte und lebensweltlichen Prägungen berücksichtigt, sondern auch die biographisch gegebene Nähe kirchlicher Mitarbeiter zu bestimmten Milieus und entsprechende Eignungen. Sinnvoll ist:
- Absprache von lokalen Spezialisierungen, die Angebote für eine ganze Region werden können,
- gabenorientierte Delegation von Aufgaben,
- Verabredung von arbeitsteiliger Kooperation auf regionaler Ebene,
- effizienteres und Ressourcen schonendes kirchliches Handeln.

(21) Visitation

»Es gibt keinen Visitationsprozeß [in der Evang. Landeskirche in Württemberg], in dem Milieuperspektive keine Rolle spielt.« (Dan Peter) Für viele Visitationen sind Milieuerhebungen bereits heute ein etabliertes Mittel, um das Verhältnis der Kirchengemeinde zu der/den bürgerlichen Gemeinde(n), den Vereinen und Gruppen ebenda etc. zu erheben und strategische Zielgruppenentscheidungen zu treffen. Hier zeigt sich, ob und wenn ja wie intensiv das soziale Umfeld und die soziodemographischen Rahmenbedingungen von Kirche wahrgenommen werden. Hier ergibt sich auf der Basis gemeinsamer Analyse und Datenerhebung die Möglichkeit, strategisch zu planen und die Funktion einer Gemeinde im Kontext einer größeren kirchlichen Einheit zu bestimmen.

(22) Gemeindefusionen

Lebensweltorientierte Erhebungen können helfen, auch schmerzhafte Prozesse wie die Zusammenlegung von Kirchengemeinden oder die Schließung von Kirchengebäuden sachlich zu unterlegen und angemessener zu gestalten. Welche Ortsteile der einen Gemeinde harmonieren mit anderen anderer Gemeinden? Wo liegen vernünftige neue Pastorationsgrenzen?

(23) Konfliktidentifikation, -bewältigung und Konfliktprävention

In nahezu allen Gemeinden gibt es Anteile prämoderner, moderner und postmoderner Mentalität. Kirchenleitende Gremien müssen entscheiden, welche sie beheimaten wollen und wie sie ggf. das Neben- und Widereinander von teils nicht nur unterschiedlichen, sondern auch gegensätzlichen mentalen Einstellungen managen wollen. Schon die Unterscheidung von Basismentalitäten ist aber ein analytischer und kybernetischer Gewinn: Manche scheinbar theologischen Konflikte in einer Kirchengemeinde beruhen nicht auf theologisch unterschiedlichen oder gegensätzlichen Positionen, sondern sind in mentalen Differenzen und nicht-kognitiven Einstellungen begründet. Sie müssen dann auch auf dieser mentalen Ebene gehandelt werden. Die Einsicht kann befreiend sein, dass gegebene Gegensätze nicht theologisch positioneller Natur sind, sondern in unterschiedlichen kulturellen und mentalen Einstellungen wurzeln.

(24) Regionale Kooperation – Entlastung und Bereicherung

Es gibt schon jetzt erstaunlich gute Erfahrungen mit arbeitsteiliger Kooperation auf Kirchendistrikts- oder gar Kirchenbezirksebene. An die Stelle der Konkurrenz der Kirchengemeinden, die alle nach einem Komplettangebot streben, tritt eine aufgaben- und gabenorientierte Delegation von verschiedenen Arbeitszweigen. Als Effekt ergibt sich einerseits die Entlastung, andererseits eine breitere Auffächerung kirchlicher, als gemeinsam präsentierter Angebote. Der Blick geht über den Tellerrand der eigenen Gemeinde hinaus. Pfarrerinnen und Pfarrer begreifen sich als Teamplayer mit speziellen Begabungen und Vorlieben. – Ein weiterer Aspekt besteht in der Zusammenarbeit benachbarter Kirchengemeinden. Wenn jeder Kirchengemeinde so etwas wie eine eigene »Persönlichkeit« eignet, was legt sich dann an Schwerpunktsetzungen jeweils nahe? Das führt zu so weitreichenden Folgerungen wie einer Ausdifferenzierung des Gottesdienstangebotes nach Zeiten, Orten, Zielgruppen. Sie wird dort möglich, wo man sich auf Distriktsebene entschließt, nicht mehr zur selben Zeit im lokalen Nahraum gleich mehrfach dieselbe Veranstaltung parallel stattfinden zu lassen.

(25) Neue Strategien für die »Ehrenamts«-Kultur
In welchem Milieu ist das »Ehrenamt« noch ein ehrenvolles Amt? (Vgl. MDG, 2013) Welche Formate von Mitarbeit brauchen wir, um Menschen mit einer Lebensweltlogik zu gewinnen, die nicht dem traditionellen Selbstverständnis entspricht? Das klassische Bild, nach dem sich ehrenamtliches Engagement dadurch auszeichnet, dass es ehrenvoll ist, aber auf unbestimmte Dauer wahrzunehmen ist, nahezu unkündbar ist und eine Pflicht darstellt, die keinen Spaß machen muss, ist allenfalls für eine kleine Minderheit noch überzeugend. Milieusensibilität weist einen Ausweg. Menschen tun gerne mit. Aber es muss ihren Begabungen, Prägungen und Anliegen entsprechen. Milieuforschung gibt Hinweise, wie die jeweilige Weise der Partizipation für ein Milieu sinnvollerweise aussehen kann.

(26) Milieusensible Raumplanung
Wie vollzieht sich kirchliche Raumplanung, die nicht mehr für »die Gemeinde« plant, sondern von den Milieus ausgeht, die präsent sind oder erschlossen werden sollen, und die entsprechend ihren Bedürfnissen kirchliche Räume oder Raumnutzung projektiert? Wie soll das Gemeindehaus gebaut oder umgebaut werden? Wer will überhaupt in ein Gemeindehaus kommen? Wer braucht eins, nimmt es an? Muss das Gemeindehaus für alle Milieus »passen«? Was muss bedacht werden, damit kirchliche Räume – für bestimmte Milieus – einladend sind?

(27) Homepage Milieus und Kirche: www.milieus-kirche.de
Das ökumenische Portal wird von Matthias Sellmann verantwortet. Es ist eine Plattform zum Austausch über Erfahrungen mit dem Milieu-Tool. Gleichzeitig gibt es news und neue Literatur zu den einschlägigen Fragen.

All diese Anwendungen werden zwar noch keine Wunder bewirken. Aber in der Summe können sich viele kleine Maßnahmen zu einer größeren Veränderung addieren. Lebensweltorientierung kann uns helfen, unsere eigene Rolle im Spiel besser zu begreifen, unsere Arbeitsweisen zu optimieren und Identität wie Ziele unseres kirchlichen Handelns präziser zu fassen: Wen wollen wir erreichen, und wo liegen auch unsere Grenzen?

i) Milieusensible Kommunikation des Evangeliums: Worauf muss *ich* achten?

1. Wir (als Reflexionssubjekte) sind auch Milieu

Natürlich: *wir* sind es, die über die Fragen der Milieusensibilisierung, Milieutoleranz, Milieuüberschreitung etc. nachdenken. Wir machen uns über andere Milieus Gedanken. Das suggeriert einen Standpunkt über den Milieus. Es ändert aber nichts daran, dass wir selber auch Milieu sind, gerade in diesem Nachdenken über das Ganze ein ganz spezielles Milieu mit postmaterieller Ausrichtung sind. Wir haben deshalb *keinen* »Gottesstandpunkt« jenseits/über inne. Es ist sogar besonders wichtig, dass wir uns vergegenwärtigen, wie sehr auch unsere Beschäftigung mit Milieufragen, der Reichweite der Kirche etc. milieubedingt ist. Es versteht sich eben nicht von selbst. Unser Bild von Glaube, Gott, Gemeinde ist selber milieugeprägt und -befangen. Schon unser Kommunikationsansatz und unsere Reflexionsbereitschaft verstehen sich nicht von selbst, sondern sind spezifisch »modern«.

Wir stehen in der Gefahr, unser milieubedingtes Denken zum Maßstab zu machen und dann natürlich auch zu werten. Das PRA erscheint dann – gemessen am postmateriellen Denken für das Ganze – als »wenig sozial«, HED erscheinen als nur als »nur lustorientiert«. In Wahrheit ist es so, dass SÖK und LIB den anderen Milieus manchmal ziemlich auf die Nerven gehen. Und das gilt natürlich auch umgekehrt, auch wenn sich das ein gebildeter Protestant sicher ungern eingesteht: Auch wir können nicht einfach Distinktionsschranken als »Ekelschranken« überspringen. Wo wir diese Einsicht unterdrücken, holt sie uns nur um so massiver ein. Viele Konflikte, auf die wir auf Gemeindeebene oder in Leitungsgremien stoßen, sind nicht geistlich-theologischer Natur. Sie sind oft kulturell-ästhetischer Art.

2. Von den Menschen her denken, die wir erreichen wollen

Auch wenn ich mir Gedanken über die anderen und für sie mache, bin ich also Partei; stehe ich nicht einfach über allem und v.a. über den anderen; muss ich sehen, dass ich einen paternalistischen Standpunkt vermeide; dass ich denke: Weil ich für das Ganze denke, habe ich in jedem Falle recht. Auch ich nehme nur einen Standpunkt ein. Auch ich denke nur in einer ganz bestimmten, durch meine Milieuprägung bestimmten Weise. Ich kann deshalb nicht einfach verordnen und bestimmen. Ich muss Kommunikationsarbeit leisten, wenn ich andere gewinnen will. Und ich kann diese Arbeit nur so leisten, dass ich nicht wieder mich zum Maßstab mache, sondern von den anderen her denke. Genau dazu gibt die Milieuforschung ausgezeichnete Hilfestellungen. Sich nicht einfach absolut setzen; das eigene Denken nicht einfach als selbstverständlich voraussetzen und vom anderen her denken, bedeutet:

- die Lebensweltlogik *wahr*nehmen, von der her andere Menschen ticken, denken, fühlen, empfinden, reden, handeln; sie ist nicht meine. Sie ist deshalb nicht falsch. Wichtig ist, sich in sie hineinzuversetzen; sie so plausibel wie möglich zu rekonstruieren und dann
- mentale Barrieren und Barrikaden wahrzunehmen und ernstzunehmen. Dazu gehören etwa die goes und no goes, die Orte und Un-Orte, die es für jedes Milieu gibt, und sich jeweils zu vergegenwärtigen, warum es etwa für einen Konfirmierten im Regelfall keine Lustgefühle auslöst, noch einmal ein kirchliches Gebäude zu betreten.
- In der Sache stehen wir hier in mentaler Hinsicht vor einer Kopernikanischen Wende: von der Komm-Erwartung zur Geh-Bereitschaft. Früher war es einfach: Man konnte erwarten, dass Menschen in die Kirche kamen. Dafür gab es Gründe (Kirche als Mittelpunkt gesellschaftlichen Lebens; politische und gesellschaftliche Bedeutung von Kirche; Kirchzwang etc.). Man musste ja eigentlich nur an diese Gründe erinnern. Diese Haltung ist bis heute verbreitet. Man bemüht sich allenfalls darum, Kirche etwas gefälliger zu machen. Was wir heute brauchen, ist eine Kehrtwende von diesem Ansatz. Kirche kann nicht mehr erwarten, dass die Menschen kommen. In die Kirche zu gehen, ist aus Sicht der Milieuforschung ein Spezifikum eines oder einiger weniger Milieus, die immer mehr abnehmen. Es kann für die anderen Milieus nicht einfach vorausgesetzt werden. Kirche muss darum zu den Menschen gehen, auf den Markt, in die postmoderne Optionenvielfalt hinein. Sie muss tatsächlich um die Aufmerksamkeit und die Herzen der Menschen ringen. Wenn man über Jahrhunderte anders eingestellt war und es deutlich einfacher hatte, ist das »starker Tobak«.
- Dazu gehört auch, dass wir nicht mehr erwarten, dass Menschen sich im Grunde auf eine doppelte Bekehrung einlassen: eine zu Christus und eine zu unserem Milieu. Christ sein kann man vielerorts nur dann, wenn man sich auf bestimmte Sozialformen einlässt, bestimmte politische oder kulturelle Einstellungen teilt. Das hat dann mit Christus und dem lebendigen Gott wenig oder gar nichts zu tun, auch wenn die dominanten Milieus das natürlich behaupten und dabei übersehen, dass ihre soziokulturelle Erschließung des christlichen Glaubens nur eine mögliche unter vielen anderen möglichen ist.[1]

[1] Auch hier kann man wieder von der Missionstheologie und Missionsgeschichte lernen. Wie lange haben die abendländischen Christen geglaubt, sie müssten den jungen Kirchen ihre metaphysisch geprägte Sicht des christlichen Glaubens aufzwängen, weil sie diese geschichtlich gewordene Prägung und Ausformung des Glaubens mit *dem* christlichen Glauben verwechselten. Freilich, das

- Die soziale Zuwendung beginnt damit im mentalen Bereich. Nur wenn ich vom anderen her denke, kann ich ihm auch effektiv helfen. Auch hier gibt es ein Beispiel. Die SSBW hat aufgedeckt, dass Menschen, die wir dem PRE zuordnen, der kirchlichen Diakonie mit unverhältnismäßiger Distanz, manchmal Aggression begegnen. »Eigentlich« ist das ja nicht nachvollziehbar. Tun wir nicht ganz viel für diese Menschen? Sind sie jetzt undankbar? Milieuforschung kann zeigen, worin diese Aversion begründet ist. Wo evangelische Diakonie im Wesentlichen Zuwendungsdiakonie ist: top down, als bloße Haltung der Barmherzigkeit, die mir widerfährt, steht sie in elementarer Spannung zur Lebensweltlogik der PRE, zu ihrem Selbstverständnis: Eigentlich bin ich stark, bin ich was, kann ich was. Als solche möchte ich nicht nur Gegenstand der Zuneigung sein.

3. Veränderung anderer fängt bei uns selbst an

Es ist für eine milieusensible und Milieugrenzen überwinden wollende Kirche entscheidend einzusehen, dass Barrikaden und Barrieren nicht nur im kirchen- und gemeindefernen Milieu vorliegen. Auch die »kirchlich tragenden« Kreise, sprich Milieus stehen mit *ihrer* kulturellen Prägung der Kommunikation des Evangeliums entgegen und im Wege.

Die gegebene lebensweltliche Formatierung von Gemeinde, Glaube und »Gott« bedeutet ebenso sehr **Inklusion** derer, denen das gefällt, wie **Exklusion** derer, die kulturell und mental anders ticken. Indem ich meine Vorstellungen von Kirche realisiere, schließe ich andere automatisch von Kirche aus – wenn ich nicht beachte, dass diese Vorstellungen eben *meine* sind und sie sich von daher nicht von selbst verstehen.

Die Blockaden für den Zugang zu Gott, Gemeinde und Glaube sind nicht allein, noch nicht einmal in erster Linie theologischer und geistlicher, sondern primär mentaler und kultureller, emotionaler und ästhetischer Natur. Es geht nicht in erster Linie darum, dass Leute etwas gegen die Kirche haben, den Glauben ablehnen etc. Eine weltanschaulich-kritische Haltung gegenüber Kirche und theologischen Dogmen ist nur für wenige harter Kern ihrer Distanz oder Indifferenz. Vor allem die nachwachsenden Generationen finden einfach keinen Zugang dazu, in welcher soziokulturellen Form wir als Establishment von Kirche christlichen Glauben leben. Wir können das nur ändern, wenn wir eine selbstgenügsame Haltung aufgeben und nach neuen Formen, Gestalten, kulturellen und ästhetischen Erschließungen des Glaubens fragen. Dies gelingt wiederum nur, wenn wir vom Anderen her denken:

einzusehen, dafür braucht es Demut und den Verzicht auf einen scheinbar frommen Willen zur Macht, mit dem wir das, was wir für richtig und wichtig halten, auch bei anderen durchzusetzen versuchen.

»Laß mich dich lernen, dein Denken und Sprechen, dein Fragen und Dasein, damit ich daran die Botschaft neu lernen kann, die ich dir zu überliefern habe.« (Klaus Hemmerle[2])

4. Bereit sein, Gemeinde/Kirche neu und anders denken

Wenn eine Kirche/Gemeinde bereit wird, sich selbst neu und anders zu denken, kann sie selber »fetten Benefit« erfahren und einfahren: Sie wird Gott noch einmal ganz anders und neu entdecken. Im Kontext anderer, bislang evangeliums-fremder Kulturen erschließt sich Glaube neu und bereichert die Kirche, die in ihrer langen Geschichte viel zu oft nur ihren eigenen Traditionen begegnet.

Eine Kirche, die ihre aktuelle missionstheologische Aufgabe in einer sich immer mehr säkularisierenden Gesellschaft begreift, wird im Missionsland Deutschland Konvivenz und Kontextualisierung neu durchzubuchstabieren haben. Sie wird Kirche sein, die darum offen ist für fresh x, locs (local oriented communities) und LOGs (lebensweltorientierten Gemeinden).

Sie wird nicht nur Kirche *für* die Menschen (D. Bonhoeffer), sondern Gemeinde *bei* den Menschen sein: in ihren segmentierten und fragmentierten Lebenswelten. Sie wird Kirche, die dabei, dazwischen ist, die sich »inter-essiert«; die da ist, wo die Menschen sind. Sie wird mobile Kirche und flexible Gemeinde sein: Kirche unterwegs und Gemeinde auf dem Weg; Kirche, die die dicken Mauern und heimeligen, aber geschlossenen mentalen Räume verlässt, sich diffundiert und ihre Identität aufgibt, um bei den Menschen zu sein.

Wenn Kirche andere erreichen, durch das Evangelium verändern will, muss sie sich zunächst einmal selber eine andere, kenotische[3] Gestalt geben.

5. Überforderungen vermeiden

Wer sich auf einen solchen Weg begibt, muss auch darauf achten, Überforderungen zu vermeiden, und sich vor einem gesetzlichen Imperativ hüten. Es gilt, sich immer wieder klar zu machen:

- *Wir* können und wir müssen nicht alle »erreichen«. Wir sollten es gar nicht versuchen.
- Aber wir sollten die unterstützen, die es können. Wichtig sind auf regionaler Ebene Delegationen, Kooperationen, analysegestützte Verabredungen, wer sich auf welche Zielgruppe spezialisiert. Das eigentliche Problem in unserer Kirche ist nicht Überforderung, sondern Ressourcenvergeudung. Sie entsteht

2 Was fängt die Jugend mit der Kirche an? Was fängt die Kirche mit der Jugend an?, in: Internationale Katholische Zeitschrift Communio 12 (1983), 306–317.

3 Kenosis ist das zentrale Stichwort, mit dem der Christushymnus in Phil 2,5ff beschreibt, in welcher Haltung Christen in der Nachfolge Christi ihren Mitmenschen begegnen sollen: indem sie sich selbst preisgeben, entleeren, auf ihre angestammte Identität verzichten.

dort, wo dieselbe kleine Zielgruppe in unmittelbarer räumlicher Nähe zur nahezu selben Zeit in nahezu derselben Weise erreicht werden soll und jeweils zur Vorbereitung und Durchführung ein immenser Aufwand getrieben wird.

- Natürlich ist der normale hauptamtliche kirchliche Mitarbeiter nicht in der Lage, authentisch und effektiv mit dem HED- oder PRE-Milieu zu kommunizieren. Es gehört zu den nicht mehr haltbaren, inzwischen – in einer soziokulturell so weit ausdifferenzierten Gesellschaft – gefährlichen pastoraltheologischen Unterstellungen, der Pfarrer und die Pfarrerin seien universal kommunikationsfähig. Hier braucht es neben einer neuen Rekrutierungspolitik der Kirchenleitungen eine viel differenzierter verfahrende Selektion für bestimmte Aufgaben, und es braucht die gezielte Wahrnehmung, wer denn als Brückenperson, Milieupfadfinder in bestimmte Milieus fungieren kann. Dabei ist die Partizipation anderer »die halbe Miete«, wenn es um die so sehr gewünschte Verbreiterung der Mitarbeiterbasis geht. *Wir* müssen nicht alles selber machen. Volkskirchen sind so milieugespreizt, dass wir nur die nuggets aufheben müssen, die vor Ort gegeben sind.

6. Kommunizieren wie der *lebendige*, flexible, mobile Gott

Wir folgen bei alledem nicht mehr oder minder klugen, säkularen Kommunikationsempfehlungen, so sehr diese helfen können, sondern dem Vorbild des lebendigen Gottes,

- der nicht bei sich bleibt, sondern zu uns kommt;
- der die himmlische Herrlichkeit verlässt und Teil unserer sehr irdischen, ganz anderen Lebenswelt wird (Phil 2,5f),
- der mit uns kommuniziert, indem er wird wie wir: einer von uns (Röm 8,3), und der dabei seine Identität aufgibt (Phil 2,7),
- der bereit ist, unsere schwierige Lebenslage leidvoll kennenzu*lernen* (Hebr 5,8),
- der sich verändert, um bei uns zu sein,
- der mit uns unterwegs ist, zum Camping-Gott wird und unter uns »zeltet« (Joh 1,14),
- der sich zuwendet – aus Liebe und der liebt, indem er sich zuwendet.

7. »... und hätte der Liebe nicht ...«

Zielführend ist nicht die Anwendung einer Methode, sondern die Einübung einer Haltung: der Milieugerechtigkeit. Ähnlich wie soziale Gerechtigkeit und Geschlechtergerechtigkeit globale Perspektiven darstellen, sollte sich die Frage, ob ein konkretes kirchliches Handeln milieugerecht ist / ob es passt, als Haltung für alle Bereiche kirchlichen Lebens verfestigen und einbürgern. Aber selbst das kann zur Ideologie werden.

Auch an dieser Stelle ist es wichtig, zu betonen, dass die sicher hilfreichen Methoden in ihrer Bedeutung nicht überschätzt und nicht überfordert werden dürfen.

Milieusensibilisierung ist Hilfe, nicht todsicherer Hebel für eine offene, einladende, reformierte Kirche. Die konkrete Zuwendung zu den Mitmenschen ist durch nichts zu ersetzen. Kein Milieuzertifikat, keine Kenntnis der Milieumodelle ersetzt den konkreten Akt der Nächstenliebe.

Kommunikation gelingt – evtl. – dort, wo Menschen aus Gegenständen zum Gegenüber werden; wo sie nicht mehr Mittel, sondern selber letzte Zwecke sind; wo wir uns ihnen in Liebe zuwenden.

k) Welche Impulse kann die Lebensweltperspektive unseren Kirchen geben? Eine zusammenfassende Perspektive

(1) Lebensweltorientierung ist Sehhilfe.[1] Eine Sehhilfe lässt Sachverhalte erkennen, die man ohne sie nicht oder nicht so scharf gesehen hätte. Lebensweltforschung ist aber auch Entscheidungshilfe, Verstehenshilfe und Motivationsimpuls, Kommunikationsmodell und Anleitung zur Kontextualisierung.

(2) Die Milieuperspektive hilft uns zu sehen, wo wir »stark« sind, aber auch wahrzunehmen, wo unsere »blinden Flecke« liegen. Sie hilft uns zu realisieren: Kirche ist mehr als das immer milieufokussierte kirchliche Leben vor Ort.

(3) Sie gibt uns Wissen an die Hand, das uns helfen kann, Menschen besser oder überhaupt zu erreichen. Sie schafft die Voraussetzungen für eine Kontextualisierung des Evangeliums in evangeliumsfremden Zusammenhängen.

(4) Sie hilft uns, den Ort von Kirche in der gegenwärtigen Gesellschaft noch besser zu verstehen und das Trauma schwindender Bedeutung von Kirche zu begreifen wie auch ihm entgegenzuwirken.

(5) Sie hilft uns im Verein mit anderen *tools*, Partizipationschancen für sehr unterschiedliche Menschen zu entdecken und zu realisieren.

(6) Sie hilft uns, die so häufig anzutreffende Milieubefangenheit, ja Milieugefangenschaft von empirischer Kirche aufzudecken und – mit Gottes Hilfe – auch ein Stück weit zu durchbrechen.

(7) Sie kann uns helfen, unser kirchliches Leben und seine Organisation zu entlasten: Was können wir womöglich wo lassen? Wo legt sich eine arbeitsteilige Delegation oder auch Kooperation nahe? Wo können wir Konflikte vermeiden oder mindestens besser verstehen und managen? Wo können wir Visitationen noch differenzierter anlegen? Wo gewinnen wir zusätzliche, lebensweltorientierte Gesichtspunkte für Gemeindefusionen? Welche Gruppen müssen wir beachten, wenn wir kirchliche Räumlichkeiten neu oder umbauen, und *welche nicht*?

(8) Sie regt uns an, über neue Formen und Formate von Kirche nachzudenken: Kirche am dritten Ort, zu anderer Zeit, mit anderem Publikum, mit anderer Liturgie und Predigt. Milieuperspektive führt zu ekklesiologischer Kreativität.

[1] Das betonen mit Recht: *Claudia Schulz / Eberhard Hauschildt / Eike Kohler*, Milieus praktisch. Analyse- und Planungshilfen für Kirche und Gemeinde, Göttingen 2008.

(9) Sie hilft uns, die ungeheuer vielseitigen Erscheinungsformen von Kirche in der Öffentlichkeit unter Milieugesichtspunkten ganz neu zu würdigen.
(10) Sie hilft uns, Kirche, Kirchengemeinde, kirchliche Arbeitsfelder in unterschiedlichen Medien effektiver und attraktiver zu kommunizieren.
(11) Milieuforschung kann ein Baustein für eine Kirche sein, die bei den Menschen ist und die fragt, was sie bewegt; die nicht schon vorher weiß, was die Fragen und Probleme der Menschen sind; wo und wann Kirche ist und was und wie Kirche nicht ist; die wie ihr Herr fragt: *Was willst du, was ich dir tun soll?*, die damit ihre Adressaten ernst nimmt und in die Freiheit hineinstellt. Lebensweltforschung verlangt eine nicht mehr starke, zu starke, sondern eine schwache Kirche, die sich zuneigen, herunterneigen, demütig sein und umkehren, die sich aussetzen und um der Menschen willen ihre sichere kulturelle Identität und ihre festen Mauern verlassen kann.

Wir resümieren und fragen nach Konsequenzen, ja riskieren Impulse:
(1) Lebensweltorientierung motiviert uns, milieuübergreifend und milieuüberschreitend missionarisch zu planen und zu handeln. Milieuorientierung hat darin theologische Validität, dass sie uns anleitet, das Kommunikationsmodell des lebendigen Gottes nachzuvollziehen. Wenn wir nicht zu ihm kommen, kommt er eben zu uns. In seiner Menschwerdung setzt er an die Stelle der religiösen Komm-Struktur seine eigene Geh-Struktur: »Ich bin gekommen ...« Kurz: Volkskirche ist heute milieusensible und darum hingehende Kirche!
(2) Lebensweltforschung ist Sehhilfe und Entscheidungshilfe, Motivationshilfe, Kommunikationsmodell und Anleitung zur Kontextualisierung des Evangeliums in Lebenswelten, die – noch – kirchenfern sind. Kurz: Wollen wir sehen?
(3) Lebensweltorientierung hilft uns zu sehen, wo wir stark sind, aber auch wahrzunehmen, wo unsere blinden Flecken liegen. Kirche ist mehr als das immer milieufokussierte, in der Regel durch ein Milieu dominierte kirchliche Leben vor Ort. Sie hilft uns zu würdigen, was wir erfolgreich tun, wo wir gut sind, wo unsere unbestreitbaren Stärken liegen. Kurz: Kirche ist mehr und hat mehr zu bieten als Monokultur!
(4) Lebensweltforschung gibt uns Wissen an die Hand, das uns helfen kann, Menschen besser oder überhaupt zu erreichen. Sie schafft die Voraussetzungen für eine Kontextualisierung des Evangeliums in evangeliumsfremden Zusammenhängen. Kurz: Haben wir als Kirche die Kraft und den Willen, unsere sich vom Christentum entfernende, säkularisierende Gesellschaft mit dem Evangelium zu durchdringen?
(5) Lebensweltorientierung hilft uns zusätzlich, den Ort von Kirche in der gegenwärtigen Gesellschaft noch besser zu verstehen und das Trauma schwindender Bedeutung von Kirche zu begreifen wie auch ihm entgegenzuwirken. Wir können Gratifikationen von Kirchenmitgliedschaft identifizieren, aber auch erkennen, warum und wo Menschen Schwierigkeiten mit

Kirche und Glauben haben. Rückgang der Mitgliederzahlen, Kirchenaustritte, sinkende Beteiligung am kirchlichen Leben müssen nicht sein. Sie haben aber Gründe. Kurz: Wollen wir uns denen stellen?

(6) Lebensweltorientierung hilft uns, Kirche, Kirchengemeinde, kirchliche Arbeitsfelder in unterschiedlichen Medien effektiver und attraktiver zu kommunizieren. Evang. Gesangbuch, Liedblätter, Beamer, Gemeindebrief, *homepage, newsletter* – kurz: Kirche wird medial flexibler, den Menschen zugewandter. Haben wir den Willen und gewinnen wir – etwa durch eine andere Ordnung der Prioritäten – die Kraft, uns auf die neuen Kommunikationswege einzulassen? Haben wir als Kirche den Willen, den nachwachsenden Generationen hier einen Gestaltungsraum zu geben, den die Älteren vielleicht gar nicht mehr füllen wollen und können?

(7) Lebensweltorientierung hilft uns im Verein mit anderen *tools*, Partizipationschancen für sehr unterschiedliche Menschen zu entdecken und zu realisieren. Die Verheißung für eine solche Kirche ist da. Kirche kann tatsächlich bunter, reicher, vielfältiger, vitaler werden. Halten wir das aus? Wollen wir das?

(8) Lebensweltorientierung hilft uns, die so häufig anzutreffende Milieubefangenheit, ja Milieugefangenschaft von empirischer Kirche aufzudecken und – mit Gottes Hilfe – auch ein Stück weit zu durchbrechen. Kurz: Muss man konservativ, traditionsorientiert, bürgerlich ticken, um Christ zu sein oder zu werden?

(9) Lebensweltorientierung kann uns helfen, unser kirchliches Leben und seine Organisation zu entlasten: Was können wir womöglich wo lassen? Wo legt sich arbeitsteilige Delegation oder auch Kooperation nahe? Kurz: die regionale Zusammenarbeit bietet ungenutzte Chancen und setzt zusätzliche Ressourcen frei. Haben wir den Mut und den Willen, vor allem die mittlere Ebene zu stärken?

(10) Lebensweltorientierung kann uns helfen, Kirche in Ergänzung zum parochialen, ortsgemeindlichen Prinzip noch einmal in alternativen Formaten, mit den anglikanischen Freunden gesprochen: als *fresh expressions,* zu denken. Das eine ist die Trägerstruktur, das Standbein. Das andere kann unser weit ausgreifendes missionarisches Spielbein sein. Kurz: Bekommen wir dieses Miteinander hin? Haben wir den Mut und den Willen, die unzählbar vielen Aufbrüchen und Graswurzelinitiativen auf lokaler und regionaler Basis nicht nur einzugleisen, sondern einen Gestaltungsraum in der Kirche zu geben; sie nicht nur als Problem, störendes Element, Herausforderung, die bewältigt werden muss, zu verstehen, sondern als Chance, Verheißung, Movens, das Kirche nach vorne bringt und zukunftsfähig macht?

(11) Lebensweltorientierung regt uns an, über neue Formen und Formate von Kirche nachzudenken: Kirche am dritten Ort, zu anderer Zeit, mit anderem Publikum, mit anderer Liturgie und Predigt. Milieuperspektive führt zu ekklesiologischer Kreativität. Kurz: Wir sind neu gefragt: Was ist Kirche? Was macht Kirche aus? Kirche ohne Gewähr auf Dauer? An profanen Or-

ten, bei Gelegenheit und auf Zeit? Geht das? Darf das sein? Theologisch gibt es da keine Einwände, wenn wir unsere Bekenntnisschriften, vor allem CA VII, ernst nehmen. Die Herausforderung ist vor allem mentaler Natur.

(12) Lebensweltorientierung hilft uns, die ungeheuer vielseitigen Erscheinungsformen von Kirche in der Öffentlichkeit unter Milieugesichtspunkten ganz neu zu würdigen. Sie hilft uns, Brücken in Milieus zu würdigen, die bisher vielleicht eher eine randständige Existenz hatten. Kurz: Wie können wir die Einheit von Kirche unter diesen Bedingungen neu denken und realisieren? Wie können wir die Brückenpersonen würdigen und einbinden, die es vielfältig vor Ort schon gibt und die sich anbieten, wenn Kirche in neuen Lebenswelten Fuß fassen will?

(13) Lebensweltorientierung kann Kirchenleitung vielfältig helfen helfen, etwa, wenn es gilt, Konflikte zu vermeiden oder mindestens besser zu verstehen und besser zu managen. Wo können wir Visitationen noch differenzierter anlegen? Wo gewinnen wir zusätzliche, lebensweltorientierte Gesichtspunkte für Gemeindefusionen? Wie können wir Dienstaufträge noch konkreter zuspitzen und Begabungen wie Erfahrungen noch effektiver nutzen? Kurz: Kirchenleitung auf verschiedenen Ebenen hat ein neues Instrument.

Teil III

Die Sinus-Studie »Evangelisch in Baden und Württemberg«

a) Zu Anlage und Interpretation

1. Welche Fragen sollten beantwortet werden?

Dass Menschen auch innerhalb der Kirche über Gott, Gemeinde, Glaube und Kirche sehr unterschiedlich denken, dass sie demgemäß auch ganz unterschiedliche Erwartungen haben, das konnte, wer wollte, auch schon vorher wissen. Das Sinus-Milieu-Modell, das der Kirchenstudie »Evangelisch in Baden-Württemberg« (kurz SSBW) zugrunde liegt, hilft, die Vielfalt zu erfassen, sie etwas zu sortieren und dann ggf. auch angemessener zu reagieren. Warum ticken Menschen so unterschiedlich? Was sind die Beweggründe? Wie sieht das im Einzelnen aus? Das wollten die beiden Landeskirchen in Württemberg und Baden wissen, als sie im Jahr 2012 das Sinus-Institut Heidelberg/Berlin mit der Durchführung einer ersten großen Studie für deutsche Landeskirchen beauftragten.

Professionell ausgedrückt ging es in der Sache um folgende noch sehr allgemeine Fragen,[1] die die beiden Kirchen dem Sinus-Institut vorgelegt haben:

- Wie muss sich die Kirche für die Zukunft ausrichten? Mit welchen demografischen und soziokulturellen Verschiebungen muss man rechnen?
- Wie stehen die Evangelischen in Baden und Württemberg zu Religion und Glaube?
- Wie ist es um die Kirchenbindung der evangelischen Bevölkerung bestellt?
- Welche Einstellungen und Einstellungstypen in Bezug auf Glauben und Kirche gibt es?
- Was sind mögliche Gründe für und gegen die Kirchenmitgliedschaft in den einzelnen Zielgruppen?
- Mit welchen Strategien können die evangelischen Landeskirchen in Baden und Württemberg die Kirchenbindung in der Zukunft sicherstellen?

[1] Die folgenden Fragen sind zitiert aus der Auftragsbeschreibung.

2. Warum eine eigene und neue Sinus-Studie?

Die Rückfrage muss natürlich lauten: Es gibt doch schon so viele Studien. Reichen die nicht?

(1) Es stimmt. Es gibt bereits eine Reihe katholischer Kirchenstudien, aber diese beziehen sich doch sehr stark auf katholische Verhältnisse. Die Übertragbarkeit der Erkenntnisse ist hypothetisch. Wieviele Milieus erreichen wir in der evangelischen Kirche? Sind es ebenfalls nur 2–3? Ist es auch im evangelischen Raum so, dass sich in allen Milieus Kirchenmitglieder finden? Wie sieht die Verteilung aus? Es liegt nahe, dass wir bei diesen wichtigen Fragen nicht einfach die katholischen Verhältnisse für die evangelischen Kirchen im Südwesten unterstellen dürfen. Dafür sind die Konfessionen doch zu unterschiedlich. Die Haltung der evangelischen Kirchenmitglieder dürfte sich doch erheblich von der katholischer Christen unterscheiden. Genau dieser Verdacht hat sich – siehe unten! – auch bestätigt. Darüber hinaus bringt uns eine Studie für das evangelische Baden und Württemberg die Möglichkeit, uns ganz speziell auf die baden-württembergischen Verhältnisse einzustellen. Eine Besonderheit stellt zudem im Südwesten der (Neu-)Pietismus dar. All das können und konnten wir mit einer eigenen Erhebung berücksichtigen.

(2) Die bisherigen Kirchenstudien zu den 10 Milieus setzen alle noch das veraltete Milieu-Modell voraus. Sie sind nicht mehr aktuell. Mit unserer Studie berücksichtigen wir den gesellschaftlichen, sozialen wie mentalen Wandel und sind noch näher dran an den Menschen. Besonders die katholischen Studien bis 2012 setzen noch das Sinus-Milieu-Modell von 2001 voraus, das sich erheblich von dem Bild unterscheidet, das das Milieumodell von 2010 von unserer Gesellschaft zeichnet.

(3) Sinus hatte bis 2012 für die katholische Kirche nur qualitativ geforscht. Interessant ist aber nicht nur die Frage, was alles es gibt, sondern mindestens ebenso sehr, in welcher Verteilung es existiert. Es fehlte also an der quantitativen, repräsentativen Fragestellung.

(4) Wir wollten nicht nur wissen, wie sich das Milieumodell, das Sinus bezüglich unserer Gesellschaft erhoben hat, in unseren Kirchen abbildet. Wenn wir Menschen konkret adressieren wollen, dann müssen wir ihre Einstellungen zu Gott, Glaube, Gemeinde und Kirche kennen. Das hat aber bisher noch keine Studie geleistet. Der Fokus auf die Einstellungen ist neu.

(5) Darüber hinaus gibt es natürlich eine ganze Reihe wertvoller kirchensoziologischer Studien, die wir gar nicht abwerten müssen. Sie sind aber schon etwas in die Jahre gekommen, arbeiten mit einem gröberen Raster als Sinus und sind empirisch lange nicht so unterlegt wie das Sinus-Modell. Wir denken etwa an die 4. KMU der EKD, die nur mit sechs Lebensstilen operiert und inzwischen auch schon einige Jahre auf dem Buckel hat. Die KMU V, von der erste Ergebnisse in 2014 veröffentlicht worden sind, hat auf eine Erneuerung der Lebensweltperspektive ausdrücklich verzichtet. Gegenüber

diesen und anderen Ansätzen gilt grundsätzlich: Wir wollen und müssen uns von ihnen nicht distanzieren. Wir integrieren alle Erkenntnisse, die wir bekommen können. Zur Zeit ist aber der Sinus-Ansatz der aktuellste, präziseste und am besten belegte. Deshalb favorisieren wir ihn.

3. Die Aufgabenstellung und ihr Hintergrund

Aus den grundsätzlichen Fragen und den speziellen Wünschen ergab sich eine differenzierte Aufgabenstellung, die die beiden Kirchen dem Sinus-Institut ins Pflichtenheft geschrieben haben und die wir wieder komplett zitieren:

Aufgabenstellung

Aufgabe der geplanten Milieustudie ist es,

- ➔ einen detaillierten Einblick in die heute in Baden-Württemberg existierenden Lebenswelten der Evangelischen zu geben;
- ➔ ihre weltanschaulichen, religiösen und kirchlichen Orientierungen besser zu verstehen, um mehr darüber zu erfahren, welche Milieus faktisch im Fokus kirchlichen Handelns stehen und welche derzeit eher weniger oder nicht erreicht werden;
- ➔ die Gründe für und gegen eine Kirchenmitgliedschaft bzw. für und gegen eine Beteiligung am kirchlichen Leben und die dahinterliegenden soziokulturellen Logiken in Erfahrung zu bringen, um entsprechende Kirchenbindungsmaßnahmen entwickeln zu können;
- ➔ zu erheben, welche Lebenswelten evangelische Freikirchen und neupietistische Gemeinschaften erreichen, wie ihre Stellung zur evangelischen Kirche gesehen wird und worin ihre Attraktivität besteht;
- ➔ in Erfahrung zu bringen, wie die mediale Rezeption von Glauben in den verschiedenen Lebenswelten vor sich geht, um daraus praktische Hinweise für eine effiziente Medienkommunikation zu gewinnen;
- ➔ aus sozialwissenschaftlicher Perspektive Einsichten abzuleiten, wie evangelische Kirche in Baden-Württemberg dem soziokulturellen Wandel entsprechen kann.

Die sechs Aufgaben haben jeweils einen speziellen Hintergrund:

(1) Wir wissen sehr viel über die Milieus allgemein. Aber was können wir über die Lebenswelten von *Evangelischen* sagen? Zeigen diese bestimmte Spezifika, etwa in ihrer Verteilung in der Kirche?

(2) Welche Milieus sind für die Kirche de facto wichtig? In welchen lebt sie? Welche sind in ihr dominant? Gibt es Milieus, die in der Kirche das Sagen haben? Welche herrschen in den Kirchengemeinden vor?
(3) Auch die beiden südwestdeutschen Kirchen haben mit Kirchenaustritten auf einem hohen Level zu kämpfen. Was sind die Gründe, und wie lassen sich diese vor dem Hintergrund des Spezifizierungspotentials der Milieuforschung differenzieren? Welche unterschiedlichen Gründe für Kirchenaustritte gibt es, und umgekehrt: Welche Motivationslagen sind dafür verantwortlich, dass Menschen an ihrer Kirchenmitgliedschaft festhalten? Wie kann man schließlich ihre Kirchenbindung stärken? Das alles ist zu bedenken unter der Voraussetzung, dass es eben nicht die eine richtige Antwort für alle gibt.
(4) Baden und noch mehr Württemberg ist kirchlich gekennzeichnet durch einen lebendigen Neupietismus, der inner- und außer-, auch freikirchlich wirksam ist, nicht zu vergessen die dynamische independente christliche, v.a. charismatische geprägte Gemeindeszene. Wie sehen die Interdependenzen aus? Wieviele Menschen leben in solchen Gemeinden und Gemeinschaften mit? Und wie sehen bei ihnen die Einstellungen zur Kirche aus? Eine Besonderheit des zweiten Teils der Studie ist es, dass wir einer vermuteten Besonderheit der Kirchen im Südwesten besonders nachspüren und zu erheben suchen, ob/wie sich die Bedeutung dieser Prägungen für die beiden Kirchen empirisch niederschlägt. Deshalb fragen wir nicht nur nach den Einstellungen zu *neupietistischen* Gemeinschaften, sondern auch, inwieweit *independente* Gemeinden und Gemeinschaften für Mitglieder der Kirche eine manifeste Rolle spielen.
(5) Medien sind in und für unsere Gesellschaft von überragender Bedeutung. Wie erfahren die Menschen etwas über Kirche, Glaube und Religion? Wo informieren sie sich? Was von den kirchlichen Kommunikationsangeboten kommt an, was (noch) nicht? Welche Rolle spielen etwa die digitalen Medien, speziell social media?
(6) Kirche ist kein erratischer, unveränderlicher Block inmitten des ständigen gesellschaftlichen Wandels. Sie ist Teil desselben und muss sich auf die soziokulturellen Veränderungen einstellen. Wo zeigen sich diese im Raum der Kirche, und was sind mögliche sinnvolle Reaktionen?

4. Zur Anlage der Studie: der erste qualitative Teil

Die von der württembergischen und badischen Landeskirche gemeinsam in Auftrag gegebene Studie besteht genau genommen aus zwei Teilen, die in *zwei Phasen* mit unterschiedlichen Zielsetzungen durchgeführt wurden. Realisiert wurde eine qualitative und eine quantitative Erhebung.

Der erste Teil der Studie hat qualitativen Charakter. Die Forschung geht *nicht in die Breite*, sondern in die *Tiefe. Sie ist »explorativ«*, d.h. erkundend und erprobend. Wir wissen ja über unseren Forschungsgegenstand: das evangelische Baden und Württemberg und die Perspektive von Nichtkirchenmitgliedern auf die Landeskirchen, empirisch abgesichert nichts. Wir haben zu Beginn der Studie nur begründete Vermutungen. Wir können ausgehen von dem, was Untersuchungen über die katholische Kirche gezeigt haben. Aber kann sich das nicht auch sehr von dem unterscheiden, was für eine im Südwesten doch sehr verwurzelte evangelische Kirche gilt? Zudem liegen spezielle Untersuchungen für den katholischen Südwesten nicht vor. Für diese erste Phase haben wir darum Thesen formuliert, die in die Gesichtspunkte eines Gesprächsleitfadens eingegangen sind. In diesem Zusammenhang ist natürlich nur ein kleines Beispiel in Form eines Auszuges *aus dem umfangreichen Fragebogen* möglich:

K5 Welcher der folgenden Sätze beschreibt am besten Ihr Verhältnis zur evangelischen Kirche? (Vergleichsfrage)

Nur eine Nennung!

Ich bin gläubiges Mitglied der evangelischen Kirche und fühle mich mit ihr eng verbunden	☐
Ich fühle mich der evangelischen Kirche verbunden, auch wenn ich ihr in vielen Dingen kritisch gegenüberstehe	☐
Ich fühle mich als Christ(in), aber die evangelische Kirche bedeutet mir nicht viel	☐
Ich bin religiös, fühle mich aber nicht als Christ(in)	☐
Ich lebe meine religiösen Bedürfnisse ganz individuell, jenseits der bestehenden Religionen	☐
Ich fühle mich unsicher und weiß nicht, was ich glauben soll	☐
Der Glaube sagt mir nichts; ich brauche keine Religion	☐
Unmöglich zu sagen	☐

In diese Fragenbatterie geht natürlich die *These* ein, dass es sich um die wichtigsten und am häufigsten verbreiteten *Einstellungen* handelt und dass wir damit in etwa die Bandbreite dessen abdecken, was es an Haltungen in unserer Zielgruppe gibt. Die Interviews, die diese Fragen nur zum Ausgangspunkt nehmen, müssen das dann bestätigen oder korrigieren.

Mehr als begründete Vermutungen und offene Fragen kann man aber zu Beginn nicht formulieren. Zu diesen Vermutungen gehört auch, dass die 10 Milieus, die Sinus unterscheidet, auch für unsere Zusammenhänge sinnvolle, d.h. unterscheidbare Typen mit signifikanten Einstellungsunterschieden bilden. Die Mitarbeiter von Sinus sind den von uns gemeinsam abgestimmten Leitfaden in 100 Einzelinterviews durchgegangen. Dabei haben wir auf regionale Streuung in Baden und Württemberg geachtet. Das bedeutet nicht nur, dass wir Befragungen auf dem Gebiet von Baden und Württemberg durchgeführt haben, sondern auch, dass die verschiedenen Regionentypen berücksichtigt werden. Lebt jemand auf dem Land oder in einer Kleinstadt, in einer City oder in sog. Agglomerationsräumen, also im Einzugsbereich eines Metropols? Und wir haben natürlich dafür gesorgt, dass jedes der 10 Milieus berücksichtigt wird. Für jedes der 10 Sinus-Milieus sind fünf Frauen und fünf Männer befragt worden. Bei diesen wiederum war es wichtig, in etwa repräsentative Alterslagen zu erreichen. Im Regelfall hat so ein Interview ca. 2 – 2 ½ h gedauert. Dabei kam es nicht nur darauf an, die Fragebögen Punkt für Punkt abzuarbeiten. Die Interviewten sollten sich v.a. spontan und ungesteuert äußern und Raum zur Entfaltung haben. Die Interviewer hatten die Vorgabe, die Befragten wenn möglich reden zu lassen. Nur so werden ja Zusammenhänge in den Einstellungen, Lebensweltlogiken und Kommunikationsstrukturen im Gegenüber zur Kirche deutlich. Der Gesprächsleitfaden hatte die Funktion, dafür zu sorgen, dass bestimmte Gesichtspunkte vorkommen und nicht verlorengehen.

Ein zentrales Anliegen der Auftraggeber der Studie war es, sich nicht allein auf die Einstellungen und Verhaltensweisen von Kirchenmitgliedern zu beschränken. Ich halte es für außerordentlich wichtig, dass wir auch etwas erfahren wollen zu den Einstellungen von Menschen, die gar nicht zur Kirche gehören.

Eine Besonderheit der ersten Phase ist es darum, dass wir *keine reine Kirchenstudie* durchführen. Der »Stichprobenansatz« setzt sich zusammen »aus 60 [...] Mitgliedern der beiden Landeskirchen und 40 [...] Nicht-Mitgliedern, die für die Evangelische Kirche grundsätzlich erreichbar sind«. Diese Kombination von Kirchenstudie und Blick über den Tellerrand ist ein Alleinstellungsmerkmal unter allen bisherigen Sinus-Studien für eine deutsche Kirche. Befragt wurden also auch Nichtkirchenmitglieder, aber etwa keine Muslime oder Angehörige anderer Religionen. Damit wird eine der Aufgaben der Sinus-Studie erfüllt, »die Gründe für und gegen eine Kirchenmitgliedschaft bzw. für und gegen eine Beteiligung am kirchlichen Leben und die dahinterliegenden soziokulturellen Logiken in Erfahrung zu bringen, um entsprechende Kirchenbindungsmaßnahmen entwickeln zu können«. Es schien uns in der Vorbereitung der Studie miteinander sinnvoll zu sein, zu diesem Zweck nicht nur auf Kirchenmitglieder zu hören, sondern uns auch dem Blick von außen zu stellen, der sehr kirchenverbunden sein kann.

Wir sind nun nicht mehr auf Vermutungen darüber angewiesen, wie Menschen außerhalb der Kirche über Glaube, Gott und Gemeinde denken, wie sie religiös ticken, sondern bekommen authentische Aussagen, kommunikativ hochrelevantes Material.

Zum *Know-how* des Sinus-Instituts gehört ein Fundus von Beziehungen in verschiedenste Milieulagen hinein. Mitarbeiter des Instituts verfügen und rekrutieren ständig neu Kontakte zu Menschen, die entsprechenden Anforderungsprofilen für die Befragungen entsprechen. Ein wissenschaftliches *board* überprüft diese Zuordnungen dann noch einmal und schaut auf Schlüssigkeit.

5. Zur Anlage der Studie: der zweite quantitative Teil

In der *zweiten* Phase, die Anfang Juni 2012 begonnen und etwa bis zum Oktober 2012 gedauert hat, wurden bevölkerungsrepräsentativ 2000 Personen in Telefoninterviews von 20–25minütiger Dauer befragt. Die Erhebung ist repräsentativ, bezogen auf die Grundgesamtheit aller Haushalte in Baden-Württemberg, in denen mindestens eine Person lebt, die der evangelischen Kirche angehört und über 18 Jahre alt ist. Grundlage ist hier ein breiter ausgreifender Fragebogen, der ebenfalls von Sinus in Zusammenarbeit und Abstimmung mit uns erarbeitet worden ist. Ziel ist es, zu Verdichtungen von Einstellungsmerkmalen zu kommen, die auf statistischen Häufungen beruhen. Einfacher ausgedrückt: Wir fragen nach Einstellungen zu Glaube, Religion und Kirche und versuchen, diese zu typisieren.

		Trifft überhaupt nicht zu 1	Trifft eher nicht zu 2	Trifft eher zu 3	Trifft ganz genau zu" 4
1	Ich habe Interesse an kirchlichen Themen	☐	☐	☐	☐
2	Ich spüre Gottes Gegenwart in meinem Leben	☐	☐	☐	☐
3	In Glaubensdingen habe ich immer wieder Zweifel	☐	☐	☐	☐
4	Ich finde es schwer, mit anderen über meinen Glauben zu sprechen	☐	☐	☐	☐
5	Der Glaube gibt mir inneren Halt	☐	☐	☐	☐
6	Den Glauben brauche ich nur, wenn es mir schlecht geht	☐	☐	☐	☐
7	Beten gehört in meinem Alltag dazu	☐	☐	☐	☐
8	Der christliche Glaube ist für mich Lebensgrundlage	☐	☐	☐	☐
9	Es ist mir wichtig, einmal kirchlich bestattet zu werden	☐	☐	☐	☐
10	Ich bin nur deshalb in der Kirche, weil meine Eltern auch in der Kirche sind bzw. waren	☐	☐	☐	☐
11	Ich würde mich gerne mehr in der Kirche einbringen	☐	☐	☐	☐
12	Ich habe am Sonntagvormittag Besseres zu tun als in den Gottesdienst zu gehen	☐	☐	☐	☐
13	Ich möchte, dass die Kirche zu gesellschaftspolitischen Fragen Stellung nimmt	☐	☐	☐	☐
14	Ich möchte, dass die Kirche den Dialog mit dem Islam verstärkt	☐	☐	☐	☐
15	Die evangelische Kirche passt nicht mehr in die heutige Zeit	☐	☐	☐	☐

Das sind nur die ersten 15 von 42 Fragen, die an dieser Stelle durchgegangen werden. Natürlich sind das nicht alle Fragen, die theologisch relevant sind. Die These – und Erfahrung von früheren Kirchenstudien her – ist aber, dass diese Fragen repräsentativ sind und dass über das Abfragen dieser und weiterer Einstellungen wichtige Haltungen zum Vorschein kommen. Zu beachten ist auch, dass es sich um Ich-Einstellungen handelt. Die Formulierungen sind so gehalten, dass sie passen, also eine Identifikation oder Distanzierung etc. ermöglichen.

Methodisch und für die Ergebnisse relevant ist die Anlage des Fragebogens. Dieser bietet nicht fünf Antwortoptionen (wie etwa verbreitet in den Kirchenmitgliedschaftsuntersuchungen der EKD), sondern vier Alternativen. Durch diese Anlage wird vermieden, dass sich die Befragten auf die dritte, mittlere Antwortmöglichkeit fokussieren, weil und wenn sie einer Entscheidung ausweichen oder es sich leicht machen wollen.

Die empirischen Erhebungen werden schließlich mit den lebensweltlichen Hintergründen, sprich 10 Sinus-Milieus, gekreuzt. Die – im Bericht zusammengefassten – signifikanten Ergebnisse helfen dazu, dass wir statistisch untermauert Einstellungstypen unterscheiden und diese auch Lebenswelten zuordnen können. Einfacher ausgedrückt: Die Unterschiede, die wir auch sonst zwischen den Milieus feststellen, schlagen sich auch in unterschiedlichen Haltungen zu evangelischer Kirche, Glaube, Gott nieder.

6. Wie sich die Vorteile der beiden Teile der Studie verbinden lassen

Die erste, qualitativ orientierte Forschungsphase hat nur relativ wenige Personen befragt. Dafür bot die aufgewendete Zeit die Möglichkeit, recht tief in die Frage nach der Beziehung zur Kirche und zu Glaubenshaltungen einzudringen.

Die weitreichenden und tiefgehenden Erhebungen haben es ermöglicht, die ganze Bandbreite von Einstellungen zu erfassen. Es ist nun möglich, auf dieser Basis Theorien über relevante und signifikante, sich in den Interviews immer wieder zeigende Einstellungen zu formulieren. Wir wissen freilich nach dieser ersten Erhebung nicht, wie verbreitet diese jeweils sind. Aber es lassen sich bestimmte Statements formulieren, die repräsentativ im Sinne von »weiter verbreitet« zu sein scheinen.

Während der erste Fragebogen für die erste Phase auf Vermutungen beruhte, was relevant und signifikant sein könnte, stehen wir nach den Befragungen der ersten Phase auf deutlich sichererem, empirisch abgestütztem Gelände, auch wenn wir die repräsentative Verteilung von Einstellungen noch nicht kennen. Diese festzustellen, war dann Aufgabe der zweiten Phase der Sinus-Studie.

Die Basisdaten:

- Durchführung der Studie im Jahr 2012,
- Gemeinsame Beauftragung durch Evangelische Landeskirche in Württemberg und Evangelische Kirche in Baden,

- Zwei Phasen: a) qualitativ und b) quantitativ,
- *Phase 1:* 100 explorative Tiefeninterviews à 2 ½ h Dauer; 10 Personen pro Milieu; Verteilung 40 % Nichtkirchenmitglieder, 60 % Kirchenmitglieder; Erfassung der Bandbreite von Haltungen,
- Phase 2: 2024 repräsentative Telefoninterviews à ca. 30 min,
- Pointe: Kombination von qualitativem und quantitativem Zugang: Auskunft geben können über die Verteilung bestimmter Haltungen,
- Basis der Telefoninterviews waren 42 Statements, die sich durch die erste Befragung als besonders bedeutsam und profiliert ergeben haben.
- Der Bericht von Sinus umfasst urspr. eine knapp 300seitige Power-Point-Präsentation.

Umgekehrt dauert die Erhebung in der zweiten, auf Quantität abhebenden Phase zwar nur jeweils 25 Minuten, dafür ergibt sie ein repräsentatives Bild. D.h. wir können ziemlich gut sagen, in welcher prozentualen Verteilung wir welche Einstellungen finden und dem entsprechend Milieutypen quantifizieren. Mit welchen Einstellungen haben wir in welcher Häufung zu rechnen? Beide Zugangsweisen haben für sich genommen Schwächen. Der Clou besteht in der Kombination der beiden Perspektiven, der ihre Stärken: hier die *Repräsentativität*, dort die *detaillierte* Erfassung in der Tiefe, kombiniert. So lässt sich einerseits einschätzen und quantifizieren, wie bestimmte – qualitativ erhobene – Einstellungsmuster und Verhaltenstypen verbreitet sind; umgekehrt lassen sich die weniger aufwendig erhobenen, statistisch verteilten Milieutypen auf der Basis der qualitativen Tiefenexplorationen illustrieren. Dieses Verfahren erspart uns 2000, nicht finanzierbare Tiefeninterviews.

7. Alleinstellungsmerkmale

Die Sinus-Studie »Evangelisch in Baden und Württemberg« weist vier Alleinstellungsmerkmale auf. Durch sie werden die auftraggebenden Landeskirchen zu Vorreitern der Kirchen- und Religionssoziologie.

(1) *Einstellungstypologie:* Die SSBW bietet eine Milieulandkarte für die beiden Landeskirchen, die als solche schon sehr aussagekräftig ist. Sie bietet darüber hinaus aber auch eine Typologie, die ein völlig neues Instrument für Sinus-Kirchenstudien darstellt. Wir können recht trennscharf acht Typen von Kirchenmitgliedern unterscheiden. Das eröffnet für eine kommunikationswillige Kirche enorme Möglichkeiten differenzierter Reaktion.

(2) *Befragung auch von Nichtkirchenmitgliedern:* Ein weiteres Novum für Sinus-Studien ist die Berücksichtigung von Nicht-Kirchenmitgliedern. Für die qualitative Befragung in Form von 100 explorativen Interviews wurden gezielt im Verhältnis 60:40 auch Personen befragt, die nicht zur Landeskirche gehören. In diesem mit uns verabredeten Forschungsansatz zeigt sich deutlich, dass die

beiden Landeskirchen bewusst über den Tellerrand hinausschauen und nicht nur innerkirchlich orientiert sind.

(3) *Erfassung von Parallelmitgliedschaften:* Ein drittes Alleinstellungsmerkmal verdankt sich der Besonderheit der badischen und vor allem der württembergischen Landeskirche, gibt es doch auf dem Boden von ELKWü und EKiBa im EKD-weiten Vergleich einen besonders hohen Prozentsatz von Kirchenmitgliedern, die sich auch in anderen Gemeinschaften und Gemeinden, innerhalb wie außerhalb der evangelischen Kirchen, engagieren. Die SSBW fördert hier wirklich bemerkenswerte Befunde zu Tage.

(4) *Erste Sinus-Studie für eine evangelische Landeskirche:* Darüber hinaus ist die SSBW natürlich überhaupt die erste Sinus-Kirchenstudie für eine evangelische Landeskirche. Wir haben im Raum der EKD, v.a. auch in Baden und Württemberg, schon länger Erfahrungen mit dem Sinus-Milieu-Modell gesammelt und dieses in Analyse-Tools eingebaut. Wir waren dabei aber immer angewiesen auf die Ergebnisse, die inzwischen sieben Studien für die Katholische Kirche erbracht hatten. Ob diese und wie genau diese auch für evangelische Kirchen im Südwesten übertragbar sein würden, war Gegenstand reiner Spekulation. Mit der SSBW haben wir nun empirisch festeren Boden unter den Füßen und können konkrete, ja sogar signifikante Unterschiede benennen.

8. Auf dem Weg zu einer milieusensiblen Kirche: die SSBW im Kontext

Beide Landeskirchen tun einiges, um die Gesichtspunkte der Lebensweltforschung für die verschiedenen Felder kirchlichen Handelns fruchtbar zu machen:

- 2009 wurden die Microm-Geo-Daten angekauft, die Kirchengemeinden und Kirchenbezirken ermöglichen, sich vor Ort und in der Region darüber zu verständigen, in welchem speziellen Milieumix sie leben. Es kann nicht nur erhoben werden, wie verbreitet die Sinus-Milieus in Deutschland sind, d.h. wieviel Prozent der Bevölkerung welchem Milieu zuzuordnen sind. Es gibt die Möglichkeit, auch zu prognostizieren, welches Milieu mit welcher Häufigkeit in einem beliebig zu definierenden Ort oder geographischen Bereich anzutreffen ist. Wir haben darüber hinaus ein Modell entwickelt, die Milieudaten mit anderen Daten des kirchlichen Lebens und allgemeiner Demographie zusammenzuführen (MükkE).
- Es gibt ein thematisch einschlägiges, gut angenommenes Fortbildungsangebot. Seit 2012 haben in Zusammenarbeit der beiden Kirchen in Baden und Württemberg insgesamt 6 Multiplikatoren-Schulungen stattgefunden, in denen ca. 100 Personen für den Umgang mit dem Sinus-Modell geschult und für den Einsatz des komplexen Materials zertifiziert wurden. Vier weitere thematisch einschlägige Studientage mit 59 Teilnehmer/innen wurden durchgeführt. Für die Jahre 2015 und 2016 sind weitere Multiplikatorenschulungen und mehrere Studientage vorgesehen. Beide Kirchen verfügen so über einen Stamm von sorgfältig geschultem und qualifiziertem Personal,

das den Einsatz des Lebensweltinstruments vor Ort begleiten und zur Gemeindeberatung sowie strategischen Planung einsetzen kann.

- Im Neukirchner Verlag ist mit Unterstützung beider Kirchen eine Veröffentlichungslinie (»Kirche und Milieu«) etabliert worden, die sich zum Ziel setzt, die Relevanz der Lebensweltforschung für verschiedene Felder kirchlichen Handelns zu zeigen und fruchtbar zu machen. Ein Band zum Thema Taufe und Milieu ist bereits erschienen. Ein zweiter zum Wandel der Bestattungskultur folgt im Herbst 2015.
- Für die Frage nach »fresh expressions of church« spielt die Milieuorientierung ebenfalls eine große Rolle. So sind ja solche fresh x im Regelfall lebensweltorientierte Gemeinden, die sich in einem Milieu bewegen. Beide Kirchen haben regionale »Runde Tische« eingerichtet und arbeiten über die Grenzen hinweg zusammen.
- Auch der 2015 begonnene Ideenwettbewerb der Württembergischen Landeskirche wie das Kommunikationskonzept der Badischen Landeskirche gehen von der Beobachtung unterschiedlicher Lebenswelten aus, beziehen das Milieumodell mit ein und setzen auf der SSBW auf. Es gibt also bereits eine Fülle von Ansätzen.

b) Zentrale Ergebnisse der Studie

1. Fakten – Interpretationen – Impulse

Es empfiehlt sich, für die Auswertung der Studie zwischen drei Kategorien zu unterscheiden. Auch wenn jeder Wissenschaftsphilosoph weiß, dass es »reine Tatsachen« nicht gibt, dass sich vielmehr auch Tatsachenformulierungen vorausgesetzten Interpretationen verdanken, kann man unterscheiden zwischen

(a) empirischen *Daten*,[1] die Sinus erhoben hat,

(b) *Interpretationen* dieser Daten im Kontext des kirchlichen Lebens. Das ist eine Leistung, die Sinus nicht erbringen kann und nicht erbringen will, und schließlich

(c) *Empfehlungen* und *Impulsen*, die noch einmal ein Stück »subjektiver« sind. Aber sie sind notwendig, um die Diskussion über die Relevanz der Studie und ihre Konsequenzen in Gang zu bringen.

Die Daten liegen im Wesentlichen auf der eingeklebten CD vor, die den Sinus-Bericht enthält. Diese Daten müssen interpretiert werden, weil sie als solche noch nicht allzu viel besagen. Dazu müssen sie in unterschiedliche Kontexte hineingehalten und auf andere Daten bezogen werden. Die *Interpretationen* werden umso reicher und hilfreicher sein, je mehr Personen sich an ihnen beteiligen.[2] Unterschiedliche, auch gegensätzliche Perspektiven können helfen zu eruieren, was die Studie hergibt und was nicht. Auch im Hinblick auf die *Empfehlungen* können wir hier natürlich nur Impulse geben. Mit den versuchten Ableitungen ist aber lediglich das Gespräch eröffnet und nichts determiniert.

Es wäre dem Kasus wohl nicht angemessen gewesen, wenn wir in diesem Zusammenhang auf die Chance verzichtet hätten, Impulse und Konsequenzen abzuleiten. Aber natürlich sind diese subjektiv und haben keine andere als eine

1 Um »reine Fakten« handelt es sich insofern nicht, als auch diese Daten die Wirklichkeit nicht einfach abbilden, sondern sich einer hochkomplexen Versuchsanordnung verdanken, die die Daten und ihre Parameter erst erzeugen. Wirklich wichtig ist, dass Daten nachvollzogen und insofern kontrolliert werden können.

2 Wir haben bereits im Vorfeld dieser Veröffentlichung breit eingeladen, sich an diesem Interpretationsgeschäft zu beteiligen. Sehr viele sind dieser Einladung gefolgt. Das Mitdenken dokumentiert sich in diesem Band vor allem im IV. Teil. Geplant ist ein zweiter Band, in dem die Auswertung noch vertieft werden kann. Unsere Hoffnung ist es, dass sich dann auch Fachleute beteiligen, die sich jetzt noch zurückhaltend gezeigt haben.

in der Argumentation selber liegende Verbindlichkeit. Grundsätzlich gilt: Je mehr Personen in unseren Kirchen und natürlich auch darüber hinaus sich an der Interpretation und Ableitung der notwendigen Konsequenzen beteiligen, je unterschiedlicher die Perspektiven sind, umso fundierter wird die Diskussion; umso mehr werden wir als ganze Kirche profitieren.

Es ist in diesem Zusammenhang wichtig, sich auf Grundsätze für eine saubere Interpretation zu verständigen.

Es gehört zum wissenschaftstheoretischen Handwerkszeug, sich klarzumachen, dass eine solche Studie immer mit bestimmten Erkenntnisinteressen gelesen wird. Wir wissen das seit Georg Simmel oder spätestens seit Jürgen Habermas. Solche die Erkenntnis leitenden Interessen lassen sich nicht vermeiden, sie sind sogar legitim. Aber wir sollten uns bei der Rezeption – schon das ist eine erste Empfehlung – verständigen auf drei Grundsätze:

a. Wir bemühen uns um eine *sorgfältige* Interpretation. Das Material ist umfangreich, es ist an einigen Stellen auch nur mit methodischem Aufwand angemessen zu deuten. Es lässt sich nicht auf die Schnelle »abhaken« oder »verwenden«. Man kann sich nicht »auf die Schnelle« ein Urteil über die Studie, ihre Anlage, Methoden oder gar »Ergebnisse« bilden. Positiv formuliert: Es lohnt sich, sich zunächst einmal den Ansatz zu vergegenwärtigen und dann vielleicht eine konkrete Fragestellung zu verfolgen, um so den Datenbestand exemplarisch zu erschließen.
b. Wir nehmen die Ergebnisse insgesamt und *in ihrem Zusammenhang* wahr. So gibt es z.B. zum Thema Gottesdienst an verschiedenen Stellen sehr unterschiedliche Aussagen, die im Zusammenhang gedeutet und ausgewertet werden müssen.[3] Zum »Zusammenhang« gehört dann natürlich auch, dass die Daten, Ergebnisse von Reflexion und die Diskurse zur Kenntnis genommen werden, die es zu nahezu jedem Thema der SSBW im Raum von Theologie und Kirche reichlich gibt. Die SSBW ist erst dann ihr Geld wirklich wert, wenn es uns in den beiden Kirchen gelingt, diese Arbeit miteinander zu bewältigen.
c. Wir verzichten auf die *Instrumentalisierung* der Studie für eigene Zwecke. Die Ergebnisse der Studie stützen, soweit wir sehen, nicht eine bestimmte theologische Position oder eine besondere kirchenpolitische Richtung. Wir werden von der Studie nur profitieren können, wenn wir es zulassen, dass sie uns miteinander in Frage stellt, unseren jeweiligen Horizont erweitert, vielleicht sogar dazu anregt, legitime Anliegen Andersdenkender besser aufnehmen zu können.

[3] Eine exemplarische Analyse und Zusammenschau versucht *H. Hempelmann*, Kirche im Milieu. Die Sinus-Kirchenstudie »Evangelisch in Baden und Württemberg«. Ergebnisse + Impulse für den Gottesdienst, Gießen 2013.

2. Bemerkenswerte Ergebnisse des ersten qualitativen Teils der Studie

Damit die Befunde der ersten Teilstudie nicht übersehen werden, sollen diese hier ebenfalls und zuerst resümiert werden, bevor wir uns dann der Frage zuwenden, was die wichtigsten Ergebnisse des abschließenden Sinus-Berichtes sind. Zu beachten ist für die Lektüre, dass wir es hier mit Reflexionen der qualitativen Erhebung zu tun haben. Wir stoßen auf Einstellungen, wissen aber noch nicht, wie verbreitet oder gar dominant diese sind. Darüber gibt dann im Detail der Bericht nach Abschluss der zweiten Phase der Studie Auskunft. Dieser ist wiederum so detailliert, dass es sich lohnt, zuvor die hier genannten Schwerpunktergebnisse zur Kenntnis zu nehmen.

Nach mehreren Klärungs- und Beratungsprozessen im Raum der beiden Landeskirchen kristallisieren sich vier interessante Komplexe heraus:

(1) Wir finden keine »Utopie von Kirche«
(2) Wir finden keine unmittelbare Korrelation von Kirchennähe und Kirchenmitgliedschaft
(3) Wir finden eine weitreichende Abweichung von der offiziellen Einschätzung der Bedeutung des Gottesdienstes
(4) Wir finden ein ausgeprägtes Bedürfnis nach der Präsenz von Kirche, i.e. kirchlichen Mitarbeitern, in der Mitte und in den Übergängen des Lebens.

(1) Wir finden keine »Utopie von Kirche«

Es findet sich in der Stichprobe keine ausgeprägte Kirchenkritik, die mit bestimmten Utopien von Kirche verbunden wäre, nach dem Motto: *Kirche müsste eigentlich so sein. Kirche müsste eigentlich diese und jene Gestalt haben. Sie müsste sich so und so verändern, damit wir ein Ja zu ihr finden etc.* Hier besteht ein erheblicher Unterschied zu den Sinus-Kirchenstudien für die katholische Kirche:

> »Die evangelische Kirche gilt als freier, offener, liberaler, lebensnäher als die katholische Kirche – konkretisiert an Zölibat, Frauenordination, Umgang mit wiederverheirateten Geschiedenen und Menschen mit unterschiedlicher sexueller Orientierung. Die katholische Kirche, so die vorherrschende Meinung, bietet dagegen ›schöne Rituale‹, ist ›mehr fürs Herz‹ und »steht fester auf den Grundlagen des Christentums«. (5)[4]

Kirche zeigt sich in den qualitativen Interviews weithin als Institution mit höchstem Ansehen; ihre Personen genießen eine hohe moralische Anerkennung, werden freilich auch an den entsprechenden Maßstäben gemessen. Das heißt konkret:

[4] Ich zitiere nach: Sinus-Institut: Evangelisch in Baden-Württemberg. Interner Zwischenbericht, Heidelberg, 26. April 2012. Die Seitenzahlen im Text beziehen sich auf dieses Dokument.

- Kirchliche Mitarbeiter/innen haben Vorbildfunktion.
- Wie mich der Pfarrer, die Religionslehrerin, die Kindergärtnerin und der Mitarbeiter im Kindergottesdienst behandelt, ist von Bedeutung. Die Begegnung kann ermutigen wie traumatisieren. Es gibt eine hohe Sensibilität für eine kirchliche Urteilshaltung. Von Kirche möchte man keine Vorschriften und Gebote, sondern Hilfe und Beistand. Der Pfarrer / die Pfarrerin wird als Seelsorger und Begleiter gewünscht.
- Menschen wünschen sich, mit Personen Kontakt zu haben, die als offizielle Repräsentanten von Kirche gelten.
- Das Verhalten des kirchlichen »Bodenpersonals« wird an diesem moralischen Anspruch gemessen.
- Umgekehrt wünscht man sich mehr Toleranz gegenüber den Unzulänglichkeiten und Brüchen im Leben (12).
- Nichtmitglieder möchten bezeichnenderweise von Kirche nicht ausgegrenzt oder gar verurteilt werden.
- Auffällig ist ein Befund. Ausgerechnet die Zielmilieus sozialen Handelns (TRA, PRE und HED) haben in den gegebenen Stichproben »am häufigsten Kritik an kirchlichen Einrichtungen« geübt:
  »Beschäftigte würden bei der Kirche schlecht behandelt, es gäbe viele 1-Euro-Jobber, in Tafelläden würden ›Ausländer absahnen, sobald einer in der Familie Hartz-IV hat‹ etc. Man selbst fühlt sich in diesen Einrichtungen oft ›schlechter als man ist‹, nämlich unzureichend oder ungenügend in den Augen der Berater, wahrgenommen lediglich als ›Problemfall‹. Für diese Milieus ist auch die strukturelle Anbindung von Einrichtungen am wenigsten erkennbar. Zitat: ›… bei der AWO. Kann sein, dass das von der Kirche ist.‹« (7)
  Es wird sich zeigen, ob sich dieser Befund substantiieren lässt.
- Wegen des hohen Ansehens von Kirche wünschen sich Befragte, dass Kirche sich noch mutiger in den gesellschaftlichen Diskurs einbringt und »starke Stimme für die Schwachen« ist. Aber auch die neuen sozialen Aufgabenfelder soll sie wahrnehmen und »nicht nur Seniorennachmittage« durchführen (12).
- Kirche hat Bedeutung. Die Interviewten unterscheiden aber zwischen persönlicher und gesellschaftlicher Relevanz. Kirche erscheint als ein wichtiger Bestandteil des gesellschaftlichen Lebens – unabhängig davon, ob man zur Kirche gehört oder nicht. Die sozialen Einrichtungen, die sie betreibt, wie Kindergärten, Krankenhäuser, Sozialstationen, Tafelläden, Beratungsstellen sind unverzichtbar. Selbstverständlich werden Kirche neben sozialem Engagement auch Wertevermittlung und die Kommunikation von Hochkultur (beispielhaft Kirchenkonzerte) zugeordnet. Die persönliche Bedeutung von Kirche hängt nicht von formaler Zugehörigkeit zur Kirche ab, sondern davon, ob man sich mit Kirche verbunden fühlt. Wir kommen darauf zurück.

Reflexion

(1) Der Befund ist ambivalent. Kirche hat ein hohes Renommee in der Gesellschaft. Sie ist moralische Instanz, diakonische Helferin, vermittelt die Hoch-

als Leitkultur. Andererseits fällt vor diesem Hintergrund die Beantwortung der Frage schwer, wie Kirche so werden kann, dass sie »Kirche für mich« ist und wird. Da helfen natürlich konkrete Defizitanzeigen und – positiv gesprochen: Utopien – mehr.

(2) Kirche ist eine Institution in Distanz. Kirche ist gerade also solche hochmoralische Anstalt »fern«. Die Frage »Gehöre ich dazu?« liegt nahe, ebenso auch die Sorge: Wird man mich nicht verurteilen? Wie werden die mich beurteilen, wenn die mich näher kennenlernen?

(3) Kirche ist eine »abrufbare Option« (7). Sie ist nicht geliebt, aber nützlich; nicht begehrt, aber sinnvoll.

(4) Kirche wird sich fragen müssen, inwieweit sie sich mit dem hier deutlich gewordenen Bild als hochkulturelle und moralische Anstalt identifizieren möchte und inwiefern sie mit diesem Profil anschlussfähig bleibt.

Konsequenzen

(1) Wie sehen uns die, die nicht zur Kirche gehören, aber auf Kirche stoßen, für Kirche erreichbar sind? Wie sehen uns die, die zur Kirche gehören, an ihrer Mitgliedschaft festhalten, aber nicht am kirchengemeindlichen Leben vor Ort partizipieren? Ich kann auch ganz frech fragen: Wie sieht »uns« die Mehrheit? Welche Bedeutung hat das für uns? Inwieweit wollen wir darauf Einfluss nehmen? Welche Konsequenzen haben die schon hier deutlichen Befunde für unser Ringen um »Kirche 2030«?

(2) Es ist auffällig, dass so deutlich zwischen persönlicher und gesellschaftlicher Bedeutung von Kirche unterschieden wird. Wo dreht sich Kirche um gesellschaftlich relevante Achsen, wo ist sie für Menschen in ihrer persönlichen Lebenssituation relevant?

(2) Wir finden keine unmittelbare Korrelation von Kirchennähe und Kirchenmitgliedschaft

Die Interviews lassen erkennen, »dass Kirchenmitgliedschaft und Kirchennähe nicht unmittelbar miteinander zusammenhängen« (9). Dieser eigentlich selbstverständliche Zusammenhang versteht sich eben nicht mehr von selbst. Der Befund ist an mehreren Stellen zu greifen:

- Es gibt Kirchenmitglieder, denen ihre Kirchenmitgliedschaft für sich selbst offenbar wenig bedeutet, die aber die Kirche unterstützen wollen, weil sie eine soziale Funktion wahrnimmt. Umgekehrt gilt:
- »Es gibt Nicht-Mitglieder, die sich am Gemeindeleben beteiligen oder sich in intensiven Gesprächen mit Pfarrerinnen und Pfarrern, die zu ihrem Freundes- und Bekanntenkreis gehören, mit dem Thema »Kirche« befassen.« (9) Das ist doch spannend: Da mögen uns Leute, halten sich zur Kirche, schätzen sie – und gehören nicht dazu, ich zögere zu sagen: nicht zu uns.
- Kirchenaustritte sind ebenfalls kein verlässlicher Indikator für Kirchenferne. Es gibt sogar Hinweise, dass sich Ausgetretene einen Kontakt mit der Kirche

wünschen, die sie verlassen haben, und äußern, eine Kontaktaufnahme durch den Pfarrer/die Pfarrerin hätten sie begrüßt. Paradox formuliert: Verbundenheit mit der Kirche – in einem theologischen Sinne – kann mich zum Kirchenaustritt führen und hernach den Konnex zur verfassten Kirche vermissen lassen.

- Der Grad der Verbundenheit mit der Kirche und die Häufigkeit des Gottesdienstbesuches stehen ebenfalls nicht in einer engen Korrelation miteinander. Ich gehöre natürlich zur Kirche, arbeite intensiv und gerne auf verschiedenen Feldern mit. Am Sonntagmorgen in der Kirche – da bin ich eher nicht oder selten. Kirchenmitglieder pflegen vielmehr unterschiedliche Arten der Beteiligung. Wir werden unter (3) darauf zurückkommen. Und wir werden nach der Phase 2 unserer Studie etwas mehr über die milieuspezifischen Unterschiede sagen können.

Reflexion

(1) *Kirche als Resonanzboden für meinen persönlichen Glauben ist wichtig. Ich suche sie. Kirche als Institution, Kirchenmitgliedschaft habe ich dagegen nicht in meinem Fokus. Ich schätze die Sache, das Anliegen, die relationale Gestalt, aber ich kann mit der Objektivität der Erscheinung und den formalen Zwängen, die sie begleiten, nichts oder nicht viel anfangen.* Diese bekannte Distinktion wird verstärkt durch eine postmoderne Institutionenkritik. Wie gehen wir mit Menschen um, die so ticken; die wahrnehmbar »innerlich« zu uns gehören, aber äußerlich – noch – keinen Grund sehen, dazuzugehören? Woher kommt dieser Hiatus zwischen innerlich und äußerlich; innerer Kirchennähe und organisatorisch-administrativer Distanz oder Indifferenz gegenüber der Institution Kirche, die doch das trägt, was so wichtig ist? Ich könnte auch fragen: Was ist da an organischer Verbundenheit von Organismus und Organisation verlorengegangen, und wie können wir das wiedergewinnen?

(2) Kirche hat weit über den Kreis ihrer Mitglieder hinaus Ansehen und sogar persönliche Bedeutung für Menschen, die sich mit ihr identifizieren, aber nicht zu ihr gehören. Was bedeutet das etwa für Mitgliedschaftsformen und Formate von Teilhabe und Mitgestaltung für Nichtmitglieder? Wie sprechen wir diese Menschen an? Wie gewinnen wir sie?

(3) Und dann gibt es da merkwürdigerweise auch die genau umgekehrte Haltung: eher eine innere Distanz, jedenfalls kein heißes Glaubensengagement, aber ein bewusstes Festhalten an Kirchenmitgliedschaft, die auch etwas kosten darf. Für viele ist Kirche ein wichtiger Bestandteil des gesellschaftlichen, aber weniger des persönlichen Lebens. Man sieht dann weniger eine persönliche Bedeutung und eher eine gesellschaftliche Relevanz: Die sozialen Einrichtungen wie Kindergärten, Krankenhäuser, Sozial- und Diakoniestationen, Tafelläden, Beratungsstellen sind unverzichtbar. Wie kann es gelingen, solche Gratifikationen von Kirchenmitgliedschaft nicht als defizitär, sondern positiv zu würdigen? Wie können sie Brücken werden für eine auch persönliche Annäherung an Kirche?

(4) Menschen halten an ihrer Mitgliederschaft mit Gründen fest, die aus ekklesiologischer Sicht eher eine sekundäre Bedeutung haben. Kirche findet im Kreis ihrer Mitglieder sehr unterschiedliche Motivationen für Mitgliedschaft vor. Was bedeutet das für theologische Reflexionen über Kirchenmitgliedschaft? Nur ein Teil der erhobenen und gelebten Begründungen sind ja geistlicher, persönlicher, existentieller Natur. Inwieweit nehmen wir alternative Haltungen positiv auf, um Mitgliederbindung zu stärken? Wo sehen wir etwa Brücken, die eine auch innere Annäherung anbahnen können? Wo ist der Pfarrer oder die Pfarrerin, die 50, 60 oder 70 Jahre »Treue zur Kirche« (Mitgliedschaft) positiv würdigt, mit einer Urkunde, einem Strauß Blumen, einem Besuch, und die dadurch natürlich auch die Frage provoziert: Warum hält jemand so lange an einer Institution fest? Was sind die guten Gründe dafür? Und umgekehrt: Warum sollte anderen etwas wichtig sein, was uns selber nur sekundär belangvoll zu sein scheint, Institution, Mitgliedschaft, Kirchensteuer? Bitte, nicht missverstehen: Das ist natürlich nicht alles. Aber kann es nicht zur Brücke werden, und hat es nicht auch Bedeutung?

(3) Es gibt eine Diskrepanz in der Einschätzung der Bedeutung des Gottesdienstes bei Hauptamtlichen und Kirchenmitgliedern

Wir befinden uns in der Evang. Landeskirche in Württemberg im Jahr des Gottesdienstes. Vor diesem Hintergrund ist es besonders spannend zu sehen, wie die Relevanz der Hauptveranstaltung der evangelischen Kirche: der Gemeindegottesdienst, eingeschätzt wird: »Kaum einer der Gesprächspartner sagt: Die Gottesdienste sind mir am wichtigsten.« (10)

Wir sahen schon, dass keine signifikante Korrelation zwischen Häufigkeit des Gottesdienstbesuches und Nähe zur Kirche besteht und dass sich bei Menschen, die der Kirche eng verbunden sind, sehr unterschiedliche Formen der Mitarbeit und der Partizipation am kirchlichen Leben feststellen lassen. Es muss nicht nur, noch nicht einmal in erster Linie der Gottesdienst sein. *Kirche lebt für mich auch ganz anders.* Dieser Befund wird hier verstärkt. Während man unterstellen darf: im Bewusstsein von Pfarrern und Pfarrerinnen ist der sonntägliche Gemeindegottesdienst die Hauptveranstaltung, die auch entsprechend Zeit- und Kraftressourcen verdient, ergibt sich für den Gottesdienst im Spiegel der Befragungen ein deutlich anderes Bild. Er wird nur selten als das benannt, was in der Kirche und an kirchlichen Angeboten das Wichtigste ist.

Es ist hier gleich wieder zu warnen vor einer doppelten falschen Reaktion:
- Dieser Befund bedeutet weder: Aha, ich hab's doch gleich gesagt. Wir müssen unser Gottesdienstangebot herunterfahren.
- Dieser Befund bedeutet aber auch nicht: Sieh'ste, ich hab's gewusst: Bei solchen Umfragen kommt doch nur Unsinn heraus. Wir können die Theologie doch nicht nach den Meinungen der Leute richten.

Der Befund könnte aber sehr wohl fragen lassen:

- Gottesdienst als Verkündigung des Wortes Gottes hat eine zentrale Bedeutung, aber ist er nicht *nur eine* und nicht die alleinige, noch nicht einmal die primäre Form der Kommunikation des Wortes Gottes? Wird dieses Wort nicht auch noch ganz woanders gehört?
- Gemeindegottesdienst ist eine wichtige Form der christlichen Gemeinde, aber ist sie nicht *nur eine* Form, vielleicht heute noch nicht einmal die primär wichtige Form von Gemeinde?

(4) Kirche erfährt Wertschätzung, wo sie Themen und Anliegen von Menschen aufnimmt, bei den *rites de passage* begleitet und in den Lebenszusammenhängen von Menschen präsent ist

Bei aller Vorsicht kann man vier Gesichtspunkte benennen. Wertgeschätzt werden:

(1) Begleitung in den Übergangs- (und damit Krisen-)Zeiten

Unverzichtbar und relevant werden kirchliche Veranstaltungen, auch Gottesdienste, da eingeschätzt, die sich auf besondere Anlässe beziehen, speziell, aber nicht nur auf die traditionellen Gelegenheiten, bei denen kirchliches Handeln und die Lebenswirklichkeit ihrer Mitglieder in Berührung kommen und sich phasenweise überlappen. Sehr, sehr wichtig ist die Präsenz von Kirche bei den *rites de passage*: Geburt und Tod, Übergang ins Erwachsenenleben und Gründung einer Familie.

(2) Anlassveranstaltungen und Events

Anlassveranstaltungen sind immens wichtig. Events haben in unserer Gesellschaft milieu- und mentalitätenübergreifend eine Bedeutung. Ich erinnere nur an die vergleichsweise starke Resonanz auf Tauffeste, die uns alle überrascht hat. Wo wir teilweise kritisch von der *Eventisierung* des kirchlichen Lebens sprechen, empfinden viele Menschen, dass Kirche ihnen entgegenkommt und Angebote macht, die passen.

(3) Persönliche Begegnungen mit autorisierten Repräsentanten des Glaubens

Mich hat seltsam berührt, »dass nur wenige Personen in der Stichprobe von Besuchen durch die Kirchengemeinde berichten können«. (11) Man muss sich das auf der Zunge zergehen lassen: Diese Umfrage im Auftrag der evangelischen Kirche ist für sehr viele Menschen, v.a. solche in der Mitte des Lebens, seit langer Zeit die erste Berührung mit Kirche überhaupt. Seit der Konfirmation oder evtl. seit der Trauung, ggf. der Taufe des Kindes ist Kirche nicht mehr auf diese Menschen zugegangen. Mit unserer Umfrage zeigt sie erstmals wieder Interesse. Das ist nicht unsere, kirchenleitende Perspektive, aber offenbar verbreitet eine unter unseren Abnehmern. Das ist auch das Resultat einer Praxis, Menschen dann zu ihrem Geburtstag aufzusuchen, wenn ihr aktives Leben vorbei ist.

Bemerkenswert ist in diesem Zusammenhang, was an relevanten, prägenden Begegnungen mit »Kirche« im Gedächtnis geblieben ist. Die Befragten nennen Jugendfreizeiten, Radtouren, Skifreizeiten, Camping, Osterwanderungen, und vieles andere wird genannt: alles Dinge, die eigentlich nicht in das ortsgemeindliche Format passen und so viel Mühe machen, weil sie ja extra organisiert werden müssen. Aber genau diese *events* zählen. Hier ergeben sich wertvolle *puzzles* einer Glaubensbiographie. Hier ergeben sich Anhaftpunkte, die später wichtig werden können, wenn es um weitere Kontakte zu Gemeinde, Glaube, Gott geht.

(4) Kirchengemeinden als Orte des Verbundenseins mit Kirche

> »Die persönliche Bedeutung von Kirche für das eigene Leben hängt weniger mit der formalen Zugehörigkeit zur Kirche zusammen, sondern mehr damit, ob man sich einer ganz konkreten Kirchengemeinde verbunden fühlt oder nicht. Menschen, denen Kirche persönlich sehr wichtig ist, sprechen davon, dass Kirche ihnen Halt, Hoffnung und Kraft gibt, insbesondere in schwierigen Lebenssituationen, dass sie durch die bildhafte Sprache zu eigenen Gedanken angeregt werden, dass sie sich gut fühlen, wenn sie aus der Kirche kommen, ›freier durchatmen können‹. ›Es ist etwas anderes als im Fußballverein.‹« (7)

Auch hier ist die Botschaft deutlich: Kirchengemeinde, Parochie, ortsgemeindliches Gemeindeleben ist dort relevant, wo es Teil eines konkreten Lebenszusammenhanges wird; wo es zusammenwächst mit den Lebenslagen von Menschen; wo das Evangelium also in einer konkreten Form Relevanz gewinnt.

Reflexion

(1) Offenbar sehen die befragten Personen Kirche oft anders als wir. Offenbar akzentuieren sie ihre Stärken, Schwerpunkte, Bedeutung anders als wir. Das kann hilfreich provozieren, ja heilsam sein. Das, was (uns) »zusätzliches Geschäft« macht und eher außer der Reihe – noch – dazugehört, gerade das hat für die Menschen, die wir erreichen wollen, besondere, herausgehobene Bedeutung.

(2) Kirche wird einerseits als Dienstleister gesehen, der in Anspruch genommen wird für religiös-geistlich-spirituelle Dienste, vor allem bei bestimmten Anliegen. Aber Kirche hat dabei einen anderen Status als ein Supermarkt neben anderen, ein Handwerker neben anderen, der seine Dienste anbietet. Sie ist hochspezialisiert, hat ein Alleinstellungsmerkmal: den Kontakt mit Gott im Sinne des christlichen Glaubens, und sie hat einen guten, manchmal »zu guten« Leumund.

Konsequenzen

Auch wenn wir uns mit 1:1-Ableitungen noch zurückhalten sollen, möchte ich einen doppelten Impuls geben:

- Partizipation am Alltags- und Freizeit-Leben der Menschen – das ist das Salz-Sein, das die Menschen von Kirche erwarten. Wir dürfen präsent sein in den Übergangsphasen des Lebens, in denen man sich Kirche (Gott) als Begleiter wünscht. Dabei wird schon jetzt eine Ausdifferenzierung nach Milieus und Mentalitäten erkennbar, wenn ein »Liberal-Intellektueller« sich Kirche als Diskussionsforum, Gottesdienste mit Denkanstößen wünscht, wenn ein nach religiöser Erfahrung Suchender in der Kirche eine umfassende kirchliche Erwachsenenbildung vermisst und auf christlicher Seite »kein Pendant zum jüdischen Talmud-Lesen« findet, wenn Konservativ-Etablierte sich wünschen, dass Kirche mehr auf wissenschaftliche Fragen eingehen und die religiösen Themen der dominanten gesellschaftlichen Diskurse (stärker) aufgreifen.
- Anlassveranstaltungen sind wichtig. Die oft negativ akzentuierte *Eventisierung* von Kirche scheint genau das zu sein, was Menschen sich wünschen. Entlasten könnte die Strategie, diese Zusatzaufgaben nicht nur den Kirchengemeinden und ihren Hauptamtlichen aufzubürden. Wir können Querschnittsaufgaben formulieren, die dann von besonderen Funktionsträgern auf ortsgemeindlicher Ebene, auch auf der Ebene von Distrikt oder Kirchenbezirk, wahrgenommen werden können.
- Spannend ist die Verbindung und Verquickung zweier, ursprünglich weit auseinanderliegender Sphären: Wir finden auf der einen Seite eine enorme Hochschätzung der Kasualien, auf der anderen Seite eine Wertschätzung von Event und Erlebnis. Ersteres gehört in den Bereich traditionellen Kircheseins hinein, letzteres bedeutet einen Andockpunkt für postmoderne Erlebniskultur. Was können wir daraus machen?
- Präsenz von Kirche wird besonders gewünscht und bejaht in Zeiten der Umbrüche und Übergänge. Umbrüche sind immer auch Krisenzeiten. Psychologen beschreiben immer wieder, welch enorme Stressbelastungen sich etwa aus so scheinbar harmlosen Vorgängen wie Umzügen ergeben. Verlassen wir uns darauf, dass Menschen den Weg in die Kirche finden?

3. Der Abschluss-Bericht und seine Hauptergebnisse

Es ist nahezu unmöglich, die vorliegende, umfangreiche Studie mit ihrem Abschluss Bericht erschöpfend zu würdigen. Das ist eine Gemeinschaftsaufgabe. Schon eine umfassende Würdigung der wichtigsten Ergebnisse würde in diesem Band einen zu umfangreichen Raum einnehmen. Aufgabe dieses Abschnittes kann es unter den gegebenen Umständen sinnvollerweise nur sein, einige der zentralen und ins Auge springenden Aussagen hervorzuheben und so etwas wie eine Zusammenfassung wichtiger Ergebnisse zu leisten, ohne jeden Anspruch auf Vollständigkeit.

Der Sinus-Bericht hat im Wesentlichen zwei Teile. Im ersten Teil werden die »übergreifenden Befunde« dargestellt (S. 8–50). Mittelpunkt des ersten Teils ist neben den demographischen Daten die Milieulandschaft der beiden Landeskirchen. Der ganze große Rest der Studie, also der zweite große Teil, widmet sich den acht Einstellungstypen, deren Profil detailliert deutlich wird. Für jeden Typus wird die Verankerung in der Milieulandschaft angegeben, so dass schon hier wichtige Bezüge möglich werden. Die eigentliche Auswertung der Studie beginnt dann, wenn wir uns die unterschiedlichen Typen mit ihrer jeweiligen lebensweltlichen Verortung - auch im Gegenüber zueinander - zu vergegenwärtigen und dann Kommunikationskonzepte zu erarbeiten suchen. Diese entscheidende Arbeit kann ebenfalls hier nicht geleistet werden.[5] Wir versuchen hier nur eine erste Einführung, auf der die weitergehende Analyse aufbauen kann. Sieben Befunde ragen heraus. Wir folgen bei ihrer Darstellung dem Dreischritt Daten - Interpretation - Impulse.

Ergebnis 1: Die weit überwiegende Mehrheit der evangelischen Kirchenmitglieder in Baden und Württemberg gehören zu vier von 10 Milieus

Das vielleicht wichtigste Ergebnis der SSBW betrifft die Milieustruktur der Evangelischen in Baden und Württemberg. Die evangelischen Landeskirchen haben Mitglieder in allen Milieus. Die Verteilung ist freilich höchst unterschiedlich. Die Mehrheit der Kirchenmitglieder gehört zu einer Minderheit von Milieus. Kirche hat - je nach Sichtweise - einen mentalen Schwerpunkt, der ihre Stärke und Attraktivität für viele Menschen ausmacht. Umgekehrt kann man formulieren: Kirche ist im Südwesten offenbar auf dem Weg zu einer Milieuverengung.

Wir schauen uns diesen Befund genauer an:

Die evangelischen Kirchen in Baden und Württemberg werden durch eine zusammenhängende traditionsorientiert-konservative und bürgerlich-sozialökologische Milieulandschaft dominiert.

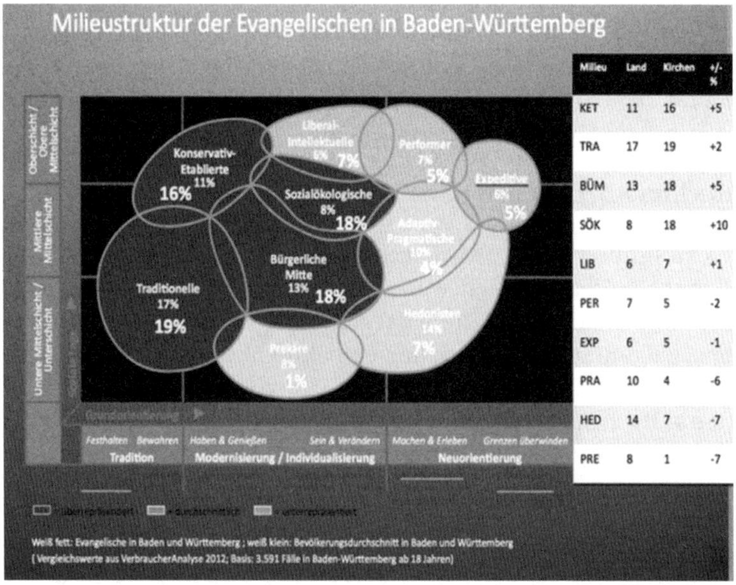

[5] Einen ersten Einstieg gibt der Beitrag von M. Kreplin, s.u. Teil III, 2, 2.

Ergebnis 1:
a) Die Daten
Es fällt auf:
- 71 % der Mitglieder im Südwesten gehören zu vier von 10 Milieus. Umgekehrt sind sechs Milieus mit insgesamt nur 29 % vertreten.
- Die vier stärksten Milieus sind verglichen mit den Verhältnissen im Land Baden-Württemberg deutlich oder sogar stark überrepräsentiert:
  - Traditionelle: Land Baden-Württemberg 17 %, Kirchen: **19 %**, +2 %
  - Bürgerliche Mitte: Land Baden-Württemberg 13 %, Kirchen 18 %, +5 %
  - Sozialökologisches Milieu: Land Baden-Württemberg 8 %, Kirchen 18 %, **+10 %**
  - Konservativ-Etablierte: Land Baden Württemberg 11 %, Kirchen 16 %, +5 %.

Am stärksten sind die beiden Kirchen im traditionellen Milieu aufgestellt. 19% ihrer Mitglieder gehören ihm an. Die größte Differenz zum Land sehen wir beim sozialökologischen Milieu, dem im Bevölkerungsdurchschnitt nur 8 % der Menschen im Südwesten angehören; SÖK machen in den evangelischen Kirchen aber 18 % aus.

Immer bezogen auf das Land Baden-Württemberg ergibt sich eine Überrepräsentanz von sage und schreibe 225 %.
- In den modernen und *postmodernen Milieus der Oberschicht* bzw. oberen Mittelschicht ist Kirche, anders als von vielen befürchtet, *durchschnittlich vertreten.* Die Mitgliedschafts-Werte für das Liberal-intellektuelle Milieu (Kirchen: 7 %; Land: 6 %), das Milieu der Performer (Kirchen: 5 %; Land: 7 %) und das Expeditive Milieu (Kirchen: 5 %; Land: 6 %) entsprechen in etwa denen der Wohnbevölkerung von Baden-Württemberg.
- Die zur Unterschicht bzw. unteren Mittelschicht gehörenden Milieus der PRE und HED sind in den Kirchen deutlich weniger vertreten.
- Sinus beobachtet eine Fragmentierung der gesellschaftlichen *Mitte* in drei verschiedene Milieus. *40 %* der Kirchenmitglieder gehören zu einem dieser drei *Mitte-Milieus.* Bemerkenswert: Die neue, junge, dynamische Mitte unserer Gesellschaft: das adaptiv-pragmatische Milieu (PRA) ist ebenfalls deutlich unterrepräsentiert (10 % im Land, 4 % in den Kirchen).
- Milieus der Oberschicht kommen in den evangelischen Kirchen nur wenig stärker vor als im Land Baden Württemberg (31 % zu 30 %).
- Milieus der Unterschicht und unteren Mittelschicht sind in den Kirchen verglichen mit dem Land deutlich weniger vertreten (27 % zu 39 %).
- In den modernen bzw. postmodern geprägten *Milieus der Unterschicht* und unteren Mittelschicht ist Kirche stark bzw. dramatisch *unterrepräsentiert* (in PRE statt 8 % nur 1 %; in HED statt 14 % nur 7 %).
- Mehrheitlich der C-Säule zuzuordnende, »postmoderne« Milieus sind in der Kirche weit weniger anzutreffen als im Land (21 % zu 37 %).
- Die drei Milieus, die in der Sinus-Architektur die gesellschaftliche Mitte bilden, sind in der Kirche stärker vertreten als im Land (40 % zu 31 %).

Ergebnis 1:
b) Interpretation
Das sind die dürren, freilich schon auf sehr viel theoretischer Arbeit beruhenden »empirischen« Daten. Aber was bedeuten sie?

(1) Es gibt Christen in allen Milieus: Kirche ist anders

Wenn wir unter Christen hier sozialwissenschaftlich Mitglieder der Kirchen verstehen wollen, ist ein erster für manche sicher erstaunlicher Sachverhalt, dass es selbst im hedonistischen und expeditiven, auch im PER- und PRA-Milieu Menschen gibt, die ihrer Kirche die Treue halten, und das über lange Jahre und mit materiellem Aufwand. Kirchensteuer addiert sich im Laufe der Zeit erheblich. Diese Menschen haben Gründe für ihre Kirchenmitgliedschaft, und es wäre zu wenig, schlicht zu unterstellen, sie seien eben noch in der Kirche, nur noch nicht ausgetreten, gehörten aber eigentlich nicht dazu. In dieser oft anzutreffenden Einschätzung wird ein Bild von Kirche transportiert, das ganz offenbar nicht zutrifft. Dass dic beiden Kirchen, die sich im Übrigen im Hinblick auf die Milieustruktur nicht nennenswert unterscheiden, ausgerechnet im Bereich des LIB, PER und EPE bezogen auf das Land durchschnittliche Werte aufweisen, spricht Bände. Bei diesen Milieus sprechen wir ganz ausgesprochen von Menschen, die selbstbestimmt und reflektiert leben. Es ist eine hochspannende Frage: Warum halten sie sich zur Kirche, wenn wir sie im kirchengemeindlichen Leben im Regelfall nicht oder nur so wenig antreffen? Was sind die Gründe? Welche anderen Formen von Partizipation praktizieren sie, neben dem Gottesdienstbesuch, der erklärtermaßen für viele der Befragten nicht in Frage kommt, nicht zu ihrer Lebensweltlogik passt?[6]

6 Vgl. die entsprechenden Aussagen in den jeweiligen Einstellungstypologien, die für ein Milieu charakteristisch sind.

Gehören Sie zur Zeit einer Religions-/ Glaubensgemeinschaft an?
Evangelisch / Protestantisch

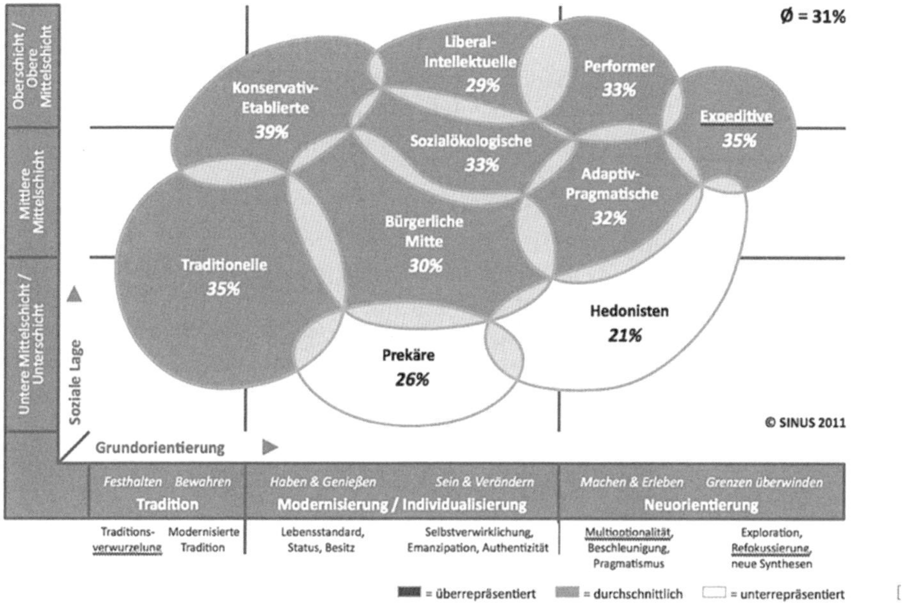

Komplementär zur Graphik, die die Milieuzusammensetzung der Evangelischen Kirchen in Baden und Württemberg angibt, ist die hier abgebildete Graphik, die anzeigt, wieviel Prozent der Menschen, die einem Milieu zugeordnet werden können, Mitglieder der evangelischen Kirche sind. Auch wenn die Perspektive hier eine andere ist, bestätigt sich der Befund der SSBW zum Zusammenhang von Milieu und Kirche insofern, als auch hier deutlich wird: Evangelische gibt es – noch – in allen Milieu, in einigen besonders.

(2) Die Kirchen werden bestimmt durch ein traditionsorientiert-bürgerliches Gravitationsfeld

Die vier Milieus KET, TRA, BÜM und SÖK bilden einen zusammenhängenden kulturellen und mentalen Raum und bedeuten für die Landeskirchen ein soziokulturelles Gravitationsfeld. Diese vier Kernmilieus machen nicht nur quantitativ die Masse: fast 3/4 der Kirchenmitglieder aus. Sie dominieren – als Milieus – auch mental das kirchliche Leben. Das ist zunächst einmal als Stärke der beiden Kirchen zu begreifen. Die starke Präsenz der genannten vier Milieus ist das Resultat einer langjährigen Erfolgsgeschichte. Die evangelischen Kirchen haben sich mit Erfolg bemüht, in der Mitte der konservativ-bürgerlichen Gesellschaft zu stehen. Kirche ist bis heute im Südwesten in einer Weise verwurzelt, die in anderen Teilen Deutschlands nur schwer verstanden wird und schon gar nicht repräsentativ ist für die Verhältnisse in anderen Landeskirchen. Dieser Ansatz ist bis heute ein Erfolgsmodell, insofern große Teile der angestammten und nichtmigrantischen Bevölkerung sich weiterhin wertkonservativ verhalten. Der überproportional hohe Anteil des SÖK an den Kirchenmitgliedern ist kein Gegenargument, sondern im Gegenteil ein auffälliger Beleg für diese These. Das idealistische, konsumkritische Milieu mit seinen normativen Vorstellungen vom richtigen Denken und Leben, mit seinem ausgeprägten ökologischen und sozialen Gewissen, mit seinem Eintreten für Toleranz und *diversity* und den Werten der *political correctness* empfiehlt sich weithin als säkulare Variante und Alternative eines vielen zu strukturkonservativ gewordenen Christentums. Umgekehrt sehen viele Menschen, die zum Milieu der SÖK gehören, in allen Kirchen trotz aller Institutionenkritik im heutigen Protestantismus einen nahezu natürlichen Verbündeten. Die Brücken vom evangelischen Christen- und Kirchentum ins Milieu der SÖK sind gegeben und sie werden auch gegangen.[7] Das SÖK gehört demnach zwar nicht zu den traditionellen kirchlichen Kernmilieus. Aber es steht einem Teil der kirchlichen und christlichen Werthaltungen und Orientierungen so nahe, dass Mitglieder nicht nur keinen Grund sehen, ihre Kirchenmitgliedschaft zu kündigen, vielmehr im Protestantismus und seinen Institutionen ein Instrument gesellschaftlicher Veränderung hin zu mehr Gerechtigkeit sehen können.

(3) Die Kirchen stehen in Gefahr, den Anschluss an weite Teile unserer Gesellschaft zu verlieren.

Der Erfolg in den vier Kernmilieus darf den Blick auf die sechs anderen Milieus nicht verstellen, die zusammen nicht viel mehr als ein Viertel der Kirchenmitglieder ausmachen, auch wenn sie im Land mit 51 % mehr als die Hälfte der Einwohner ausmachen. Das ist dann schon ein gravierendes Missverhältnis für eine *Volks*kirche.

Zwei Sachverhalte verdienen, besonders hervorgehoben zu werden:

- Zum einen zeigt der sog. »Milieu-Regio-Trend« (MRT) der Firma Microm, dass für die nächsten 10 Jahren mit einem dramatischen Schrumpfen der Milieus zu rechnen ist, die heute die Kern-Milieus von Kirche ausmachen. Die Tabellen nennen zuerst die Zahlen für Baden, dann die für Württemberg.

7 Ein Beleg für die enge Verbundenheit, ja Verflechtung von Protestantismus und SÖK lieferte auch der jüngste Kirchentag im Juni 2015 in Stuttgart. Es sei »unklar, ob die Grünen die Protestanten gekapert haben – oder die Protestanten einen wesentlichen Teil der Grünen« (Sonne der Gerechtigkeit. Spitzenpolitiker der Grünen dominieren den Evangelischen Kirchentag. Bei den Frommen sind sie Volkspartei; SPIEGEL Nr. 24/2015, S. 40f).

Milieu	2010	2025	Veränderung
KET	11,4 %	10,7 %	-0,7 %
BÜM	12,5 %	11,9 %	-0,6 %
TRA	15,7 %	6,2 %	-9,5 %
SÖK	6,6 %	7,1 %	+0,5 %
Summen	46,2 %	35,9 %	-10,3 %

Veränderung der Kernmilieus laut Milieu-Regiotrend in Baden

Milieu	2010	2015	Veränderung
KET	11,8 %	10,8 %	-1,0 %
BÜM	12,3 %	11,2 %	-1,0 %
TRA	15,7 %	6,3 %	-9,4 %
SÖK	6,5 %	6,7 %	+0,2 %
Summen	46,3 %	35 %	-11,2 %

Veränderung der Kernmilieus laut Milieu-Regiotrend in Württemberg

Es fällt auf:
- Bis auf das SÖK nehmen alle Kernmilieus ab, teilweise drastisch.
- Die Zahlen für Baden und Württemberg liegen nahe beieinander.
- Die Milieu-Basis, auf die sich die Kirchen mental stützen und vor allem beziehen, bröckelt.[8]

Umgekehrt gilt: Das von Sinus ausgewiesene neue Milieu im gesellschaftlichen Zentrum, die PRA als junge-dynamische Mitte, wird einerseits stark wachsen, ist aber andererseits in der Kirche stark unterrepräsentiert (4 %, im Vergleich mit dem Land Baden-Württemberg: 10 %).
Auch die anderen postmodern bestimmten Milieus werden stark wachsen. Das gilt v.a. für das hedonistische Milieu, in dem die traditionsorientiert-bürgerlichen Kirchen ebenfalls mental und quantitativ nicht sonderlich fest verwurzelt sind.

[8] Nota bene: Hier ist nicht die Rede von den Kirchenmitgliedern, sondern von den Milieus, in denen die Kirchen einen besonders hohen Anteil an Kirchenmitglieder haben.

Milieu	2010	2025	Veränderung
PRA	9,2 %	12,9 %	3,7 %
HED	15,1 %	16,9 %	1,8 %

Veränderung laut Regio-Trend in Baden

Milieu	2010	2025	Veränderung
PRA	9,5 %	12,5 %	3 %
HED	14,5 %	15,9 %	1,4 %

Veränderung laut Regio-Trend in Württemberg

Eine Veränderung um 3 % oder um 3,7 % bedeutet, dass das PRA um ein Drittel wächst. Das ohnehin schon bevölkerungsstarke hedonistische Milieu wird prognostiziert noch einmal um 10 % zulegen.

Wenn Kirchen Volkskirchen bleiben wollen, müssen sie überlegen, wie sie auf diesen Trend reagieren wollen, zumal ihre Kernmilieus abschmelzen, vor allem das TRA um mehr als 60 % abnimmt.

Ergebnis 1:
c) Konsequenzen, Ableitungen, Impulse

Sinnvoll scheint mir ein Dreifaches zu sein:
(1) Die Stärken stärken!
(2) Kirche für alle sein wollen!
(3) Eine kopernikanische Wende einleiten!

ad 1: Die Stärken stärken!

Die Analyse der Milieustruktur der beiden süddeutschen Kirchen ist alles andere als ein Grund zur Trauer. Es gibt vier Milieus, deren Angehörige sich Kirche verbunden oder sogar sehr verbunden fühlen. Kirche hat ein mentales und soziales Profil.

Kirche ist in (einem Teil) der Mitte der Gesellschaft und im traditionsorientierten Segment verankert, und umgekehrt: Sie gibt in ihrer vorliegenden Gestalt vielen Menschen, die in den entsprechenden Milieus leben, eine Heimat. Das ist die ausgesprochene Stärke der Kirchen im Südwesten, mit der es zu wuchern gilt, und die bei allem, was sonst noch zu sagen ist, nicht in Vergessenheit geraten darf. Der gesunde Menschenverstand und die moderne Effizienzlogik weiß: Da, wo man schon gut ist, kann man mit relativ wenig Aufwand (noch) mehr erreichen als dort, wo man sich auf noch unbekanntem Gelände bewegt. Der erste grundsätzliche Rat heißt also: die Stärken stärken. D.h. konkret:

- Wir pflegen unsere Stammklientel, und wir stärken die Kirchengemeinde. Sie ist das Rückgrat unserer Landeskirche. Wir brauchen sicher *fresh expressions of church*, wir brauchen ganz sicher lebensweltorientierte Gemeinden (log's), aber alles, was wir hier gewinnen, kann nicht Alternative, es kann nur Ergänzung sein.
- Das traditionsorientierte und konservative Klientel sieht Kirche als heimatliche Volkskirche und erwartet Kirche als Bundesgenossen gegen Werteverfall und als weltanschaulich-ethische Stütze. Wie gehen wir mit diesem »Klientel« um? Sind konservative Einstellungen allenfalls da ernst zu nehmen, wo sie Gegenstand aufgeklärter Kritik werden?
- Vielfach werden die Versorgungserwartungen des traditionsorientierten Milieus vor allem kritisch artikuliert. Aber diese Erwartungen beinhalten ja zunächst einmal ein hohes Gut: Wertschätzung und Vertrauen. In Besuchsdienste und soziale Kontakte ist grundsätzlich zu investieren, ggf. noch mehr als bisher.

ad 2: Kirche für alle sein wollen!

So sehr wir für die Kernmilieus Angebote vorhalten oder gar ausdifferenzieren wollen, so sehr gilt programmatisch: Volkskirche ist ihrem Anspruch nach für alle da und darüber hinaus das Evangelium allem Volk schuldig. D.h.:

- Wir verlieren die Milieus nicht aus dem Blick, aus denen ebenfalls viele Kirchenmitglieder kommen, die sich zur Kirche halten, aber an die gegebenen Formate nicht oder kaum andocken.
- Wir nehmen die Wahrnehmung ernst, dass Kirchenmitglieder aus allen Milieus zu unserer Kirche gehören, sich aber durch die geprägten kulturellen und Formate kirchlichen Lebens nicht eingebunden sehen, sondern ausgeschlossen fühlen.
- Wir suchen dementsprechend nach Veranstaltungsformaten, die der Lebensweltlogik der Menschen, die in den anderen sechs Milieus leben, nicht widersprechen, sondern Teilhabe ermöglichen und zur Teilnahme einladen. Ein »billiges Beispiel«: Wenn ich zu einem Gemeindefest mit Maultaschen und Kartoffelsalat einlade, bekomme ich nachgewiesenermaßen andere Milieus, als wenn ich Sushi und Cocktails anbiete.
- Ernster ist da schon eine andere Wahrnehmung: Wenn etwa 40 % der Bevölkerung am Wochenende berufstätig ist, dann ist die »Hauptveranstaltung« von Gemeinde am Sonntag-Vormittag nicht anders zu verstehen denn als Klarstellung: Gemeinde ist offenbar an uns nicht interessiert. Was bedeuten diese elementaren Einsichten für unsere Gottesdienstlandschaft? Kann dann jede Gemeinde einfach bei »ihrem Programm« bleiben, »ihr Ding« machen, oder liegt es nicht nahe, regional zu denken und über den Kirchturm hinaus? Könnte man miteinander nicht eine viel größere Palette von Menschen ansprechen? Es ist ja gar nicht nötig, dass jede Gemeinde (jede/r Pfarrer/in) alle anspricht. Ein Killerargument gegen die Anwendung der Milieuperspektive. Voraussetzung wäre nur, dass nicht alle Gemeinden dasselbe Milieu fokussieren, sondern dass wir hier zu Absprachen kommen.

- Gemeindliche Angebote könnten zusammen auf einer regionalen Plattform präsentiert werden: Schaut her, so breit ist Kirche aufgestellt! Bei uns kommt alles vor! Da gäbe es dann nicht nur Gottesdienste zu den verschiedensten Zeiten für die verschiedensten Interessen und Altersgruppen, einfach dadurch, dass das, was viele Gemeinden für sich anbieten, geöffnet wird für alle in der Region. Der Mehraufwand ist minimal. Da gäbe es dann aber auch die Möglichkeit, nicht nur wie bisher Jugendarbeit zu machen, die eigentlich nach den Einsichten der Milieuforschung gar nicht mehr möglich ist. Wie sieht denn *die Jugend* von heute aus? Kirche in der Region könnte sich vielmehr verabreden und für einen bestimmten Einzugsbereich unterschiedliche Angebote und Partizipationsformen für Jugendliche anbieten.
- Wir reagieren mit der bewussten Wahrnehmung der Lebenswelten anderer Milieus auch auf die prognostizierten Entwicklungen, die für die postmodernen Milieus weit überdurchschnittliche Wachstumsraten[9] vorhersagen:
  PRA 9,5 % (2010): 12,5 % (2025), + 30 %
  PER 6,7 % (2010): 8,1 % (2025), + 20 %
  EPE 7,8 % (2010): 13,0 % (2025), + 66 %
  HED 14,5 % (2010): 16,6 % (2025), + 14 %.

In genau diesen besonders wachstumsträchtigen Milieus sind die evangelischen Kirchen (und die landeskirchlichen Gemeinschaften) schwach oder unterdurchschnittlich präsentiert (z.B. PRA 4 % der Kirchenmitglieder bei einem Bevölkerungsdurchschnitt von ca. 10 %).

(3) Eine kopernikanische Wende einleiten!

Das alles bedeutet zwar nichts, was wir mit den vorhandenen Mitteln nicht leisten könnten. Aber es bedeutet sehr wohl, dass wir bereit sind, unser Denken und unsere Einstellung zu ändern. Der Astronom Kopernikus lehrte entgegen der herrschenden kirchlichen Lehre: Nicht die Sonne dreht sich um die Erde, sondern die Erde dreht sich um die Sonne. Er verschob mental die Schwerpunkte. Immanuel Kant griff das auf und sprach auch für das moderne Denken von einer solchen kopernikanischen Wende: Nicht unser Denken richtet sich nach den Gegenständen, wie es eine realistische Erkenntnistheorie recht naiv lange Zeit unterstellt hatte. Es ist umgekehrt: Die Gegenstände richten sich vielmehr nach der Art und Weise, wie wir sie wahrnehmen. Übertragen auf Kirche, Christentum und Glaubensweitergabe bedeutet das:
- Wir denken nicht mehr von uns, von Kirche, von Gemeinde her, sondern von den Menschen her.
- Wir fragen nicht mehr: Was passt zu uns, in den Gottesdienst, in das – gegebene – christliche und kirchliche Leben. Wir fragen vielmehr, wie können wir unsere Milieubefangenheit, ja teilweise Milieugefangenschaft überwinden?

[9] Hier für den Bereich Württembergs.

- Wir haben nicht mehr die Haltung des »Komm zu uns!«, sondern die Bereitschaft des »Wir gehen hin!«.
- Wir relativieren die Reichweite des Konzeptes *einladende, offene, missionarische Kirche*, das immer noch von der Voraussetzung ausgeht: Wir müssen Kirche und Gemeinde nur attraktiv genug machen, dann kommen die Leute schon. Wir gehen stattdessen hin zu den Menschen; wir partizipieren an ihren Lebenswelten. Wir zeigen an ihnen Interesse, indem wir buchstäblich dabei, dazwischen, mitten unter ihnen sind (lat. inter-esse).
- Wir erwarten nicht, dass Menschen zu uns, in die Kirche kommen, in *den* Gottesdienst (unterstellt: für alle). Wir fragen vielmehr: Welche mentalen Barrieren gibt es für sie, warum ist es für sie selbstverständlich klar, dass sie nicht kommen (Gottesdienst, Kirche, Gemeindehaus als no-go-Aerea).

Konkret könnte das heißen:
(1) Gemeinde geht gezielt auf das PRA-Milieu zu. Es ist so wichtig für den Weg der Gesellschaft, und es ist unterrepräsentiert in der evangelischen Kirche. Welche Angebote könnten für die Eltern in diesem adaptiv-pragmatischen Milieu anziehend sein? Wie kann die allgemein interessierende Aufgabe religiöser Erziehung etwa zur Brücke werden? Was sind die *how-to*-Fragen, bei denen sich Schnittmengen zwischen Kirche, evangelischem Kindergarten, Kindern und Eltern ergeben?[10]
(2) Kirche geht gezielt und *noch einmal anders* auf das sog. prekäre (und auch konsum-hedonistische) Milieu zu. Evangelische Kirche engagiert sich über die diakonische Arbeit oder in sozialdiakonischen Projekten sehr in prekären Lebenswelten. Und dennoch gilt: Wir tun viel für sie, und wir haben sie nicht, bestenfalls kaum. 3–4 % Kirchenmitglieder aus dem prekären Milieu signalisieren eine Kirchenferne, die auch in der ersten Phase der SSBW deutlich wurde. Das PRE fremdelt mit Kirche, als Bildungsinstitution, als bürgerlicher Lebensraum, zu dem »ich nicht passe«, und selbst die Zuwendungsdiakonie ist nicht unproblematisch. Im Gegensatz zur katholischen Schwesterkirche erreichen die Evangelischen im Südwesten die postmodernen Milieus der Unterschicht (Prekäre und Hedonisten) kaum oder gar nicht. Die Studie ist hier wie erwartet Sehhilfe und kann motivieren, das diakonische Handeln der Kirchen noch einmal neu: stärker und präziser zu fokussieren. Die Studie zeigt: Evangelische sprechen zwar viel über prekäre Lebensverhältnisse, sie sind aber in ihnen so gut wie nicht repräsentiert. Es hat den Anschein, als dass evangelisch und prekär zu sein nicht zusammengeht. Evangelische Kirchen engagieren sich sehr in den genannten Milieus. Aber Partizipation findet nicht oder kaum statt. Abgekürzt formuliert: *Wir tun viel für sie, aber wir haben sie nicht.* Die einzige, dankenswerte Brücke in die genannten Milieus hinein sind diakonische Einrichtungen und Initiati-

[10] Im Forum Hohenwart haben bereits Studientage zum PRA stattgefunden. Weitere sind geplant (www.hohenwart.de).

ven. Diese Dimension kirchlichen Handelns ist unbedingt zu stärken und zu unterstützen, allerdings mit drei Präzisierungen:

- Diakonisches Handeln darf nicht allein auf *Zuwendungsdiakonie* beschränkt sein, so notwendig diese ist. Es widerspricht der Lebensweltlogik von Prekären und Hedonisten, allein Gegenstand der barmherzigen Zuwendung anderer zu sein. Kommunikation des Evangeliums muss auf Augenhöhe, in der Lebenswelt selbst, geschehen. Dafür gibt es phantastische Ansätze, die wir gezielt unterstützen und vermehren müssen.
- Diakonisches Handeln muss unter der Milieuperspektive neben die Frage der Verteilungsgerechtigkeit die der *Teilhabe-Gerechtigkeit* rücken. Haben Prekäre und Hedonisten von den Rahmenbedingungen ihrer Lebenswelt her ausreichende Teilhabe-Chancen an Kirche?
- Diakonisches Handeln muss einerseits professionell in entsprechenden Einrichtungen geschehen; es muss aber auch *vor Ort*, in den Gemeinden und unter Christen wieder stärker als Herausforderung sichtbar werden, wenn wir wirklich zu einer milieusensiblen Kirche werden wollen. Von ihrem Selbstverständnis her sind Menschen aus dem PRE vor allem in körperlicher Hinsicht stark, attraktiv und leisten etwas. Können wir Formen der Partizipation entwickeln, die anders aussehen als die Annahme von barmherzig zugewendeten Leistungen, die der eigenen Lebensweltlogik widerspricht?

(3) Kirche geht gezielt auf das HED zu. Denn die werden nicht kommen. Streng genommen ist das auch eine Aufgabe, vor der die meisten haupt- und ehrenamtlichen Mitarbeiter/innen nüchternerweise die Flucht ergreifen, einfach weil sie wissen, dass sie authentisch nicht hedonistisch leben können – und wollen. Umso wichtiger werden da die Brückenpersonen, die es gibt; die das Milieu kennen; die sich ihm verbunden wissen; die in ihm kommunizieren können und in beiden Bereichen, Gemeinde und Szene, zu Hause[11] sind. Lange haben sie für ihr Anliegen umsonst um Unterstützung gebeten. Durch die Milieusensibilisierung bekommen sie Rückenwind.

Es gibt viel zu tun, sicher. Bei Lichte besehen ist es aber bemerkenswert, wie viel schon passiert; was alles an ermutigenden Initiativen im Land bereits vorhanden ist. Es wäre schon viel gewonnen, wenn diese nicht nur einen Sonderstatus als Sonderprogramme hätten, sondern als dringend notwendige Normalität in Kirche und Gemeinden ankommen und begrüßt werden.

[11] Es gibt in diesem Bereich eine Fülle von Initiativen in der evangelischen Jugendarbeit beider Kirchen. Wichtig wäre, dass die Milieuperspektive in den Ausbildungsgängen für Jugenddiakone/innen und Sozialarbeiter/innen noch mehr Raum gewinnt.

Ergebnis 2: Es gibt unter den Kirchenmitgliedern ein sehr breites Spektrum an sehr unterschiedlichen Einstellungen zu Glaube, Gott, Gemeinde, die sich in acht Typen verdichten lassen

Die wichtigsten Aussagen:
- Das Datenmaterial lässt sich in acht Einstellungen bündeln und – bedingt – mit dem Milieuschema korrelieren.
- (Milieus und Einstellungstypen müssen unterschieden werden.
- Die Typen sind per Clusterung des Datenmaterials entstanden. Welche Items korrelieren besonders häufig mit welchen anderen?
- Es gibt ein Spektrum von acht unterschiedlichen Einstellungen, die ineinander übergehen, sich aber auf zwei Blöcke verteilen.
- Mit bestimmten Einschränkungen ist eine schwerpunktmäßige Zuordnung von Einstellungen und Milieus möglich und sinnvoll.

Ergebnis 2:
a) Die Daten
Um der sehr anspruchsvollen Aufgabenstellung zu entsprechen, auch eine Kommunikationsstrategie zu entwickeln, haben wir in der Sinus-Studie für Baden-Württemberg über diese Milieulandschaft hinaus aber noch ein weiteres Tool entwickelt. Auf der Basis der Daten lassen sich acht Typen mit sehr unterschiedlicher Haltung zu allen möglichen Fragen wie Gottesdienst, Mitarbeit, Kirchenbindung, theologischen Fragen, Medien etc. unterscheiden. Aus den 42 Einstellungsstatements, die Grundlage der quantitativen Umfrage waren, wurden auf der Basis von neun Einstellungsdimensionen acht in sich schlüssige Typen von Einstellungen zu Glaube und Kirche identifiziert.

Für jeden Typus gibt es eine 25 Seiten umfassende Auswertung, ein wahrer Schatz, den es jetzt auszuwerten gilt. Wir müssen uns in diesem Zusammenhang auf einige Basisinformationen beschränken. Zunächst vergegenwärtigen wir uns die Kernsätze, mit denen der Bericht den jeweiligen Typ zu charakterisieren und die acht Typen voneinander zu unterscheiden sucht:

»**Traditionelle Kirchgänger**« bekennen sich zum christlichen Glauben und zur evangelischen Kirche. Sie bringen sich, sofern es das Alter noch zulässt, aktiv ins Gemeindeleben ein.

»**Christen im Alltag**« sprechen auch in Alltagssituationen ganz offen über ihren Glauben und über die Bedeutung, die Gott und namentlich Jesus Christus in ihrem Leben haben.

»**Weltoffene Stützen**« wollen die evangelische Kirche in der Welt und in der Gesellschaft verankert wissen. Durch ihre aktive Mitarbeit und ihre Bereitschaft zum Leitungsamt sind sie Träger des Gemeindelebens.

»**Sozial Engagierte**« sind keine ausgesprochenen Kirchgänger. Drei Viertel von ihnen beteiligen sich aktiv an der Gemeindearbeit und konzentrieren sich dabei auf den diakonischen Bereich.

»**Spirituell Suchende**« sind nicht auf eine bestimmte religiöse Vorstellung festgelegt, sondern ständig auf der Suche nach spirituellen Anregungen – nicht nur in der evangelischen Landeskirche, sondern auch in freien Gemeinden oder in anderen Religionen. Sie finden es schwer, mit anderen über ihren Glauben zu sprechen.

»**Moderne Unbeteiligte**« äußern sich weder positiv noch negativ zur evangelischen Kirche. Sie sind der Ansicht, dass kirchliche soziale Einrichtungen genauso gut von staatlichen Stellen betrieben werden könnten.

»**Enttäuschte Kritiker**« fühlen sich von Vertretern der evangelischen Kirche zu wenig beachtet; teilweise haben sie auch schlechte Erfahrungen gemacht, als sie in Not waren. Sie melden sich nicht von sich aus, sondern möchten, dass die Kirche auf sie zugeht.

»**Säkular Distanzierte**« sind zwar (noch) Mitglieder der evangelischen Kirche, die Kirche spielt in ihrem Leben aber keine Rolle – und das sagen sie auch deutlich: »Ich persönlich brauche die evangelische Kirche nicht.«

Für jede der Einstellungen kann eine herausragende bestimmende Position benannt und ein Statement dokumentiert werden, zu dem in Klammern angegeben wird, welchen Grad an Zustimmung es findet; wie repräsentativ es also ist.

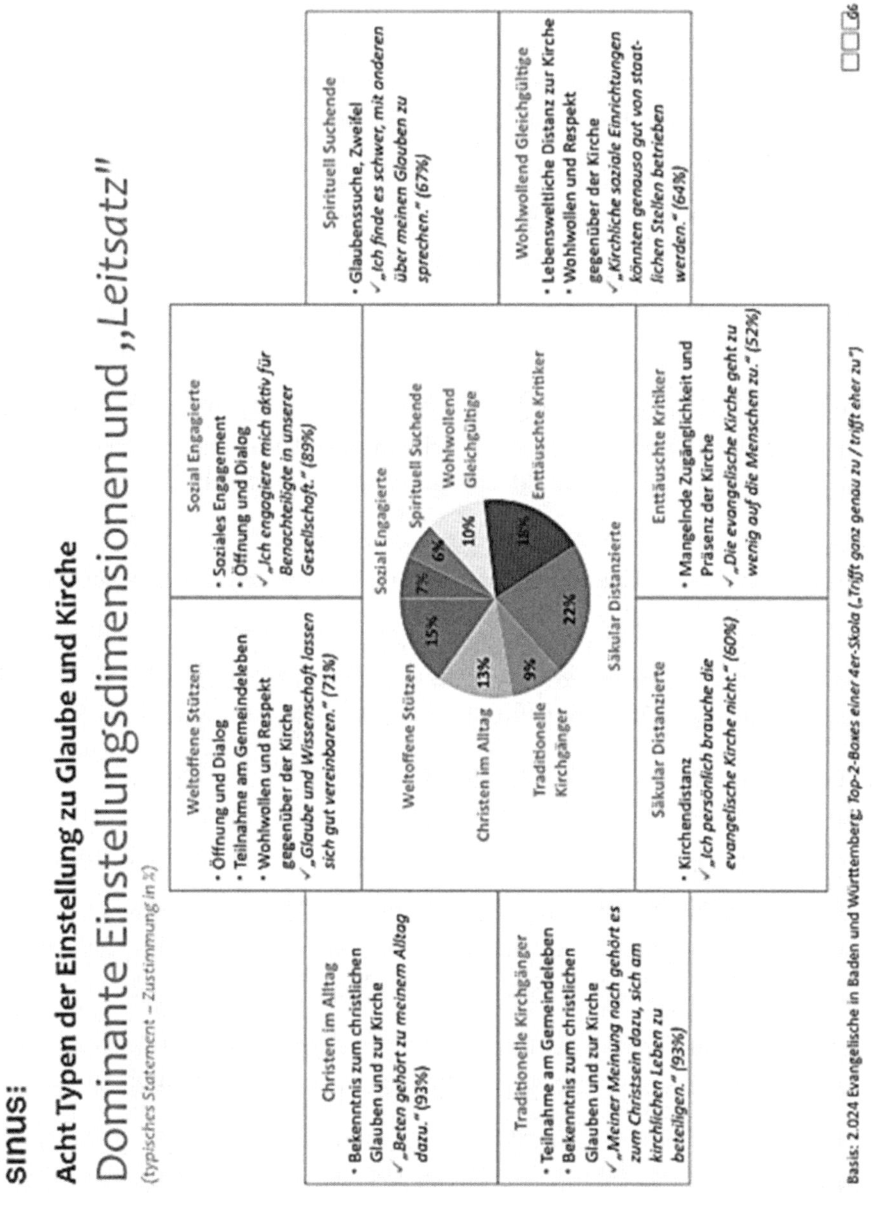

Ergebnis 2:
b) Interpretation

Wir erkennen grundsätzlich zwei Blöcke von Einstellungen: einerseits Haltungen von Menschen, die – wenn auch in unterschiedlicher Weise – Interesse an Kirche oder Glaube haben, und von solchen, die – wenn auch aus ganz unterschiedlichen Gründen – eine innere oder äußere Distanz zu Kirche oder zum Glauben haben:

Zum ersten Block gehören:
- Traditionelle Kirchgänger (9 %)
- Christen im Alltag (13 %)
- Weltoffene Stützen (15 %)
- Sozial Engagierte (7 %)

Zum zweiten Block gehören:
- Spirituell Suchende (6 %)
- Moderne Unbeteiligte (10 %)
- Enttäuschte Kritiker (18 %)
- Säkular Distanzierte (22 %).

(1) Interessanterweise haben wir eine Hälftelung vor uns. Es ist bemerkenswert, dass beide Blöcke jeweils 50 % der Kirchenmitglieder ausmachen. Ziemlich genau die Hälfte der Kirchenmitglieder lassen sich einem von fünf Typen zuweisen, die in einer grundsätzlichen Weise eine positive Beziehung zu Glaube, Gemeinde, Gott oder Religion haben. Die andere Hälfte der Befragten verteilt sich auf drei Typen, die Glaube, Gemeinde und Kirche kritisch gegenüberstehen, wenn auch in sehr unterschiedlicher Weise.

(2) Den quantitativ stärksten Block bilden die Personen, die wir dem Säkular-Distanzierten Typ zuordnen. Es ist alarmierend, wenn mehr als 20 % der Menschen, die Glieder unserer Kirche sind, ihr mit grundsätzlicher Skepsis gegenüberstehen und keine materialen Gründe inhaltlicher oder praktischer Art dafür angeben können, warum sie eigentlich noch in der Kirche sind.

Ergebnis 2:
c) Impulse und Konsequenzen

Die Typologie der SSBW erlaubt es z.B., Formen der Kritik oder Distanz zur Kirche genau zu beschreiben und auseinanderzuhalten. Die Wohlwollend Gleichgültigen stehen der Kirche zwar mit Respekt gegenüber. Bei ihnen findet sich keine positionell kritische Haltung, dafür ist man hier zu unideologisch-pragmatisch eingestellt. Aber Kirche kommt in der eigenen Lebenswelt nicht vor. Sie passt nicht zum eigenen Leben, ganz buchstäblich genommen. Die Enttäuschten Kritiker stehen Kirche ebenfalls nicht grundsätzlich kritisch gegenüber, im Gegenteil: Sie vermissen ihre Zuwendung und haben schlechte Erfahrungen mit ihr gemacht. Ihre Erwartungen wurden enttäuscht. Die Säkular-Distanzierten lehnen Kirche und christlichen Glaube ab und stehen beidem kritisch bis skeptisch gegenüber. Hier finden wir das größte Potential für Menschen, die bei nächster passender Gelegenheit die Kirche verlassen.

Fehlende Passung und mangelnde Relevanz, »enttäuschte Liebe«, grundsätzliche Kirchen- und Religionskritik: Es ist klar, dass wir den betreffenden Personen ganz unterschiedlich begegnen müssen. Die Typologie der SSBW gibt uns hier phantastisches Material an der Hand und hilft gegenüber der KMU V, die nur das Phänomen wachsender Distanz zur Kirche feststellt, entscheidend weiter.

Die Typologie mit der sehr detaillierten Beschreibung der einzelnen Einstellungen erlaubt es uns, die einzelnen Kirchenmitglieder konkret zu adressieren; zu erkennen, was jeweils ihre Anfragen an den Glauben sind und wo jeweils ihre Vorbehalte gegen Kirche liegen. Die Veranstaltungen etwa in der kirchlichen Erwachsenenbildung, aber auch Gottesdienste und Konfirmandenunterricht können sich darauf einstellen. Es wäre grundsätzlich hilfreich, die gegebenen Angebote daraufhin zu überprüfen, ob und inwiefern sie der festgestellten Spreizung der Einstellungen, Anfragen etc. entsprechen. Dabei kann dann lebensweltlich berücksichtigt werden, welche Einstellungen sich schwerpunktmäßig in welchem Milieu finden. Das wiederum erlaubt dann auch eine milieusensible Gestaltung der Angebote.

Ergebnis 3: Gottesdienste kommen überraschend gut, aber nur bestimmte

Die Wahrnehmung, das Interesse und die Nutzung von Gottesdienst sind ein wichtiger Gegenstand der Sinus-Studie für Baden und Württemberg [SSBW]. Den Befunden zum Thema Gottesdienst kommt eine besonders große Bedeutung zu.

Es sind vor allem zwei Graphiken, die zentrale Ergebnisse bündeln und zur Deutung einladen:

Ergebnis 3
a) Die Daten

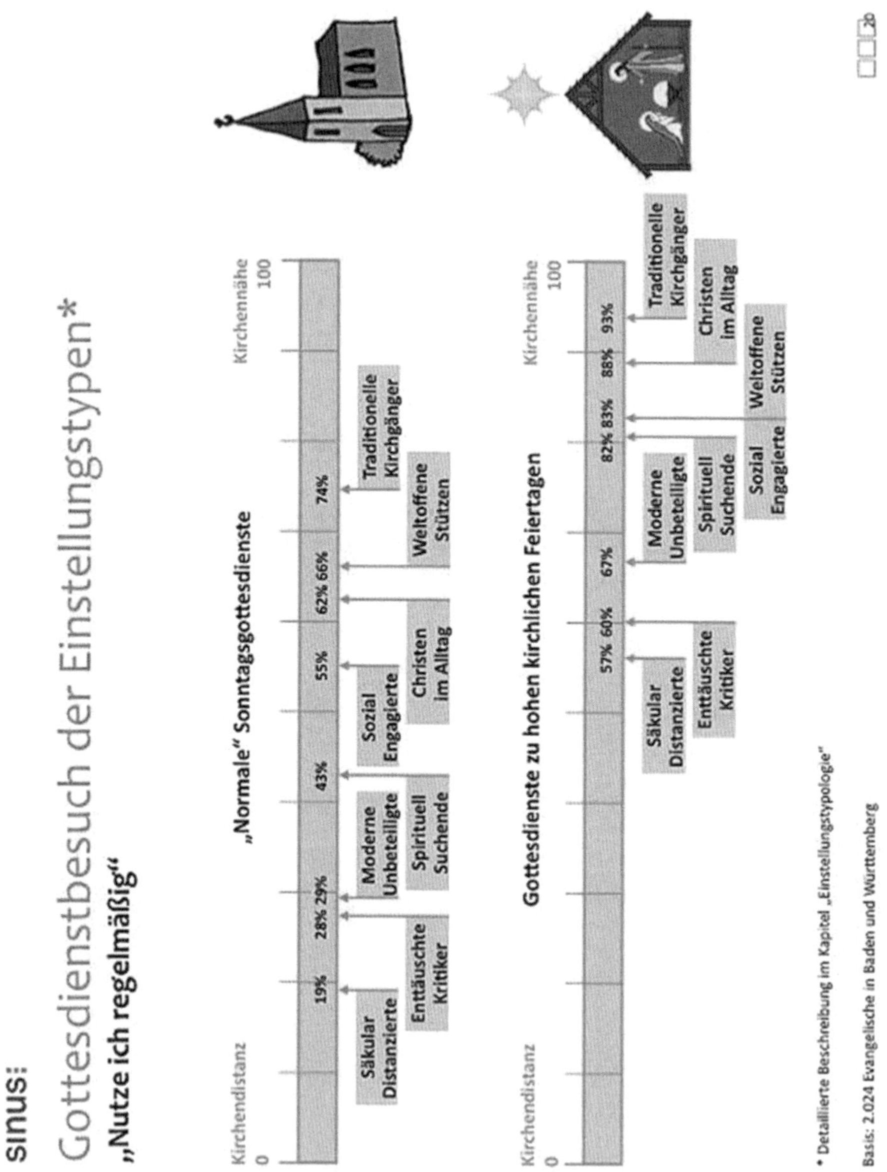

Die Graphik ist zweigeteilt. Der obere Teil betrifft die Sonntagsgottesdienste, der untere die Gottesdienste an hohen kirchlichen Feiertagen. Eingetragen ist jeweils, welche Selbstauskunft Vertreter der acht Einstellungstypen geben. Zweierlei zeigt schon ein erster Blick:

- Selbst die SÄD geben eine – gemessen an den EKD-Statistiken – hohe Nutzung der Gottesdienste an.

- Gottesdienste zu bestimmten Anlässen finden ein deutlich höheres Interesse als »normale« Gottesdienste, also die Regelangebote am Sonntagmorgen.

»Kirchennähe« und »Kirchendistanz« sind keine theologischen Begriffe und bezeichnen keine geistlichen Sachverhalte. Sie markieren lediglich, welches Interesse an der Institution Kirche und welche Nutzung jeweils im Hinblick auf die Angebote der Kirchengemeinde gegeben sind.

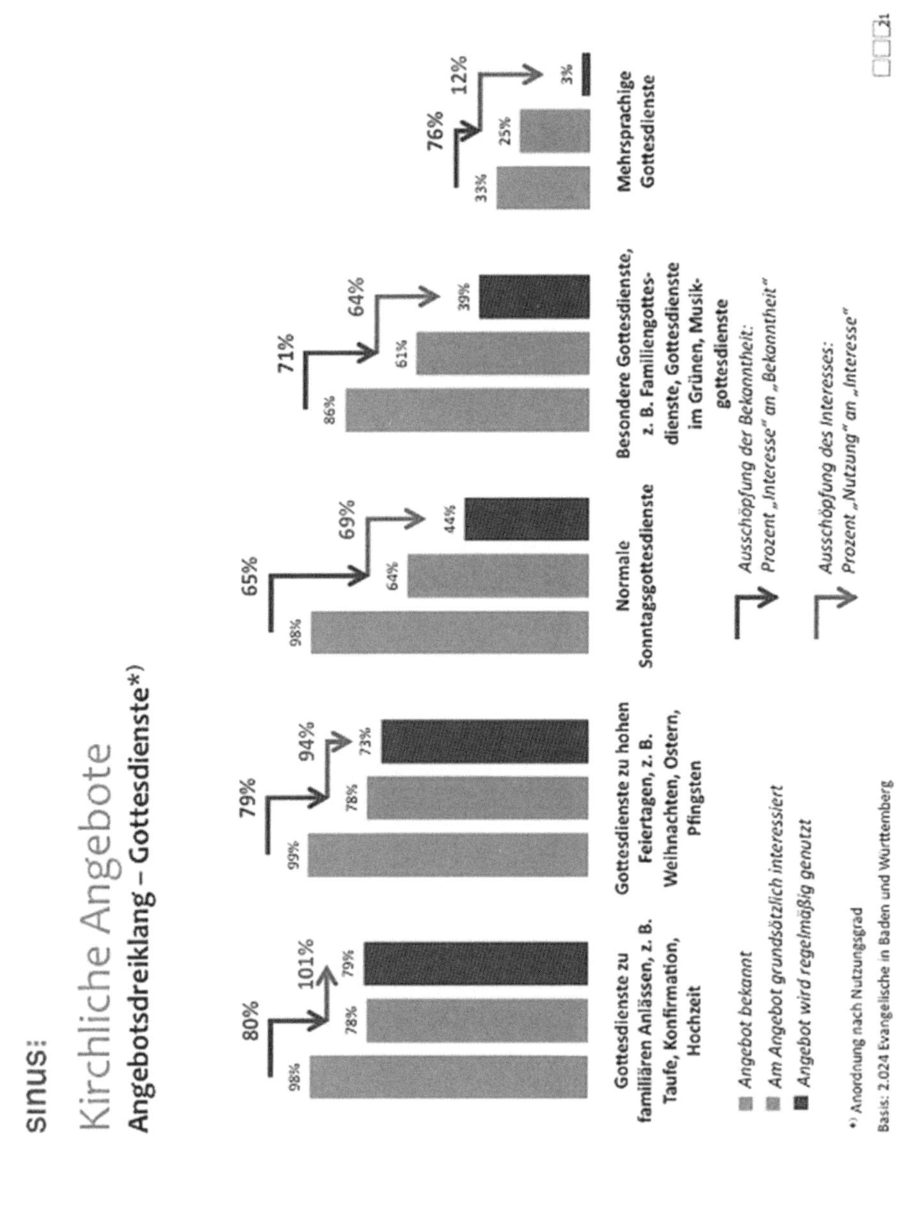

Das Darstellungsmittel des sog. Angebotsdreiklangs unterscheidet drei Kategorien und hilft so zu einer differenzierteren Wahrnehmung:
- erste, in der Graphik des Berichts (Folie 49) graue: Ist ein Angebot grundsätzlich bekannt, unabhängig davon, ob man es nutzt oder Interesse an ihm hat?
- zweite, in der Graphik des Berichts orangene Säule: Ist ein Angebot grundsätzlich für einen persönlich interessant, auch unabhängig davon, ob man es schon nutzt?
- dritte, in der Graphik des Berichts rote Säule: Wird ein Angebot regelmäßig, also immer wieder, genutzt?

Die Pfeile geben den Grad der »Ausschöpfung« an: »Auf wieviel von Prozent von x trifft y zu?« Die angegebenen Prozentzahlen meinen also keine absoluten Prozentangaben, sondern beziehen zwei Säulen aufeinander. Die absoluten Prozentzahlen für eine Säule befinden sich in schwarzer Farbe über der jeweiligen Säule.

Unterschieden werden verschiedene Typen von Gottesdiensten.

Als erster Befund lässt sich zusammenfassend sagen:
- Die verschiedenen Formen von Gottesdiensten haben einen sehr hohen Bekanntheitsgrad. Gottesdienste zu familiären Anlässen, zu den hohen Feiertagen des Kirchenjahrs und die »normalen« Gemeindegottesdienste kennen nahezu 100 % der Befragten. Der Gottesdienst ist damit so etwas wie ein Markenzeichen von Kirche. Das gilt auch dann, wenn statistisch gesehen nur eine sehr kleine Minderheit die regelmäßigen gottesdienstlichen Angebote wahrnimmt.
- Bekanntheit, Nutzung und Interesse differieren allerdings deutlich, auch hinsichtlich der verschiedenen Arten von gottesdienstlichen Angeboten.

Ergebnis 3:
b) Interpretation der Daten

Insgesamt lassen sich acht Ergebnisse generieren, fünf eher kritische, die ernüchtern und enttäuschen können, und vier positive, die Potential und Verheißung bergen. Recht verstanden bieten aber alle Kernaussagen die Möglichkeit, nach sinnvollen Reaktionen und Veränderungen zu fragen.

(1) Der »normale«, gemeint ist: der sonntägliche Regelgottesdienst ist deutlich weniger beliebt als andere Formen von Gottesdiensten

Gottesdienste zu familiären Anlässen, incl. Kasualgottesdienste, Gottesdienste zu hohen Feiertagen und die normalen Sonntagsgottesdienste, haben zwar alle den selben Bekanntheitsgrad (98 %). Aber schon das Interesse an ihnen ist unterschiedlich (78 %, 78 %, 64 %). Noch mehr fällt auf, dass die regelmäßige Nutzung der verschiedenen Gottesdiensttypen sehr differiert: Gottesdienste mit familiärem Bezug werden von 79 % der Mitglieder der Kirche regelmäßig genutzt, Gottesdienste zu den hohen Feiertagen von 73 %. Aber nur 44 % der Befragten geben an, den Gemeindegottesdienst regelmäßig zu nutzen.

Menschen partizipieren lieber an Gottesdiensten, die einen persönlichen Bezug zu ihrem Leben haben, in ihr (Familien-)Leben hineinragen oder ihr Leben berühren, insofern sie den Lebensvollzug – etwa an den hohen Feiertagen – gliedern und (mit-)gestalten.

Den normalen Gemeindegottesdienst empfindet das hauptamtliche Personal als Mittelpunkt des Pfarramtes. Das ist plausibel. Er beansprucht einen erheblichen Teil ihrer Zeit und Kraft. Die Einschätzung der Kirchenmitglieder sieht anders aus. Sie bevorzugen die »nicht-normalen« Gottesdienste, die einen besonderen Charakter tragen.

(2) Es gibt eine starke Diskrepanz zwischen der Amtskirche, also den hauptamtlichen Mitarbeitern der Kirche, und dem »Kirchenvolk«. Diese betrifft nicht nur die Bedeutung des normalen Gottesdienstes (s.o., bei [1]), sondern auch die Einschätzung der eigenen Partizipation am gottesdienstlichen Geschehen. Kirchenmitglieder schätzen ihre Teilnahme am Gottesdienst positiver ein als Hauptamtliche

Auch wenn diese Angabe von 44 % stark gegenüber anderen Gottesdienstformen abfällt, liegt sie in anderer Hinsicht vergleichsweise hoch. Die offizielle EKD-Statistik gibt für die sog. Zählsonntage (Sonntag Invokavit, Karfreitag, Erntedankfest, und 1. Advent) Werte zwischen 4,4 % und 7,8 % an. Selbst der Wert für Heiligabend erreicht mit 33 % nicht die Selbsteinschätzung der Kirchenmitglieder von 44 %.

Dieser Befund fällt aus mehreren Gründen auf:

- Gestützt auf die »objektiven« Werte der Statistik kommen kirchenleitende Institutionen und Personen auf einen Wert, der deutlich hinter der Selbsteinschätzung zurückbleibt. Regelmäßiger Gottesdienstbesuch kann bei den gegebenen statistischen Werten eigentlich nur für gut 10–15 % notiert werden, wenn man konzediert, dass ein bis zwei Besuche im Monat »regelmäßig« sind. Die gefühlte Bindung der Kirchenmitglieder ist deutlich, bis zu dreimal stärker als die statistisch ausgewiesene.
- Natürlich sind beide Werte nur sehr bedingt vergleichbar. Im einen Fall handelt es sich um »objektive« Zähldaten, im anderen Fall spielt die gefühlte Partizipation die entscheidende Rolle. Bezeichnend ist aber gerade, dass Menschen sich eine regelmäßige Teilnahme am Gottesdienst bescheinigen, die gemessen an dem EKD-offiziellen Schema nicht gegeben ist. Menschen fühlen sich und sehen sich Kirche mehr verbunden, als dies ihr Verhalten nach außen zeigt. Das ist ein theologisch bemerkenswerter Sachverhalt, an den Versuche, Kirchenbindung zu stärken, anknüpfen können.

(3) Viele Kirchenmitglieder leben in der Kirche mit und engagieren sich, ohne dass sie die Notwendigkeit sehen würden, am Gemeindegottesdienst teilzunehmen

Schon die erste Auswertung der ersten, qualitativen Erhebung der Studie machte deutlich: Die Relevanz der Hauptveranstaltung der evangelischen Kirche: der Gemeindegottesdienst, wird von den Befragten abweichend eingeschätzt: »Kaum einer der Gesprächspartner sagt: Die Gottesdienste sind mir am wichtigsten.«[12]

Die Ergebnisse des ersten Teils der SSBW zeigen, dass keine signifikante Korrelation zwischen Häufigkeit des Gottesdienstbesuches und Nähe zur Kirche besteht und dass sich bei Menschen, die der Kirche eng verbunden sind, sehr unterschiedliche Formen der Mitarbeit und der Partizipation am kirchlichen Leben feststellen lassen. Mitleben in der Kirche heißt nicht einmal in erster Linie Teilnahme am Gottesdienst. *Kirche lebt für mich auch ganz anders.* Dieser Befund wird in der Repräsentativerhebung verstärkt. Während man unterstellen darf: im Bewusstsein von Pfarrern und Pfarrerinnen ist der sonntägliche Gemeindegottesdienst die Hauptveranstaltung, die auch entsprechend Zeit- und Kraftressourcen verdient, ergibt sich für den Gottesdienst im Spiegel der Befragungen ein deutlich anderes Bild. Er wird nur selten als das benannt, was in der Kirche und an kirchlichen Angeboten das Wichtigste ist.

Spannend ist etwa, dass immerhin 24 % des von Sinus als »Sozial Engagierte« bezeichneten Typus der Aussage zustimmen können: »Ich habe am Sonntagvormittag Besseres zu tun, als in den Gottesdienst zu gehen.«[13]

Der Befund hat enorme Bedeutung für die Einschätzung der Kirchenbindung. Wo Amtskirche statistisch abgestützt im Blick auf den Gottesdienstbesuch Kirchendistanz vermutet, existiert in anderer Hinsicht aus der Sicht vieler Kirchenmitglieder eine Bindung an und Identifikation mit Kirche, die konstruktiv aufgegriffen werden kann.

(4) Wir haben einen hinsichtlich der Einstellung zu Gottesdiensten doppelten Befund: Kasualien finden eine hohe bis sehr hohe Zustimmung, der sonntägliche Regelgottesdienst ist dagegen Sache einer Minderheit

83 % wünschen sich, einmal kirchlich bestattet zu werden, 71 % stimmen dem Statement zu: »Jeder Christ sollte seine Kinder taufen lassen!« (Bericht, S. 42). Umgekehrt sagen zwar 44 %, dass sie regelmäßig am Gottesdienst teilnehmen, aber 39 % bekennen auch, sie hätten am Sonntagvormittag besseres zu tun.

In der Summe bedeutet das: Gottesdienste sind nach wie vor ein Angebot; sie »kommen gut«, aber eben nur da, wo sie zum modernen, mobilen, abwechslungsreichen Lebensstil passen. Gefragt ist nicht mehr ein konstant wöchentliches Angebot. Gefragt ist von vielen Mitgliedern ein Angebot, das sowohl persönlich, also individualisiert, ist als auch Event-Charakter besitzt und das ein Stück Lebensbegleitung bedeutet.

[12] Bericht, 10.
[13] Abschlussbericht, 165.

(5) Die Einstellungstypologie zeigt, dass die Teilnahme an Gemeindegottesdiensten für Kirchenmitglieder nicht den Regelfall darstellt. Gottesdienstbesuch gehört zu einem bestimmten mentalen und lebensweltlichen Setting, für die meisten anderen Haltungen dagegen ist er nicht repräsentativ

Die von Sinus als *Traditionelle Kirchgänger* apostrophierten Befragten stimmen nur zu 11 % der obigen Aussage zu: »Ich habe am Sonntagvormittag Besseres zu tun, als in den Gottesdienst zu gehen.« Bei den *Säkular Distanzierten* sind es dagegen 68 %, ein Wert, der sechsmal höher ist. 74 % der *Traditionellen Kirchgänger*, aber nur 19 % der *Säkular Distanzierten* geben an, den normalen Gemeindegottesdienst »regelmäßig zu nutzen«.[14] Für die *Traditionellen Kirchgänger* gehört der Kirchgang zum Lebenskonzept und zur Sonntagsroutine.[15] Bei den *Säkular Distanzierten* gehört genau dieser Kirchgang nur für eine kleine Minderheit dazu.

Bezeichnend ist, dass Gottesdienste zu den hohen Feiertagen auch von den kirchendistanzierten Bindungstypen deutlich besser goutiert werden als Gemeindegottesdienste. Findet sich bei den Gottesdiensten zu den hohen christlichen Festen kein Typos, bei dem weniger als 57 % eine regelmäßige Nutzung angeben, verteilt sich die Partizipationsrate bei den normalen Sonntagsgottesdiensten von 19 % bis 74 %.

Demographische, mentale und wirtschaftliche Gesichtspunkte spielen eine Rolle dafür, dass selbst die große Mehrheit der eigenen Mitglieder die »Hauptveranstaltung« von Kirche zunehmend mit Verachtung straft:

- ca. 40 % der berufstätigen Bevölkerung ist am Wochenende beschäftigt und hat so gar keine oder kaum eine Möglichkeit, die Sonntagsgottesdienste zu besuchen.
- Die *Traditionellen Kirchgänger* sind im Durchschnitt deutlich älter als die Angehörigen anderer Typen (58 % gegenüber 53 % der Grundgesamtheit). Der Frauenanteil ist ebenfalls überdurchschnittlich hoch (61 % gegenüber 54 %). Schließlich finden sich deutliche Milieuschwerpunkte im TRA, KET und in BÜM.[16] Der Typus der *Traditionellen Kirchgänger* ist weniger flexibel, deutlich ortsbezogener und traditionsverbundener. Es gehört für den traditionellen Kirchgänger – anders als bei anders eingestellten Menschen – zum mentalen Setting, am Sonntagmorgen die Kirche zu besuchen.[17] Der überaus hohe Grad an Kirchenbesuch ist unter diesen Umständen plausibel. Andere Milieus sind flexibel und mobil und lehnen die Konstanz von Ort und Zeit – als nicht zu ihrer Lebensweltlogik passend – ab.

14 Abschlussbericht, 20.

15 Vgl. ebd., 94.

16 TRA = Traditionsorientiertes Milieu, KET = Konservativ-etabliertes Milieu, BÜM = Milieu der bürgerlichen Mitte.

17 Ein exemplarisches Votum: »Am Sonntagfrüh nach dem Frühstück gehen wir in die Kirche. Dann Mittag, später Kaffee Kuchen. Und Sonntagabend ab und an schauen wir uns den Tatort an, je nachdem was für Ermittler da tätig sind ...« (SSBW, 94).

- Die fortschreitende Aufteilung in Freizeitwelt, Arbeitswelt und Schlafwelt bedeutet ebenfalls, dass viele Menschen sich am Wochenende, vor allem am Sonntagvormittag – wenn sie irgend können –, nicht da aufhalten, wo sie wohnen und wo »ihre Kirche« steht.
- Sehr viele Menschen haben am Sonntagvormittag tatsächlich »Besseres zu tun«, als in die Kirche zu gehen. Für sehr viele Kirchenmitglieder mit Familien ist diese Zeit die einzige substantielle Kontaktzeit und für alle gegebene Kommunikationsmöglichkeit.

Diese wie weitere Faktoren bedeuten: *Es ist nicht inhaltliche Distanz oder Kirchenkritik, die Menschen vom Besuch des Gemeindegottesdienstes abhält. Es sind schlicht die ausdifferenzierten, von Kirche noch zu wenig wahrgenommenen Lebensumstände.*

Neben diese einschränkenden Befunde treten andere, die Perspektiven für einen erweiterten kirchlichen Radius eröffnen.

(6) Kirchenmitglieder schätzen und suchen Gottesdienste an den Übergängen des Lebens

Übergänge sind immer Zeiten des Risikos. Wandel impliziert immer auch Unsicherheit. Das natürliche Verlangen nach Schutz, Bewahrung, Zuspruch, Segen in den Wechselfällen des Lebens öffnet in besonderer Weise für eine kirchliche Begleitung.

Unverzichtbar und relevant werden kirchliche Veranstaltungen, auch Gottesdienste, in der ersten Phase der Umfrage da eingeschätzt, wo sie sich auf besondere Anlässe beziehen. Speziell, aber nicht nur sind es die traditionellen Gelegenheiten, bei denen kirchliches Handeln und die Lebenswirklichkeit ihrer Mitglieder in Berührung kommen und sich phasenweise überlappen. Sehr, sehr wichtig ist die Präsenz von Kirche bei den *rites de passage*: Geburt und Tod, Übergang ins Erwachsenenleben und Gründung einer Familie.[18]

Der sehr verbreitete Wunsch nach einer »metaphysischen Absicherung« ist da mit Händen zu greifen, wo in der zweiten Phase der Umfrage das Statement mit 83 % die größte Zustimmung findet, das abfragt: »Es ist mir einmal wichtig, kirchlich bestattet zu werden.«

- Der Tod als das entscheidende Ereignis im eigenen Leben soll nicht nur seriös begangen und gegangen werden. Hier ist ein Pfarrer allemal besser als ein freier Redner. Mindestens im Südwesten erfahren Kirche(n) und Pfarrer hier immer noch eine besondere Kompetenzzuweisung.
- Der Tod impliziert immer auch die Frage nach dem »Danach«. Kirchenmitgliedschaft eröffnet, erhält und enthält die Perspektive der Unterstützung durch eine religiöse Institution, die es vielleicht doch besser weiß als ich sel-

[18] Im Bereich der Sozialforschung spricht man vom verbreiteten Phänomen des *regrounding*, der Suche nach Anker, Halt, Geborgenheit inmitten einer Welt, die als immer unbekannter, schneller und unbeherrschbarer empfunden wird.

ber und deren Fachleute dem »lieben Gott« eben vielleicht doch näher stehen. Es wäre zu überprüfen, inwieweit Kirchenmitgliedschaft gerade auch dann, wenn sie auf weniger Kontakt mit Kirche angelegt ist, unbewusst und wie selbstverständlich auf diese Perspektive zuläuft und eben von diesem Ende oder besser: *Übergang* her zu verstehen ist.

- Man darf zumindest erwägen, ob diese hohe Akzeptanz eines kirchlichen Kasuals nicht auch bedeutet, dass die Frage, was denn danach kommt, trotz mancher etwas leichtfüßig daher kommender Auskünfte von vielen Kirchenmitgliedern sehr ernst genommen wird. Nimmt man den hohen Prozentsatz derer dazu, die von Zweifeln und Suchbewegungen reden, besteht hier vermutlich ein hoher Klärungs- und Auskunftsbedarf. Dieser zeigt sich in der Praxis ja etwa dann, wenn wir aus Anlass einer Bestattung mit den Angehörigen ins Gespräch kommen und die Vorstellungen thematisch werden, die diese haben und ggf. sehr engagiert vertreten.

(7) Gottesdienste, die in die Lebenswirklichkeit der Menschen hineinragen, werden besonders goutiert

Das Interesse an Gottesdiensten und ihre Nutzung hängen stark davon ab, ob und inwiefern dieses kirchliche Angebot zum eigenen Leben passt und in der eigenen Lebenswelt Relevanz besitzt. Das ist deutlich bei familiären Anlässen gegeben, aber eben auch an den hohen Feiertagen, an denen die kirchlichen Veranstaltungen für sehr viele Kirchenmitglieder zu ihrem Lebensvollzug dazugehören. Kirche, auch und gerade Gottesdienste werden dort wertgeschätzt, wo sie sich auf das eigene, individuelle Leben beziehen und seine Sakralität unterstützen.

Hier zeigt sich eine bemerkenswerte, wiederum zum Umdenken zwingende, aber auch Chancen eröffnende Tendenz:

- Gottesdienste sind dem Herkommen und ursprünglichen Charakter nach Veranstaltungen für alle, die sich an ein größeres Publikum richten und von daher auch nicht zu spezifiziert sein dürfen. Taufen im Gemeindegottesdienst stellen unter diesem Gesichtspunkt immer eine Herausforderung dar und wirken für viele traditionelle Gottesdienstbesucher als Fremdkörper. Moderne und postmoderne Mentalität erwartet dagegen gerade vom kirchlichen Gottesdienst ein Hereinragen des Sakralen in die eigene familiäre, individuelle, ja persönliche Sphäre.
- Hintergrund ist die schon von Émile Durkheim beschriebene, zuletzt von Hans Joas herausgearbeitete Verbindung von Individualität und Sakralität in der Moderne, für die die moderne Religion geradezu Inbegriff ist.[19] In der »Religion des Individuums« wird die Person selbst ein sakrales Objekt moderner Gesellschaft. Diese religiöse Anschauung des Individuums ist nicht

[19] Vgl. zur Sache *Undine Eberlein*, Einzigartigkeit: das romantische Individualitätskonzept der Moderne, Frankfurt a.M. 2000; *Hans Joas*, Die Sakralität der Person. Eine neue Genealogie der Menschenrechte, Berlin 2011.

> nur der philosophische Hintergrund dessen, was wir sozialwissenschaftlich als Individualisierungstrend beschreiben, sondern der tiefere Grund für die – philosophisch gesprochen – unbedingte Wertschätzung des Individuums.[20] Die Religion, »in der der Mensch zugleich Gläubiger und Gott ist« (É. Durkheim), erwartet geradezu, dass der eigenen Individualität letzte, unbedingte Wertschätzung begegnet. Und diese kann nicht höher ausfallen als dadurch, dass die Sakralität der Person durch das Sakrale, das Kirche repräsentiert, eine Würdigung erfährt.

Natürlich ist es aus theologischer Sicht notwendig, sich mit den hier möglichen Tendenzen einer Verabsolutierung des Individuums als Subjekt,[21] das sich und seine Wahrheit / seine individuelle Sicht der Dinge – etwa auch liturgisch – durchsetzen möchte, auseinanderzusetzen. Bei dieser kritischen Perspektive sollten Kirche und Theologie aber nicht stehen bleiben. Es bieten sich hier enorme Chancen, dem Selbstverständnis und den Bedürfnissen der Kirchenmitglieder zu entsprechen und dabei biblisch-theologische Grundeinsichten zu verdeutlichen. Zu denken ist etwa an die göttliche Wertschätzung jedes einzelnen Menschen als einem individuellen Gedanken/Projekt/Vorhaben des lebendigen Gottes.

So gesehen bedeutet es etwas, wenn der Pfarrer als Vertreter von Kirche als der sakralen Institution schlechthin die Sakralität der Person verdeutlicht und theologisch fundamentiert. Das kann nicht anschaulicher und schöner geschehen als durch eine Taufe, in der das Evangelium einem konkreten Menschen zugesprochen wird. Der Zuspruch eines unbedingten Wertes und einer letzten, nicht verlierbaren Würde passiert aber auch in anderen kirchlichen Handlungen. Dieser Zuspruch gehört geradezu zum Wesen des Evangeliums, das Kirche kommuniziert.

Bei dieser Kommunikation dürfen freilich Gestalt und Inhalt nicht im Verhältnis einer kognitiven Dissonanz stehen. Sprich: Die individuellen Prägungen und Erwartungen dürfen dann nicht einfach negiert werden, sie müssen aufgenommen, gewürdigt, wertgeschätzt, wenn auch nicht unkritisch umgesetzt werden.

Je mehr wir *als Kirche* die individuellen Lebenswelten und Lebensverhältnisse nicht als Abweichung von einer – im Regelfall bürgerlichen oder konservativen – Norm werten, sondern bei den gegebenen Anlässen und Gelegenheiten individuell würdigen, umso mehr werden auch Kirchenmitglieder, die dem ortsgemeindlichen Leben fern stehen, Kirche akzeptieren und wertschätzen. Als Grundsatz gilt: *Kirchliches Handeln kann sich gar nicht genug individualisieren und d.h. auf die Menschen zubewegen.* Die Unterscheidung der unterschiedli-

[20] Diese kann dann postmodern umschlagen in eine Verabsolutierung des Individuums, das sich an die Stelle des traditionell Absoluten, also an die Stelle Gottes setzt.

[21] Vgl. F. Nietzsches prophetische Ansage des Individuums als etwas Absolutem, das sich nach dem Tode Gottes an dessen Stelle setzt.

chen Milieus bietet hierzu eine ausgezeichnete, wenn auch immer etwas schematisch bleibende Orientierungshilfe.

Es leuchtet ein, dass die Kasualien die Gestalt von Kirche darstellen, mit denen diese am weitesten und ehesten in die Lebenswelten der Menschen hineinreicht. Das Projekt eines milieusensiblen und milieudifferenzierten Taufmanuals[22] ist ein erster Schritt, die gegebenen Einsichten exemplarisch umzusetzen.

(8) Gottesdienste mit event-Charakter finden besonderes Interesse und können eine Milieugrenzen überschreitende Funktion haben

Obwohl besondere Gottesdienste ihrem Charakter entsprechend nur eine verkleinerte Zielgruppe erreichen, finden sie ein Interesse, das dem an Gemeindegottesdiensten nahezu entspricht. Es wird auch ein Nutzungsgrad angegeben, der nahe bei dem der Sonntagsgottesdienste liegt.

Gottesdienste mit *event*-Charakter bieten eine Reihe von Vorteilen:

- Sie bieten die Chance, flexibel auf Ereignisse, Anlässe und Anliegen zu reagieren. Ort, Zeit, Rahmung können angepasst werden.
- Sie können zielgruppen-, milieu- oder typenorientiert formatiert werden. Das bietet die Chance, einen speziellen Adressatenkreis sehr präzise, damit attraktiv anzusprechen und auf seine Bedürfnisse, Fragen, Herausforderungen und Probleme konkret Bezug zu nehmen.
- Sie können sehr niederschwellig angelegt werden. Vieles, was nicht in der Kirche geschieht, wird von Teilnehmern gar nicht als »kirchlicher Gottesdienst« empfunden werden, wohl aber als ein Hereinragen von Kirche in den eigenen Lebensbereich.
- Eine *event*-Formatierung bietet darüber hinaus die Chance, Menschen, die wir sonst durch unsere Regel-Angebote eher nicht erreichen, einmalig (mehrmalig?!) anzusprechen und damit einen weitergehenden Kontakt anzubahnen. Wichtig ist für diese Zielsetzung, dass die entsprechenden Veranstaltungen als einzelne, für sich gegebene und stattfindende Ereignisse formatiert sind.

Mit der Eventisierung kirchlichen Lebens sind eine Reihe von Herausforderungen, man mag auch von Gefahren sprechen, verbunden.[23] Zu nennen sind

- die Gefahr mangelnder Ernsthaftigkeit,
- die Gefahr einer Konsumer-Mentalität,
- die Gefahr mangelnder Bindung und Verbindung zur Kirchengemeinde, und sicherlich auch:

[22] Vgl. *Heinzpeter Hempelmann / Benjamin Schließer / Corinna Schubert / Markus Weimer*, Taufe. Wie die Milieuperspektive konkret und relevant wird, Neukirchen-Vluyn 2013.

[23] Vgl. *Michael Herbst*, »Event-ualität« – Neue Normalität in Gemeinde und Kirche. Festvortrag aus Anlass der Verleihung des Sexauer Gemeindepreises am 5. Januar 2013.

- die Gefahr einer Überanstrengung von Haupt- und Ehrenamtlichen in einer Kirchengemeinde.

Man wird diese Einwände beherzigen und das eigene Handeln immer wieder an ihnen überprüfen müssen. Zweierlei ist aber dennoch metakritisch zu bemerken:
- Die formulierten Einwände verdanken sich zum größeren Teil selber einer Mentalität und Prägung, auch einer Ekklesiologie, die ein bestimmtes Bild von Gemeindeleben und Gemeindegottesdienst als Norm voraussetzt. Haben aber nicht genau solche normativen Vorstellungen und ihre Umsetzungen ausschließenden Charakter? Distanzieren wir nicht genau jene Menschen damit, die wir als Volkskirche erreichen wollen? Viele Menschen kommen nicht in Gottesdienste, weil sie Kirche als Spaßbremse empfinden und erfahren. Viele wollen auch religiös zunächst einmal unterhalten sein, und kann das nicht ein Einstieg sein? Viele wollen sich gar nicht binden, und würden sie einen entsprechenden »Braten riechen«, würden sie sich schnell abwenden. Aber bietet nicht auch schon ein isolierter, einzelner Kontakt die Möglichkeit, Vorurteile zu ändern und einen neuen Zugang zu finden?
- Der moderne und v.a. postmoderne Zeitgeist ist nicht orientiert an dem Konstanten, Unveränderlichen, Regelmäßigen, Kontrollierten und Normierten. Ein so organisiertes »Leben« entspricht nicht der eigenen Lebensweltlogik. Angebote, die demgegenüber aus dem Rahmen fallen, eine Verwandtschaft mit dem eigenen Lebensstil zeigen, etwa kirchliche Feste, Feiern, Parties, und in die eigene Lebenswelt hineinragen, sie mindestens berühren, bieten die Chance zu Kontakt und Kennenlernen.

Wir müssen sehr sorgfältig bedenken, ob eine bestimmte Gottesdienstkultur und eine entsprechende Ekklesiologie nicht bloß eine ebenfalls milieubedingte und geschichtlich gewordene Lebensweise unter der Hand als – eigentlich – allein richtig und normativ sanktifizieren. Es könnte dann sein, dass wir uns als Kirche in einer konservativ-traditionsorientierten Fixierung immer mehr von den Menschen in unserer Gesellschaft, auch von der Mehrheit der Mitglieder entfernen. Die Angaben für die Nutzung des sonntäglichen Regelangebotes sprechen hier eine alarmierende Sprache.

(9) Gottesdienste, die das Kirchenjahr aufnehmen und das Leben gliedern, werden gerne angenommen

Ganz erstaunlich ist die sehr positive Annahme der Gottesdienste zu besonderen christlichen Festen. Wenn die Beobachtung nicht täuscht, nehmen die Zahlen der Gottesdienstbesucher zu bestimmten hohen kirchlichen Feiertagen nicht ab, sondern eher zu. Das trifft nicht für Pfingsten und Ostern zu, wohl aber für die Weihnachtszeit und speziell den Heiligen Abend. Hier ist aber nicht nur an die sich jährlich wiederholenden Rhythmen zu denken, sondern etwa an die

Bedeutung, die eine Konfirmation schon Jahre vor ihrer Durchführung für eine Familie und deren Freundes- wie Bekanntenkreis haben kann.

Religionsphilosophisch und religionssoziologisch ist dieser Sachverhalt beides: erstaunlich, aber erklärbar:

- Erstaunlich ist er angesichts der immer noch dominierenden Säkularisierungsthese Max Webers, gemäß der sich Gesellschaften umso mehr von ihren religiösen Grundlagen entfernen, je mehr sie sich modernisieren.
- Erklärbar ist der Trend zum Festhalten an christlich-kirchlichen Rhythmisierungen des Lebens – bis hin zu einem verstärkten Gebrauch christlicher Begriffe für Feiertage[24] – als Reaktion auf die bestimmenden Megatrends Flexibilisierung und Mobilisierung, die mit einer immer weitergehenden Entwurzelung und in der Folge mit Verunsicherungen des Individuums verbunden sind.[25] Das Kirchenjahr bietet demgegenüber überindividuell gültige, auch staatlich noch geschützte Rhythmen, auf die sich die Einzelnen wie Korporative einlassen, weil sie Halt und Entlastung bedeuten – auch dann, wenn sie nicht zum Besuch kirchlicher Veranstaltungen genutzt werden.

Gottesdienste, v.a. an Weihnachten, aber auch in der Adventszeit oder am Ende des Jahres können ein Angebot sein, das man gerne nutzt. Voraussetzung ist eine kirchliche Unaufdringlichkeit, die religiös-anthropologischen Grundbedürfnissen in ihren Veranstaltungen eine Stimme und Ausdruck verleiht. Dazu können selbstverständlich auch Konzerte in der Passionszeit gehören, die behutsam gottesdienstlich formatiert werden können und etwa zum Hören, Beten, zur Besinnung einladen.
Die Bedürfnisse,

- zu resümieren,
- einen neuen Anfang zu machen,
- über den Sinn des eigenen Lebens nachzudenken,
- innezuhalten und sich bewusst zu entschleunigen,

werden von einer wachsenden Zahl von Menschen artikuliert. Entsprechende, auch gottesdienstliche Angebote werden v.a. von Menschen, die von Sinus dem Säkular-Distanzierten Typus zugeordnet werden, positiv angenommen.[26] Es sind gerade die, die in verbundener Halbdistanz zur Kirche leben, die solche Angebote, die ihnen Distanz lassen, aber Identifikation auf Zeit ermöglichen, goutieren.[27]

24 Ein Beispiel: Die Bezeichnung *Vatertag* tritt überraschend wieder zurück zugunsten der kirchlichen *Himmelfahrt*.

25 Zur soziologischen Perspektive vgl. *Ulrich Beck*, Risikogesellschaft. Auf dem Weg in eine andere Moderne, Frankfurt a.M. 1986 (und spätere Auflagen).

26 Klassische Konzerte im kirchlichen Kontext sind auch für 41 % der Säkular-Distanzierten von Interesse!

27 Fulbert Steffensky sagt in seinem Vortrag zur Eröffnung des Kongresses »Wachsende Kirche« am 11.4.2008 in Stuttgart: »Menschen sind auf Zeit Gast in einem Haus, das ihnen nicht gehört und in dem sie nicht zuhause sind. Sie leihen sich Sprache, Räume, Zeiten und Gesten für die Not oder das Glück ihres Herzens. Sie brauchen das Haus, aber sie wollen dort nicht zuhause sein. Sie wollen,

Ergebnis 3:
c) Konsequenzen

Die Konsequenzen liegen nahe, sind aber natürlich kybernetisch Sache der kirchenleitenden Ebenen im Land, im Distrikt wie vor Ort. Sie sind theologisch eine Frage der ekklesiologischen Orientierung, mental eine Frage der Bereitschaft zum Wandel.

(1) Vielfalt präsentieren

Gottesdienste gehören offenbar zum Markenkern dessen, was evangelische Kirche heißt. Wir präsentieren dementsprechend: *Wir stehen für Gottesdienst. Kirche – das ist die Institution, die für Gottesdienst steht.* Das ist nach wie vor eines unser Alleinstellungsmerkmale. Gleichzeitig visualisieren wir die Vielfalt von Gottesdiensten, die Vielfalt der Zeiten und *locations,* die Vielfalt der Adressaten, die Unterschiedlichkeit der Menschen, die wir erreichen – jetzt schon. Möglich ist das nur, wo und wenn wir ein Kirchturmdenken überwinden und beginnen, von der kirchlichen Region her zu denken, ganz gleich ob Distrikt oder Bezirk. Das, was da ist in einer Region, gilt es anziehend zu präsentieren. Denkt man nicht nur an die eigene Kirchengemeinde, sondern an all das, was es an gottesdienstlichen Veranstaltungen um uns herum gibt, in den Nachbargemeinden, im Kirchenbezirk und in nahe gelegenen kirchlichen Anziehungspunkten, wird erst die faktische Vielfalt und der Reichtum wahrnehmbar, den Volkskirche mühelos mit sich bringt.

☛ Hilfreich kann dafür ein Gottesdienstkataster sein, wie ich es für das EKD-Zentrum für Mission in der Region entwickelt habe. Als analytisches Wahrnehmungsinstrument erhebt es, was alles überhaupt, wo, wann, mit wem und für wen passiert.

(2) Unterschiedliche Gewichtungen von Gottesdienst und Kirche am anderen Ort realisieren

Wir denken gemeinde- und kirchenleitend um und nehmen die Empfindungen und Selbsteinschätzungen der befragten Menschen im Land ernst. Für diese ist nicht der Sonntagmorgengottesdienst die Zentralveranstaltung von Kirche, sondern das, *was sie als Kirche und Gemeinde in teilweise völlig anderen Zusammenhängen erleben.* Das Regelangebot am Sonntagvormittag ist – entgegen aller theologischen Überhöhung – de facto eine Submilieuveranstaltung. Sie

dass wir uns nicht verleugnen. Sie wollen nicht, dass wir die Sprache und die Gesten zu Tode erklären. Sie wollen in ein fremdes Haus gehen. Vielleicht ist diese Sprache überhaupt nur in ihrer Fremdheit für sie zu sprechen und zu ertragen. Sie wollen nicht, dass es ihre Sprache ist und dass sie ihnen auf den Leib zugeschnitten ist. Die Fremdheit lässt ihnen Distanz und Ambivalenz. Sie sind in einem Haus, und es schützt sie auf Zeit, aber sie sind nicht zuhause und sie wollen dort nicht zuhause sein. Sie spielen die Clowns der Hoffnung in einer fremden Sprache. Man kann Fremdes manchmal besser verstehen und annehmen als immer schon Verstandenes und immer schon Gewusstes. Es ist schon erstaunlich, was Menschen heute alles annehmen, obwohl es nie in ihrer Tradition gelegen hat.«

wird von bestimmten Adressaten, v.a. den traditionellen Kirchgängern, gerne angenommen. Diese treue Klientel soll Kirche halten und pflegen. Sie darf sich aber nicht auf sie fokussieren. Vielmehr müssen wir fragen, wie die Mitglieder angesprochen werden können, die genau diese Hauptveranstaltung nicht als solche annehmen. Wie wir sahen, reden wir dabei nicht von einer Minderheit, sondern von der überwiegenden Mehrheit der eigenen Mitglieder. Wie wir ebenfalls sahen, haben diese Glieder dafür gute, v.a. in der Lebenswelt liegende, also unmittelbar einleuchtende, evidente Gründe. Die Ferne zur Regelveranstaltung am Sonntagmorgen bedeutet alles andere als Kirchendistanz oder gar Distanz zu Gott und Glaube. Engagierte wie nicht am Leben partizipierende Mitglieder empfinden den Gottesdienst am Sonntagmorgen weithin nicht als *ihren* Gottesdienst, *ihre* Kontaktstelle zu Kirche.

Aus der Einsicht, dass der sonntägliche Regelgottesdienst für die meisten Kirchenmitglieder nicht die Hauptveranstaltung ist, resultiert ganz praktisch, dass wir nicht nur umdenken, sondern auch Ressourcen umleiten müssen. Wieviel Einsatz an Kraft, Zeit und Geld darf diese eine Form von Gottesdienst kosten, die aus vergangenen Zeiten in unsere vielfältig pluralisierte und fragmentierte Situation hineinragt und ganz offenbar trotz aller Anstrengungen nicht die Kraft hat, alle oder die Mehrheit der Mitglieder zu integrieren? Im Hinblick auf das Jahr des Gottesdienstes in der Evangelischen Landeskirche in Württemberg bedeutet der vorliegende Befund, dass programmatisch über den Sonntagmorgengottesdienst hinaus gedacht werden sollte. Es ist sehr gut, wenn dieser optimiert wird. Die Ergebnisse der Untersuchung zeigen, dass das aber nicht reicht.

☛ Durch Zusammenarbeit auf regionaler Ebene ergeben sich Perspektiven, wie (a) einerseits dieses weiterhin wichtige Regelangebot aufrechterhalten werden kann, (b) andererseits Ressourcen frei werden für ergänzende gottesdienstliche, die Veränderungen unserer gesellschaftlichen Wirklichkeit aufnehmenden Angebote. Es ist nicht plausibel zu machen, dass in Groß- und auch Mittelstädten in Nahdistanz liturgisch nahezu identische, vom Charakter her kaum unterscheidbare Gottesdienste in lokaler Nachbarschaft und zeitlicher Parallelität zueinander stattfinden, die dazu auch noch vielfach (sehr) schwach besucht werden. Nahezu dasselbe Angebot zur selben Zeit nahezu am selben Ort für nahezu dieselbe Klientel mit gleichzeitig geringer Beteiligung? Worin liegt der Sinn? Ist Kirche noch da, wo die Menschen sind? Und, vertut sie hier nicht die Ressourcen, die sie woanders dringend brauchen könnte?

(3) Empfundene Verbundenheit würdigen

Menschen sehen sich ihrer Kirche mehr verbunden, als das der Einschätzung von Haupt- und Ehrenamtlichen entspricht. Die offizielle kirchliche Sicht lässt sich freilich leiten von einer Perspektive, die den sonntäglichen Gottesdienstbesuch als Regel- und eigentlichen Normalfall unterstellt. Wenn Menschen sich einen »regelmäßigen« Gottesdienstbesuch attestieren, wo wir vielfach nur das

Fehlen von Menschen diagnostizieren, muss sich die Perspektive ändern oder mindestens ausdifferenzieren. Wer 3–4 mal im Jahr einen Gottesdienst besucht, der nutzt – aus seiner Perspektive – dieses Angebot »regelmäßig«. Stellt man sich auf diese ganz andere, gegenläufige Sicht ein, sind – aus unserer Sicht – »seltene Gäste« eben nicht zu verurteilen, weil sie »ja nur an Weihnachten in die Kirche springen«, sondern zu begrüßen als Personen, die sich als Glieder verstehen, die sich zur Kirche halten, ihr nahestehen, dies durch regelmäßige Besuche dokumentieren und ja auch nicht unbeträchtliche finanzielle Mittel einsetzen.

☛ Dass man den Begriff »regelmäßig« auch anders verstehen kann, dass Kirche noch viel mehr zu bieten hat, das sich auch noch lohnt, dass das Evangelium ggf. noch mehr an hilfreicher und heilender Kraft entfalten kann, wenn wir uns ihm noch intensiver aussetzen und öfter stellen – all das dürfen wir bei den gegebenen Gelegenheiten trotzdem werbend, aber eben nicht verurteilend, aus einer reinen Defizitperspektive heraus, verdeutlichen.

(4) Kirche en passant *würdigen*

Es gehört sicher zu den Ent-Täuschungen, die für viele Pfarrer und Pfarrerinnen schmerzlich sind, dass sehr viele Kirchenmitglieder den eigenen Arbeitsschwerpunkt nicht entsprechend goutieren. Dieser Auskunft korrespondiert aber in der SSBW eine andere, höchst erfreuliche. Kirchenmitglieder erleben ihre Kirche nicht nur im Zweitgottesdienst oder am dritten Ort.[28] Da treffen sich Christenmenschen, spontan, um ein Anliegen, auf Zeit, flexibel und mobil, was Ort und Zeit angeht, aber dieses Treffen bedeutet ihnen etwas, für ihren Glauben; sie erfahren Gemeinschaft. Vielleicht informieren sie den Pfarrer, vielleicht aber auch nicht. In jedem Falle verstehen sie sich als Kirche. Ist das Kirche? Ja, das ist Kirche. Ist das Gottesdienst? Liturgisch nicht, aber mental und real, gefühlt: ja. Kirche ereignet sich, Gottesdienst passiert sehr häufig an den eingespurten, für viele aber gerade deshalb nicht attraktiven Wegen vorbei. Gelingt es der verfassten Kirche, das angstfrei zu würdigen; sich an dem zu freuen, was hier tatsächlich aufbricht, an Kirche *en passant*, bei Gelegenheit und im Vorübergehen, inmitten der Wechselfälle des Lebens? Kann sie auf Kontrolle verzichten (*da muss aber immer ein kirchlich ordinierter Mitarbeiter dabei sein*); kann sie Versuche der Normierung zurückstellen?

Der Herr der Kirche wirkt manchmal gerade da sehr unmittelbar, wo Kirche da und dort etwas erstarrt und wirkungslos erscheint – übrigens auch an traditionsorientierten, manchmal etwas eingefahrenen Frömmigkeitsformen vorbei.

Kirchen- und gemeindeleitend dürfen wir dieses Leben begrüßen und fördern, uns aber vielleicht zunächst einmal nur an ihm freuen. Vielleicht finden wir auch zu Formen, es theologisch zu würdigen.

[28] Vgl. *Uta Pohl-Patalong*, Ortsgemeinden und übergemeindliche Arbeit im Konflikt. Eine Analyse der Argumentationen und ein alternatives Modell, Göttingen 2003; *dies.* (Hg.), Kirchliche Strukturen im Plural. Analysen, Visionen und Modelle aus der Praxis, Schenefeld 2004; *dies.*, Von der Ortskirche zu den kirchlichen Orten. Ein Zukunftsmodell, Göttingen 2. Aufl. 2005.

Es ist dieses Engagement in der Kirche und dieses gottesdienstliche Handeln unter ihrem weiten Dach ein weiterer Beleg dafür, dass man geistliches Leben nicht zählen kann. Für unsere Erhebungsinstrumente und die ihnen korrespondierende Ekklesiologie bedeutet das: Gemeindewachstum gibt es nicht nur dort, Gemeindeaufbau war nicht nur dort erfolgreich, wo die Zahlen der Gottesdienstbesucher am Sonntagmorgen steigen. Kirche ist viel mehr als das. Gottesdienst geschieht vielfältig auch woanders.

☛ Ohne dass das einen zwanghaften Charakter bekommen dürfte, wäre es aber gut, solche spezifisch postmodernen: flexiblen, mobilen, kurzfristigen gottesdienstlichen Ereignissen eine Minimalform zu bieten; allen, die das wollen, ein Format anzubieten, an dem sie sich orientieren können. Es gibt an vielen Stellen die Beobachtung, dass Andachten gerne mit gottesdienstlichen Elementen angereichert werden. Hier äußert sich das Bedürfnis nach »Gottesdiensten« am andern, dritten oder gar vierten, völlig unkirchlichen Ort.

(5) Lebens-Begleitung intensivieren

Grundsätzlich gilt, dass wir Kapazitäten für ergänzende Gottesdienstformate brauchen. Was sich auf der Basis der SSBW nahelegt – dazu hier einige wenige Anregungen:

Die Megatrends unserer gesellschaftlichen Entwicklung befördern das dem Menschen ohnehin eigene Bedürfnis nach Sicherheit und Absicherung. Je nach Milieu kann dieses natürlich eine sehr unterschiedliche Gestalt haben. Das ändert nichts daran, dass es sich um eine anthropologische Konstante handelt. Globalisierungsfolgen, Flexibilitätszumutungen, Mobilitätsanforderungen im beruflichen Bereich, fragmentierte Biographien, Autonomieimperative und vieles mehr führen dazu, dass Menschen in verstärktem Maße fragen, wo der Horizont und Rahmen, der Grund und Halt ist, der ihnen diese zugemuteten Lebensentwürfe ermöglicht – das gilt selbst dann, wenn sie diese grundsätzlich bejahen, wie etwa die Milieus der Performer und Expeditiven.

Die hohe Zustimmung zum Beerdigungsstatement im Verein mit anderen hohen Werten bei Aussagen, die einen metaphysisch-religiösen Halt betonen, zeigen: Kirche wird von Kirchenmitgliedern in dieser Hinsicht eine hohe Kompetenz zugeschrieben.

Relevant sind Veranstaltungen, die in das Leben von Menschen hineinragen; noch besser: das Leben begleiten. Diese Lebensbegleitung wird heute – anders als früher – vielfach nicht mehr kontinuierlich sein können. Umso wichtiger ist es, dass Kirche an den Eckpunkten, die vielfach auch Knackpunkte darstellen, präsent ist. D.h. konkret z.B.:

☛ Wir nutzen die bereits vorhandenen, bereits sehr gut angenommenen Kasualien als Instrumente der Lebensbegleitung, etwa durch das Konzept gestreckter Kasualien. Die »bloß« punktuelle Begegnung mit Kirche beim Anlass von Taufe, Konfirmation, Trauung oder Beerdigung kann zu einem Lebensabschnitt werden, in dem Menschen, die in besonderer Weise herausgefordert sind, *Weg*-Weisung erfahren und sich des Segens der Kirche, d.h.

göttlicher Unterstützung für ihr Leben, vergewissern.[29] Diese punktuellen Begegnungen können ein Lebenslaufband ergeben, das eine erhebliche, prägende Wirkung entfaltet. Sie dürfen nicht geringgeachtet werden.

☛ Wir strecken aber nicht nur die vorhandenen Kasualien, wir bilden auch neue kirchliche Handlungen, die in Fürbitte und Segnung einmünden. Wir denken dabei von den Bedürfnissen der Menschen her. Wir beachten besonders die Neuanfänge und die Abschiede. Beide Typen von Ereignissen stellen einen Wechsel dar. Wechsel sind mit Umstellungen verbunden und bedeuten schon insofern eine Herausforderung.

- Wie wäre es bspw. mit Angeboten für Berufsanfang und Studienbeginn, für das Ausscheiden aus dem Beruf oder den Wechsel in eine neue Tätigkeit?
- Wie wäre es mit Präsenz aus Anlass von Umzug bzw. Zuzug, mit einer persönlichen Begrüßung statt eines anonym zugestellten Begrüßungsbriefes?
- Wie wäre es mit Besuchen in der Lebensmitte und nicht erst »am Ende des Lebens«; mit einer Aufmerksamkeit zum 40. oder 50. Geburtstag, wenn es um zentrale Weichenstellungen für das weitere Leben und Vergewisserungen über den richtigen Weg geht?
- Wie wäre es mit Gottesdiensten für alle, die in diesem Jahr 50 Jahre alt werden und in denen wir einen Rückblick, ein Innehalten anbieten, vielleicht verbunden mit einem attraktiven, milieudifferenzierten Rahmenprogramm, das in einem milieuübergreifenden Akt der Segnung und Aussendung gipfelt?

(6) Individualität inszenieren

Es widerspricht nicht dem christlichen Glauben, sondern entspricht der in seiner Mitte stehenden Liebe Gottes zu jedem einzelnen Menschen, das Individuum hoch zu schätzen. Es widerspricht nicht christlicher Ethik und Spiritualität, nach den Wünschen des Einzelnen zu fragen, sondern entspricht vielmehr dem schöpfungstheologisch fundamentalen Sachverhalt, dass jeder Mensch ein individueller Gedanke Gottes ist. Die Hochschätzung, ja selbst noch die Verabsolutierung des Individuums in unserer Gesellschaft spiegelt dieses christliche Erbe von Ferne wider.

Für unser kirchliches Handeln bedeutet das:

☛ Wir kultivieren eine Haltung der Wertschätzung. Individuelle Wünsche sind nicht zunächst lästig und an der Elle dessen zu messen, was üblich und die Norm ist. Sie sind willkommen und werden soweit möglich berücksichtigt. Diese Haltung spiegelt eine Kirche wider, die nicht mehr hoheitlich erwartet, dass Menschen zu ihr kommen und sich – gefälligst – anpassen. Sie ist Ausdruck einer Kirche, die bei den Menschen ist, zu den Menschen geht, ihnen entgegen kommt. Diese Haltung kann enorme Konsequenzen haben,

[29] Die Reaktionen der enttäuschten Kritiker zeigen ja spiegelbildlich ebenfalls die teilweise hohen Erwartungen, die man in der besprochenen Hinsicht an Kirche hat.

wenn es etwa ganz konkret darum geht, wie eine Taufe oder Trauung zu gestalten ist. Im »Handbuch Taufe« habe ich zusammen mit theologischen Weggefährten mindestens angedeutet, was es bedeutet, sich auf die fragmentierten Lebenswelten und die daraus resultierenden individuellen Wünsche einzustellen.

☛ In Aufnahme zu dem bereits in (5) vorgetragenen Vorschlägen bedeutet dies weiter: Wir suchen Menschen auf in den für sie relevanten Lebenssituationen. Wir schaffen Überschneidungsflächen zwischen der Lebenswirklichkeit des Menschen und kirchlichem Leben. Der Geburtstagsbesuch, auch in der Lebensmitte, ebenso wie die Feier zur goldenen Konfirmation, das Feuerwehrfest mit integriertem Gottesdienst wie das Aufsetzen des Maibaumes, die Präsenz beim Stadtfest, bei dem die Kirche mit ihren Angeboten mitten dabei ist, sind nicht zusätzliche Angebote, die uns neben dem Regelangebot auch noch Kraft kosten, die wir eigentlich nicht mehr haben. Sie sind der Kern pfarramtlicher Tätigkeit, will sagen: Kommunikation des Evangeliums *da, wo die Leute sind*; da, wo die Menschen *leben*.

(7) Kirchliche Event-Kultur fördern und entwickeln

Event wird heute vielfach assoziiert mit postmoderner Lebensweise. Event ist für viele leicht anrüchig und etwas unseriös. Diese geläufigen Assoziationen verdanken sich aber selber einer mindestens teilweise konservativ-elitären Ästhetik, die das Regelmäßige, Konstante, Niveauvolle, das Althergebrachte goutiert. Diese eignet sich schon deshalb nicht als Norm kirchlicher Handlungen, weil sie den Blick darauf verstellt, wie sehr Religion und *event* traditionell zusammengehören, ja dass Glaube geradezu vom Event, dem erfahrenen und prägenden Erlebnis-Höhepunkt lebt. So ist etwa die Festkultur in Israel eine *event*-Kultur. Die einfache und arme Bevölkerung hatte gar keine Chance zu regelmäßigem Gottesdienstbesuch. Die Feste, zu denen man, wenn man konnte, nach Jerusalem hinaufzog, waren die *events*, auf die man hinlebte und die das ganze Jahr prägten. In ähnlicher Weise spielen heute die alle 2 Jahre stattfindenden Kirchentage eine Rolle als *events*, die den Glauben sehr vieler Menschen anregen und bereichern, die sich sonst in »der Kirche«, gemeint ist: in ihrer Kirchengemeinde, nicht zu Hause fühlen, bei ihr nicht »andocken« können.

Events sind aufwendiger in Planung und Durchführung als regelmäßige Veranstaltungen. Zugleich kommt ihnen eine besonders prägende, manchmal eine ein Leben lang anhaltende Bedeutung zu. Das können Kirchentage sein, aber auch eine Konfirmandenfreizeit, die unvergesslich bleibt, weil hier Glaube eine lebensweltlich anschauliche und relevante Gestalt gefunden hat.

☛ In diesem Sinne ist zu prüfen, ob die Formen von Dauervergemeinschaftung, die einigen Ekklesiologien als Idealbild zu Grunde liegen, nicht zu ergänzen sind durch andere Sitze im Leben einer Kirche, die mit den Menschen feiert und lebt, wo und wie es sich heute ergibt: auf Straßen und Plätzen, an den – auch mentalen und kulturellen – Hecken und Zäunen.

Wo der Kirche das gelingt, wo sie – noch vermehrt – bei den Menschen ist, da kann sie es auch gelassener nehmen, dass viele Menschen aus angestammten traditionellen Formaten von Kirche und Gottesdienst ausgezogen sind und ihre alten Gemäuer teilweise funktionslos geworden sind. Sie hat ja dann neue lebensweltliche Behausungen und gottesdienstliche Formate gefunden.

Ergebnis 4: Bis zu knapp 20 % der Mitglieder leben und arbeiten in Gemeinschaften und Gemeinden innerhalb und außerhalb der Landeskirchen mit

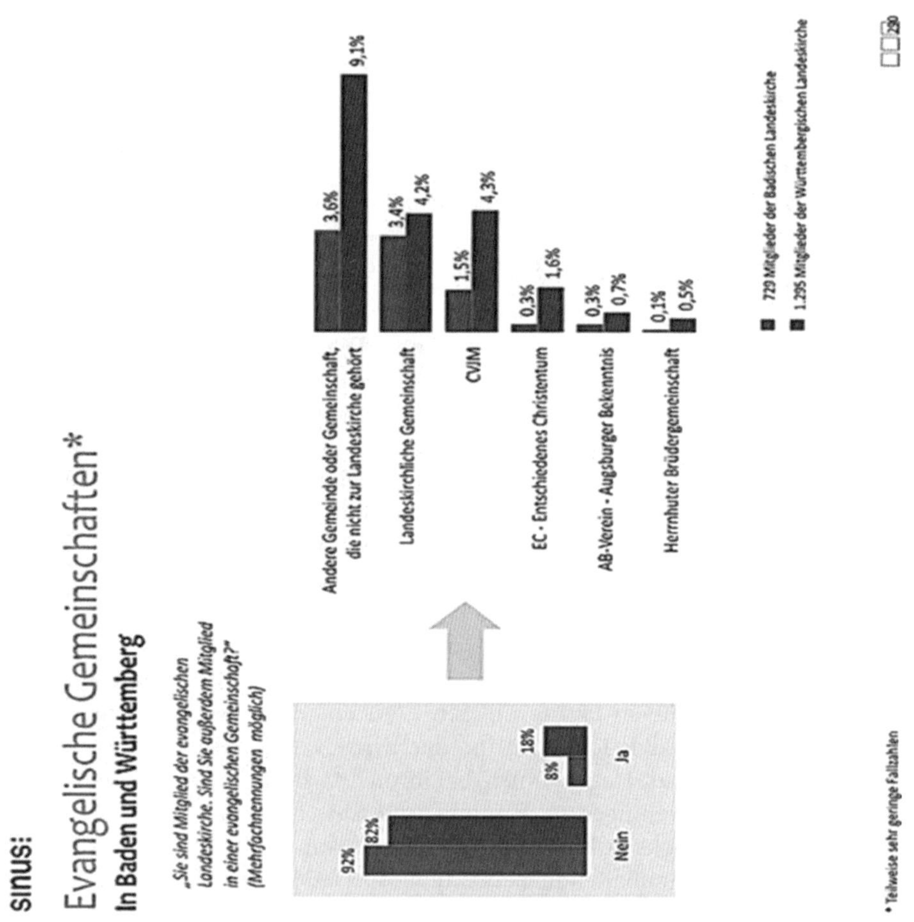

Die Graphiken werten Erhebungen aus, mit denen eine der Ausgangsfragen nach der Rolle von neupietistischen und independenten Gemeinden und Gemeinschaften und ihrer Bedeutung für Mitglieder der evangelischen Kirchen in Baden und Württemberg beantwortet werden sollten.

Die Werte differieren für Baden (erste bzw. obere Säule) und Württemberg (zweite bzw. untere Säule). Für die ELKWü sind sie höher. Besonders bemerkenswert ist der Sachverhalt, dass fast 10 % der Glieder der württembergischen Kirche gleichzeitig in einer Gemeinde oder Gemeinschaft mitleben, die nicht zur Landeskirche gehört. In Baden sind dies erheblich weniger.

Insgesamt sind es 18 % (Württemberg) bzw. 8 % (Baden) der Kirchenmitglieder, die sich auch in anderen Gemeinschaften engagieren.

Ergebnis 4
b) Interpretation

Die genannten Werte liegen weit über dem Bundesdurchschnitt der EKD-Gliedkirchen. Besonders spannend wird es, wenn man dieses Ergebnis nach Typen ausdifferenziert und dann etwa den Grad an Bereitschaft zu Mitarbeit und einer kirchen- bzw. institutionenkritischen Haltung abfragt.

Ein Beispiel kann das zeigen: Wir fokussieren den Typus der *Christen im Alltag* (CiA). Im Typenvergleich finden wir hier den höchsten Anteil in der Übernahme von Leitungsaufgaben und ein sehr hohes Maß an Mithilfe bei kirchlichen Veranstaltungen wie ehrenamtlicher Mitarbeit in kirchlichen Arbeitszweigen.[30] Gleichzeitig muss man auf Grund der breit gefächerten Partizipation an anderen Gemeinden und Gemeinschaften vermuten, dass 27 % der Evangelischen in Baden und Württemberg ihre geistliche und gemeindliche Heimat in einer anderen als ihrer Ortsgemeinde finden.

Ein ähnlich Besorgnis erregender Sachverhalt ergibt sich im Hinblick auf die *Sozial Engagierten* (SE). Bei den SE findet sich der mit Abstand »größte Anteil an aktiver Beteiligung am kirchlichen Leben: 78 % bringen sich in unterschiedlicher Weise in der Kirchengemeinde ein«.[31] Gleichzeitig engagieren sich 24 % der SE in einer anderen Gemeinde oder Gemeinschaft und leben dort mit.

Wir wählen einen dritten Typos, den der *Enttäuschten Kritiker*. Zwar ist hier die Zahl derer, die sich in einer anderen Gemeinde oder Gemeinschaft engagieren, unterdurchschnittlich, angesichts der für den Typos charakteristischen Zurückhaltung gegenüber den Angeboten der Institution Kirche aber wiederum signifikant. Wenn unter den EK mehr als 10 % in einer anderen Gemeinde oder Gemeinschaft, die nicht zur Landeskirche gehört, mitleben, dann ist mit den Händen zu greifen, dass diese Kirchenmitglieder bei gleichzeitiger Distanz zur Landeskirche und Affinität zu Freikirchen eine mentale Bereitschaft entwickeln, sich von der Landeskirche zu lösen und sich einer Freikirche anzuschließen.

Ergebnis 4
c) Konsequenzen und Impulse

Was tun die evangelischen Landeskirchen, um Menschen an sich zu binden, die einerseits zu ihren treuesten Gliedern gehören, eine überdurchschnittliche Einsatzbereitschaft signalisieren, andererseits aber offenbar schon dabei sind, sich

[30] Vgl. SSBW, 99.107.
[31] SSBW, 151.

in innerkirchlichen und freikirchlichen Gemeindeformaten zu engagieren und zu beheimaten?

Es gibt eine Erosion am Rande der Volkskirche: Menschen verlassen eine Kirche, zu der sie (fast) keinen Bezug mehr haben. Und es gibt einen Exodus aus ihrer Mitte: Menschen verlassen die Kirche, weil ihnen diese nicht genug bietet; weil sie »mehr Kirche« wollen.

Die Frage ist, ob hier die herkömmlichen Rezepte (in Württemberg etwa das sog. Pietistenreskript oder die Pietismusgespräche) noch ausreichen. Wo es früher gang und gäbe war, dass Kirchenmitglieder sowohl in ihrer örtlichen Kirchengemeinde als auch in der Gemeinschaft verwurzelt waren, in beiden sozialen Kontexten mitwirkten und auf natürliche Art Brücken zwischen diesen Größen herstellten, da stirbt dieses Modell, je weniger Zeit für ein Engagement auf beiden Seiten bleibt.

Was können die Kirchen, Kirchenbezirke und Kirchengemeinden tun, um dieses spezielle Klientel zu binden; ihm Möglichkeiten zur Partizipation zu bieten; seinen Anliegen gerecht zu werden? Das könnte eine Schlüsselfrage für Kirchen sein, die nicht nur Mitglieder gewinnen wollen, sondern die Mitglieder, die sie haben, behalten wollen. Es wird sich lohnen, zur Beantwortung dieser Fragen einerseits die Spezifika der Haltungen, vor allem der Vorbehalte und Erwartungen, detailliert wahrzunehmen und andererseits die lebensweltlichen Verankerungen der Einstellungen zu berücksichtigen. Auch wenn die Gemeinden und Gemeinschaften oft eine unbequeme Größe darstellen, wirbt Kirche um die Menschen, die sich in ihnen bewegen. Das ist schon unter dem Gesichtspunkt der Mitgliederbindung und -gewinnung interessant. Das Werben geschieht auf mehrerlei Weise:

(1) Sie überlässt Gemeinden und Gemeinschaften, sich verselbständigende Kreise etc. nicht sich selbst, sondern bindet sie ein und stellt sie. Sie tritt ein in einen Prozess, in dem sich beide Seiten erklären und dem Gespräch stellen. Sie bindet deshalb Gemeinden und Gemeinschaften, Gnadauer, freikirchlicher oder independenter Prägung, in das evangelische Leben in der Region ein.

(2) Sie erklärt sich selbst: das, was evangelisch ist, was evangelische Spiritualität ist, was evangelisch glauben heißt, und sie scheut sich nicht zu entfalten, was evangelische Kirche ist und warum es evangelische Kirche braucht.
Sie fragt nach noch erweiterten Partizipationschancen für evangelische Gemeindeglieder, nach Frei- und Spielräume in den Kirchengemeinden für solche, die sich engagieren möchten.

(3) Sie sucht die vielfach aktiven und engagierten Christen zu binden und für sich zu gewinnen. Sie nimmt die Konkurrenz wahr und ernst, die evangelischen Gemeinden und Gruppen im Bereich der independenten Kreise erwächst. Was bedeutet es etwa, wenn 12.000 Jugendliche in der Porsche-Arena eine Jugendveranstaltung der »Biblischen Glaubensgemeinde« besucht haben? Was macht diese Gruppe so attraktiv? Worin liegt die Anzie-

hungskraft der ICF-Gemeinden begründet, die sich auch auf dem Gebiet der badischen und württembergischen Landeskirchen ausbreiten? Was kann man hier lernen, was kapieren, ohne zu kopieren? Was können wir hier profitieren?

(4) Sie senkt die Schwellen und baut Brücken, damit solche, die sich enttäuscht von einer bestimmten Gemeinschaftsform abgewandt haben, leichter den Weg zurückgehen können.

Ergebnis 5: Die Erhebung zeigt einerseits eine unerwartet stabile Bindung der meisten Mitglieder an ihre Kirchen, offenbart aber auch, worin mögliche Gründe für die Kirchenaustritte auf weiterhin hohem Niveau begründet sind

Ergebnis 5
a) Einige wichtige Befunde

- Die SSBW zeigt eine bemerkenswerte Verbundenheit der Kirchenmitglieder mit ihrer Kirche im Südwesten. 32 % der Evangelischen im Südwesten stimmen der Aussage zu: »Ich bin gläubiges Mitglied der Kirche und fühle mich mit ihr eng verbunden.«[32] 75 % der Evangelischen haben noch »nie« daran gedacht, aus der Kirche auszutreten.[33]
- Überraschend hoch sind die Zustimmungswerte nicht nur zur Kirche als Institution, sondern auch zu christlichen Überzeugungen und Werthaltungen. Das inhaltlich markante Merkmal »Ich glaube, dass es einen Gott gibt, der sich in Jesus Christus zu erkennen gegeben hat«, findet in der Umfrage satte knapp 80 % Zustimmung.[34] Für sehr viele Kirchenmitglieder hat dieser Glaube aber auch eine praktische Bedeutung für ihr alltägliches Leben. 82 % geben an, dass der Glaube ihnen inneren Halt für ihr Leben gibt, 70 % geben an, dass der christliche Glaube für sie Lebensgrundlage ist, immer noch 66 %, dass Beten für sie zu ihrem Alltag dazu gehört. Dass sie durch ihren Glauben »wissen, was richtig und was falsch ist«, bejahen in der Summe zwei Drittel der Evangelischen.[35]
- Immerhin sind aber z.Zt. (2012) ca. 7 % der Mitglieder in unseren Kirchen entschlossen, aus diesen auszutreten oder haben schon manchmal darüber nachgedacht, sie zu verlassen.[36] Hier manifestiert sich der Humus für die auf hohem Niveau anhaltenden Kirchenaustrittszahlen.

Ergebnis 5
b) Interpretation

(1) Erstaunlich hoch ist der Wert, der angibt, wie viele der Befragten dem Statement zustimmen: »Ich bin gläubiges Mitglied der Kirche und fühle

[32] Vgl. SSBW, 48.
[33] Ebd., 50.
[34] Vgl. ebd., 42 (»trifft ganz genau zu«: 58 %; »trifft eher zu«: 21 %).
[35] Vgl. zu den Aussagen SSBW, 42.
[36] Vgl. SSBW, 50.

mich mit ihr eng [!] verbunden«.[37] Kaum jemand hätte vermutlich geschätzt, dass 32 % der Befragten dieser Aussage zustimmen. Für immerhin ein Drittel der Kirchenmitglieder spielt Kirche offenbar eine wichtige Rolle für ihr Leben. Mindestens auf sie trifft die Vorstellung eines Individualchristentums, das sich christliche Existenz zwar nicht ohne Christus, aber sehr wohl ohne Kirche vorstellen kann, nicht zu. Die oft als spezifisch protestantisch begriffene Haltung »Ich fühle mich als Christ/in, aber die Kirche bedeutet mir nicht viel«[38] findet sich nur bei 12 % der befragten Evangelischen. Es wird wichtig sein, den/die entsprechenden Einstellungstypus/en näher zu untersuchen und zu fragen, wie sich diese Kirchennähe lebensweltlich konkretisiert, wie also Menschen ihre Verbundenheit mit Kirche (er)leben.

(2) Gleichzeitig nehmen die Zustimmungswerte zu kritischen Statements jeden Anlass, sich selbstzufrieden zurückzulehnen. Immerhin 18 % geben an[39], dass ihr Glaube nicht zu der evangelischen Kirche passt, nahezu 20 %! Dass die evangelische Kirche nicht mehr in die heutige Zeit passt, denken zwar deutlich weniger Evangelische als Katholiken, aber in unserer Repräsentativumfrage sind es immerhin 17 %,[40] die dem zustimmen oder eher zustimmen. Hier und in anderen Fragen dokumentiert sich eine mentale Entfremdung. Kirche ist hier nicht mehr Heimat. Auch wenn diese Menschen sich nicht sofort von der Kirche lösen, ist aber ein starker Grund, sich nicht von ihr zu trennen, beseitigt. Es reicht dann vielleicht eine leichte Irritation durch Kirchengemeinde oder Pfarrer/in oder eine neue Steuererhöhung, die man auf Anraten des Steuerberaters durch den Austritt kompensieren kann.

Ergebnis 5

c) Konsequenzen/Impulse

(1) Der Befund ruft geradezu nach Kontextualisierungen des Glaubens in postmodernen Lebenswelten, die dem naheliegenden Eindruck wehren können: Das Evangelium ist seiner Art nach eine – fachsprachlich ausgedrückt – prämoderne Größe, die zu uns und unserem Leben nicht mehr passt. Da christlicher Glaube sich für viele Menschen nicht mehr von selbst versteht, braucht er neue und andere lebensweltliche Plausibilisierungen. *So geht »Christ sein« für Hedonisten. So leben PER ihren Glauben.* Solange man das nicht anschauen kann, wird es bei dieser Fremdheit und der naheliegenden Überzeugung bleiben: Christlicher Glaube und (Post-)Moderne passen einfach nicht zusammen.

(2) Daneben ist es sicher nötig, der offensiven Agitation von Giordano Bruno-Stiftung, Humanistischer Union und anderen, die mit ihrer leicht eingängigen antikirchlichen Propaganda immer mehr Resonanz finden, mit stimmi-

37 SSBW, 48.
38 Ebd.
39 SSBW, 45.
40 Ebd., 45.

gen und plausiblen Argumenten und mit einer Offenlegung dessen, was Kirche – etwa in ihrem Finanzwesen, nicht verstecken muss – zu begegnen.

(3) Auch die evangelischen Christen und Kirchen im Südwesten müssen sich der Debatte stellen, was Säkularisierung bedeutet und wie angemessen auf sie zu reagieren ist. Das scheint selbstverständlich zu sein, ist es aber nicht, wenn man sieht, wie viel Kraft und Zeit auf Pfarrpläne und andere Fahrpläne für die Kirche verwendet wird und wie schwer es ist, Ressourcen zu organisieren für Aktivitäten, die über den bloßen Binnenblick und die Beschäftigung mit innerkirchlichen Herausforderungen hinausweisen. Wenn ein über Jahrhunderte gewachsener und etablierter Einfluss der Kirche auf Politik und Gesellschaft nicht zu halten ist; wenn sich lange währende Synthesen zwischen Öffentlichkeit und Kirche in einer religiös und ethisch plural orientierenden Gesellschaft lösen, dann muss sich Kirche in einer mehrfachen Weise neu positionieren und ihr Selbstverständnis offensiv kommunizieren. Die evangelischen Kirchen werden deutlich machen müssen, wofür – bei aller Unterschiedlichkeit im Einzelnen – das Evangelisch-Sein in unserer Gesellschaft steht, warum es nicht mit einem gesellschaftlichen *Mainstream* identisch sein muss und wo sich Kirche wie Christen vom Evangelium her auch zum Widerstand gegen Bewegungen und Dynamiken in unserem Zusammenleben aufgerufen wissen. All dies beginnt in einer Zeit weitgehenden Traditionsabbruches damit, dass wir in einer verständlichen, elementaren und adressatenbezogenen Weise beginnen, das Evangelium neu zu buchstabieren. Adressatenbezogen meint einerseits: milieusensibel und d.h. mit Rücksicht auf die jeweiligen Rezeptionsmöglichkeiten und -blockaden; es heißt andererseits: typbezogen: mit konkretem Bezug auf die Fragen, Anliegen, Vorbehalte und Distanzen gegenüber Kirche und Glaube. Durch die SSBW sind wir in den Stand gesetzt, hier mindestens erste Schritte zu tun.

c) Typologie der Einstellungen zu Glaube, Gott und Gemeinde

Berthold Bodo Flaig

Aufgabe der vom Sinus-Institut für die Evangelischen Landeskirchen in Württemberg und Baden durchgeführten »Kirchenstudie« war es herauszufinden, wie Glaube, Religion und Kirche heute verstanden und gelebt werden. Dass es bei der großen Zahl der Kirchenmitglieder dazu ganz unterschiedliche Haltungen und Verhaltensweisen gibt, war von vornherein klar. Immerhin sind 38 % aller Baden-Württemberger evangelisch.

Die Aufgabenstellung

Den Auftraggebern der Studie ging es darum, diese Vielfalt ernst zu nehmen, sie zu verstehen und nachzuvollziehen, und nicht zuletzt auch darum, sie sinnvoll zu ordnen. »Sinnvoll« meint dabei übersichtlich und gleichzeitig (wie man heute sagt) strategisch relevant. Denn ein wichtiger Verwertungszweck dieser Studie ist die Bereitstellung von Informationen für ein modernes Kirchenmarketing. Das bedeutet stimmige Kommunikation in den geeigneten Medien und zielgruppengerechte Angebote. Mit anderen Worten: Man muss wissen, mit wem man es zu tun hat, was die Kirchenmitglieder (bzw. die verschiedenen Gruppen) wollen und wie man sie richtig ansprechen soll. Denn nur wer versteht, was die Menschen bewegt, kann sie auch bewegen.

Ein vorrangiges Studienziel war also, einen Überblick zu gewinnen und festzustellen, welche Arten (Typen) von Kirchenmitgliedern es heute in der evangelischen Bevölkerung im Südwesten gibt. Selbstverständlich gibt es vielfältige Kriterien, nach denen man eine Bevölkerung einteilen kann – etwa nach Altersgruppen oder Lebensphasen (Jugendliche, Senioren, junge Familien etc.) oder nach Geschlecht (Männer und Frauen) oder nach dem Bildungsabschluss (Akademiker, Bildungsferne etc.) oder auch danach, ob die Menschen in ihrem Alltag christlichen Werten folgen, ob sie an einen persönlichen Gott glauben, ob sie sich aktiv am kirchlichen Leben beteiligen, oder vielleicht auch danach, wie viel Kirchensteuer sie bezahlen.

Die Methode

Es leuchtet sofort ein, dass die zuletzt genannten Ordnungsmerkmale, die Einstellungen zu Glaube und Kirche, den verantwortlichen Planern mehr helfen als die zuerst genannten formalen soziodemographischen Kriterien. Die Studienautoren haben sich deshalb entschlossen, das Kirchenvolk anhand solcher qualitativer Einstellungsmerkmale zu segmentieren, d.h. in (verschiedene) Typen einzuteilen.

Dazu wurden Aussagen (Behauptungen) aufgeschrieben, die das Spektrum der Einstellungen zu Glaube und Kirche in der evangelischen Bevölkerung in Württemberg und Baden wiedergeben. Dieses Spektrum war bekannt; es wurde bereits in einer Vorstudie erforscht. Insgesamt wurden 42 Aussagen zum christlichen Glauben und zur evangelischen Kirche formuliert und den 2.042 Befragten der Hauptstudie[1] vorgelegt. Diese konnten dann mithilfe einer 4-stufigen Antwortskala (»Trifft ganz genau zu« / »Trifft eher zu« / »Trifft eher nicht zu« / »Trifft überhaupt nicht zu«) die Aussagen beurteilen. Im Folgenden einige Beispiele:

Aussagen zum christlichen Glauben

	Trifft ganz genau zu
▪ *Der Glaube gibt mir inneren Halt*	57 %
▪ *Jeder Christ sollte seine Kinder taufen lassen*	48 %
▪ *Ich bin der Ansicht, dass viele Aussagen der Bibel wissenschaftlich nicht haltbar sind*	20 %
▪ *Ich glaube an eine höhere Macht, aber nicht an einen Gott, wie ihn die Kirche beschreibt*	12 %
Aussagen zur evangelischen Kirche	
▪ *Vor den Mitarbeitern der evangelischen Kirche habe ich großen Respekt*	52 %
▪ *Ich habe Interesse an kirchlichen Themen*	36 %
▪ *Ich habe am Sonntagvormittag Besseres zu tun, als in den Gottesdienst zu gehen*	15 %
▪ *Die evangelische Kirche handelt nicht so, wie sie es in ihren Predigten fordert*	7 %

Entsprechend ihren Antworten zu den vorgegebenen Aussagen konnten acht Typen von Befragten mit jeweils ähnlicher Einstellung zu Glaube und Kirche

[1] Mitglieder der Evangelischen Landeskirchen in Württemberg bzw. Baden ab 18 Jahren.

unterschieden werden. Die Einteilung erfolgte mithilfe einer speziellen statistischen Analyse,[2] die die Ähnlichkeit von Antwortmustern erkennt und Menschen gruppiert, die mehr oder weniger den gleichen Aussagen zustimmen bzw. die gleichen Aussagen ablehnen. Das Analyseprogramm achtet darauf, dass die zu einem Typ zusammengefassten Befragten in ihrer Einstellung möglichst ähnlich sind, und gleichzeitig darauf, dass sich die Typen möglichst stark voneinander unterscheiden. Außerdem wird angestrebt, dass es nicht zu wenige Typen sind (sonst ist die Einteilung trivial), aber auch nicht zu viele (sonst ist die Einteilung unübersichtlich). Die richtige Typenlösung zu finden ist nicht nur ein Ergebnis der mathematisch-statistischen Analyse, sondern hängt auch vom Wissen und von der Erfahrung der Forscher ab. Das gilt insbesondere auch für die Namen, die den Typen gegeben werden, die das Wesentliche der typenspezifischen Einstellung auf eine kurze Formel bringen sollen.

Die Typologie

Die Mitglieder der Evangelischen Landeskirchen in Württemberg und Baden verteilen sich auf die folgenden acht Typen (wobei die Typen unterschiedlich groß sind):

- **Traditionelle Kirchgänger** (9 % der Kirchenmitglieder)

bekennen sich zum christlichen Glauben und zur evangelischen Kirche. Sie bringen sich, sofern es das Alter noch zulässt, aktiv ins Gemeindeleben ein.

Typische Aussage:
»Meiner Meinung nach gehört es zum Christsein dazu, sich am kirchlichen Leben zu beteiligen«

- **Christen im Alltag** (13 % der Kirchenmitglieder)

sprechen auch in Alltagssituationen ganz offen über ihren Glauben und über die Bedeutung, die Gott und namentlich Jesus Christus in ihrem Leben haben.

Typische Aussage:
»Beten gehört zu meinem Alltag dazu«

- **Weltoffene Stützen** (15 % der Kirchenmitglieder)

wollen die evangelische Kirche in der Welt und in der Gesellschaft verankert wissen. Durch ihre aktive Mitarbeit und ihre Bereitschaft zum Leitungsamt sind sie Träger des Gemeindelebens.

Typische Aussage:
»Glaube und Wissenschaft lassen sich gut vereinbaren«

[2] Durchgeführt wurden Clusteranalysen auf Basis von vorgängig errechneten Einstellungsfaktoren.

- **Sozial Engagierte** (7 % der Kirchenmitglieder)

sind keine ausgesprochenen Kirchgänger. Drei Viertel von ihnen beteiligen sich aktiv an der Gemeindearbeit und konzentrieren sich dabei auf den diakonischen Bereich.

Typische Aussage:
»Ich engagiere mich aktiv für Benachteiligte in unserer Gesellschaft«

- **Spirituell Suchende** (6 % der Kirchenmitglieder)

sind nicht auf eine bestimmte religiöse Vorstellung festgelegt, sondern ständig auf der Suche nach spirituellen Anregungen – nicht nur in der evangelischen Landeskirche, sondern auch in freien Gemeinden oder in anderen Religionen.

Typische Aussage:
»Ich finde es schwer, mit anderen über meinen Glauben zu sprechen«

- **Wohlwollend Gleichgültige** (10 % der Kirchenmitglieder)

stehen der evangelischen Kirche nicht ablehnend gegenüber; sie kommt nur in ihrem Alltag nicht vor. Am Gemeindeleben sind sie kaum interessiert, nutzen aber die Kirche gelegentlich als »Dienstleisterin« – z.B. bei familiären Anlässen (Hochzeit, Kindstaufe usw.).

Typische Aussage:
»Kirchliche soziale Einrichtungen könnten genauso gut von staatlichen Stellen betrieben werden«

- **Enttäuschte Kritiker** (18 % der Kirchenmitglieder)

fühlen sich von Vertretern der evangelischen Kirche zu wenig beachtet; teilweise haben sie auch schlechte Erfahrungen gemacht, als sie in Not waren. Sie melden sich nicht von sich aus, sondern möchten, dass die Kirche auf sie zugeht.

Typische Aussage:
»Die evangelische Kirche geht zu wenig auf die Menschen zu«

- **Säkular Distanzierte** (22 % der Kirchenmitglieder)

sind zwar (noch) Mitglieder der evangelischen Kirche; die Kirche spielt in ihrem Leben aber keine Rolle. An den Angeboten der evangelischen Kirche, z.B. Sonntagsgottesdienst, besteht durchweg wenig Interesse.

Typische Aussage:
»Ich persönlich brauche die evangelische Kirche nicht«

Das Spektrum der Evangelischen im Südwesten reicht also von sehr engagierten, kirchennahen Typen bis hin zu kirchenfernen, distanzierten Typen. Die Typen sind im Studienbericht im Detail beschrieben. Dabei wird deutlich: Jeder Typus hat seine eigene spezifische Einstellung zum Glauben und zur Kirche, und jeder hat auch ein charakteristisches soziales Profil hinsichtlich seines Altersschwerpunkts, seiner typischen Schulbildung, seiner Berufswahl und seiner Einkommensgruppe. Wie die Studienergebnisse zeigen, unterscheiden sich die Typen sogar in ihrem Geschmack, d.h. darin, was sie jeweils schön und hässlich finden. Und selbstverständlich unterscheidet sich auch ihre Nutzung kirchlicher Angebote und ihre Beteiligung am kirchlichen Leben sehr stark.

Milieuverortung der Typen

Um die Kirchentypen noch genauer und lebendiger beschreiben zu können, wurde in der Studie untersucht, welchen sozialen Milieus sie angehören. Auch dabei ergaben sich deutliche Schwerpunkte, die Auskunft geben über die Wertorientierungen der Typen und ihren charakteristischen Lebensstil. Solche Informationen sind wichtig, wenn man die Typen zielgenau ansprechen will. Denn dann muss man wissen, was jeweils wichtig ist in ihrem Leben, welchen Stellenwert Arbeit, Beruf und Familie haben, wie sie zu Geld und Konsum stehen, was ihnen gefällt und was nicht, was sie gerne in ihrer Freizeit machen, welche Fernsehsendungen sie interessieren – kurz: was typisch ist für ihren Alltag.

All dies weiß man, wenn man weiß, welchem Milieu ein Mensch zugehört. In den Befragungen wurde deshalb nicht nur das Thema Glaube und Kirche behandelt, sondern es wurde auch die Milieuzugehörigkeit der Befragten erfasst. Dafür wurde eine speziell zu diesem Zweck entwickelte Fragenbatterie des Sinus-Instituts verwendet. Mit ihrer Hilfe konnte jeder der 2.042 Befragten einem der zehn Sinus-Milieus zugeordnet werden.[3]

Nachdem die Kirchentypen bestimmt waren, wurde geprüft, wie sich die Typenangehörigen auf die Milieus verteilen und ob sie sich bevorzugt in bestimmten Milieus finden und in anderen nicht. Wie schon erwähnt, zeigten sich dabei tatsächlich für die meisten Typen deutliche Milieuschwerpunkte. Als Ergebnis dieser Prüfung konnten die Typen dann in der Milieulandschaft verortet werden.

Wie die nachfolgende Grafik zeigt, hat jeder Typ seinen spezifischen Ort innerhalb dieser Landschaft. Das heißt, wir wissen Bescheid über seinen Milieuhintergrund und damit über seine Wertorientierung, seine soziale Lage und seinen Lebensstil.

[3] Ausführliche Informationen zum Gesellschaftsmodell der Sinus-Milieus finden sich auf der Website des Instituts: www.sinus-institut.de.

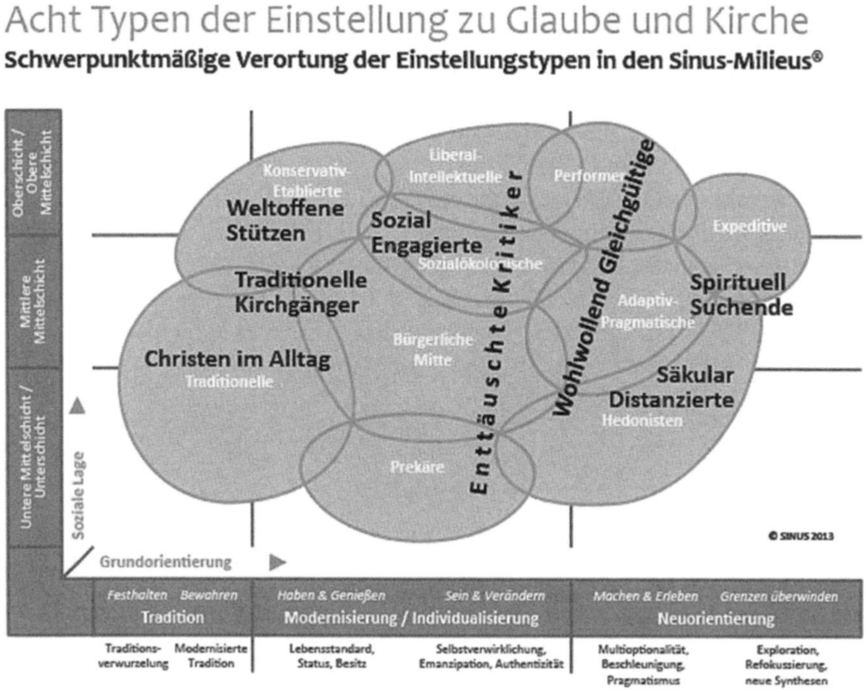

Die Grafik zeigt ein schematisches Abbild der Milieulandschaft in Deutschland. Die einzelnen Milieus sind angeordnet entsprechend ihrer sozialen Lage (senkrechte Achse) und entsprechend ihrer Grundorientierung (waagerechte Achse). Je höher ein Milieu in dieser Grafik angesiedelt ist, desto gehobener sind Bildung, Einkommen und Berufsgruppe; je weiter es sich nach rechts erstreckt, desto moderner ist seine Grundorientierung.

Die Positionen, die die Kirchentypen in der Milieulandschaft einnehmen, lassen sich wie folgt stichwortartig interpretieren:

- »Traditionelle Kirchgänger«, »Christen im Alltag« und »Weltoffene Stützen« finden sich schwerpunktmäßig im traditionellen, bürgerlichen Segment der Milieulandkarte.
- »Sozial Engagierte« sind überdurchschnittlich häufig im Sozialökologischen Milieu anzutreffen.
- »Wohlwollend Gleichgültige« finden sich oft unter den jüngeren Leistungsorientierten (Adaptiv-pragmatisches Milieu, Milieu der Performer).
- »Spirituell Suchende« sind vor allem in den postmodern geprägten experimentierfreudigen, jungen Lebenswelten anzutreffen (Expeditives Milieu und Experimentalistische Hedonisten).
- »Säkular Distanzierte« finden sich in allen Milieus des modernen Segments, insbesondere in der modernen Unterschicht (Hedonistisches Milieu), aber auch im Liberal-intellektuellen Milieu.

- »Enttäuschte Kritiker« gibt es in allen Milieus mit moderner, individualistischer Grundorientierung: von Liberal-Intellektuellen über die Bürgerliche Mitte bis hin zu Menschen im Prekären Milieu.

Unterschieden wurden die Typen also primär entsprechend ihrer Haltung zum christlichen Glauben und ihrer Einstellung zur Kirche. So konnte festgestellt werden, welche Arten von Evangelischen es in Baden und Württemberg gibt. Sekundär wurde dann die Milieuzugehörigkeit der Typen bestimmt, um sie noch genauer in ihren Lebensweisen beschreiben zu können. Beide Informationen zusammen, die Typenzugehörigkeit und die Milieuzugehörigkeit, liefern ein ganzheitliches Bild der Menschen und ihrer Unterschiedlichkeit, mit denen es die Kirchenverantwortlichen heute zu tun haben.

d) Erkenntnisse aus der Sinus-Studie Baden-Württemberg für das Bemühen der Evangelischen Landeskirchen um Mitgliederbindung

Matthias Kreplin

Die evangelischen Landeskirchen leiden unter einem schmerzlichen Mitgliederverlust durch Kirchenaustritte und demografischen Wandel. Lassen sich aus der Sinus-Studie Baden Württemberg (SSBW) Erkenntnisse gewinnen, wie es den Landeskirchen gelingen kann, die Bindung ihrer Mitglieder zur Kirche zu stärken und damit auch einen Gegenimpuls zum Kirchenaustritt zu setzen?

Wer fragt, durch welche kirchenleitenden Maßnahmen die Zahl der Kirchenaustritte reduziert werden können, muss sich bewusst machen, dass Maßnahmen, die den Kirchenaustritt thematisieren und für das Bleiben in der Kirche werben, von den Adressaten schnell erlebt werden als Versuche der Organisation, die Kirchensteuer zu erhalten. Wenn aber Menschen den Eindruck haben, der Kirche gehe es in erster Linie um ihr Geld, sie seien nur Objekt kirchlichen Handelns und würden als Subjekt nicht ernst genommen, verstärkt dies die Distanz zur Kirche. Maßnahmen gegen Kirchenaustritte können darum sehr schnell kontraproduktiv werden.

Es bleibt darum für die Landeskirchen – ähnlich wie auch für andere Organisationen, die sich um ihren Mitgliederbestand sorgen – nur die Möglichkeit, die Mitgliederbindung zu stärken, indem sie sich ihren Mitgliedern so zuwenden, dass diese die Sinnhaftigkeit der Organisation für ihr Leben erfahren. Das heißt also, Kirche muss Kirche für die Menschen sein und ihre religiösen Bedürfnisse so aufgreifen, dass die Menschen die Sinnhaftigkeit ihrer Mitgliedschaft erleben. Diese Bewegung auf die Menschen zu entspricht auch dem Auftrag der Kirche. Denn als Instrument der missio dei, der Sendung Gottes zu den Menschen hin, ist sie kein Selbstzweck, sondern dient dazu, das Evangelium von Jesus Christus zu verkünden. Erst in dieser Funktion findet sie ihre Existenzberechtigung. Wenn darum die Organisation Kirche die Bindung zu ihren Mitgliedern stärken will, muss sie also fragen, wie sie das Evangelium von Jesus Christus, das Glaube, Hoffnung und Liebe stärkt und Menschen in die Nachfolge und zur Gemeinschaft des Leibes Christi ruft, mit den religiösen, sozialen, intellektuellen und emotionalen Bedürfnissen der Menschen so in Kontakt bringt, dass Menschen dies als hilfreich, bestärkend und sinnstiftend für ihr Leben erfahren. Dazu ist es wichtig, diese Bedürfnisse der Menschen gut zu kennen.

Um in kirchenleitender Verantwortung nicht der Gefahr zu erliegen, die Bedürfnisse von Kirchenmitgliedern kurzerhand mit den eigenen Bedürfnissen gleichzusetzen, wurden in den letzten Jahren eine Reihe von soziologischen

Instrumenten rezipiert, um die Vielfalt von Bedürfnislagen, Lebenswelten, sozialen Mustern und Einstellungen zu Kirche und Religion differenziert wahrzunehmen. Die SSBW leistet in diesem Feld einen weiteren wichtigen Beitrag, da sie die erste Studie darstellt, die das Sinus-Milieu-Modell auf den Mitgliederbestand zweier Landeskirchen – der Evangelischen Landeskirche in Baden und der Evangelischen Landeskirche in Württemberg – anwendet. Außerdem entwickelt die SSBW neben der allgemeinen Sinus-Milieu-Perspektive auf der Basis der Befragung von gut 2.000 evangelischen Kirchenmitgliedern in Baden und Württemberg zusätzlich noch ein Raster mit Einstellungstypen zu Glaube und Kirche, die acht ganz verschiedene Typen von Kirchenmitgliedschaft deutlich werden lassen (SSBW S. 62–292). Es lohnt sich deshalb, die Frage nach Maßnahmen zur Mitgliederbindung für diese acht Einstellungstypen zu Glaube und Kirche differenziert zu diskutieren. Im Folgenden soll dazu ein Beitrag geleistet werden.

An die acht Einstellungstypen zu Glaube und Kirche, wie sie die SSBW auf der Basis ihrer Befragung rekonstruiert, sollen dazu folgende Fragen herangetragen werden:

- Welche kirchlichen Angebote werden vom betreffenden Personenkreis besonders geschätzt und leisten so einen Beitrag zur Mitgliederbindung?
- Welche Kommunikationsformen sollten ausgeweitet werden, um den betroffenen Personenkreis besser zu erreichen?
- Welche Formen der Beteiligung und des Engagements sind für den betreffenden Personenkreis besonders attraktiv?
- Worauf ist zu achten, um den betreffenden Personenkreis nicht zu irritieren?
- Welches Potenzial bietet der betreffende Personenkreis für die Entwicklung der Landeskirchen?

Im Anschluss an die nähere Betrachtung der acht Einstellungstypen sind dann noch einige grundsätzliche Überlegungen anzustellen.

Die acht Einstellungstypen der SSBW

Den acht Einstellungstypen soll jeweils ein kurzer Steckbrief vorangestellt werden (kursiv gedruckt), der die Typencharakteristik des SSBW mit anderen, traditionellen Typenkonstruktionen verbindet. Im Anschluss folgen jeweils Vorschläge für kirchenleitendes Handeln auf den verschiedenen Ebenen von Kirche.

1. Traditionelle Kirchgänger (SSBW Folie 110ff)

»Traditionelle Kirchgänger« nehmen sehr intensiv am Gemeindeleben teil. Sie beteiligen sich – sofern es ihr Alter noch zulässt – regelmäßig am Sonntags-Gottesdienst, bei Gemeindefesten und in den verschiedenen Gruppen und Kreisen

ihrer Orts-Gemeinde. Sie bekennen sich zum christlichen Glauben und zur evangelischen Kirche. Für sie gehört es zum Christsein dazu, sich am Leben der Gemeinde aktiv zu beteiligen. Sie repräsentieren den traditionellen Typus volkskirchlicher Kirchenmitgliedschaft und verstehen Gemeinde stark als Vereinsgemeinde.

»Traditionelle Kirchgänger« sind überrepräsentiert in den Milieus der Traditionellen, der Konservativ-Etablierten und der Bürgerlichen Mitte. Sie sind im sozialökologischen und im adaptiv-pragmatischen Milieu durchschnittlich repräsentiert. Stark unterrepräsentiert sind sie in den übrigen Milieus. Dadurch ist das Alter von »Traditionellen Kirchgängern« überdurchschnittlich, viele sind schon im Ruhestand. Auch ist der Anteil der Verwitweten überdurchschnittlich hoch.

In Baden sind 7% der Kirchenmitglieder der Gruppe der »Traditionellen Kirchgänger« zuzuordnen, in Württemberg 11%. Hier zeigt sich in Württemberg offenbar eine deutlich stärkere traditionelle Kirchlichkeit als in Baden.

»Traditionelle Kirchgänger« haben eine hohe Bindung zu Ihrer Ortsgemeinde und darüber dann zur Organisation Kirche. Sie sind im christlichen Glauben und in der Kirche fest verankert. Praktisch keine Person aus diesem Kreis denkt über Kirchenaustritt nach. Die bestehende intensive Bindung an die Evangelische Kirche kann lediglich durch irritierende persönliche Erfahrungen mit den verantwortlich Mitarbeitenden vor Ort in Frage gestellt werden. Eine im Rahmen kirchlicher Tradition qualitativ gute Arbeit vor Ort kann die Erwartungen dieses Personenkreises erfüllen: traditionelle und gut gestaltete Gottesdienste und Pflege eines Beziehungsnetzes in der Gemeinde – z.B. auch durch einen Besuchsdienst.

Allerdings wird sich die Evangelische Kirche nicht dauerhaft auf diesen Typus von Mitgliedschaft verlassen können, da er wenig Akzeptanz in den postmodernen Milieus findet und so aus demografischen Gründen in Zukunft deutlich kleiner werden wird.

In diesem Personenkreis liegt jedoch das Potenzial, die Ausstrahlung der Evangelischen Kirche in die traditionellen und bürgerlichen Milieus der Bevölkerung zu stäken – auch hier haben nicht alle Menschen eine intensive Kirchenbindung. »Traditionelle Kirchgänger« könnten gewonnen werden, um bisher eher distanziertere Personen aus ihrem Freundes- und Bekanntenkreis für die Kirche zu gewinnen. Allerdings ist bei »Traditionellen Kirchgängern« dafür zu werben, dass es auch andere Formen der Kirchenmitgliedschaft gibt als die Teilnahme an der Vereinskirche.

Sicher würden »Traditionelle Kirchgänger« es willkommen heißen, wenn ihnen Kirche konkrete Möglichkeiten bieten würde, ihren Enkeln den christlichen Glauben näherzubringen. Gerade Menschen aus dieser Gruppe könnten eine große Rolle spielen für die religiöse Sozialisation durch Großeltern.

2. Christen im Alltag (SSBW Folie 145ff)

»Christen im Alltag« bekennen sich offensiv zu ihrem christlichen Glauben. Ihnen ist es ein Anliegen, andere Menschen für den Glauben an Jesus Christus zu gewinnen. Sie haben ganz grundsätzlich den Wunsch, in einer christlichen Gemeinde zu leben. Sie nehmen deshalb aktiv am Gemeindeleben teil, sind aber zu einem guten Teil aber auch in vielen, zum Teil sehr unterschiedlichen christlichen Gemeinschaften beheimatet. Ihr Leitmodell von Kirche ist die christliche Gemeinschaftsgemeinde. Sie repräsentieren die pietistisch-evangelikale Tradition innerhalb der Landeskirche.

»Christen im Alltag« sind überrepräsentiert im Milieu der Traditionellen und etwa durchschnittlich repräsentiert in den benachbarten Milieus der Konservativ-Etablierten, der Sozialökologischen, der Bürgerlichen Mitte und wohl auch der Prekären. In allen moderneren und postmoderneren Milieus sind sie dagegen stark unterrepräsentiert. Dementsprechend liegt ihr Altersdurchschnitt auch über dem Durchschnitt der Kirchenmitglieder.

In Baden sind 12 % der Kirchenmitglieder der Gruppe der »Christen im Alltag« zuzuordnen, in Württemberg 14 %. Allerdings ist die Tendenz zu freikirchlichen Gruppen außerhalb der Landeskirche in Württemberg deutlich stärker ausgeprägt als in Baden (SSBW S.290).

»Christen im Alltag« haben eine hohe Bindung an den christlichen Glauben, aber nicht unbedingt an die Landeskirche. Sie teilen den Universalitätsanspruch des christlichen Glaubens und sind deshalb gegenüber dem interreligiösen Dialog kritisch eingestellt. Wo sie die Landeskirche theologisch irritierend erleben, sind manche auch bereit, diese in Richtung freikirchliche Gemeinden zu verlassen. Deshalb wird es darauf ankommen, dass kirchenleitende Positionierungen für diesen Personenkreis in ihrer biblischen und theologischen Begründung so transparent wie möglich werden.

Für »Christen im Alltag« wird es besondere Orte der Beheimatung innerhalb der Landeskirche geben müssen: landeskirchliche Gemeinschaftsverbände und Jugendverbände (CVJM, EC) und besondere Profilgemeinden. Wichtig ist es auch, innerhalb von bestehenden Ortsgemeinden besondere Engagement-Felder zu eröffnen (überdurchschnittlich viele »Christen im Alltag« engagieren sich zum Beispiel im Kindergottesdienst). Kirchenleitend wird es auf allen Ebenen eine Herausforderung sein, den Gesprächskontakt zu »Christen im Alltag« auch bei inhaltlichen Kontroversen aufrecht zu erhalten und so ihre Identifikation mit der Landeskirche immer wieder zu erneuern. Hilfreich könnte eine besondere Fortbildung für kirchenleitend Verantwortliche zum Thema »Dialog mit Christen im Alltag« sein, um hier zu sensibilisieren, aber auch ggf. klar begründet Grenzen zu ziehen.

Auch in diesem Personenkreis liegt ein großes Potenzial. Hier gibt es eine große Bereitschaft, sich für die Weitergabe des christlichen Glaubens und für die Kirche zu engagieren. Diese Bereitschaft sollte durch entsprechende Möglichkeiten des Engagements aufgegriffen werden (z.B. Glaubenskurse, missionarisch-evangelistische Aktionen), die zugleich einüben, den eigenen Glauben in offenen Gesprächssituationen unaufdringlich zu bezeugen.

3. Weltoffene Stützen (SSBW Folie 170ff)

Weltoffene Stützen wollen die evangelische Kirche in der Welt und in der Gesellschaft verankert wissen. Durch ihre aktive Mitarbeit und ihre Bereitschaft zum Leitungsamt tragen sie das Gemeindeleben mit. Durch ihre meist höheren Bildungsabschlüsse sind sie stärker an den Kultur- und Bildungsveranstaltungen von Kirche interessiert. »Weltoffene Stützen« repräsentieren die kulturprotestantische Tradition in der Evangelischen Kirche.

»Weltoffene Stützen« haben ihren Schwerpunkt im Milieu der Konservativ-Etablierten. In den angrenzenden Milieus der Sozialökologischen, der Traditionellen und der Bürgerlichen Mitte sind sie durchschnittlich vertreten. In allen (post)modernen Milieus und den Milieus mit niedrigeren Bildungsabschlüssen sind sie eher unterrepräsentiert. Ihr Altersdurchschnitt liegt dementsprechend deutlich höher als beim Durchschnitt der Kirchenmitglieder, auch haben sie einen auffallend hohen Frauenanteil. Die Hälfte der »Weltoffenen Stützen« befindet sich bereits im Ruhestand, viele leben allein; die Kinder sind in der Regel schon aus dem Haus.

In Baden sind 12 % der Kirchenmitglieder der Gruppe der »Weltoffenen Stützen« zuzuordnen, in Württemberg 16 %.

»Weltoffene Stützen« sind gut erreichbar durch Veranstaltungen, denen zugeschrieben wird, dass sie den christlichen Glauben in Form kultureller Tradition (besonders wichtig: klassische Kirchenmusik) oder durch intellektuelle Auseinandersetzung (Erwachsenenbildung, Akademie) erschließen. Sie nehmen weniger intensiv als »Traditionelle Kirchgänger« und »Christen im Alltag« am Gottesdienst teil, sind aber durchaus für eine mehr oder weniger regelmäßige Teilnahme am Gottesdienst zu gewinnen – wenn dabei ihre besonderen Qualitätsanforderungen erfüllt werden. Ihnen liegt das gesellschaftspolitische und soziale Engagement der Kirche am Herzen. Sie sind – wenn es ihr Alter noch zulässt – zu ehrenamtlichem Engagement bereit. Viele finden erst mit dem Ruhestand dazu auch die zeitlichen Möglichkeiten. Dabei stehen weniger Geselligkeit als vielmehr der Einsatz für andere oder für die Organisation Kirche im Mittelpunkt der Motivation. Verantwortung ist ein wichtiger Schlüsselbegriff für sie. Irritierend ist es für sie, wenn kirchliche Verantwortungsträger »unter Niveau« auftreten – sowohl äußerlich als auch in ihrer Argumentationsweise.

»Weltoffene Stützen« haben eine intensive Kirchenbindung. Praktisch keine Person aus diesem Kreis erwägt, aus der Kirche auszutreten oder sich in Freikirchen zu engagieren.

In diesem Personenkreis liegt ein großes Potenzial, Menschen zu gewinnen, die Verantwortung für Kirche auch in einer langen Zeitperspektive übernehmen, indem sie zum Beispiel Fundraising-Projekte initiieren und unterstützen. Auch dürften es »Weltoffene Stützen« sehr begrüßen, wenn ihnen Möglichkeiten geboten werden, wie sie auch ihren Enkeln den kulturellen Schatz der christlichen Tradition erschließen können. Neue Medien könnten hier eine Brücke sein, da sie in diesem Personenkreis – trotz des hohen Altersdurchschnitts! – überdurchschnittlich genutzt werden.

Längerfristig wird dieser Typus der Kirchenmitgliedschaft aus demografischen Gründen weniger bedeutsam werden.

4. Sozial Engagierte (SSBW Folie 199ff)

Für »Sozial Engagierte« besteht die Aufgabe der Kirche darin, für eine gerechtere Gesellschaft, für eine friedlichere Welt und eine nachhaltige Ökologie einzutreten. Sie sind bereit, sich in der Kirche aktiv zu engagieren, und konzentrieren sich dabei auf diakonische und gesellschaftspolitische Aufgaben: Weltladenarbeit, Flüchtlingsarbeit, Interreligiöser Dialog sind ihnen wichtige Anliegen. Sie sind keine ausgesprochenen Kirchgängerinnen und Kirchgänger.

»Sozial Engagierte« sind überdurchschnittlich im Milieu der Sozialökologischen repräsentiert. In den angrenzenden Milieus der Konservativ-Etablierten, der Performer und der Adaptiv-Pragmatischen kommen sie durchschnittlich vor. Sie verfügen von allen Einstellungstypen über die durchschnittlich höchsten Bildungsabschlüsse. Auch ihr Alter entspricht im Schnitt dem Durchschnittsalter der Kirchenmitglieder. Die Lebenssituation der »Sozial Engagierten« ist überdurchschnittlich häufig die »unvollständige« Familie mit einem alleinerziehenden Elternteil. Das ist aber zumeist die selbstgewählte und selbstbestimmte Lebensform, die nicht mit eingeschränkten finanziellen Verhältnissen einhergeht.

In Baden sind 8 % der Kirchenmitglieder der Gruppe der »Sozial Engagierten« zuzuordnen, in Württemberg 7 %.

»Sozial Engagierte« finden in der Kirche ihre Heimat in den verschiedenen Gruppen und Initiativen, die gesellschaftspolitische und diakonische Fragen bearbeiten und theologisch bisher im »Konziliarer Prozess für Frieden, Gerechtigkeit und Bewahrung der Schöpfung« beheimatet waren. Sie interessieren sich im Typenvergleich am häufigsten für gesellschaftliche Fragen der Globalisierung, von Migration und Integration sowie den interkulturellen und interreligiösen Dialog. Für sie ist es wichtig, dass Kirche Räume schafft für ein selbstbestimmtes und selbstorganisiertes Engagement in diesem Themenbereich. Sie erwarten von kirchenleitend Verantwortlichen, dass Kirche klar Stellung bezieht zu gesellschaftlichen und politischen Streitfragen. Irritierend ist für sie eine Kirche, die im Versuch, es allen Seiten recht zu machen, sich einer klaren inhaltlichen Positionierung entzieht und auch den Konflikt mit eher freikirchlichen

Positionen scheut. Eine Kirche dagegen, die öffentlich Partei ergreift für Gerechtigkeit und Frieden und den Dialog mit anderen Religionen, ist für »Sozial Engagierte« sehr attraktiv.

Aufgrund ihres hohen Interesses an beruflicher und vor allem persönlicher Weiterbildung sind Mitglieder dieser Gruppe sehr ansprechbar auf kirchliche Kultur- und Bildungsveranstaltungen. Gerade überörtliche Angebote der Erwachsenenbildung und der Akademie-Arbeit werden hier stark nachgefragt. Das Bedürfnis, das eigene Engagement zu reflektieren, und die weltoffene Bereitschaft, sich mit verschiedenen Religionen, Weltanschauungen und Kulturen auseinanderzusetzen, sollte mit Glaubens- und Theologiekursen aufgegriffen werden, die helfen, den eigenen Glauben theologisch zu reflektieren.

»Sozial Engagierte« haben meist ein weniger intensives Verhältnis zum traditionellen Gottesdienst, die Ästhetik der Kirche erleben sie oft »angestaubt«. Dennoch sind sie durch Gottesdienstformate ansprechbar, die ihre Themen in den Mittelpunkt stellen, an Bildungs- und Engagement-Angebote anknüpfen und mehr Beteiligungsmöglichkeiten eröffnen. Gerade für diese Gruppe wird es wichtig sein, stärker dialogische Gottesdienstformate – evt. auch zu anderen Zeiten – anzubieten (besonders passend: Gospelgottesdienste). Dabei ist es meist weniger wichtig, dass solche Gottesdienste in der Gemeinde vor Ort stattfinden.

»Sozial Engagierte« haben eine große Offenheit für moderne Medien. Diese sollte durch entsprechende Angebote aufgegriffen werden.

Die Austrittsneigung ist auch in der Gruppe der »Sozial Engagierten« eher gering, allerdings gibt es eine Bereitschaft zur Abwanderung in nicht-kirchliche Gruppen. Da diese Gruppe im Vergleich zu den anderen drei bisher dargestellten Personenkreisen eher jünger ist, wird damit zu rechnen sein, dass in den nächsten Jahren ihr relativer Anteil innerhalb der Kirche wächst.

Die Gruppe der »Sozial Engagierten« hat ein hohes Potenzial für die Ausstrahlung der Evangelischen Kirche in ihren Bereich der Gesellschaft. Viele Menschen aus diesem Personenkreis verfügen über Kontakte zu Menschen, die eher in Distanz zu Kirche leben. Wenn »Sozial Engagierte« Menschen aus ihrem Freundes- und Bekanntenkreis zu kirchlichen Veranstaltungen einladen, dann wäre es möglich, neue Zielgruppen für Kirche zu erschließen.

5. Spirituell Suchende (SSBW Folie 227ff)

Spirituelle Suche ist ein Charakteristikum junger, individualistischer Lebenswelten. »Spirituell Suchende« pflegen einen für sie persönlich stimmigen, individualistischen Lebensstil und entwickeln religiöse Vorstellungen, in denen Elemente verschiedenster religiöser Traditionen kombiniert sein können (Patchwork-Religion). Eine Vorstellung einer gefestigten religiösen Überzeugung lehnen sie zum Teil ab, festgelegte religiöse Überzeugungen werden sehr kritisch gesehen und dazu eine innerer Distanz entwickelt. Die Mehrheit glaubt an eine höhere Macht, aber nicht an einen Gott, wie ihn die Kirche beschreibt. Zu in der Ortsgemeinde aktiven Gemeindegliedern haben »Spirituell Suchende« oft nur wenig persönlichen Kontakt. Trotz ihres grundsätzlichen Interesses an religiösen Fragen nutzen sie kirchliche Angebote nur unterdurchschnittlich. Ästhetische Differenzen zu den Milieus, die Kirche prägen, dürften hier eine erhebliche Rolle spielen.

»Spirituell Suchende« sind in den postmodernen Milieus der Expeditiven und der Experimentalisten (Teilgruppe der Hedonisten) überdurchschnittlich stark repräsentiert; im Milieu der Konsum-Hedonisten (Teilgruppe der Hedonisten) noch durchschnittlich, in allen anderen Milieus dagegen stark unterdurchschnittlich. Dementsprechend hat diese Gruppe ein jüngeres Durchschnittsalter, jeder Dritte befindet sich noch in Ausbildung, viele leben allein. Fast zwei Drittel sind Frauen.

In *Baden sind 5 % der Kirchenmitglieder der Gruppe der »Spirituell Suchenden« zuzuordnen, in Württemberg 7 %.*

Auch wenn »Spirituell Suchende« kaum am traditionellen Gemeindeleben teilnehmen, wird bei ihnen Kirche doch eher positiv bewertet. Sie haben hohen Respekt vor Mitarbeitenden der Evangelischen Kirche und ein überdurchschnittliches Interesse an kirchlichen Themen. Dennoch ist ihr Verhältnis zur evangelischen Kirche gebrochen, da sie offenbar häufig den Eindruck haben, ihre Lebenswelt und ihre Fragen hätten keinen Raum in der Kirche. Dennoch denken auch in dieser Gruppe nur wenige an Kirchenaustritt.

»Spirituell Suchende« suchen stark erlebnisorientierte Veranstaltungen – zum Beispiel Gottesdienste mit moderner Musik und Lichteffekten. Traditionelle Gottesdienste und kirchliche Veranstaltungen sowie regelmäßig sich treffende Kreise sind für »Spirituell Suchende« wenig attraktiv. Hier dürften Milieu-Gegensätze abstoßend wirken, auf viele wirkt die Ästhetik kirchlicher Gebäude »verstaubt«. Da ästhetisch attraktive Angebote häufig in freikirchlichen Gemeinden zu finden sind, gibt es in der Gruppe der »Spirituell Suchenden« die größte Bereitschaft, sich außerhalb der Landeskirche zu verorten.

Obwohl »Spirituell Suchende« aus Lebenswelten kommen, in denen Social Media grundsätzlich viel genutzt werden, spielen kirchliche Angebote im Internet für sie kaum eine Rolle – wahrscheinlich sind sie für diese Gruppe ästhetisch und thematisch nicht attraktiv genug.

Obwohl »Spirituell Suchende« ein großes Interesse an religiösen Fragen haben, fällt es Menschen dieser Gruppe überdurchschnittlich schwer, über ihren Glauben zu sprechen. Auf diese Gruppe speziell zugeschnittene Glaubenskurse könnten hier erfolgversprechend sein.

Interessanterweise würden sich gerne 60 % der »Spirituell Suchenden« mehr in die Kirche einbringen. Dazu finden sie jedoch keine adäquaten Möglichkeiten. Neuaufbrüche im Sinne von fresh expressions of church könnten hier Möglichkeiten zum Andocken eröffnen.

6. Wohlwollend Gleichgültige (SSBW Folie 254ff)

»Wohlwollend Gleichgültige« sind zwar Mitglieder der Kirche und stehen der Kirche nicht ablehnend gegenüber, diese bedeutet ihnen aber nicht viel und kommt in ihrem Alltag nicht vor. Fragestellungen religiöser Art, wie sie in kirchlichen Veranstaltungen bedacht werden, erscheinen ihnen für sich und ihre Lebenswelt meist irrelevant. Dementsprechend sind sie an religiösen Angeboten wie z.B. kontinuierlichem Gemeindeleben kaum interessiert. Dennoch nutzen sie die evangelische Kirche gerne als »Dienstleisterin« und für Gottesdienste zu familiären Anlässen oder an hohen Festtagen. Sie sind durchaus der Meinung, dass man als Christ seine Kinder taufen lassen sollte, und schicken ihre Kinder mit großer Selbstverständlichkeit in den evangelischen Religionsunterricht. Kirche ist für sie ein wichtiger Bestandteil der Kultur, an der sie partizipieren. Man fühlt sich der Kirche grundsätzlich verbunden und begegnet ihr mit Wohlwollen und Respekt, steht ihr zugleich aber auch kritisch gegenüber. Christlicher Glaube ist vor allem wichtig in Lebenskrisen, schlechten Zeiten und als Partner für Standortbestimmungen. Menschen aus dieser Gruppe bilden den Kern der so genannten »treuen Kirchenfernen«.

»Wohlwollend Gleichgültige« finden sich mit Schwerpunkt in den modernen, leistungs- und nutzenorientierten Milieus der Adaptiv-Pragmatischen und der Performer. Im übrigen modernen Segment der Gesellschaft – mit Ausnahme der häufig sozial engagierten Sozialökologischen und der häufig spirituell suchenden Expeditiven – sind sie durchschnittlich vertreten. »Moderne Unbeteiligte« sind die jüngste Gruppe im Typenvergleich. Der Einstellungstyp ist männlich geprägt (60%). Die Lebenssituation ist häufig die der jungen Familie.

In Baden sind 10% der Kirchenmitglieder der Gruppe der »Wohlwollend Gleichgültige« zuzuordnen, in Württemberg ebenfalls 10%.

Wenn es gelingen soll, die Kirchenbindung dieser Gruppe von Menschen dauerhaft zu stärken, dann ist es essenziell, punktuelle Teilnahme am kirchlichen Leben gegenüber einer kontinuierlichen Beteiligung nicht abzuwerten, sondern ganz bewusst immer wieder Anknüpfungspunkte für ein punktuelles Andocken zu schaffen. Gerade Angebote für Kinder – Kindergarten, Kindergruppen, Kinderchöre, Kinderbibelwochen etc. – aber auch punktuelle Angebote der Männerarbeit sind hier besonders wichtig. Die Gestaltung von Kasualien, die intensiv auf die Wünsche der betroffenen Familien eingeht, wird sehr positiv honoriert. Deshalb sind auch Tauffeste, Angebote für Urlauber und andere punktuelle Events hier weiterführend. Da die Gruppe der Kirche nicht ablehnend gegenübersteht, ist es sinnvoll und erfolgversprechend, Anknüpfungspunkte in der Lebenswelt dieser Menschen zu suchen, die dann aber auch die Ästhetik dieser Gruppe aufnehmen müssen. Neuzugezogenenbesuche werden, wenn sie aus Interesse am Kontakt und nicht mit dem Ziel der Integration in die Gemeinde durchgeführt werden, positiv wahrgenommen.

Etwa ein Fünftel der »Wohlwollend Gleichgültige« hat schon einmal über Kirchenaustritt nachgedacht, will diesen Schritt aber wahrscheinlich nicht vollziehen. Es wäre es wichtig und auch erfolgversprechend, diese Gruppe gezielt auf medialem Weg anzusprechen und ihr den Nutzen der Kirchenmitgliedschaft zu vermitteln. Menschen aus dieser Gruppe könnten gewonnen werden für ein Mäzenatentum gegenüber der Kirche – entsprechend der Haltung: »Ich finde Kirche gut und unterstütze sie deshalb auch finanziell, auch wenn ich nicht am Leben der Kirche aktiv teilnehme.« Eine solche Haltung muss innerkirchlich positiv bewertet werden. Dazu braucht es vielerorts ein Umdenken bei den kirchlichen Mitarbeitenden (ehrenamtlichen wie beruflichen!). Ein gezieltes Fortbildungsprogramm könnte hier dazu helfen, die Kontaktmöglichkeiten zur Gruppe der »Wohlwollend Gleichgültige« bewusster und qualitativ besser zu gestalten.

Medial sind Menschen aus dieser Gruppe deutlich unterdurchschnittlich zu erreichen. Sie lesen unterdurchschnittlich häufig Gemeindebriefe oder nehmen Gottesdienste und Andachten in den Medien wahr. Auch sind sie kaum an sozialethischen Stellungnahmen der Kirche interessiert.

7. Enttäusche Kritiker (SSBW Folie 281ff)

»Enttäusche Kritiker« haben – oft in der Kindheit und Jugend – schlechte Erfahrungen mit der Kirche gemacht und bleiben deshalb ganz bewusst in Distanz zu kirchlichen Angeboten. Sie haben den geringsten Beteiligungsgrad am kirchlichen Leben im Typenvergleich.

Enttäuschte Kritiker finden sich in allen Milieus, weil diese Einstellung auf Lebenserfahrungen mit Glaube und Kirche beruht, die in allen Lebenswelten gemacht werden können. Es gibt jedoch zwei Schwerpunkte, die in ansonsten konträren Lebenswelten angesiedelt sind:

- *»Enttäuschte Kritiker im Liberal-intellektuellen Milieu sind in einer bestimmten Lebenssituation von kirchlichen Mitarbeitenden verletzt worden (z.B. im Religions- und Konfirmandenunterricht), generalisieren oftmals diese Erlebnisse und haben deshalb kein Interesse mehr an kirchlichem Leben oder an Gemeinde.*
- *»Enttäuschte Kritiker« im Prekären Milieu haben erfahren, dass kirchliche Einrichtungen oftmals Trost zusprechen, aber finanziell nicht helfen. Sie können nicht verstehen, dass Nächstenliebe so aussehen soll.*

»Enttäuschte Kritiker« beklagen überdurchschnittlich häufig, dass die evangelische Kirche zu wenig auf die Menschen zugeht, die Hauptamtlichen sich zu wenig Zeit für persönliche Gespräche mit den Menschen nehmen und die Kirche nur am Geld ihrer Mitglieder interessiert sei. Schlechte Erfahrungen – vielleicht auch nicht nur mit Kirche – sind bei »Enttäuschten Kritikern« damit zu einem negativen Kirchenbild geronnen, das ganz schwer zu verändern ist. Viele bleiben nur aus Konvention in der Kirche.

In Baden sind 20 % der Kirchenmitglieder der Gruppe der »Enttäuschten Kritiker« zuzuordnen, in Württemberg 16 %. Diese hohe Zahl muss zu denken geben!

Interessanterweise haben über 60 % der »Enttäuschten Kritiker« noch nie an Kirchenaustritt gedacht. Dennoch ist die Austrittsneigung in dieser Gruppe von Menschen natürlich sehr hoch, wobei die Unentschlossenheit noch überwiegt. Allerdings dürfte die Austrittsneigung bei Jüngeren deutlich höher sein als bei älteren Personen. Etwa 10 % der »Enttäuschten Kritiker« finden auch außerhalb der Landeskirche, zum Beispiel in einer Freikirche, ein neues Zuhause. Viele »Enttäuschte Kritiker« leben auch in einem Umfeld, das sich tendenziell eher von Kirche wegbewegt und nur schwer für die Kirche zurückzugewinnen ist. Dies macht Bemühungen um eine erneute Kontaktaufnahme noch schwieriger.

Am ehesten sind »Enttäuschte Kritiker« noch erreichbar durch Gottesdienste zu familiären Anlässen oder zu hohen Feiertagen. Hier ist anzunehmen, dass ihre Teilnahme stark durch andere Familienmitglieder motiviert ist.

Mitunter gelingt es, behutsam persönliche Kontakte zu knüpfen. Jedoch braucht es eine Vielzahl positiver Erfahrungen mit Kirche, um die gemachten negativen Erfahrungen aufzuwiegen. Kirchliche Versuche der medialen Kontaktanbahnung können in dieser Gruppe schnell kontraproduktiv wirken.

Es dürfte mit hohem persönlichen Aufwand verbunden sein, »Enttäuschte Kritiker« für die Kirche zurückzugewinnen, und Bemühungen in diese Richtung dürften wahrscheinlich oft wenig Erfolg haben. Noch wichtiger ist es aber sicherlich, daran zu arbeiten, dass weniger Menschen verletzende und enttäuschende Erfahrungen mit Kirche machen und dass Kirche sich um ein glaubwürdiges Miteinander bemüht.

8. Säkular Distanzierte (SSBW Folie 308ff)

»Säkular Distanzierte« nehmen nicht nur kaum am kirchlichen Leben teil, sie haben gegenüber der Kirche auch eine deutlich kritischere Einstellung als »Moderne Unbeteiligte« und bringen ihr deutlich weniger Vertrauen entgegen. Mehrheitlich sagen sie: »Ich brauche die evangelische Kirche nicht.« – und zwar im Typenvergleich mit Abstand am ausgeprägtesten. Auch haben sie von ihrer Lebenseinstellung die größte inhaltliche Distanz zu dem, was sie als kirchliche Lehre wahrnehmen.

»Säkular Distanzierte« finden sich in allen Milieus der modernen und postmodernen Segmente. Lediglich im traditionellen Segment (Traditionelles und Konservativ-etabliertes Milieu) ist eine säkulare Einstellung nicht sehr weit verbreitet. Wie bei den »Enttäuschten Kritikern« lassen sich zwei konträre lebensweltliche Schwerpunkte identifizieren:

- *Bei »Säkular Distanzierten« im Liberal-intellektuellen Milieu beruht die Einstellung zu Glaube und Kirche auf einer wissenschaftsorientierten Geisteshaltung, aus der eine antireligiöse Grundhaltung abgeleitet wird.*
- *»Säkular Distanzierte« im hedonistischen Milieu lehnen (noch stärker als andere junge Milieus) eine traditionelle kirchliche Lebensweise als spaß- und lebensfeindlich ab.*

Dementsprechend ist in der Gruppe der »Säkular Distanzierten« das Urteil, die Kirche passe nicht mehr in die heutige Zeit, weit verbreitet.

Männer sind in dieser Gruppe leicht überrepräsentiert.

In Baden sind 26 % der Kirchenmitglieder der Gruppe der »Säkular Distanzierten« zuzuordnen, in Württemberg 19 %. Auffällig ist hier die große Differenz zwischen Baden und Württemberg!

»Säkular Distanzierte« nehmen immerhin noch zu über 70 % an Gottesdiensten zu familiären Anlässen teil, und über die Hälfte findet auch zur Teilnahme an Gottesdiensten zu hohen kirchlichen Feiertagen. Immerhin noch 42 % der »Säkular Distanzierten« fühlen sich der Evangelischen Kirche verbunden, auch wenn sie ihr in vielen Dingen kritisch gegenüberstehen.

Dennoch ist die Neigung zum Kirchenaustritt in der Gruppe der »Säkular Distanzierten« am größten. Nur gut die Hälfte hat noch nie an einen Kirchenaustritt gedacht. Ein Siebtel ist noch unentschlossen, und 5 % sind bereits entschlossen auszutreten. Dabei gibt es keine Neigung, sich anderen christlichen Gruppierungen zuzuwenden.

Entsprechend der beiden lebensweltlichen Schwerpunkte braucht es verschiedene Strategien im Bemühen, auf »Säkular Distanzierte« zuzugehen:

- Dem Antiklerikalismus des Liberal-intellektuellen Milieus ist argumentativ zu begegnen durch plausible Argumentationen und überzeugende Angebote mit einer noch überzeugenderen Öffentlichkeitsarbeit. Auch wenn es schwierig sein wird, »Säkular Distanzierte« für die Kirche zurückzugewinnen, gilt es auf jeden Fall, ihre Wirkung auf andere Gruppen von Kirchenmitgliedern zu begrenzen.
- »Säkular Distanzierte« aus dem hedonistischen Milieu brauchen überzeugende kirchliche Angebote mit einer ganz anderen Ästhetik. Auch hier ist es sinnvoll, Modelle von fresh expressions of church oder anderer Formate zu erproben, die wahrscheinlich in großem Kontrast zu traditionellen Angeboten stehen werden.

In beiden Gruppen hat (evangelische) Kirche ein schlechtes Image. Deshalb kann es hilfreich sein, am öffentlichen Image von Kirche zu arbeiten. Menschen aus der Gruppe der »Säkular Distanzierten« müssen für einen Verbleib in der Kirche aktiv gewonnen werden. Hier ist eine gute Öffentlichkeitsarbeit, die deutlich »Säkular Distanzierten« deutlich macht, weshalb es für sie trotz ihrer inneren Distanz zur Kirche lohnenswert ist, Kirche durch ihre Mitgliedschaft und ihre Kirchensteuer zu unterstützen.

Resümierende Überlegungen

Die Ergebnisse der SSBW lassen sich gut in Verbindung bringen mit den Ergebnissen der 5. Kirchenmitgliedschaftsuntersuchung (KMU V). In beiden Untersuchungen wird deutlich, dass im Spektrum zwischen hoher Kirchenverbundenheit auf der einen Seite und großer Distanz auf der anderen Seite die jeweiligen Ränder stärker werden.

Die SSBW zeigt auf, dass die Zahl derjenigen, die am kirchlichen Leben in großer Regelmäßigkeit teilnehmen – zumindest in Baden-Württemberg –, deutlich höher ist, als es der Selbstwahrnehmung kirchlicher Verantwortungsträger auf allen Ebenen häufig entspricht. Diese hohen Selbsteinschätzungen sind eventuell etwas zu relativieren – so sind zum Beispiel die hohen Teilnahmeraten an Gottesdiensten nicht ganz in Deckung zu bringen mit den statistischen Zahlen über die Teilnahme am Gottesdienst. Dennoch sind sie grundsätzlich ernst zu nehmen und positiv zu werten, da sie das Selbstverständnis der Menschen zum Ausdruck bringen. Betrachtet man die ersten vier Einstellungstypen als Menschen, die der Kirche intensiv verbunden sind und sich auf ihre jeweilige Weise auch am Leben der Kirche beteiligen, so decken diese vier Gruppen zusammen in Baden 39 % und in Württemberg 48 % der Kirchenmitglieder ab. Das ist zunächst ein positiverer Befund als von vielen erwartet.

Zugleich sind mit den Gruppen der »Enttäuschten Kritiker« und der »Säkular Distanzierten« (in Baden zusammen 46 % und in Württemberg zusammen 35 %) zwei Gruppen manifest, die nur schwer durch kirchliche Angebote zu erreichen sind. Dies ist wiederum deutlich negativer als von vielen erwartet und ist als Indiz dafür zu werten, dass die hohe Zahl der Kirchenaustritte, die sich vor allem aus diesen beiden Gruppen speisen, auch mittelfristig kaum abnehmen wird – selbst wenn es gelingt, durch neue Initiativen erfolgreich auf diese Gruppen zuzugehen.

Von großer Bedeutung ist die Einsicht, dass das Mittelfeld, bestehend aus »Spirituell Suchenden« und »Modernen Unbeteiligten«, die in kirchlichen Untersuchungen der Vergangenheit häufig als die »treuen Kirchenfernen« bezeichnet werden, relativ zu diesen beiden Blöcken am Rand des Spektrums mit 15 % in Baden und 17 % in Württemberg deutlich weniger stark ist, als es der gängigen kirchlichen Selbstwahrnehmung entspricht.

Schon länger bekannt ist die Tatsache, dass die vier Einstellungstypen zu Glaube und Kirche, welche die evangelische Kirche aktiv mittragen, überwiegend in traditionellen Milieus verortet sind und damit – allein schon aus demografischen Gründen – perspektivisch in ihrer Stärke abnehmen werden. Sorge bereiten muss kirchenleitendem Handeln dagegen noch stärker, dass es mit den Gruppen der »Enttäuschten Kritiker« und der »Säkular Distanzierten« einen erheblichen Anteil an Kirchenmitgliedern gibt, die für Kirche nur noch schwer erreichbar sind. Die gegenwärtig – trotz aller Kritik an Kirche und vorhandenen Distanz – noch erstaunlich hohe Kirchenbindung in diesen Gruppen wird voraussichtlich in den nächsten Dekaden erodieren. Um so wichtiger wird es sein, die Gruppen der »Spirituell Suchenden« und der »Modernen Unbeteiligten« besser zu erreichen, als dies bisher gelingt, um so auch in jüngeren Altersgruppen Menschen neu für den christlichen Glauben und die Kirche zu gewinnen.

Wie zuletzt wieder die KMU V, so hat auch die SSBW deutlich gemacht, dass für alle Kirchenmitglieder – quer zu den acht Einstellungstypen – Gottesdienste zu familiären Anlässen (Kasualien) und Gottesdienste zu hohen kirchlichen Feiertagen die Orte sind, an denen die intensivste Beteiligung am kirchlichen Leben stattfindet. Hier spielt eine Rolle, dass Kasual-Gottesdienste stark von gesellschaftlicher Konvention getragen sind (im Süden Deutschlands sicher noch stärker als im Norden oder gar Osten) und dass hier neben religiösen Bedürfnissen auch familiäre Bande zur Teilnahme motivieren. Diese hohe Akzeptanz und Bedeutung von Kasualien für die Kirchenbindung – gerade auch bei Menschen in großer Distanz zur Kirche – muss dazu führen, an der Qualität der Kasual-Gottesdienste samt ihrer Vorbereitung zu arbeiten und dafür auch Ressourcen bereitzustellen. Damit ist auch sicherzustellen, dass die Reaktion auf Kasual-Anfragen primär an den Bedürfnissen der Anfragenden und weniger an kirchlichen Strukturen und Zuständigkeiten orientiert wird, sowie dass Kasual-Gottesdienste so gestaltet werden, dass die Teilnehmenden diese bestärkend, ermutigend, orientierend und hilfreich erleben und nicht primär auf ihr defizitäres Christsein angesprochen werden. Dazu braucht es gerade unter den Kirchenmitgliedern, die eine hohe Verbundenheit zur Kirche aufweisen, eine Verständigung darüber, dass auch eine punktuelle Teilnahme am kirchlichen Leben – wie sie sich durch Inanspruchnahme von Kasual-Gottesdiensten zeigt – eine legitime Form der Kirchenmitgliedschaft ist. In den Gemeinden und anderen kirchlichen Orten ist es darum wichtig, an einer Willkommenskultur der Gastfreundschaft zu arbeiten, die Menschen als Gäste freundlich begrüßt, sie aber auch als Gäste wieder ihres Weges ziehen lässt und sie nicht zu vereinnahmen sucht.

Ebenfalls nicht neu ist die Einsicht in den hohen Nutzungsgrad von Gemeindebriefen – ebenfalls quer durch alle acht Einstellungstypen: Über 70 % der Kirchenmitglieder nehmen den Gemeindebrief wahr; selbst in der Gruppe der »Modernen Unbeteiligten«, die die geringste Nutzungsrate hat, lesen immer noch mehr als 50 % der Kirchenmitglieder den Gemeindebrief. In vielen Gemeinden ist in den letzten Jahren stark an der Qualität von Gemeindebriefen gearbeitet worden. Dennoch wäre zu prüfen, ob Gemeindebriefe noch stärker als Kommunikationsmedium genutzt werden können. Dabei ist auch darauf zu achten, dass Gemeindebriefe nicht die intensive Beteiligung am kirchlichen Leben als allein mögliches Modell von Kirchenmitgliedschaft propagieren, sondern auch ganz bewusst an Menschen adressiert sind, die nur punktuell am kirchlichen Leben teilnehmen.

Interessant ist der Vergleich zwischen der Evangelischen Landeskirche in Baden und der Evangelischen Landeskirche in Württemberg (SSBW S. 277–292). Dieser Vergleich macht deutlich, dass in der traditionell als liberaler angesehenen badischen Landeskirche der Anteil der Kirchendistanzierten spürbar höher und die Beteiligung an kirchlichen Angeboten dementsprechend im Schnitt etwas niedriger ist. Nicht überraschend ist, dass freikirchliche Gruppen und eigene kirchliche Gemeinschaften innerhalb der Landeskirche in Württemberg eine deutlich größere Rolle spielen als in Baden.

Teil IV

Erste Zugänge: Wie die Sinus-Studie für kirchliche Handlungsfelder relevant werden kann

1. Heilsame Störungen

Ein pragmatisch-ermutigender Blick auf die Kirchenstudie

Karen Hinrichs

Zugleich irritierend wie ermutigend und in jeder Hinsicht herausfordernd sind die Ergebnisse der Sinus-Kirchenstudie »Evangelisch in Baden-Württemberg«. Diese hat für fast alle kirchlichen Arbeitsfelder eine hohe Relevanz und ein störendes Potential, das nicht abgewehrt, sondern als heilsame Form der Selbsterkenntnis genutzt werden sollte.

Ich möchte vier Ebenen benennen, auf denen wir heilsam gestört werden, und füge jeweils Beispiele und Aspekte bei. Andere mögen weitere benennen.

Die 1. Ebene: Störung von Wunschbild und Selbstbild – Ermutigung zur Wahrnehmung der Wirklichkeit

Wir wollen weiterhin als Volkskirche den Auftrag Jesu Christi erfüllen, uns »in alle Welt« senden lassen und »[...] die Botschaft von der freien Gnade Gottes ausrichten an alles Volk«, wie es in der 6. These der Barmer Theologischen Erklärung heißt. Es muss uns in jedem kirchlichen Arbeitsfeld unruhig machen, dass wir mit der Art und Weise, wie wir bisher die Botschaft ausrichten, offensichtlich nicht bei »allem Volk« verstanden werden. Es hilft in meinen Augen nicht, sich auf die Widerständigkeit der Botschaft zu berufen. Die Ergebnisse der SSBW wie aller anderen Kirchenstudien belegen die ungleiche Milieuverteilung und eine Diskrepanz zwischen dem Wunschbild, Kirche für alle und mit allen zu sein, und der Wirklichkeit. Zwar gibt es in der baden-württembergischen Landschaft kein Milieu, in dem die Evangelischen gar nicht vertreten sind. Aber das irritierende Bild der ungleichen Verteilung der Kirchenmitglieder lässt sich auf die Formel bringen: »Stark in der Mitte, normal im Kopf und schwach auf den Beinen.«

Auf der Landkarte der Milieuverteilung zeigt sich bezüglich der evangelischen Kirchenmitglieder ein starkes Übergewicht in den mittleren gesellschaftlichen Milieus, auch im Vergleich zur katholischen Seite. Besonders auffallend ist die Repräsentanz im Vergleich zum Landesdurchschnitt im Sozialökologischen Milieu mit 18 % gegenüber 8 % im Landesdurchschnitt. Das war eine der wenigen Ergebnisse der Studie, von denen die Auftraggeber wirklich überrascht waren. Aber auch in der Bürgerlichen Mitte mit 18 % zu 13 % im Land und im

Milieu der Konservativ-Etablierten mit 16% gegen 11% im Landesdurchschnitt sind die Evangelischen deutlich überdurchschnittlich vertreten. Im Traditionellen Milieu, das in der Kartoffelgrafik die untere bis mittlere soziale Lage umfasst, ist die Evangelische Kirche leicht überdurchschnittlich vertreten, nämlich mit 19% Prozent zu 17% im Landesdurchschnitt. Als Fazit ist festzuhalten: Die gesellschaftliche Mitte, der »Bauch«, ist aus evangelischer Perspektive rund und stark. Die ermutigende Schlussfolgerung liegt nahe, dass diese Ergebnisse auch als eine Bestätigung der kirchlichen Arbeit angesehen werden können. Offensichtlich haben sich in diesen Milieus die bisherigen Formen des Gemeindelebens, die Gottesdienste und Kasualien, die Kommunikation und die Bildungsarbeit bewährt. Wir sprechen die Menschen in diesen vier Milieus an.

Aber was ist mit den anderen sechs Milieus?

Ungefähr dem Landesdurchschnitt entsprechend sind die Anteile in den drei Milieus, die auf der Kartoffelgrafik im »Kopfbereich« angesiedelt sind. Hier sieht es bei den drei Milieus der Liberal-Intellektuellen mit 7% (zu 6% im Land), den Performern (7% zu 5%) und den Expeditiven (5% zu 6%) mehr oder weniger durchschnittlich aus. Die Evangelische Kirche ist hier »normal im Kopf«, wie es ein Tagungsteilnehmer formulierte. Diese Körpermetaphorik aufnehmend, muss sie dagegen als »schwach auf den Beinen« bezeichnet werden. Denn sehr irritierend sind die Verhältnisse bei den drei Milieus der Prekären, der Hedonisten und der Adaptiv-Pragmatischen. Gegenüber 8% im Landesschnitt weist die Kirchenstudie einen Anteil von nur 1% im Milieu der Prekären auf. Selbst wenn sich hier möglicherweise eine Unschärfe in der Erhebung zeigt, so ist die Tendenz doch sehr deutlich und sollte zu neuen Anstrengungen hin zu einer inklusiven Kirche herausfordern. In demselben Sinne herausfordernd sind die Ergebnisse für die Milieus der Hedonisten (7% zu 10% im Land) und der Adaptiv-Pragmatischen, in welchem die Evangelischen mit 4% im Vergleich zu 10% im Land ebenfalls stark unterrepräsentiert sind. In diesen unteren bis mittleren, bodenständigen und eher jungen Milieus schwächelt die Evangelische Kirche sehr. Wie muss sich die Arbeit in den Kirchengemeinden, in den diakonischen und in den überparochialen Arbeitsfeldern entwickeln, damit Menschen aus den bisher so deutlich unterrepräsentierten Milieus Kirche als ihre Kirche erfahren?

Die 2. Ebene:
Störung der Selbstgenügsamkeit – Ermutigung zu Vielfalt und Solidarität

Wenn wir die Ergebnisse der Milieuforschung selbstkritisch rezipieren, stört das die Selbstwahrnehmung und das gewohnte Denken über Kirche bei »Gottes Bodenpersonal«, zu dem ich auch die Kirchenleitungen zähle. Das ist aber das Beste, was passieren kann! Denn die Erkenntnis, dass wir nicht gleichzeitig und mit denselben Medien und Formaten »alle« erreichen können, ist entlastend und herausfordernd zugleich. Den Anspruch, eine »Kirche für alle« sein zu wollen, können wir aus theologischen Gründen nicht aufgeben, die Selbstgenügsamkeit schon. Wo der Wille und jeder Versuch fehlt, die eigenen Milieugrenzen zu überschreiten, wird Kirche gänzlich zu einer Art Vereinskirche. Darin lässt es sich gemütlich leben, das ist keine Frage. Wenn aber der eigentliche Missionsauftrag ist, Salz der Erde und Licht der Welt zu sein, kann die Beschränkung auf einige wenige Milieus keine Option sein. Ein Wegschauen und »Weitermachen-wie-bisher« würde zudem die starken Tendenzen zur Milieuverengung weiter befördern, übrigens auch im Bereich der Gottesdienste und Kasualien. Es würde außerdem, das zeigt ein vertiefter Blick in die SSBW, die Austrittsbereitschaft eines erheblichen Anteils der Kirchenmitglieder befördern. Wir müssen uns ändern und »milieusensibler« sein, wenn wir bleiben wollen, was wir schon sind und zugleich noch werden sollen: Kirche für alle und mit allen, Kirche mit einem Auftrag für die Welt und mitten in der Welt.

Milieusensible kirchliche Arbeit ist dem missionarischen und dem diakonischen Auftrag Jesu Christi gleichermaßen verpflichtet. Sie nimmt dabei die unterschiedlichen Lebenswelten ernst. Sie respektiert verschiedene Lebenseinstellungen, Frömmigkeitstypen und Distanzen zum Glauben und zur Kirche. Sie genügt nicht sich selbst, sondern sucht das milieuüberschreitende Gemeinsame, ohne es je auf Dauer festhalten zu können. Sie ist menschenfreundlich und bleibt kritisch gegenüber den jeweiligen Tendenzen zur Selbstgenügsamkeit und Selbstbetätigung. Sie ist solidarisch mit den Armen und mit allen, die »hungert und dürstet nach der Gerechtigkeit« (Mt 5,6). Sie schätzt Diversität und fördert sie. Sie sucht nach einer Sprache und nach Formen von Gemeinschaft und Zugehörigkeit, die zum konkreten Milieu passen und von den Menschen verstanden und mitgeformt werden. Darum fördert sie gleichzeitig die unterschiedlichen Schwerpunktbildungen von Gemeinden und Experimente mit neuen Ausdrucksformen des Glaubens. So ist eine milieusensible Kirche eine bunte, die Vielfalt der Lebenswelten akzeptierende, einladende, inklusive und offene Kirche.

Die 3. Ebene: Störung der Patentrezepte – Ermutigung zu Mehrsprachigkeit und Milieutoleranz

Während die 5. Kirchenmitgliedschaftsuntersuchung der EKD (KMU V) auf die Lebensstil- oder Milieutypologie verzichtet und nur noch zwischen hoher, mittlerer und schwacher Verbundenheit unterscheidet, bietet die SSBW ein wesentlich differenzierteres Bild. Sie unterscheidet 10 gesellschaftliche Milieus und acht mit diesen nicht deckungsgleichen Einstellungstypen, die schwerpunktmäßig in zwei oder drei Milieus zu finden sind. Unter diesen Einstellungstypen sind wiederum verschiedene Formen der Distanz oder Verbundenheit zur Kirche zu beobachten. Je genauer man hinsieht, desto komplizierter wird es also. Die 8 Einstellungs- oder Mitgliedschaftstypen weisen sehr unterschiedliche Einstellungen zu Spiritualität und Religiosität, zum (christlichen) Glauben und zur (evangelischen) Kirche auf. Auch die unterschiedliche Bereitschaft, aus der Kirche auszutreten, und die möglichen Motive oder Anlässe dafür sind so differenziert und anschaulich dargestellt, dass sich allein deshalb die intensive Lektüre und Auswertung der SSBW lohnt. Zugleich wird deutlich, dass sich alle Patentrezepte und alle einfachen Lösungen verbieten.

So macht die SSBW deutlich, dass es keine einfache Polarität von Verbundenheit und Indifferenz gibt, wie es die KMU V nahelegt, sondern ein ganzes Spektrum von unterschiedlichen Haltungen und Einstellungen, Kommunikationsformen und Verbundenheitsformen. Der ekklesiologische Anspruch liegt in der Annahme der Autoren der SSBW, dass es möglich und geboten ist, für jede dieser Gruppen verständliche Formen der Verkündigung in Wort und Tat zu finden. So soll jedes Konzept für eine zielgruppenspezifische Arbeit und jede zielgruppenspezifische mediale Kommunikation sich des differenzierten Spektrums der Mitgliedschaftstypen bewusst sein und die Formate und Angebote entsprechend sensibel gestalten. Kirche muss also gewissermaßen »mehrsprachig« werden, denn jede Person und jede Gruppe will in ihrer Lebenswelt und damit Sprachwelt angesprochen und als Kommunikationspartner ernst genommen werden. Das ist ein hoher Anspruch sowohl für die kirchliche Mitarbeiterschaft als auch für die besonders engagierten Ehrenamtlichen. Von allen Mitarbeitenden wird ja nicht nur lebensweltliche Übersetzungsarbeit gefordert, sondern auch eine hohe Milieu-Toleranz. Diese wird nicht allein dann gefordert, wenn es darum geht, die kirchliche Arbeit über die bisherige Kerngemeinde und das eigene Milieu hinaus auf andere Gruppen auszudehnen und damit den »eigenen« Pfarrer mit »den anderen« zu teilen. Eine milieutolerante Haltung wird beispielsweise auch dann gefordert, wenn es gilt, unterschiedliche Distanzen zu den kirchlichen Angeboten zu akzeptieren. Sehr viele Kirchenmitglieder wollen nicht zum »inner circle« gehören und werden sich nicht durch Zielgruppenangebote, Hauskreise, Glaubenskurse oder besondere Events ansprechen lassen. Trotzdem erwarten sie, dass Kirche ihnen Gründe gibt, ihre Mitgliedschaft aufrechtzuerhalten, also eine Antwort auf die allzu menschliche Frage: »Was habe ich davon?« Das kann ein Kindergartenplatz sein oder ein ansprechender, die modernen Lebenswelten ernstnehmender Gemeindebrief. Es kann auch die Erfahrung sein, dass die Weihnachtspredigten sich in jedem Jahr durch ihre lebensnahe Zeitgenossenschaft auszeichnen, es kann eine Kasualansprache sein, die die besondere persönliche und familiäre Situation einfühlsam aufgenommen hat.

Die Leitungsgremien auf allen Ebenen haben mit der Milieu- und Einstellungstypologie der SSBW eine gute Basis, um die Kirchenmitglieder differenziert wahrzunehmen und folgende Fragen zu reflektieren:

- Mit wem haben wir es – in dieser Gemeinde, in dieser Region, in diesem Arbeitsfeld- wirklich zu tun?

- Wo liegen die lebensweltlichen »Barrieren« und wo die »Brücken« zu den kirchlichen Angeboten, Einrichtungen, Medien oder Orten?
- Wie können Vorbehalte geklärt und Irritationen vermindert werden?
- Wie kann die Verbundenheit gestärkt werden, und welche positiven Gründe können gegeben werden, in der Kirche zu bleiben?

Die Herausforderung besteht darin, die Segmentierung der Gesellschaft, die sich in den großen Kirchen (wie auch in der spezifischen Milieuverengung der Freikirchen) abbildet, konkret wahrzunehmen. Erst dann kann es darum gehen, Konzepte und Kommunikationsformen zu entwickeln, die für eine bestimmte Gruppe dazu beitragen können, die Kirchenbindung zu stärken. Auch die Bemühung, Ausgetretene zurückzugewinnen, sollte kein Tabu sein. Sie kann aber nur durch zugleich milieusensible wie persönliche Formen der Zuwendung und des Gespräches gelingen.

Die 4. Ebene: Störung des Kleinmutes – Ermutigung zum Experimentieren und Anfangen

Die Anforderungen sind hoch, und die Abwehr vieler Mitarbeitenden verständlich. Wer die milieusensible Arbeit als zusätzliches Pensum versteht, das zum stressigen Alltag hinzukommt, wird sich überfordert fühlen. Aber die Sache lässt sich auch als eine vertiefende Reflexion der bisherigen Arbeit interpretieren und als Ansporn, die Vielfalt der Gaben und Aufgaben ernst zu nehmen. Keine Gemeinde muss »alles« anbieten, und kein Pfarrer, keine Pfarrerin kann mit allen Milieus oder Einstellungstypen gleichermaßen gut kommunizieren. Dennoch sind es gerade die Pfarrer, die besondere Fähigkeiten des Dolmetschens in andere Lebenswelten hinein haben, weil ihnen die theologische Ausbildung Deutungsmuster bereitgestellt hat, die der milieusensiblen Mehrsprachigkeit zugutekommen.

Die Ergebnisse der SSBW können sogar als heilsame Störungen einer Haltung des Kleinmutes gelesen werden. Denn auch ohne genaue Kenntnis der Ergebnisse der SSBW wird schon jetzt jede Pfarrerin wie selbstverständlich mit einem enttäuschten Kritiker aus dem Prekären Milieu anders sprechen als mit einem ebensolchen aus dem Liberal-Intellektuellen oder aus dem Sozialökologischen Milieu. Ebenso intuitiv wird jeder Gemeindediakon und jede Religionslehrerin sich bemühen, den Glauben und die Kirche für Kinder, Jugendliche und Eltern aus dem Hedonistischen Milieu alltagsrelevant zu machen.

Wir fangen nicht bei Null an, und es gibt viele Beispiele für gelingende kirchliche Kommunikation, für milieusensible Planungsarbeit und Gemeindeentwicklungsprozesse und für überzeugende Formen der Kontextualisierung des Evangeliums.

Auch im Blick auf die landeskirchliche milieusensible Arbeit in den beiden Evangelischen Kirchen in Baden und in Württemberg haben wir schon etwas anzubieten. Waren anfangs nur wenige Expertinnen und Spezialisten in die

Materie eingearbeitet und konnten die Unterschiede zwischen den verschiedenen Milieutheorien und den verschiedenen Bezeichnungen für die Lebensstil-Typen erklären, so steht inzwischen den Gemeinden und den landeskirchlichen Arbeitsbereichen ein kleiner Pool von Personen zur Verfügung. Diese können, auf eher unterhaltsame oder auf eher wissenschaftliche Weise, die Erkenntnisse der Milieutheorie darstellen und, ggf. unterstützt von der Gemeindeberatung, gemeinsam mit der jeweiligen Gemeinde oder dem Arbeitsbereich Schlussfolgerungen für die eigene Situation erarbeiten. In einigen Ausbildungsgängen und Fortbildungsangeboten ist die Thematik mit allen ihren Fragestellungen schon gut integriert. Darüber hinaus sind Handreichungen veröffentlicht worden, die in der alltäglichen Praxis von Gemeindepfarrerinnen und Gemeindepfarrern genutzt werden können, wie das »Handbuch Taufe – Impulse für eine milieusensible Taufpraxis«.[1] Weitere Handbücher[2] sind geplant. Ob diese Angebote ausreichen und genutzt werden, wird sich zeigen. Manches wird sich in der Praxis klären, sich bewähren oder modifiziert werden.

Wichtig ist die Bereitschaft, anzufangen und zu experimentieren und dabei Erfahrungen zu machen. Wenn diese, wie die ersten Versuche mit »fresh expressions of church«, in einem fortlaufenden selbstkritischen Diskurs reflektiert werden, können dabei die Landeskirchen als ganze und ihre Leitungsverantwortlichen auf allen Ebenen nur gewinnen.

Auch kleine Schritte sind wichtig auf dem Weg zu einer milieusensiblen Kirche, in der Diversität wahrgenommen, wertgeschätzt und gefördert wird. Im Miteinander und arbeitsteiligen Füreinander von Ortsgemeinden, diakonischer und überparochialer Arbeit, bewährten wie neuen und experimentellen Gemeinschafts- und Gemeindeformen könnte die Zukunft der Volkskirche liegen. Nicht Patentrezepte sind gefragt, sondern der Mut zum Experiment und zugleich der lange Atem. So braucht es die kräftige Mitwirkung des Heiligen Geistes, um den Weg zu einer bunten, einladenden, inklusiven Kirche durchzuhalten.

1 *Heinzpeter Hempelmann / Benjamin Schließer / Corinna Schubert / Markus Weimer*, Handbuch Taufe. Impulse für eine milieusensible Taufpraxis, Neukirchen-Vluyn 2013.

2 Im Herbst 2015 soll in der Reihe »Kirche und Milieu« das »Handbuch Bestattung« erscheinen.

2. »So viele Hedonisten soll es bei uns geben? Das kann ja gar nicht sein!«

Das Sinus-Milieu-Modell als Angebot für eine milieusensible Gemeindearbeit

Gisela Dehlinger

Das Sinus-Milieu-Modell bietet Kirchengemeinden eine Brille, mit der sie erkennen können, wer in ihrem Ort lebt, in welchem Verhältnis welches Milieu (wahrscheinlich) vertreten ist, wie diese Menschen ticken, was sie mögen und was nicht. Hintergrund der Beschäftigung mit dem Sinus-Milieu-Modell ist in der Regel die Wahrnehmung, dass die bisherigen Angebote der Kirchengemeinde nicht mehr im gleichen Maß wahrgenommen werden wie früher: Der Gottesdienstbesuch geht zurück, die Kinderkirche dümpelt vor sich hin, selbst der einst so beliebte Altennachmittag zieht auf einmal nicht mehr. Was tun?

Milieuverteilung vor Ort

Ein Kirchengemeinderat, der sich dann die Milieuverteilung im eigenen Ort anschaut, kann unterschiedliche Entdeckungen machen. Manches Mal ist das die Erkenntnis, dass die Daten genau das wiedergeben, was man erwartet hat. Es gibt keine besonderen Überraschungen. Und es stimmt ja auch: Das Sinus-Milieu-Modell ist nur eine von vielen möglichen Brillen, mit der ich auf eine Gemeinde schauen kann. Andere Methoden können zu ganz ähnlichen Ergebnissen führen: der genaue Blick auf die Altersstruktur der Gemeinde, die Analyse der kirchlichen Daten usw., bis hin zum aufmerksamen Gang durch den Ort, verbunden mit Beobachtungsaufgaben: Wer wohnt wo? Wo treffen sich bestimmte Gruppen (z.B. Jugendliche)? Welche Wohnformen gibt es? Wie sieht die Infrastruktur aus (gibt es einen Bahnhof, einen Autobahnanschluss, Einkaufsmöglichkeiten, einen Golfplatz …)? Wer seinen Ort auf diese Weise wahrnimmt, wird in der Regel keine großen Überraschungen erleben, wenn er sich die Sinus-Daten anschaut.

Trotzdem kann ein Blick auf das Modell und die Daten sinnvoll sein. Zum einen macht das Sinus-Milieu-Modell deutlich, wie komplex unsere Gesellschaft ist, wie unterschiedlich Menschen leben, wie verschieden ihre Bedürfnisse sind etc. Es relativiert auf heilsame Weise mein eigenes Empfinden von dem, was »normal« ist, denn was für mich »normal« ist, muss es noch lange nicht für meine Nachbarn sein. Damit kann auch das Verständnis für den Anderen wachsen. Ich höre auf, mich über diejenigen zu ärgern, die die Angebote der Kirchengemeinde einfach nicht annehmen, weil ich verstehe, dass unsere Angebote den Bedürfnissen mancher Milieus einfach nicht entsprechen, so dass diese sich davon auch nicht eingeladen fühlen.

Zum anderen kann der Blick auf die Daten meine eigene Wahrnehmung schärfen, genauso wie andersherum: So wie die Daten nur durch die Unterfütterung durch die eigene Wahrnehmung Sinn machen (»Stimmt! Im Wohngebiet x wohnen vermutlich tatsächlich viele Traditionelle, das sieht man ja schon an den Häusern«), so können sie auch die eigene Wahrnehmung hinterfragen und erweitern: »Wie, soviel Hedonisten soll es bei uns geben? Das kann doch gar nicht sein!« Beim genauen Hinschauen wird dann deutlich: Viele Menschen sehen wir erst, wenn wir durch die Daten darauf hingewiesen werden, dass es sie in unserem Ort gibt. Wer nicht zur Kirchengemeinde gehört oder dort nicht auftaucht, ist häufig auch nicht in unserem Blickfeld: die Menschen mit Migrationshintergrund, die Hauptschüler usw. Hier bewährt es sich, dass die Sinus-Daten sich nicht nur auf die evangelischen Gemeindeglieder beziehen, sondern alle Menschen im Blick haben, die am Ort wohnen. Von dort ist die Frage nicht mehr weit, an wen wir uns gesandt sehen: Wollen wir nur Angebote für diejenigen machen, die bei uns Mitglied sind? Oder geht unser Auftrag als Kirche nicht weiter?

Trends wahrnehmen

Über den ersten Blick auf die Milieuverteilung vor Ort hinaus ist es sinnvoll, den Trend wahrzunehmen: Wie wird sich die Verteilung der Milieus in den nächsten Jahren verändern? Welche Milieus werden zunehmen (in der Regel sind das die Hedonisten und die Adaptiv-Pragmatischen), welche werden abnehmen? Die Linie, die in Baden-Württemberg, aber auch nahezu in allen Gemeinden deutlich nach unten zeigt, ist die des Traditionellen Milieus. Hier ist bis 2025 mit einem Rückgang von über 50 % zu rechnen (für Baden-Württemberg: von 15,7 auf 6,7 %!), häufig noch deutlich darüber hinaus. Ein Blick in die Sinus-Studie Baden-Württemberg (SSBW) macht die Brisanz dieser Entwicklung deutlich: Von 100 Evangelischen gehören derzeit 19 zum Traditionellen Milieu, also fast ein Fünftel. Wenn dieses Milieu, zu dem die treusten Besucher von Gottesdiensten, aber auch von Gruppen und Kreisen gehören, so stark abnimmt, wird sich das in den Kirchengemeinden deutlich bemerkbar machen. Weitet man den Blick auf die vier Milieus, zu denen die Kirchenmitglieder überwiegend gehören (Traditionelles Milieu 19 %, Sozial-Ökologisches und Bürgerliches Milieu je 18 %, Konservatives Milieu 16 % – zusammen 71 % aller Evangelischen im Vergleich zu 49 % der Gesamtbevölkerung!) und schaut sich hier den Trend an, dann wird sichtbar, dass diese vier Milieus 2025 nur noch 36 % der Gesamtbevölkerung umfassen werden. Eine Entwicklung, die Kirchengemeinden aufmerken lassen muss.

Wie reagieren wir?

Was aber tun? Aus meiner Sicht sind fünf Dinge zu beachten:

1. Es bringt wenig, angesichts der Zahlen in Aktionismus zu verfallen und so schnell wie möglich neue Angebote aus dem Boden zu stampfen. Sinnvoller ist es, die Daten in Ruhe auf sich wirken zu lassen: Wo werden sie für uns vor Ort anschaulich? Wen und was entdecke ich ganz neu, wenn ich mit dem Wissen um die Milieu-Verteilung durch meinen Ort gehe? Zum gründlichen Wahrnehmen gehört auch die Analyse der Angebote vor Ort: An wen richten sich die Angebote, die wir machen? Wen erreichen wir damit? Wer fühlt sich angesprochen von unserem Gemeindebrief, von unserem Schaukasten – und wer nicht? Wie können wir möglicherweise schon mit kleinen Veränderungen für Menschen interessanter werden, die sich bisher nicht angesprochen gefühlt haben?
2. Es ist eine Überforderung für eine Kirchengemeinde, alle zehn Milieus gleichermaßen erreichen zu wollen. Ganz abgesehen davon, dass es nicht zielführend ist, aus der Aufteilung der Gesellschaft in zehn Milieus den Schluss zu ziehen, nun für jedes Milieu einen eigenen Gottesdienst anzubieten usw. Sinnvoll – nicht zuletzt im Blick auf die in der Regel begrenzten personellen Ressourcen einer Kirchengemeinde – ist es, sich zunächst auf ein Milieu zu begrenzen, das ich mehr als bisher erreichen möchte, und mich mit diesem Milieu gründlich zu beschäftigen: Was mögen diese Menschen, was zieht sie an, was stößt sie ab? Was brauchen die Menschen in diesem Milieu, was könnte Kirche ihnen bieten?
3. Dabei gilt es, die Fremdheit, die ein anderes Milieu für mich bedeutet, ernst zu nehmen. Wenn ich mich selbst eher zum Traditionellen Milieu zähle, die Beständigkeit liebe und mich gern rustikal einrichte, dann sind Expeditive mit ihrer Lust auf Risiko und der Bereitschaft zum ständigen Wandel sehr exotisch für mich. Wenn ich sozial-ökologisch ticke, auf Mülltrennung Wert lege und das Auto so oft wie möglich stehen lasse, dann tue ich mich fast naturgemäß mit der Spaß-Orientierung von Hedonisten schwer. Entsprechend schwer wird es mir fallen, für ein Milieu, das mir selbst sehr fremd ist, ein passendes Angebot zu entwickeln. Eine Kirchengemeinde, die tatsächlich ein »ganz anderes« Milieu ansprechen möchte, tut gut daran, nicht <u>für</u> dieses Milieu zu planen, sondern <u>mit</u> ihm. Das heißt, Menschen aus diesem Milieu anzusprechen, sie mit an den Tisch zu holen und mit ihnen zu überlegen, wo Kirche für sie attraktiv sein könnte. Die Angebote, die daraus entstehen, werden vermutlich sehr anders sein als die bisherigen Angebote der Kirchengemeinde. Dazu gehört Mut! Dazu gehört aber auch viel Vermittlungsarbeit hin zu den Menschen, die sich bisher in der Kirchengemeinde heimisch gefühlt haben. Es kann nicht darum gehen, auf der einen Seite neue Menschen zu gewinnen und auf der anderen die »Alten« vor den Kopf zu stoßen.

4. Die Fremdheit ist kleiner, wenn ich mich zunächst einem Milieu zuwende, das dem eigenen (oder dem der Mehrheit im Kirchengemeinderat) benachbart ist. Die Schnittmengen der Sinus-Milieu-Kartoffel weisen darauf hin, dass es Überlappungen zwischen den Milieus gibt und damit immer auch Andockpunkte. Was verbindet und was unterscheidet »mein« Milieu vom benachbarten Milieu? Wo finden wir uns, wo begegnen wir uns möglicherweise schon jetzt im Ort, außerhalb von Kirche? Wo könnten wir als Kirche hingehen, wo sollten wir präsent sein, um dieses Milieu anzusprechen? Und was wünscht es sich von uns? Auch hier ist es wichtig, Gespräche zu führen, bevor ein neues Angebot gestartet wird. In der Regel sind diese Gespräche einfacher, weil mir das Milieu, dem ich mich zuwende, nicht so fremd ist. Von daher kann die Zuwendung zu einem »Nachbar-Milieu« ein guter erster Schritt sein.
5. Milieusensible Gemeindearbeit gelingt am besten, wenn ich mich mit anderen zusammentue. Das kann die Gesamtkirchengemeinde sein, die Nachbargemeinden im Distrikt, der Kirchenbezirk. Der Blick auf die Daten auch der anderen macht die Situation im eigenen Ort noch einmal deutlicher: Was unterscheidet uns von unserer Nachbargemeinde? Wo liegt für unseren Ort die spezifische Herausforderung? Im Weiteren kann dann arbeitsteilig vorgegangen werden: Was im Ort A angeboten wird, muss es im Nachbarort B nicht auch noch einmal geben. Gemeinsam sind wir Kirche! Das nach innen und nach außen sichtbar zu machen, ist auch ganz unabhängig von der Beschäftigung mit den Milieus sinnvoll.

3. Hinweise und Anregungen zum Umgang mit der Sinus-Studie Baden-Württemberg in der Gemeindepraxis

Johannes Zimmermann

Was ist das Besondere an der Sinus-Studie Baden-Württemberg?

Nur kurze Zeit nach der im Frühjahr 2014 herausgegebenen fünften Kirchenmitgliedschaftsuntersuchung der EKD (KMU V) unter dem Titel »Engagement und Indifferenz« kommt mit der Sinus-Studie Baden-Württemberg (SSBW) erneut eine Studie in die Öffentlichkeit, die sich mit der empirischen Erforschung evangelischer Kirchenmitglieder befasst. Was ist das Besondere dieser Studie, und weshalb lohnt es sich, als Pfarrer oder Pfarrerin mit dieser Studie zu arbeiten?

Das Profil der Sinus-Studie Baden-Württemberg sieht so aus:

- Die Studie ist beschränkt auf **Baden und Württemberg** bzw. auf die Gemeindeglieder der Evangelischen Landeskirchen in Baden und Württemberg. Sie ist damit näher an landestypischen Spezifika als eine deutschlandweite Studie.
- Die Studie arbeitet mit dem **Sinus-Milieu-Ansatz.** Menschen werden nicht nur aufgrund der Antworten zu bestimmten Fragen unterschieden. Vielmehr werden aufgrund ähnlicher sozialer Lagen und »Grundorientierungen« Gruppen »gleich Gesinnter« gebildet. Das bedeutet ein Plus an Anschaulichkeit und lebensweltlicher Verankerung.
- Über den Milieu-Ansatz hinaus werden in der SSBW acht unterschiedliche Typen im Hinblick auf ihre Einstellung zu Glaube, Religion, Kirche und Gemeinde unterschieden. Das ist die eigentliche Besonderheit: Es wird nicht nur nach Kirchennahen und Kirchenfernen unterschieden, sondern weiter differenziert. Für die Wahrnehmung als Grundlage für die Frage nach Handlungsstrategien bildet das eine wichtige Grundlage.

Beim Sinus-Milieu-Ansatz handelt es sich um einen professionellen Ansatz, der sich in der Marktforschung bewährt hat und mittlerweile kirchlicherseits mehrfach rezipiert wurde, vor allem durch eine Zusammenarbeit mit der Römisch-Katholischen Kirche (Milieuhandbuch 2005; 2013) und evangelischerseits im Zusammenhang von Kursen zum Glauben im Handbuch »Erwachsen Glauben« (2011; 2. Aufl. 2013).

Manchen wird noch die Milieu-Einteilung von Gerhard Schulze (»Die Erlebnisgesellschaft«, 1. Auflage 1992) bekannt sein, die sich als Momentaufnahme der Bundesrepublik Deutschland in den 1980er Jahren verstand. Eine andere Milieu-Einteilung wurde im Gefolge der vierten Kirchenmitgliedschaftsuntersuchung mit der Differenzierung von »Lebensstilen« von Claudia Schulz und Eberhard Hauschildt entwickelt (»Milieus praktisch«, 2 Bde., 2008 und 2010). In ihrem Ansatz werden sechs Milieus unterschieden. Weiter gibt es eine Reihe von Studien mit speziellen Fragestellungen oder Zielgruppen, etwa die »Konfirmandenstudie«, die parallel zur Sinus-Studie »Evangelisch in Baden und Württemberg« erarbeitet wurde und das Sinus-Jugend-Modell auf die Konfirmierten der Landeskirche bezieht (»Brücken und Barrieren«, 2013). Ebenfalls mit den Konfirmierten beschäftigt sich eine Studie, die am Lehrstuhl von Prof. Schweitzer in Tübingen erstellt wurde (»Reform von Konfirmandenarbeit wissenschaftlich begleitet«, 2009).

Die unterschiedlichen Studien sind mit spezifischen Fragestellungen und unterschiedlichen sozialwissenschaftlichen Zugängen verbunden und können einander auf diese Weise ergänzen.

Auf der einen Seite ist es sinnvoll, auf der wissenschaftlichen Ebene über den jeweiligen Ansatz kontrovers zu diskutieren. Jeder sozialwissenschaftliche Zugang hat eine bestimmte Leistungsfähigkeit, aber auch seine blinden Flecken und Grenzen.

Für Gemeindepfarrerinnen und -pfarrer hingegen stellt sich eher die Frage nach der Plausibilität und Erschließungskraft einer Untersuchung in der pastoralen Praxis. Hilft sie mir, Gemeindeglieder besser zu verstehen?

Hier ist vor allem der eben bereits erwähnte Zugewinn an Anschaulichkeit zu nennen. Die Sinus-Studie arbeitet nicht nur mit Zahlen und Statistiken, sondern einerseits mit Milieus, andererseits mit Typen. Es steht außer Frage, dass mit der Zuordnung zu einem von zehn Milieus bzw. einem von acht Typen eine Person in ihrer Individualität nur unzureichend dargestellt wird. Auf der anderen Seite bedeutet das gegenüber einer Tabelle mit nur wenigen Merkmalen (Glaubt an Gott – Glaubt nicht an Gott – Glaubt an ein höheres Wesen usw.) einen enormen Zugewinn an Anschaulichkeit: Die Merkmale (z.B. Glaube an Gott) werden nicht nur in Prozentzahlen angegeben, sondern mit bestimmten Wahrscheinlichkeiten unterschiedlichen Typen zugeordnet, denen nicht nur dieses eine Merkmal gemeinsam ist, sondern die eine ganze Reihe gemeinsamer Merkmale bis hin zur lebensweltlichen Verortung aufweisen.

Mit dem Bemühen, Anschaulichkeit zu gewinnen, steht die Sinus-Studie nicht allein. Es ist auch in den Kirchenmitgliedschaftsstudien erkennbar: In der dritten (KMU III) wurden die Zahlen durch Leitfaden-Interviews ergänzt und im Text der Studie typische Äußerungen aus den Interviews eingefügt. In der KMU IV wurde das in ähnlicher Weise mit Gruppengesprächen gemacht.

Was kennzeichnet Milieu-Studien?

Lange Zeit wurde die Bevölkerung in »Schichten« eingeteilt (Arbeiterschicht, Akademikerschicht usw.). Durch die zunehmende Pluralisierung und Individualisierung wurde eine solche Einteilung immer weniger plausibel. Immer wieder ist von einer zunehmenden »Individualisierung« die Rede. Natürlich ist jeder Einzelne ein unverwechselbares Individuum. Aber das, was »Individualisierung« genannt wird, hat seine Grenzen. Jenseits der Pluralisierung und der dazu gehörenden Individualisierung von Lebensstilen, Lebensformen und Einstellungen können auf empirischem Weg Gruppen mit gemeinsamen Merkmalen unterschieden werden. Es geht um Gruppen »gleich Gesinnter« und »gleich Gestimmter«: Gruppen mit ähnlichen Werten, Einstellungen und Vorlieben – und sei es nur derselbe Musikgeschmack. Das ist der Ansatz der Milieuforschung: Hier werden Cluster gebildet von Menschen, die ähnlich »ticken«.

Ein anschauliches Beispiel dafür sind die unterschiedlichen Programme des Südwestrundfunks: Die einzelnen Programme verkörpern nicht nur ein unterschiedliches musikalisches Profil, sondern ein »Lebensgefühl«, das jeweils eine Nähe zu unterschiedlichen Altersgruppen und Bildungsschichten hat.

Eine solche Gruppenbildung ist anschaulicher als bloße Prozentzahlen über Merkmale wie Musikgeschmack, Teilnahme an kirchlichen Veranstaltungen usw.

Je nachdem, welche Kriterien verwandt werden und wie sie gewichtet werden, können auf diese Weise unterschiedliche Differenzierungen von Milieus unternommen werden. Sie sind grundsätzlich Konstruktionen. Das bedeutet zugleich: Es gibt nicht nur eine Milieueinteilung, sondern unterschiedliche, die an ihrer Plausibilität und Erschließungskraft zu messen sind.

In der fünften Kirchenmitgliedschaftsuntersuchung werden drei »Merkmalspolaritäten« bzw. Dimensionen genannt, die für das Verhältnis zur Kirche als besonders wirksam betrachtet werden: »Traditionsorientierung«, »Bildungsaffinität« und »Interesse an Geselligkeit« (Engagement und Indifferenz, S. 77).

Zu diesen Milieu-Modellen zählen auch die Sinus-Milieus. Sie werden in einem Koordinatensystem dargestellt. Dabei werden soziale Lage (vertikale Achse: »Unter-, Mittel- und Oberschicht«) und die »Grundorientierung« (horizontale Achse) unterschieden. Die letztere kann mit den Schlagworten »traditionell – modern – postmodern« umrissen werden (bzw. in der bei Sinus verwendeten Terminologie: Tradition – Modernisierung/Individualisierung – Neuorientierung).

Beispiele: Das Milieu in der »höheren« sozialen Lage mit einer traditionellen Grundorientierung bilden die »Konservativen«. In der »Mitte« der drei Grundorientierungen mit niedriger sozialer Stellung finden sich die »Konsum-Materialisten«. So lassen sich für alle Milieus Schicht- und Mentalitätszugehörigkeit angeben. Zusammen wird das in der »Kartoffel-Grafik« dargestellt.

Aufschlussreich ist es bereits, in welchen Milieus evangelischen Kirchenmitglieder über- und unterrepräsentiert sind *(s. Graphik T2)*.

Wie kann die Sinus-Studie Baden-Württemberg zu einer vertieften Wahrnehmung evangelischer Kirchenmitglieder beitragen?

Die SSBW beschränkt sich nicht darauf, evangelische Kirchenmitglieder in den einzelnen Milieus zu beschreiben. Das Besondere gegenüber den vorangehenden kirchlichen Milieustudien besteht darin, dass über die Einteilung in Milieus hinaus und zugleich auf der Basis der Milieueinteilung acht Typen von Kirchenmitgliedern unterschieden werden. Sie sind durch bestimmte Einstellungen und Verhaltensweisen gegenüber Kirche, Religion und Glaube gekennzeichnet, werden aber zugleich lebensweltlich in den Milieus verortet – und bezogen auf Württemberg und Baden.

Auf der einen Seite sind die kirchennahen Typen:
- Die *traditionellen Kirchgänger* fühlen sich in der Ortskirchengemeinde gut aufgehoben.
- Bei den *Christen im Alltag* hingegen liegt der Akzent weniger auf der Teilnahme an Gemeindeveranstaltungen, sondern stärker auf dem Bekenntnis zum christlichen Glauben.
- Die *weltoffenen Stützen* kennzeichnet neben der Teilnahme an Veranstaltungen die Bereitschaft, Verantwortung zu übernehmen, außerdem eine Offenheit für Ökumene und Dialog.
- Die *sozial Engagierten* kommen aus einem eher kritischen Segment, vielfach aus dem sozial-ökologischen Milieu.

Auf der anderen Seite stehen die, die Kirche eher distanziert oder kritisch gegenüber stehen:
- Die *wohlwollend Gleichgültigen* sind durch lebensweltliche Distanz zur Kirche geprägt. Kirche bedeutet ihnen nicht viel, die Distanz ist aber durch Wohlwollen und Respekt geprägt.
- Deutlich anders die *säkular Distanzierten*, deren Verhältnis zur Kirche vor allem durch Indifferenz gekennzeichnet ist.
- Bei der dritten Gruppe, den *enttäuschten Kritikern*, stehen biographische Erfahrungen im Vordergrund, insbesondere die Erfahrung einer mangelnden Zugänglichkeit der Kirche.

Schon diese Stichworte zeigen, dass die »Kirchennahen« ebenso wie die »Kirchendistanzierten« keineswegs homogene Gruppen darstellen.

Schließlich gibt es noch eine Gruppe, die gewissermaßen dazwischen liegt: Die *Spirituell Suchenden*, die zwar nur 6% der Kirchenmitglieder ausmachen, aber durch Interesse und Offenheit gekennzeichnet sind. Werden sie das, was sie suchen, in der Evangelischen Kirche finden?

Die Bezeichnungen versuchen, eine Kurzcharakteristik zu geben, und zeigen zugleich, wie schwierig es ist, geeignete Bezeichnungen zu finden. Bei einigen lohnt es sich sicherlich, weiter über geeignete Bezeichnungen nachzudenken.

Ebenso wie bei der Einteilung in Milieus gibt es auch die Typen nicht nur in »Reinform«. Es sind idealtypische Darstellungen; in der Realität ist mit Übergangen und Mischformen zu rechnen.

Bemerkenswert ist neben den jeweiligen Charakteristika auch, dass fast alle dieser Typen innerhalb der Milieus klar verortet werden können, oft sogar eine hohe Affinität zu bestimmten Milieus aufweisen. Eine gewisse Ausnahme bilden die »enttäuschten Kritiker« und die »säkular Distanzierten«, bei denen jeweils zwei unterschiedliche Verortungen erkennbar sind.

Mit aller gebotenen Vorsicht kann daraus der Schluss gezogen werden, dass Einstellungen und Verhaltensweisen zu Kirche, Glaube und Religion einen Bezug zur lebensweltlichen Verortung aufweisen.

Generell fällt auf, dass Kirchennähe eher auf der linken Seite der »Milieukartoffel« zu finden ist, während die kirchendistanzierten Typen klar auf die rechte Seite gehören. Die Tendenzen sind klar: Kirchennah sind eher die Älteren und traditionell Geprägten, kirchendistanziert eher die jüngeren und modern bzw. postmodern geprägten Evangelischen.

Inwiefern stellt die Studie eine Wahrnehmungshilfe dar?

Natürlich ist jede Typenbildung mit der Gefahr verbunden, Menschen in unterschiedliche Schubladen einzusortieren. Schon die Unterscheidung von »Kirchennahen« und »Kirchendistanzierten« unterliegt dieser Gefahr.

Eine Studie und die damit verbundenen Typenbildung kann die aufmerksame Wahrnehmung des Einzelnen nicht ersetzen. Aber es gibt auch eine Gefahr auf der entgegengesetzten Seite: Eine Einzelerfahrung wird verallgemeinert. Unzufriedenheit, die ein Einzelner äußert, wird vielen unterstellt. Hier kann die mit der Typenbildung verbundene Differenzierung vor Pauschalurteilen bewahren. Andere Typen haben andere Wahrnehmungen, Interessen und Erwartungen.

Die mit den Typen verbundenen Differenzierungen können als Wahrnehmungshilfen dienen. Es geht nicht um ein abschließendes Einordnen in »Schubladen«, sondern um aufschließende Wahrnehmungen, die in der persönlichen Kommunikation vertieft und weiter differenziert werden.

So bilden etwa die »Kirchendistanzierten« keine homogene Gruppe. Jeder hat seine persönliche Geschichte, die zu dieser Einstellung geführt hat. Auf der anderen Seite gibt es bestimmte »Typen« von Erfahrungen und dadurch Gruppen von ähnlich gearteten Menschen. Bereits diese Differenzierung ist hilfreich: Ist »Kirchendistanz« verbunden mit der Wahrnehmung einer Distanz zwischen der Kirche und der eigenen Lebenswelt – oder beruht sie auf eigenen negativen Erfahrungen (»Unzufriedene«)?

So kann weiter gefragt werden: Handelt es sich um eher wohlwollende Distanz (»wohlwollend Gleichgültige«), um Indifferenz und Kirchen- wie Religionskritik (»säkular Distanzierte«) oder eher um biographische Erfahrungen einer mangelnden Zugänglichkeit (»enttäuschte Kritiker«)?

Entsprechendes gilt für die »Kirchennahen«. Lange Zeit dominierte in der Kirchensoziologie ein negatives Bild der »Kirchentreuen«. Auf der anderen Seite kam in den vergangenen Jahren das Engagement der Ehrenamtlichen und das damit verbundene Potenzial und Sozialkapital für die Kirche und die Gemeinden in den Blick, das sich in der fünften Kirchenmitgliedschaftsuntersuchung sogar im Titelwort »Engagement« niederschlägt.

Die SSBW unterscheidet an dieser Stelle vier unterschiedliche Prägungen und verbindet sie mit sozialen Verortungen: In den Kirchengemeinden gibt es nicht nur die »treuen Kirchgänger«. Weitaus anspruchsvoller ist es, die Gemeinde und ihr Umfeld so zu gestalten, dass die Potenziale und Begabungen der »Christen im Alltag«, der »weltoffenen Stützen« und der »sozial Engagierten« sich entfalten können und der Gemeinde insgesamt zugute kommen.

Das ist deshalb anspruchsvoll, weil bei diesen Typen die Loyalität zur Kirchengemeinde vor Ort nicht von vornherein als gegeben betrachtet werden kann. Die »Christen im Alltag« etwa zeigen eine starke Verwurzelung in christlichen Gemeinschaften und Verbänden über die Ortskirchengemeinde hinaus, bei den »weltoffenen Stützen« (Affinität zum konservativ-etablierten Milieu) und den »sozial Engagierten« (Affinität zum sozialökologischen Milieu) ist zu erwarten, dass das Profil der Gemeinde mit ihrer Prägung kompatibel sein muss.

Was folgt aus der Studie für die kirchliche Praxis in den Gemeinden?

Diese Frage liegt auf der Hand. Trotzdem ist hier darauf zu achten, dass keine »Kurzschlüsse« erfolgen. »Kurzschluss« heißt in diesem Fall, dass aus Ergebnissen der Studie direkt Handlungsstrategien abgeleitet werden.

Was ist daran problematisch? Zum einen müssen Ergebnisse immer erst interpretiert werden, vor allem aber muss bei der Frage nach Konsequenzen (mindestens) ein weiterer Reflexionsgang eingeschoben werden: Wer sind wir als Kirche, was wollen wir, was ist unser Auftrag? Erst aus dem Zusammenspiel von Wahrnehmung und normativer Orientierung kann nach dem angemessenen Handeln und nach Wegen der Umsetzung gefragt werden.

An Beispielen soll das verdeutlicht werden:

a) Erstaunlich (ich würde durchaus sagen: erfreulich) hoch sind die Zahlen für die Bekanntheit und Wahrnehmung der Gemeindebriefe. Was folgt daraus? Ein bloßes »weiter so!« wäre zu wenig.

Sinnvoller ist die Folgerung: Wenn schon Gemeindebriefe weithin »ankommen«, dann sind sie offensichtlich ein wichtiges Medium der Kommunikation mit Gemeindegliedern. Das müsste mindestens bedeuten, dass sie auch als solches gepflegt und gestaltet werden!

b) Erstaunlich niedrig sind dagegen die Zahlen für die Informationen durch Internetauftritte der Gemeinden. Daraus kann nicht direkt geschlossen werden, dass Internetauftritte für die Kommunikation mit den Mitgliedern nur wenig geeignet sind und sich der Einsatz von Ressourcen nicht lohnt. Zuerst muss nach den Ursachen gefragt werden. Mögliche Ursachen dafür sind:

1. Geringe Nutzung des Internets bei den Gemeindegliedern.
2. Internet ist ungeeignet für die Kommunikation mit Gemeindegliedern.
3. Die Internetpräsenz der Gemeinden lässt zu wünschen übrig.

Die erste Ursache kann ausgeschlossen werden, denn selbst bei Senioren steigt die Nutzung des Internets rapide an. Ich habe den Verdacht, dass die dritte Ursache am ehesten zutrifft. Versuchen Sie einmal, auf der Homepage einiger beliebiger Gemeinden Informationen über den Gottesdienst am kommenden Sonntag zu finden – das kann schwierig werden (mein Tipp: den aktuellen Gemeindebrief herunterladen, soweit er dort erhältlich ist). Die Ursache liegt wohl weniger bei den Nutzern und beim Medium »Internet« als solchem, sondern vor allem am unzureichenden Nutzen für die Gemeinden, der bei Gemeindegliedern die Erfahrung prägt: Im Internet gibt es kaum aktuelle Informationen über meine Kirchengemeinde.

c) Viele der Angebote, nach denen in der SSBW gefragt wird, sind zielgruppenspezifisch. Wenn die Angebote für bestimmte Zielgruppen wie Kindergarten, Pflegeheim usw. nicht bei allen bekannt sind, kann das schlicht daran liegen, dass es nicht für alle gedacht ist. Denkbar ist aber auch, dass die Einrichtung kaum als »evangelische« Einrichtung wahrgenommen wird. Je nachdem, welche Erklärung eher zutrifft, werden die Konsequenzen unterschiedlich sein.

d) Feste, darunter insbesondere Gemeindefeste bekommen insgesamt hohe Werte in der Untersuchung. Auch hier kann die Folgerung nicht automatisch sein: Gemeinden sollten mehr Feste feiern! Eine ganze Reihe von Fragen muss vorgeschaltet werden: Lassen sich die Leute überhaupt öfter einladen? Oder ganz grundsätzlich: Wie verhalten sich Gemeindefeste zu unserem Auftrag als Gemeinde? Welche Mittel wollen wir zu welchem Zweck einsetzen?

Die Folgerung könnte auch hier sein: Wenn Gemeindefeste schon positive Resonanz finden, dann lohnt es sich, sie gut zu gestalten – und so, dass sie nicht nur kurzfristige Resonanz finden, sondern dem Auftrag der Gemeinde insgesamt dienlich sind.

Wie können Konsequenzen aussehen?

Da die acht Typen aufgrund von unterschiedlichen Einstellungen und Verhaltensweisen gegenüber Kirche, Glaube und Gemeinde geprägt sind, stellen sie eine Ausgangsbasis für Kommunikationsstrategien dar, die noch geeigneter ist als ein milieubezogener Ansatzpunkt.

Dabei geht es um mehr als um Veranstaltungsformen oder um die Frage, welche Lieder im Gesangbuch zu welchem Typ passen. Tief sitzende Enttäuschungen und Vorurteile werden weder durch Hochglanzbroschüren noch durch Vortragsangebote von heute auf morgen beseitigt.

Zugleich kann das Wissen, dass gut gemachte Gemeindebriefe von vielen wahrgenommen werden, dazu beitragen, im Hinblick auf einzelne »Typen« zu fragen: Was könnte für sie hilfreich sein?

Besondere Aufmerksamkeit verdienen dabei die »Suchenden«: Sie sind aufgeschlossen und warten mehr oder weniger darauf, wahrgenommen und angesprochen zu werden. Hier kann falsche Zurückhaltung fehl am Platz sein.

Die Grundfrage dabei ist: Wie kann Kommunikation aufrechterhalten und verbessert werden? Wie können gute Erfahrungen geschaffen werden?

Das Nachdenken darüber, welche Veranstaltungen für die distanzierten Typen angeboten werden können oder welche Lieder sie gerne singen, ist deshalb nur begrenzt ergiebig, weil diese Typen ja gerade nicht »da« sind, sondern aus der Distanz allererst gewonnen werden müssen.

Eine Kommunikationsstrategie sollte deshalb ein ganzes Bündel von möglichen Verbindungen im Blick haben. Dazu zählt der Kontakt über Medien ebenso wie der persönliche Kontakt und das Angebot geeigneter Angebote. Immer wieder können auch zielgruppenspezifische Kommunikationsformen gewählt werden. Der missionarische Auftrag kommt hier zusammen mit dem Ziel der Mitgliederbindung.

Es beginnt mit der Fragestellung: Wie kann die (noch) vorhandene Bindung an die Kirche aufrechterhalten und tendenziell verbessert werden? Dazu gehört aber auch die Frage: Wie kann christliche Gemeinschaft Formen und Gestalten annehmen, die näher an diesen Lebenswelten sind? Das führt nicht zuletzt zur Frage nach »fresh expressions of church«.

Soweit die Personen Mitglied der Evangelischen Kirche sind, gibt es immer wieder Berührungspunkte, insbesondere bei den Kasualien: Sie begegnen als Eltern von Täuflingen und Konfirmanden, als Hochzeitspaare, als Angehörige von Verstorbenen. Es ist wichtig, diese Begegnungen so zu gestalten, dass daraus für die Betroffenen gute Erfahrungen werden, die zu einer größeren Nähe zum Glauben und zur Gemeinde helfen können. Dazu gehört die Beziehungsseite, aber genauso eine milieusensible Gestaltung (das »Handbuch Taufe« von Hp. Hempelmann, B. Schließer, C. Schubert und M. Weimer etwa bietet »Impulse für eine milieusensible Taufpraxis«, 2013).

Auf der anderen Seite sollten die Erwartungen realistisch bleiben: Von einer guten Erfahrung bei einer Taufe oder Beerdigung wird kaum zu erwarten sein, dass sie zu einer tiefsitzenden biographischen oder lebensweltlichen Prägung führt.

Auf diese Weise kann die SSBW in mehrfacher Hinsicht Impulse und Anregungen für die pastorale Arbeit und die Gemeindepraxis bereitstellen.

4. Der württembergische Predigtgottesdienst als Chance

Ulrich Heckel

Milieustudien lenken die Aufmerksamkeit auf die Ausdifferenzierung unserer Gesellschaft und damit zugleich auch die Auffächerung der Kirchenmitglieder in unterschiedliche Milieus mit Lebensstilen und Lebensgewohnheiten, die sich immer weiter auseinanderentwickeln.

Damit steht unsere Kirche vor einer doppelten Aufgabe:

Einerseits haben wir diese gesellschaftlichen Entwicklungen innerhalb unserer Kirchen wahrzunehmen und auch unsere Arbeit so weiterzuentwickeln, wie es dem Auftrag Jesu Christi entspricht: Gehet hin zu allen Völkern ... (vgl. Mt 28,19). Dabei können wir uns ein Beispiel nehmen am Apostel Paulus, der nach dem Grundsatz vorging: »Den Juden bin ich wie ein Jude geworden, damit ich die Juden gewinne«, den Griechen wie ein Grieche, den Schwachen ein Schwacher. »Ich bin allen alles geworden, damit ich auf alle Weise einige rette« (1Kor 9,20–22).

Andererseits ist die Kirche von ihrem Auftrag und Selbstverständnis her mehr als die Ansammlung unterschiedlicher Milieus. Kirche ist der Leib Christi. Sie hat auch eine verbindende und einheitsstiftende Aufgabe. Sie bringt auch Menschen ganz unterschiedlicher Herkunft und sozialer Stellung zusammen: »Hier ist nicht Jude noch Grieche, hier ist nicht Sklave noch Freier, hier ist nicht Mann noch Frau; denn ihr seid allesamt einer in Christus Jesus« (Gal 3,28).

Im Blick auf den Gottesdienst bedeutet dies konkret, dass wir zunächst einmal die Lebensgewohnheiten und das Teilnahmeverhalten in aller Nüchternheit zu analysieren haben. Dafür liefert uns die Sinusstudie »Evangelisch in Baden und Württemberg« eine hervorragende Sehhilfe. Darüber hinaus hat Heinzpeter Hempelmann im Blick auf unsere Fragestellung bereits erste Ergebnisse und Impulse für den Gottesdienst zusammengestellt:[1]

- »Der ›normale‹, gemeint ist: der sonntägliche Regelgottesdienst, ist deutlich weniger beliebt als andere Formen von Gottesdiensten.«
- »Die gefühlte Bindung der Kirchenmitglieder ist bis zu dreimal stärker als die statistisch ausgewiesene.«

1 *Heinzpeter Hempelmann*, Kirche im Milieu. Die Sinus-Kirchenstudie »Evangelisch in Baden und Württemberg«. Ergebnisse und Impulse für den Gottesdienst, Gießen 2013, 99–123.

- »Viele Kirchenmitglieder leben in der Kirche mit und engagieren sich, ohne dass sie die Notwendigkeit sehen würden, am Gemeindegottesdienst teilzunehmen.«
- »Kasualien finden eine hohe bis sehr hohe Zustimmung, der sonntägliche Regelgottesdienst ist dagegen Sache einer Minderheit.«
- »Die Einstellungstypologie zeigt, dass die Teilnahme an Gemeindegottesdiensten für Kirchenmitglieder nicht den Regelfall darstellt. Gottesdienstbesuch gehört zu einem bestimmten mentalen und lebensweltlichen Setting, für die meisten anderen Haltungen dagegen ist er nicht repräsentativ.«

Aus diesen Feststellungen zieht Heinzpeter Hempelmann einige Konsequenzen:
1. Vielfalt präsentieren!
2. Unterschiedliche Gewichtungen von Gottesdienst und Kirche am anderen Ort realisieren!
3. Empfundene Verbundenheit wertschätzen!
4. Kirche en passant würdigen!
5. Lebensbegleitung intensivieren!
6. Individualität inszenieren!
7. Kirchliche Event-Kultur fördern und entwickeln!

Eine Analyse des Teilnahmeverhaltens ist aber nur der erste Schritt, sie bietet noch nicht die Therapie. Deshalb gilt es als erstes, die Ergebnisse dieser Untersuchung zum Gottesdienst auszuwerten. Sodann stellt sich die Frage, welche Folgerungen wir daraus ziehen. Dabei müssen wir zum einen fragen, wie wir den unterschiedlichen Milieus besser entgegenkommen können. Andererseits werden wir aber auch sehr bewusst milieuverbindende und -übergreifende Faktoren zu suchen haben.

Natürlich hat die Kirche schon lange vor den Entdeckungen der Milieuforschung die gesellschaftlichen Entwicklungen erkannt und Zielgruppenangebote entwickelt. So wurde vor über 100 Jahren der Kindergottesdienst etabliert, dann kamen Jugend- und Familiengottesdienste hinzu. In den letzten Jahrzehnten wurden Zweitgottesdienste entwickelt, die in der Gestaltung mit der Art der Musik, kreativen Elementen wie Anspielen oder Interviews, einer stärker aktiven Einbeziehung der Gottesdienstbesucher und dergleichen eine größere Lebensnähe gesucht haben. Inzwischen ist jedoch eine Tendenz zu beobachten, dass diese Art von zweitem Programm rückläufig ist, dafür aber manche Elemente aus diesen Gottesdiensten in das normale Sonntagsgottesdienstprogramm integriert werden. Darüber hinaus ist nicht nur die Vielfalt der Gottesdienste wahrzunehmen, sondern sind komplementär auch andere kirchliche Angebote zu bedenken, die den Menschen das Evangelium in Wort und Tat nahebringen.

Im Übrigen bleibt aus theologischen Gründen festzuhalten, dass nach evangelischem Verständnis die Kirche als creatura verbi gilt, d.h. als Geschöpf des Wortes Gottes. Da die Kirche aus dem Hören auf das Wort Gottes entsteht, ist der Gottesdienst eine Wesensäußerung der Kirche, die eine eigene Qualität und Würde hat, die sich nicht allein an Zahlen messen lässt (»Wo zwei oder drei ...«). Über das Verhältnis von regelmäßigen Sonntagsgottesdiensten und besonderen Events ist verstärkt nachzudenken. Am sonntäglichen Gottesdienst ist nach evangelischem Selbstverständnis der Kirche als creatura verbi unbedingt festzuhalten.

Hier bietet der württembergische Predigtgottesdienst besondere Chancen: Wer aus einer lutherischen Landeskirche nach Württemberg kommt und hier einen Gottesdienst besucht, wird zunächst erstaunt sein über die schlichte, nüchterne, um nicht zu sagen karge Liturgie ohne Kyrie, Gloria, Glaubensbekenntnis, ohne Präfation und Sanctus. Diese singuläre Form des Gottesdienstes erklärt sich aus der Entstehungsgeschichte. Alle reformatorisch gesinnten oberdeutschen Reichsstädte haben sich ausnahmslos für den Prädikantengottesdienst entschieden, der in den Pfarrkirchen bereits seit dem Spätmittelalter am Sonntagnachmittag gefeiert worden war.[2] Als Martin Luther um sein Urteil zu dieser Form des Gottesdienstes gebeten wurde, antwortete er in einem Brief an Matthäus Alber in Reutlingen: »Die bei euch geänderten Zeremonien gefallen mir gut. Auch wir haben Änderungen vorgenommen und auf Drängen unserer Nachbarn bereits hinausgegeben. Verändere nun aber bloß nicht deine Zeremonien wiederum nach unserem Vorbild, sondern bleibe bei dem, was du angefangen hast, unbedingt.«[3] Richtungsweisend ist und bleibt nach wie vor Luthers Definition des Gottesdienstes, »dass unser lieber Herr selbst mit uns rede durch sein heiliges Wort, und wir wiederum mit ihm reden durch Gebet und Lobgesang« (EG für Württemberg, S. 334).

In seiner schlichten Form bietet der württembergische Predigtgottesdienst ein stabiles Gerüst, das die wesentlichen Elemente des Gottesdienstes für den Aufbau und Ablauf enthält, in der konkreten Ausgestaltung aber eine große Freiheit lässt. Damit ergibt sich die Möglichkeit, sich in vielfacher Hinsicht auf die Adressaten einzustellen, zugleich aber auch die Wiedererkennbarkeit von gemeinsamen Grundelementen zu gewährleisten, die Gemeinschaftserfahrungen über Milieugrenzen hinweg ermöglicht.

Darüber hinaus besteht eine große ökumenische Anschlussfähigkeit. So enthält das neue Gotteslob der Erzdiözese Freiburg unter der Nr. 668+669 eine eigenständige Wort-Gottes-Feier mit den Elementen: Eröffnung, Verkündigung des Wortes Gottes, Antwort der Gemeinde, Abschluss. Damit zeigt sich eine ähnliche Grundstruktur wie im Württembergischen Predigtgottesdienst (EG für

2 Vgl. *Matthias Figel*, Der reformatorische Predigtgottesdienst. Eine liturgiegeschichtliche Untersuchung zu den Ursprüngen und Anfängen des evangelischen Gottesdienstes in Württemberg (QFWKG 24), Epfendorf 2013, aber auch *Gerhard Hennig*, Der evangelische Predigtgottesdienst in Württemberg, Stuttgart 2003 (vgl. *ders.*, Zur Geschichte des evangelischen Gottesdienstes in Württemberg, in: Ergänzungsband zum Gottesdienstbuch für die Evangelische Landeskirche in Württemberg, Stuttgart 2005, 11–27) sowie *Jürgen Kampmann*, Die Zukunft des württembergischen Predigtgottesdienstes, in: *H.-J. Eckstein / U. Heckel / B. Weyel* (Hg.), Kompendium Gottesdienst. Der evangelische Gottesdienst in Geschichte und Gegenwart (UTB 3630), Tübingen 2011, 124–144.

3 Zitiert nach *Gerhard Hennig*, Predigtgottesdienst, 66.

Württemberg 684): Eröffnung und Anrufung – Verkündigung und Bekenntnis – Fürbitte und Sendung.

Durch die Milieustudien geschärft ergeben sich folgende Aufgaben für die Weiterarbeit:

- Zunächst ist positiv wertzuschätzen, was an Verbundenheit mit dem regelmäßigen Sonntagsgottesdienst zu spüren ist.
- Die Gestaltung der hohen kirchlichen Feste ist bewusst als Chance zu nutzen, um der Eventkultur in unserer Gesellschaft entgegenzukommen und doch zugleich das ins Zentrum zu rücken, was die Botschaft des Evangeliums und der Kirche ausmacht.
- Die Gestaltung besonderer Highlights im Verlauf des Jahreszyklus kann verstärkt als Gelegenheit zum Gottesdienst wahrgenommen werden, dessen Gestaltung dann in großer Freiheit auf die aktuelle Situation ausgerichtet werden kann (Sommerfest, Erntedank, Jahreswechsel, offene Nacht der Kirchen, Stadt-/Dorffeste, Gedenktage, Anlässe für ökumenische Gottesdienste ...).
- Kasualien sind als wichtige Form des Gottesdienstes zur Lebensbegleitung anzusehen und als Segenshandlung bzw. Gnadenzuspruch für das Individuum bei biographisch wichtigen Stationen im Lebenslauf weiterzuentwickeln (Taufe, unterschiedliche Gelegenheiten der Tauferinnerung, Segnungsgottesdienste als Form des Taufgedächtnisses). Durch den analogen liturgischen Aufbau ergibt sich eine Brücke von den Kasualgottesdiensten zum Sonntagsgottesdienst.
- Natürlich kann nicht jede Gemeinde alles anbieten. Deshalb bedarf es einer stärkeren Koordination und Schwerpunktbildung innerhalb einer Region, und zwar unter der Leitfrage, wie das verlässliche Regelangebot aussieht und welcher Gottesdienst mit welchem Profil zu welcher Zeit an welchem Ort angeboten werden soll.[4] Dabei bleibt zu bedenken, dass der Gottesdienst die inhaltliche Mitte ist, auf die hin das gesamte Gemeindeleben als Kommunikation des Evangeliums konzentriert ist.
- Schließlich ist nicht nur darauf zu achten, was die Milieus unterscheidet, sondern auch verstärkt zu überlegen, was bei Gottesdiensten, Veranstaltungen und Gemeindefesten Gemeinschaft stiften kann und möglichst viele Menschen aus unterschiedlichen Milieus auch über Unterschiede hinweg verbindet. Dazu gehört beim Gottesdienst die bewusste Gestaltung von Elementen der Wiedererkennbarkeit wie Eingangsgruß und Schlusssegen, Vaterunser und Glaubensbekenntnis, aber auch die achtsame Pflege gemeinsamen Liedguts. Nicht zuletzt ist es aber die Attraktivität des Evangeliums von Jesus Christus, das die Kirche zur Kirche macht und Menschen unterschiedlichster Milieus in Gottesdiensten nicht nur zusammenführt, sondern auch als Leib Christi vereint.

[4] Vgl. Gottesdienst in der Region. Zählungen und konzentriertes Handeln. Mit Beiträgen von *A. Haußmann, U. Wagner-Rau, M. Zahn / U. Engel / D. Lauter*, Pastoraltheologie 103. Jg., 2014, 76–127.

5. »Menschen kann man nur einzeln gewinnen« (A. Noack)

Ein Blick auf die Sinus-Studie Evangelisch in Baden und Württemberg aus missionarischer Perspektive

Werner Schmückle

Die Ergebnisse der Studie erscheinen durchaus ermutigend. Bei allen Einstellungstypen wurden positive Erfahrungen mit der Kirche benannt. Die Skala reicht von 80 % bei den »Weltoffenen Stützen« bis immerhin noch 20 % bei den »Säkular Distanzierten«. Die Neigung zum Austritt aus der Kirche erscheint relativ gering. Selbst bei den »Säkular Distanzierten« antworten noch 53 %, dass sie noch nie an einen Austritt aus der Kirche gedacht haben.

Allerdings darf das den Blick auf die Realität nicht verstellen. Von 2010 bis 2013 sind 50363 Gemeindeglieder aus der Württembergischen Landeskirche ausgetreten.[1] Das entspricht der Gemeindegliederzahl eines durchschnittlichen Kirchenbezirks. In den letzten Monaten des Jahres 2014 ist die Zahl der Kirchenaustritte stark angestiegen.[2] Die Zahl der Taufen ist von 22061 im Jahr 2004 auf 17400 im Jahr 2013 zurückgegangen.

Aus missionarischer Perspektive erscheint der Blick allein auf die Kirchenmitglieder auch nicht ausreichend. Hier müssen auch die in den Blick genommen werden, die nicht oder nicht mehr zur Kirche gehören. Denn »*Gott will, dass allen Menschen geholfen werde und sie zur Erkenntnis der Wahrheit kommen*« (1Tim 2,4). Der frühere Bischof Axel Noack hat im Blick auf die ostdeutschen Kirchen einmal formuliert: »Die Menschen haben die Kirche massenhaft verlassen, wir müssen sie als Einzelne zurückgewinnen«.[3] Auch für die badische und württembergische Situation gilt, dass wir die Menschen nur als Einzelne erreichen können.

Im Blick auf die Aufgabe, Menschen auf den Glauben und die Kirche hin anzusprechen, bietet die Studie durchaus hilfreiche Erkenntnisse.

- Die SSBW macht deutlich, dass die Evangelischen in Baden und Württemberg älter sind als der Durchschnitt der Bevölkerung. Die älteren Menschen sind von daher eine wichtige Zielgruppe für die kirchliche Arbeit. Auch die Menschen dieser Altersgruppe nehmen nicht mehr selbstverständlich kirchliche Angebote wahr. Von daher ist zu bedenken, in welcher Weise diese Altersgruppe für den Glauben gewonnen werden kann.
- Die Einstellungstypen »Traditionelle Kirchgänger«, »Christen im Alltag« und »Weltoffene Stützen«, die die Kirche tragen, sind im traditionellen Milieu,

1 Vgl. den Jahresbericht der Württembergischen Landeskirche 2014, S. 67.

2 Vgl. den Bericht der Präsidentin der Landessynode, Inge Schneider, a.a.O., S. 7.

3 In: *Kirchenamt der EKD* (Hg.), Reden von Gott in der Welt. Der missionarische Auftrag der Kirche an der Schwelle zum 3. Jahrtausend, Hannover 2000, 40.

im konservativ-etablierten Milieu und im Milieu der bürgerlichen Mitte überrepräsentiert. Es handelt sich um Milieus, deren Anteil an der Bevölkerung in den nächsten Jahren zurückgeht. Die Kirche muss ihre Mitglieder in diesen Milieus wertschätzen und »pflegen«, aber sie darf ihre Arbeit nicht allein auf diese Kirchenmitglieder konzentrieren.

- Besorgniserregend erscheint, wie wenig die Kirche z.B. Menschen aus dem adaptiv-pragmatischen Milieu erreicht. Wege zu finden, um die Menschen aus diesem und den anderen unterrepräsentierten Milieus mit dem Evangelium anzusprechen, erscheint als die entscheidende missionarische Herausforderung.
- Die Verbundenheit mit der Kirche wird bisher weitgehend am Besuch des normalen Sonntagsgottesdienstes festgemacht. Gottesdienste zu familiären Anlässen und Gottesdienste an Festtagen finden aber bei allen Einstellungstypen höhere Akzeptanz. Eine liebevolle und einladende Gestaltung dieser Gottesdienste ist eine missionarische Aufgabe. Besondere Gottesdienste erfahren bei den »Spirituell Suchenden« und bei den »Säkular Distanzierten« eine höhere Akzeptanz als der normale Sonntagsgottesdienst. Die Entwicklung besonderer Gottesdienste für diese Einstellungstypen könnte ein Weg zu diesen Menschen sein.
- Die gängigen Gemeinschaftsangebote der Kirche erreichen selbst bei den tragenden Einstellungstypen die Menschen höchstens zu einem Drittel; »Spirituell Suchende«, »Wohlwollend Gleichgültige«, »Enttäuschte Kritiker« und »Säkular Distanzierte« sprechen sie höchstens zu 12% an. Johann Hinrich Wicherns Ausspruch »Wenn die Menschen nicht zur Kirche kommen, muss die Kirche zu den Menschen kommen«[4] bekommt von daher neue Dringlichkeit. Die Präsenz der Kirche an weltlichen Orten, z.B. auf Messen, am Flughafen, bei Vereinsfesten, auf Autobahnrastplätzen, bei Motorradfahrertreffen muss zum Regelangebot werden. Neben der parochialen Präsenz bedarf es der »Kirche am anderen Ort«, um Menschen mit dem Evangelium zu erreichen.
- 44% der »Spirituell Suchenden« fällt es schwer, mit anderen über den Glauben zu sprechen. Das Angebot von »Kursen zum Glauben« könnte hier eine entscheidende Hilfe sein.
- 26% der »Enttäuschten Kritiker« sind der Meinung, dass die Kirche zu wenig auf die Menschen zugeht. Die persönliche Zuwendung von hauptamtlichen und ehrenamtlichen Mitarbeitenden könnte helfen, Menschen zu (zurückzu)gewinnen.

Gerhard Wegner nennt unter anderem Freundlichkeit, Zugänglichkeit, Offenheit, Vertrauensbildung und Ergriffensein als »Erfolgsfaktoren« für die kirchliche Arbeit.[5] Missionarisches Handeln braucht diese Faktoren, um Menschen zu erreichen und für Glauben und Kirche zu gewinnen.

4 *Johann Hinrich Wichern*, Erklärung, Rede und Vortrag Wicherns auf dem Wittenberger Kirchentag (1848), SW Bd.1, S. 164.

5 Vgl. *Gerhard Wegner*, Wie können wir die Bindung an die Kirche stärken? Fünf Erfolgsfaktoren, in: *ders.*, Religiöse Kommunikation und Kirchenbindung. Ende des liberalen Paradigmas?, Leipzig 2014, S. 151–169.

6. Die Sinus-Studie Evangelisch in Baden und Württemberg aus der Perspektive der Jugendarbeit

Eine erste Kommentierung[1]

Hansjörg Kopp

Etwa zur selben Zeit, in der die Interviews im Rahmen der SSBW geführt wurden, waren Mitarbeitende des Sinus-Instituts auch unterwegs, um bei Jugendlichen, deren Konfirmation ein bis zwei Jahre zurücklag, nach »Brücken und Barrieren … auf dem Weg in die Evangelische Jugendarbeit« – kurz B&B[2] – zu fragen. Die Erkenntnisse aus B&B dienen im Folgenden immer wieder als eine Art Folie, auf der eine Auswahl der Ergebnisse der SSBW kommentiert werden. Ihrem Selbstanspruch gemäß, vor allem zu analysieren und eine Art »Lesehilfe« zu sein, formuliert sie keine konkreten Handlungsempfehlungen. Für die Jugendarbeit liegt die zentrale Aussagekraft der SSBW in der entstandenen Einstellungstypologie. Sie ermöglicht, besser zu verstehen, wie diejenigen »ticken«, die evangelische Jugendarbeit verantworten, und wer die Eltern von Kindern und Jugendlichen sind, die sich (nicht) in der Jugendarbeit engagieren. Deshalb kann die SSBW auch zum wichtigen Impulsgeber für die Jugendarbeit werden.

1. Jugendarbeit in der SSBW

1.1 Die SSBW – eine Befragung unter Erwachsenen

Alle Befragten waren mindestens 18 Jahre alt (Bericht, Folie 19). Dies ist deshalb besonders bemerkenswert, weil Konfirmierte das Patenamt übernehmen dürfen und das Wahlalter bei Kirchenwahlen auf 14 Jahre gesenkt wurde. Wessen Aussagen sind denn von Bedeutung, wenn Kirche wissen will, was es bedeutet, evangelisch in Baden und Württemberg zu sein? Manch prägnantes Ergebnis der SSBW, wie z.B. die beeindruckende Reichweite des Gemeindebriefs, oder das bei 83 % vorherrschende Motiv, auch deshalb Mitglied in der evangelischen Kirche zu sein, weil man kirchlich bestattet werden möchte (Bericht, Folie 79), würde bei Jugendlichen anders ausfallen.

Dennoch kommt die Jugendarbeit an den Ergebnissen der SSBW nicht vorbei und kann auf die dort gewonnenen Erkenntnisse nicht verzichten. Schließ-

1 Ein ausführlichere Darstellung ist für den geplanten Band zur wissenschaftlichen Diskussion der Ergebnisse der SSBW vorgesehen.

2 *Kopp, H. et al.*, Brücken und Barrieren – Jugendliche auf dem Weg in die Evangelische Jugendarbeit, Stuttgart 2013.

lich sind junge Erwachsene und Erwachsene die prägenden Akteure in der Jugendarbeit. Deren Sicht auf Kirche und Glaube prägt wiederum die der Jugendlichen stark mit. Zudem sind viele der Befragten auch Eltern bzw. Großeltern und stehen somit in unmittelbarer Beziehung zur Zielgruppe der evangelischen Jugendarbeit.[3]

1.2 Das Themenfeld Jugendarbeit in der SSBW

Das Stichwort Jugendarbeit findet an drei Stellen in der SSBW explizit Erwähnung: Bei der Frage nach Bekanntheit, Nutzung und Interesse kirchlicher Angebote lautet eine Kategorie »Events für Jugendliche« (Bericht, Folie 50). Die Darstellung in Form des »Angebotsdreiklangs« zeigt, dass »Events für Jugendliche« einen erfreulich hohen Bekanntheitsgrad erzielen (74%). Ein grundsätzliches Interesse daran liegt hingegen bei 39% der Befragten vor, eine Nutzung hingegen nur bei 7%. Diese Ergebnisse scheinen in unmittelbarem Zusammenhang zur Auswahl der Befragten zu stehen. Weiterhin findet die Jugendarbeit bei der Frage nach Betätigungsfeldern (Bericht, Folie 69) und schließlich beim Themenfeld »Vergemeinschaftung« Berücksichtigung. Dort sind explizit einige Verbände der Jugendarbeit (CVJM, EC etc.) aufgeführt.

1.3 Vergleichsweise weniger evangelische Jugendliche als Jugendliche in Baden-Württemberg

Es ist in besonderer Weise zu begrüßen, dass die SSBW Zahlen zur Altersstruktur der evangelischen Kirchen in Baden und Württemberg aufführt. Diese liefern keine neuen Erkenntnisse, zeigen jedoch eindrucksvoll, dass der Anteil der Altersgruppe der bis 45-jährigen Kirchenmitglieder deutlich kleiner ist als der in der Gesamtbevölkerung. Der demografische Wandel trifft Kirche »doppelt«.[4] Der Rückgang der Zahl evangelischen Kinder und Jugendlichen ist noch wesentlich stärker als der in der allgemeinen Bevölkerung.

Dieser Entwicklung besondere Aufmerksamkeit zu schenken, sind alle Generationen gefordert. Es gilt, gemeinsam nach Zukunftsperspektiven für die Jugendarbeit und damit für die Kirche zu suchen. Diese Aufgabe darf nicht der Jugendarbeit allein überlassen werden. Dabei gilt es zu beachten, dass die kirchliche Arbeit mit Kindern und Jugendlichen der Zielgruppe wegen gemacht wird. Sie darf nicht primär durch den Erhalt des Systems Kirche motiviert sein. Dennoch kann natürlich nicht ganz aus dem Blick verloren werden, dass Jugendar-

[3] Aufgrund der besseren Lesbarkeit wird im Folgenden meist von Jugendarbeit gesprochen. Die Arbeit mit Kindern ist darin eingeschlossen. Zum Themenfeld Kinderkirche siehe den Artikel von Frank Zeeb, Teil IV.

[4] Spannende Zahlen, Daten und Fakten zur Evangelischen Kinder- und Jugendarbeit in Baden und Württemberg finden sich in »Jugend zählt«. *Ilg, Wolfgang, et al*, Stuttgart 2014.

beit zugleich die wichtige Funktion erfüllt, Kirche nicht zu einer »Seniorenkirche«[5] werden zu lassen.

2. Hohe Bildungsabschlüsse bei den in der Jugendarbeit Engagierten

Bemerkenswerte Unterschiede zeigen die Zahlen zu den formalen Bildungsabschlüssen auf. In der Gesamtheit aller Kirchenmitglieder und der Wohnbevölkerung in Baden-Württemberg verfügen etwa 70 % über einen Hauptschul- oder Realschulabschluss bzw. vergleichbare Abschlüsse und ca. 30 % über Abitur, einige davon über ein abgeschlossenes Hochschulstudium. In der evangelischen Jugendarbeit und besonders in der Konfirmandenarbeit sehen diese Zahlen ganz anders aus. 40 % aller Konfirmierten im Jahr 2008 waren Gymnasiasten, Tendenz steigend; 15 % waren Haupt- bzw. Werkrealschüler, Tendenz abnehmend.[6] Die Gründe hierfür sind vielfältig und vielfach diskutiert. Das verstärkte Engagement[7] Jugendlicher mit (angestrebten) höheren Bildungsabschlüssen in Konfirmandenzeit und Jugendarbeit hat Auswirkungen auf Programmgestaltung, Gruppendynamik etc.

In der SSBW nennen zudem 30 % des Typos der sozial Engagierten die kirchliche Jugendarbeit als Betätigungsfeld. In der Gesamtheit aller Befragten liegt dieser Wert hingegen bei 10 %. Die Sozial Engagierten zeichnet nicht nur dieses besondere Engagement aus, sondern auch das höchste Bildungsniveau im Typenvergleich. 47 % haben Hochschul-/ Fachhochschulreife bei 26 % in der Gesamtheit aller Typen (Bericht, Folie 200). Wer bringt die Perspektive und Interessen vermeintlich bildungsfernerer Jugendlicher in die Jugendarbeit ein? Wer sind ihre personalen Brückenbauer in die Jugendarbeit?

3. Wenige dominierende Motivlagen in der Jugendarbeit

Die vorrangigen Motive der Jugendlichen, die sich in evangelischer Jugendarbeit engagieren, sind Religion und Glaube bzw. Engagement für Andere und das Gemeinwohl. Sie sind vor allem den sozialökologischen und konservativ-bürgerlichen Lebenswelten zuzuordnen (vgl. B&B, S. 34). Bestimmte Lebensentwürfe und Motivlagen dominieren also die Jugendarbeit. Die Ergebnisse der SSBW bestätigen die »gefühlte« Milieuverengung der Kirchen in der prozentualen Verteilung der Sinus-Milieus in den evangelischen Kirchen in Baden und Württemberg. In der Jugendarbeit dominieren Christen im Alltag, traditionelle

[5] Engagement und Indifferenz – Kirchenmitgliedschaft als soziale Praxis. V. EKD-Erhebung über Kirchenmitgliedschaft, Hannover 2014, 72.

[6] *Cramer, Colin et al.*, »Reform der Konfirmandenarbeit – wissenschaftlich begleitet«, Gütersloh 2009, 193.

[7] Der Begriff »Engagement« wird im vorliegenden Artikel weiterreichend gebraucht. Engagiert ist, wer teilnimmt und/oder mitarbeitet. Vgl. hierzu die Ausführungen in B&B u.a., 11.

Kirchgänger und sozial Engagierte. Kirchenmitglieder aus eher »distanzierteren Typen« wie z.B. säkular Distanzierte, spirituell Suchende oder wohlwollende Gleichgültige engagieren sich kaum in der Jugendarbeit. Die Auswirkungen dieser Engführung zeigen sich in deren Inhalten, Formen und Angeboten. Eine Bewertung dessen soll an dieser Stelle nicht erfolgen, wohl aber soll die Frage gestellt werden: Wer engagiert sich künftig in der Jugendarbeit? Und damit auch: Wer engagiert sich dann in fernerer Zukunft auch in Kirche? Denn derzeit scheinen evangelische Jugendarbeit und Kirche – für Menschen aus den moderneren, jüngeren, mobileren, eventuell auch kirchen- oder glaubenskritischeren Milieus – nicht der passende Ort für ein Engagement zu sein.

Ehe jedoch Wege gesucht werden, wie Jugendliche bzw. Erwachsene aus den eher distanzierten Typen für ein Engagement in der Jugendarbeit gewonnen werden können, stellt sich allen derzeit in Jugendarbeit und Kirche Engagierten die grundsätzliche Frage, ob das überhaupt erwünscht ist. Die Antwort darauf muss freilich jeder einzelne selbst finden.

4. Jugendarbeit ist »Erwachsenenarbeit«

4.1 Jugendarbeit und Eltern

Menschen aus den in der Kirche besonders engagierten Milieus gehören mehr und mehr der Großelterngeneration an. Die heutige Elterngeneration scheint im Unterschied zu ihren Vorgängern reservierter, ja kritischer gegenüber einem Engagement der eigenen Kinder in der evangelischen Jugendarbeit zu sein. Die durch die SSBW gewonnenen Erkenntnisse der unterschiedlichen Motivlagen Erwachsener befähigen Mitarbeitende zu einer zielführenden Kommunikation mit Eltern. Gelingendes In-Beziehung-Treten mit Eltern wird im Blick auf die Zukunftsfähigkeit von Jugendarbeit ein bedeutendes Handlungsfeld werden. Die SSBW zeichnet hierfür hilfreiche Perspektiven auf: Kann es in der Jugendarbeit künftig noch besser gelingen, Motivlagen wie z.B. die jener Eltern, die vom Engagement ihrer Kinder in der Jugendarbeit einen Benefit erwarten, angemessen aufzugreifen?

4.2 Jugendarbeit als Brücke für Erwachsene in die Kirche

Jugendarbeit kann beides sein: eine herausragende Brücke hin zu einem Engagement in der Kirche und einer intensiveren persönlichen Beschäftigung mit dem christlichen Glauben oder eine Barriere, die Derartigem im Wege steht. Die SSBW zeigt auf, dass enttäuschte Kritiker in Kindheit oder Jugend negative Erfahrungen mit Kirche und Jugendarbeit gemacht haben. Die in B&B gewonnenen Erkenntnisse gehen auch hier mit denen der SSBW einher. Dort berichten sogenannte distanzierte Jugendliche von Ausgrenzungserfahrungen (vgl. z.B.

B&B, 70ff). Bei denjenigen, die heute in der Kinder- und Jugendarbeit engagiert sind, ist eine besondere Sensibilität dahingehend gefordert, solche Erfahrungen zu vermeiden.[8]

Zugleich zeigt die SSBW aber auch eine besondere Chance für die evangelische Kirche auf, die in der vielfältigen Arbeit mit Kindern und Jugendlichen in Kinderkirche, Jugendkantoreien oder der Jugendgruppenarbeit steckt: Jugendarbeit kann eine Brücke für Erwachsene sein, wieder mehr Kontakt zur Kirche aufzubauen. Das Zitat eines dem Typus der wohlwollend Gleichgültigen zugeordneten Befragten belegt dies eindrücklich: »Vor der Kleinen waren wir gar nicht mehr in der Kirche« (Bericht, Folie 279). Dieses Potential der Jugendarbeit ist Chance und Aufgabe zugleich.

Mit vielfältigen einladenden, ansprechenden Angeboten, von der Kindergartenarbeit bis zur Sommerferienfreizeit, kann sie auch neu Gelegenheit für Erwachsene werden, die eigene Distanz zu Kirche und Glaube zu überwinden. Die SSBW ermutigt Verantwortliche in der Arbeit mit Kindern und Jugendlichen, die mit ihrer Arbeit verbundene Chance nicht nur (neu) zu entdecken, sondern auch aktiv zu gestalten.

4.3 Erwachsene in der Jugendarbeit

Möglich werden kann in der Jugendarbeit häufig nur, was Erwachsene fördern. Die in der SSBW modellierten Typen helfen auch, die Verschiedenheit in der Ausrichtung lokaler, bezirks- oder landesweiter Jugendarbeit besser zu verstehen. So kann es sein, dass in zwei benachbarten Orten CVJMs Jugendarbeit gestalten, die in ihrer inhaltlichen Schwerpunktsetzung völlig unterschiedlich sind: in A vor allem Christen im Alltag, in B Sozial Engagierte. In A sind demzufolge Themen wie »wie kann der christliche Glaube im Alltag gelebt werden?« von besonderer Bedeutung. In B ist es wichtig, Kindern und Jugendlichen gute Gemeinschaftserfahrungen zu ermöglichen. Auf das Miteinander wird Wert gelegt, ebenso auf den Einsatz für eine bessere und gerechtere Welt. Ein wichtiger Impuls, der von der SSBW ausgehen kann, lautet: Typen- oder lebensweltsensible Jugendarbeit heißt nicht, dass an jedem Ort bzw. in jeder Gemeinde alles »angeboten« werden muss. Es kann vielmehr auch bedeuten, eher sozial Engagierte (in B&B Gemeinwohl-Motivierte genannt) aus A darin zu unterstützen, sich in B zu engagieren, und den Christen im Alltag (in B&B als Religiös-Motivierte bezeichnet) aus B in A Mitarbeit zu eröffnen.

4.4 Hauptamtliche in der Mitarbeit

Besonders Hauptamtliche in der Jugendarbeit sind angesichts der bisher immer wieder beschriebenen Heterogenität unter Jugendlichen und Erwachsenen mehr

8 Vgl. hierzu ausführlich den Artikel von Stefan Kammerer in B&B, 295ff.

und mehr als »Diversity Manager«[9] gefordert. Mit dieser Verschiedenheit gilt es gut und angemessen umzugehen. Hier entwickelt sich ein besonderer Kompetenzbereich für Hauptamtliche. Diesen gilt es zu fördern. Es ist wichtig, in Aus- wie Weiterbildung eine »Verschiedenheits-Kompetenz« zu fördern. Außerdem müsste diese zunehmend komplexe Aufgabe stärker in Dienstaufträgen Berücksichtigung finden, trotz starker Tendenzen zu Stellenkürzungen. Milieu- und Typensensibilisierung und -differenzierung in Programmen, Beziehungen etc. ist zeitintensiv.

5. Vergemeinschaftung in Jugendarbeit und Kirche

Gemeinschaftserfahrungen, vor allem in regelmäßigen Gruppen und Kreisen oder im Zuge von Freizeitmaßnahmen, sind ein Markenzeichen evangelischer Jugendarbeit. Diese Arbeitsfelder sind jedoch einem großen Wandel ausgesetzt, der nicht nur der demografischen Entwicklung geschuldet ist. So wenig es *den* Jugendlichen gibt, so wenig gibt es eben auch die eine Form der Vergemeinschaftung für alle Jugendlichen.

Die SSBW beschreibt diese Entwicklung folgendermaßen: »Zielgruppenspezifische »Kreise«, z.B. Frauen-, Männer-, Seniorenkreise etc. gehören zu den bekanntesten Angeboten der evangelischen Kirche« (Bericht, Folie 58). »Sehr zum Leidwesen der Aktiven interessiert sich aber nur weniger als die Hälfte der Evangelischen für diese Gemeinschaftsangebote und nur jede(r) Fünfte nimmt regelmäßig daran teil.«

Als Trend mag zu erahnen sein, dass sich Gruppenarbeit mit Kindern und Jugendlichen wie auch bei Erwachsenen kaum mehr (neu) etablieren lassen wird. Der Abbruch, den wir derzeit erleben, scheint erst der Anfang zu sein. Wie sieht Jugendarbeit, wie sieht Gemeindearbeit angesichts dieser Entwicklungen in zehn oder zwanzig Jahren aus?

6. Evangelische Jugendarbeit und ihre Strukturen – CVJMs, ECs etc.

Eine Besonderheit der evangelischen Jugendarbeit in Württemberg zeigt sich auf strukturell-organisatorischer Ebene. Sie geschieht »selbständig im Auftrag«[10] der Evangelischen Landeskirche. Beauftragt mit der Jugendarbeit sind vielerorts CVJMs und ECs, vereinzelt auch Ortsjugendwerke.[11]

In der SSBW wird auch die Mitgliedschaft in einer »evangelischen Gemeinschaft« abgefragt. Für die Jugendarbeit von besonderer Bedeutung sind Mitgliedschaften in CVJMs und ECs. Sie sind in der Regel begründet in persönli-

9 *Hofmann, Beate*, Art., »Die Ehrenamtsstudie der Evang.-Luth. Kirche in Bayern«, in: Deutsches Pfarrerblatt 3/2014, www.pfarrerverband.de/pfarrerblatt/archiv.php?a=show&id=3562; Stand 24.11.2014.

10 Vgl. Ordnung des Evangelischen Jugendwerks in Württemberg, § 2, Absatz 3, Aufgabe.

11 Vgl. Ordnung des Evangelischen Jugendwerks in Württemberg, § 1, Absatz 1, Satzung.

chem Engagement, Sympathie oder biografischen Erfahrungen in Kindheit und Jugend.

Mitglieder in CVJMs sind vor allem Christen im Alltag (8,8 %), sozial Engagierte (7,7 %) und weltoffene Stützen (5,6 %), in ECs Christen im Alltag (2,6 %), Weltoffene Stützen (3,2 %) und Sozial Engagierte (1,1 %). Ohne diese Zahlen überstrapazieren zu wollen: Die theologisch konservativere Prägung von ECs scheint vor allem bei Christen im Alltag einen Widerhall finden und die Weltoffenen Stützen nicht zu schrecken. Sozial Engagierte hingegen sind wesentlich häufiger Mitglieder in CVJMs sind als in ECs. Dies mag darin begründet sein, dass das theologische Profil von CVJMs weitaus vielfältiger scheint.

Die Mitgliedschaft von spirituell Suchenden, wohlwollend Gleichgültigen, enttäuschten Kritikern und säkular Distanzierten fällt sehr gering aus. Was bedeuten diese Werte für die Zukunft von Vereinen und Verbänden der Jugendarbeit?

7. Zusammenfassung in kurzen Thesen

1. Jugendarbeit ist nur ein »Randthema« in der SSBW. Dennoch sind ihre Ergebnisse von besonderer Bedeutung für die Jugendarbeit.
2. Jugendarbeit und Kirche brauchen Antworten auf die Frage, wie sich Kirche angesichts ihrer besonderen demografischen Entwicklung für die Zukunft ausrichten will.
3. Jugendarbeit ist nicht nur für Gymnasiasten und Realschüler da. Es gilt, die Vielfalt an Bildungsbiografien auch in der Jugendarbeit abzubilden.
4. Jugendarbeit ist herausgefordert, Erwachsenen mehr Aufmerksamkeit zu schenken. Gelingende »Elternarbeit« steckt vielerorts noch in den Anfängen.
5. Jugendarbeit kann auch für Erwachsene eine Brücke zurück in die Kirche sein. Auch deshalb gilt es, in besonderer Weise in Jugendarbeit zu investieren.
6. Hauptamtliche werden mehr und mehr zu »Diversity Managern«. Um diese Aufgabe gut bewältigen zu können, braucht es Unterstützung in vielfältiger Weise.
7. Wo keine bestehende Jugendgruppenarbeit besteht, wird es kaum mehr möglich sein, neue zu etablieren. Es gilt, zukunftsfähige Modelle zu entwickeln, in denen »über den eigenen Kirchturm« und die persönliche Erfahrung des einzelnen hinaus gedacht wird.
8. Die Zukunftsfähigkeit der Vereine und Verbände, die Jugendarbeit prägen, hängt auch davon ab, ob es gelingt, Menschen aus bisher wenig engagierten Milieus bzw. Typen als Mitgestaltende zu gewinnen.

Letztlich bleibt auch bei allen neuen Erkenntnissen, die die SSBW liefert: Milieu- und Typensensibilisierung fragt immer zuerst nach Haltung und nicht nach

Programmen. Wie verschieden Haltungen von Kirchenmitgliedern zu Kirche und Glaube sein können, zeigt die SSBW eindrücklich auf. Und sie setzt mit ihren Ergebnissen in Bewegung – alle Arbeitsfelder der Kirche und damit auch die Jugendarbeit. Sie gründlich auszuwerten, um ihre Ergebnisse vertieft auch für die Zukunftsgestaltung der Jugendarbeit gewinnbringend einsetzen zu können, ist die Aufgabe, die vor uns liegt. Der Ball liegt nun auch im Feld der Jugendarbeit.

7. Die Bedeutung der Milieuforschung für die Arbeit mit Kindern und Jugendlichen

Erfahrungen als Landesjugendpfarrer der Evangelischen Landeskirche in Baden

Thomas Schalla

Die kirchliche Arbeit mit Kindern und Jugendlichen ist in vieler Hinsicht immer schon Pionierarbeit gewesen. Hier tauchen gesellschaftliche Entwicklungen früher auf als in anderen kirchlichen Arbeitsfeldern, die Erwartungshaltungen von Kindern und Jugendlichen sind schnellerem Wandel unterworfen, und die Erwartungen der kirchlichen Entscheidungsträger sind hier besonders hoch. Kinder und Jugendliche hat jeder gerne in seinem eigenen kirchlichen und gemeindlichen Umfeld, gleichzeitig greifen die alten Methoden und Ansätze in der Arbeit nicht mehr umstandslos. Darum müssen sich Kirche und Gemeinde methodologisch und methodisch neu orientieren.

Die Milieuforschung ist ein so wichtiger theoretischer Ansatz, weil er eine plausible Erklärung dafür liefert, warum Kinder und Jugendliche in Deutschland nicht mehr wie noch vor ein oder zwei Generationen ganz automatisch auch in der kirchlichen Arbeit ihr Zuhause finden. Die Ergebnisse der SSBW und der einschlägigen Untersuchungen aus dem Bereich der Milieuforschung zeigen eindrücklich: Wenn es der Kirche nicht gelingt, in ihren Arbeitsfeldern den Fokus auf die realen – und damit auch zunehmend heterogenen – Lebensbedingungen von Kindern und Jugendlichen einzustellen, drohen weitere Traditionsabbrüche in den nächsten Generationen mit den bekannten Folgen für die Entwicklung der Kirchenmitgliedschaft. Nicht nur für die Organisation Kirche sind die Einsichten der Milieuforschung wichtig. Vor allem aus theologischen Gründen gilt es, den konkreten Menschen ernst zu nehmen. Der je konkrete Mensch ist der zentrale Anknüpfungspunkt der Verkündigung Jesu, und so bleibt auch dem theologischen Nachdenken ein konkretisierender Grundzug eingeschrieben. Es geht immer um den je konkreten Menschen – d.h. dann auch um den je konkreten Jugendlichen.

Gottes Liebe ist konkret

Die Milieutheorie hat in den vergangenen Jahren wesentlich dazu beigetragen, in der Arbeit mit Kindern und Jugendlichen den Fokus auf die realen Lebensbedingungen scharf zu stellen. Wir verstehen mittlerweile besser, wie kirchliche Angebote wahrgenommen werden und welche Erwartungen Kinder und Jugendliche an die Kirche haben. Sie unterscheiden sich im Kern nicht von dem, was Erwachsene erwarten, aber sie haben andere Maßnahmen und Angebotsformen zur Folge. Kinder und Jugendliche sind an Kirche und Gemeinde vor allem dann interessiert, wenn die Angebote eine erkennbare Relevanz für ihr Leben haben. Dazu gehört z.B., dass ihre Fragen vorkommen, dass die Mitarbeitenden offen und zugewandt sind, dass die Angebote Spaß machen, und vor allem: dass sie die richtigen Leute treffen können. Milieugrenzen sind auch für junge Leute hohe Hürden für das Miteinander. Es ist elementar zur Kenntnis zu nehmen, dass die musikalischen Vorlieben oder andere ästhetische Attribute nicht nur ein Spleen sind, sondern Milieus voneinander unterscheiden und trennen. Jugendliche aus unterschiedlichen Lebenswelten trennen das Geld, unterschiedliche Bildungschancen und -voraussetzungen nicht weniger voneinander als die ästhetischen Ekelgrenzen. Wer das z.B. in der Konfirmandenarbeit nicht berücksichtigt, dem werden bei allem theologischen Interesse an der Integration schnell Grenzen gesetzt. Gerade in der Arbeit mit Jugendlichen in der Konfirmandenarbeit wird aber auch deutlich: Jugendliche sind noch auf der Suche, und sie sind eher bereit, sich auf Experimente einzulassen – wenn das je Besondere nicht ignoriert wird. Milieuforschung kann uns helfen, Diskriminierungserfahrungen junger Menschen nicht auch noch kirchlich zu wiederholen. Nicht für jeden ist das Lesen eines Psalms im Gottesdienst der Höhepunkt der Partizipation junger Menschen am Gottesdienst. Manchen wird damit der Gottesdienst noch fremder, weil (wieder nur) bestimmtes kulturelles Wissen gefragt ist. Wenn es in der Konfirmandenzeit vorrangig um das Lernen geht, dann wird damit bildungsfernen Milieus der Zugang zu Glauben und Gemeinde noch erschwert. Wenn in der Jugendarbeit Lesen und Diskutieren im Mittelpunkt steht, werden weniger wortgewandte Jugendliche nicht mehr teilnehmen wollen. Es gilt, konzeptionell und auch methodisch den Blick zu weiten und die Angebote stärker zu differenzieren. In der Arbeit mit Jungen wird deshalb seit einiger Zeit in der Kinder- und Jugendarbeit der Badischen Landeskirche z.B. mehr mit Angeboten experimentiert, die Körper, Wettkampf und Sport in den Mittelpunkt stellen – mit Erfolg. Mir gefällt darum die »Rangelhalle«: Sie ist ein Angebot für Jungen, miteinander nach Regeln und in gegenseitigem Respekt zu kämpfen. Das macht den Jungen Spaß, macht neugierig auf kirchliche Arbeit und überschreitet die Grenzen des bildungsorientierten Ansatzes in der Arbeit mit Jugendlichen.

Der Missionsauftrag der Kirche gilt auch jungen Menschen

Der Verkündigungsauftrag Jesu für die Kirche gilt aller Welt, und wir können nicht ganze Generationen davon ausnehmen. Jugendliche sind mit gemeint, auch wenn sie selten explizit in den Blick genommen werden. Wenn Theologie und Kirche sich die Lebenswelt junger Menschen zu Eigen machen, folgen sie damit dem inkarnatorischen Grundzug christlicher Theologie: Die Menschwerdung Gottes in Jesus Christus ist das Vorbild dafür, dass die Kirche sich ihrerseits auf den Weg macht hin zu denen, die sonst außen vorbleiben. Sie entdeckt dabei, dass sie Gott nicht wie einen Fremden zu den jungen Menschen bringen muss, sondern junge Menschen an Theologie, Religion, Sinn interessiert sind. Meine Erfahrungen in der Begegnung mit jungen Menschen aus unterschiedlichen Milieus bestätigen, was die Milieuforschung immer wieder fokussiert: Der Glaube an Gott ist bei Jugendlichen eine wichtige Frage, aber er unterscheidet sich von der Zustimmung zur Kirche als Organisation. Kirche und Gemeinde wird verbunden mit traditionellen und schwer zugänglichen Formen, sie gilt als alt und etwas für alte Menschen. Religion dagegen wird allgemeiner verstanden und ist attraktiv als Reservoir für Lebensbewältigungsstrategien und persönliche Lebensfragen. Die Fragen junger Menschen nach Sinn, Transzendenz und Religion werden in der Unübersichtlichkeit moderner Gesellschaften dringlicher. Sie erleben aber auch, dass Orte für gelebte Religion verschwinden. Das Bedürfnis nach Orientierung in Sinnfragen ist nicht allein daran zu messen, ob junge Menschen regelmäßig beten oder in den Gottesdienst gehen.

Jugendarbeit in der volkskirchlichen Breite hat es schon immer mit überzeugten Christen wie mit distanzierten Jugendlichen zu tun. Die Milieuforschung zeigt, dass die religiöse Praxis der Jugendlichen sich zum Teil erheblich von den kirchlichen Erwartungen unterscheidet; aber die Ansprechbarkeit auf religiöse Dimensionen des Lebens und religiöse Themen ist quer durch fast alle Motivlagen und lebensweltliche Orientierungen vorhanden.

Meine Erfahrung ist, dass religiöse Themen bei jungen Menschen nicht immer unmittelbar als solche erkennbar sind. Die qualitative explorative Untersuchung unter evangelischen Jugendlichen in Westfalen zeigt ebenso wie die Untersuchung »Brücken und Barrieren« zu Übergängen zwischen Konfirmandenarbeit und Jugendarbeit, dass religiöse Fragen in der Regel mit anderen begrifflichen Konstrukten verbunden werden (Freundschaft, Liebe, Gemeinschaft, Sinn). Wenn wir also etwas über die religiösen Themen von Jugendlichen wissen wollen, müssen wir einen zweiten Blick einüben: Religion ist nicht immer offensichtlich, verbindet sich aber mit anderen lebenweltlichen Themen junger Menschen. Religiöse Themen müssen deshalb in der Arbeit und in der Begegnung mit jungen Menschen entdeckt, interpretiert und gemeinsam ausgelegt werden.

Jugendliche gehören zu Gott und sind Subjekte religiöser Praxis

Die Milieuforschung und die sozialwissenschaftlichen Untersuchungen in diesem Umfeld haben m.E. eine besondere Nähe zu den Erfahrungen und Grundhaltungen in der Arbeit mit Kindern und Jugendlichen. Die zentralen Orientierungspunkte kirchlicher Jugendverbandsarbeit sind mit den Stichworten Partizipation, Selbstbestimmung und Selbstwirksamkeit methodologisch eine gute Voraussetzung dafür, stärker zielgruppenspezifische Angebotsformen zu entwickeln. In der Evangelischen Landeskirche in Baden sind in den vergangenen Jahren die Jugendkirchen und die Schülerinnen- und Schülerarbeit wichtige Impulsgeber dafür gewesen. Jugendkirchen versuchen, im gemeindlichen und übergemeindlichen Kontext kirchliche Orte zu schaffen, die besonders für die Lebensfragen und ästhetischen Vorlieben unterschiedlicher Milieus junger Menschen eine Bühne und einen kirchlichen Raum darstellen. Die Erfahrungen zeigen: Wenn junge Menschen die Chance haben, Kirche, Gemeinde und Gottesdienst selbst zu gestalten, schafft das andere und unerwartete Zugänge. Mit dem Suchmodus in ihrer Lebensphase ist aber auch verbunden, dass reversible Formen kirchlichen, gottesdienstlichen und gemeindlichen Lebens gebraucht und gesucht werden. »Kirche auf Zeit« bedeutet aus meiner Erfahrung in diesem Zusammenhang, dass sich die kirchlichen Institutionen für neue Leitbilder für Kirche öffnen müssen, die nicht immer für die Ewigkeit gemacht sind, sondern auch temporäre und wandelbare Formen als kirchliche Normalform einbeziehen.

Die Entwicklung der Schülerarbeit hat ihrerseits die Milieubindung und -orientierung kirchlicher Arbeit aus einer anderen Perspektive ergänzt. Sicher bildet das deutsche Schulsystem nicht unmittelbar die Milieuperspektive ab, auch weil Jugendliche noch keine ausgeprägte Milieuzuordung ausgeprägt haben und z.T. noch zwischen den Milieus wandern. Gleichwohl sind die Erfahrungen in den unterschiedlichen Schultypen ein wichtiges Reservoir an Wissen und Handlungsorientierung für die kirchliche und gemeindliche Arbeit mit jungen Menschen in den unterschiedlichen Lebenswelten. Wir haben in den letzten Jahren in der Evangelischen Kinder- und Jugendarbeit wahrgenommen, dass Sinnfragen quer durch die Milieus wichtige Themen für Jugendliche sind, auch wenn sie unterschiedlich verbalisiert werden und bearbeitet werden können. Hier gilt es, die Deutungskompetenz für religiöse Dimensionen des Alltags junger Menschen weiter zu schärfen und zu schulen. Die Milieuforschung hat dafür wichtige Einsichten geliefert.

Evangelische Kinder- und Jugendarbeit versteht zunehmend, dass die Rede von den kirchlichen Orten für die Arbeit mit Kindern und Jugendlichen zentral ist. Nicht nur die Ortsgemeinde darf im Fokus stehen, wenn wir milieusensible Angebote für Kinder und Jugendliche entwickeln wollen. Zu den klassischen Organisationsformen treten darum andere hinzu: Personalgemeinden, Themengemeinden, Jugendgemeinden, usw. Sie öffnen und vertiefen die Einsicht, dass die Vielfalt von Milieus auch vielfältiges Nebeneinander unterschiedlicher kirchlicher Orte braucht.

Aber:

Es bleibt dabei: Jugendarbeit ist Beziehungsarbeit

Die Milieuforschung hilft uns zu verstehen, warum manche Beziehungen nicht zustande kommen oder misslingen. Nach allen eigenen Erfahrungen und den

Hinweisen aus den milieutheoretisch angeleiteten Untersuchungen müssen wir sagen: Im Wesentlichen sind dafür auch die Mitarbeitenden in Kirche und Gemeinde mit verantwortlich. Ehrenamtliche und berufliche Mitarbeiterinnen und Mitarbeiter sind wichtig für junge Menschen als Vorbilder oder Begleiter. Es ist deshalb vor allem eine Frage an die Kompetenzen der Mitarbeitenden, Professionalität im Umgang mit den unterschiedlichen Rollen und Erwartungen zu entwickeln: Die Begegnung mit Jugendlichen im Nahbereich erfordert andere Haltungen als etwa das Agieren als öffentliche Person. Dies muss stärker auch in das Kompetenzprofil der beruflich Mitarbeitenden eingepflegt werden. Die Evangelische Kinder- und Jugendarbeit hat deshalb gemeinsam mit der Evangelischen Hochschule in Freiburg eine Weiterbildung auf Masterniveau entwickelt, die Kompetenzen für milieuspezifisches Arbeiten insbesondere in bildungsfernen Milieus vermittelt. Nach dem ersten Durchlauf ist schnell deutlich geworden: Das Thema ist wichtig, aber wir habe die Module noch nicht so konzipiert, dass die zeitlichen Ressourcen der beruflich Mitarbeitenden und die Schulungsinhalte zusammenpassen.

Eine wesentliche Einsicht der vergangenen Jahre in der Arbeit mit dem Ansatz der Milieuforschung ist m.E. konzeptioneller Natur: Das Wissen aus den milieusoziologischen Forschungen muss eingebettet werden in einen umfassenderen Begriff von Diversität. Der Umgang mit Vielfalt wird zunehmend der theoretische Horizont, in dem sowohl die auch milieutheoretisch rekonstruierten Unterschiede als auch das Interesse an inklusiver kirchlicher Arbeit miteinander verbunden werden können.

Die Kinder- und Jugendarbeit leistet auch hier Pionierarbeit, um dem prognostizierten fortschreitenden Prozess religiöser Indifferenz etwas entgegenzusetzen.

Evangelische Arbeit mit Kindern und Jugendarbeit steht schon immer vor der Aufgabe, mit sich schnell wandelnden Erwartungen und wenig Geduld in der Zielgruppe umzugehen. Das Modell dafür ist schon lange entwickelt: das gemeinsame Leben im Glauben an Jesus Christus muss partizipativ, selbstbestimmt und mit Respekt vor Unterschieden entwickelt werden. Evangelische Kinder- und Jugendarbeit ist deshalb m.E. nicht nur ein kirchliches Arbeitsfeld neben anderen, sondern exemplarische Kirche – hier ist alles zu haben, was reformatorische Theologie auch heute ausmacht und für milieusensibles Arbeiten in Kirche und Gemeinde notwendig ist.

8. Ein Blick nach vorn: Wie Milieuforschung die Kindergottesdienst-Arbeit bereichern könnte

Frank Zeeb

1. Bestehende statistische Untersuchungen zum Kindergottesdienst

Neben der Konfirmandenarbeit ist der Kindergottesdienst vielleicht das Handlungsfeld kirchlicher Arbeit, das mit empirischen Studien am besten untersucht ist. Seit ca. 20 Jahren haben immer wieder Landeskirchen, landeskirchliche Arbeitsstellen und Kindergottesdienst-Verbände empirische Studien in Auftrag gegeben, in der Regel mit folgenden Zielen:

- Trends zu erkennen (z.B. hinsichtlich der Struktur der Mitarbeiterschaft und dem Alter der Kinder),
- Wahrnehmungen (»es gibt immer weniger Kindergottesdienste, und wenn, dann nicht mehr sonntags«) zu bestätigen oder auch zu widerlegen,
- Überblicke über die Kindergottesdienst-Landschaft im jeweiligen Beritt zu bekommen, um gegenüber der Öffentlichkeit oder auch der Kirchenleitung für die Sinnhaftigkeit des Arbeitsfeldes argumentieren zu können.

Für den Bereich Baden-Württemberg sind aus den letzten Jahren drei Untersuchungen von Belang:

(1) Die empirische Statistik des Württembergischen Evangelischen Landesverbandes für Kindergottesdienst aus dem Jahr 2012 (http://issuu.com/ichraum/docs/ergebnisse-auswertung_final). Diese ist aus der Visitation des Kinderkirch-Pfarramtes hervorgegangen und wurde vom Verband zusammen mit der Evangelischen Hochschule Ludwigsburg als Ganzbefragung aller Kirchengemeinden in der Landeskirche erarbeitet. Die Hochrechnung der zurücklaufenden Daten (Rücklauf knapp 50 %) ergibt: In 1307 Gemeinden in Württemberg feiern 20.127 Kinder Kindergottesdienst und werden von rund 8800 Ehrenamtlichen begleitet, davon sind die meisten Frauen. Der Großteil der Kinder, die am Kindergottesdienst teilnehmen, sind zwischen 3 und 10 Jahren alt. Der wöchentliche Kindergottesdienst ist in Württemberg – anders als in weiten Teilen Nord- und Ostdeutschlands – die Regel (68,8 %); fast alle Gemeinden feiern ihn sonntags (95,8 %).

(2) Die Erhebung »Jugend zählt« (2014), die die Evangelischen Landeskirchen in Württemberg und Baden gemeinsam erarbeitet haben, um einen Gesamtüberblick über die Arbeit mit Kindern und Jugendlichen zu erlangen, deren Teil der Kindergottesdienst ist. Diese Erhebung bestätigt für den

württembergischen Landesteil wesentlich die Ergebnisse der Statistik, in Baden sehen die Ergebnisse etwas anders aus.
(3) Derzeit erarbeitet im Rahmen der Evangelischen Bildungsberichterstattung der Gesamtverband für Kindergottesdienst in der EKD und das Comenius-Institut in Münster/Westf. eine Studie für den gesamten Bereich des Kindergottesdienstes in der EKD. Diese ist als repräsentative Befragung von Gemeinden angelegt. Sie soll erstmalig das Arbeitsfeld in der gesamten EKD analysieren.

2. Forschungslücken hinsichtlich der Milieuanalyse

Allen genannten Untersuchungen und vielen weiteren ist gemeinsam, dass sie in der Regel quantitativ arbeiten, die Milieufrage aber nicht im Blick haben. Dies dürfte auf zwei Gründe zurückzuführen sein:

- Im Fall der Kinder könnte man annehmen, dass Milieuaspekte wenig relevant für die Arbeit sind.
- Milieusensible Analysen sind in diesem Bereich relativ kompliziert zu bewerkstelligen.

Die Untersuchung des Kindergottesdienstes unter Milieugesichtspunkten müsste schlussendlich dreiteilig arbeiten: Es wären sowohl Kinder als auch Eltern wie auch Mitarbeitende hinsichtlich ihrer Herkunft aus womöglich unterschiedlichen Milieus ernst zu nehmen.

M.W. gibt es noch kaum Untersuchungen, inwieweit sich das Herkunftsmilieu vor allem bei Vorschulkindern auf die religiöse Sozialisation auswirkt. Eine ansprechende Arbeitshypothese ist m.E., dass milieubedingte Auffassungen, Vorlieben etc. sich bei den Kindern erst noch entwickeln, was aber nicht zuletzt damit zusammenhängt, welchen Lernbedingungen, sozialen Begegnungen etc. sie ausgesetzt sind. Kindergottesdienst ist nun aber – insoweit der Konfirmandenarbeit vergleichbar – schichten- und milieuübergreifend angelegt, so dass bislang die Fragestellung nicht in den Blick geraten ist. Lohnend wäre z.B. die Frage, inwieweit das Teilnahmeverhalten der Kinder am Kindergottesdienst letzten Endes mit Milieuaspekten der Eltern und deren Erwartungen an Gottesdienst insgesamt zusammenhängt, oder aber auch elterliche religiöse Sozialisation widerspiegelt.

Dieselbe Fragestellung wäre hinsichtlich der Mitarbeitenden zu stellen. Hier wäre es interessant zu wissen, ob Milieugesichtspunkte eine Rolle für die Entscheidung zur Mitarbeit spielen. Diese Analyse wäre unter gemeindepädagogischem Aspekt noch einmal zu differenzieren zwischen Mitarbeitenden, die im Jugendalter z.B. nach der Konfirmation einsteigen einerseits und jungen Müttern andererseits. Hieraus ließen sich wohl interessante Ergebnisse hinsichtlich der Glaubensentwicklung im Lebenslauf, aber auch über die Motivation zur Mitarbeit in der Gemeinde gewinnen.

3. Beobachtungen

Neben dem Trend, dass die Mitarbeitenden in den letzten Jahren zunehmend durch Mütter ergänzt werden, deren Kinder selbst den Kindergottesdienst besuchen, gibt es immer mehr die Beobachtung, dass junge Eltern ihre Kinder zum Kindergottesdienst begleiten. Sie begründen dies in der Regel damit, dass »unser Kind noch nicht alleine sein« kann. Meist sind sie dann in der Rolle der passiven Beobachter. Gespräche zeigen jedoch, dass sie in hohem Maß interessiert sind, ja, den Kindergottesdienst gleichsam als ihren Gottesdienst annehmen. *Cum grano salis* könnte man sagen, das Kind dient gleichsam als Alibi für die Eltern, einen ihnen angemessenen Gottesdienst zu besuchen. Die Frage wäre interessant, was die Eltern im Erwachsenengottesdienst vermissen und ob die religiöse Erziehung auf diese Weise sozusagen zur »Ausrede« wird, selbst einen Gottesdienst besuchen zu können, ohne sich vor Dritten rechtfertigen zu müssen. Es wäre spannend zu wissen, welchen Milieus diese Eltern entstammen.

Eine weitere Beobachtung richtet sich auf die verwendeten Sozialformen und Methoden. Hier ist festzustellen, dass der »klassische« Kindergottesdienst sich mehr und mehr ausdifferenziert. Neben die Liturgie des kindgerechten Gottesdienstes nach Art eines württembergischen Predigtgottesdienstes in seiner schlichten Abfolge treten andere Modelle (Ansätze nach Willow Creek, Godly Play, evangelistische Formen). Auch die Methodik wird vielfältiger, vor allem im kreativen Bereich und im Bereich der Partizipation von Kindern. Hier wäre es m.E. lohnend, die vorbereitenden Mitarbeiterkreise nach Milieugesichtspunkten zu untersuchen, um herauszufinden, ob – und wenn ja welche – die Milieuzugehörigkeit der Mitarbeitenden (oder der Hauptamtlichen?) Auswirkungen auf die Konzeption des Kindergottesdienstes in einer Gemeinde und auf die gewählten Methoden hat.

9. Perspektiven der Milieuforschung für kirchliche Fort- und Weiterbildungsangebote

Fritz Röcker

Längst ist die Rede vom lebenslangen Lernen in der Europäischen Union zum geflügelten Wort geworden. Ziel des europäischen Programms für lebenslanges Lernen ist es, »dazu beizutragen, dass sich die Europäische Union zu einer fortschrittlichen wissensbasierten Gesellschaft mit nachhaltiger wirtschaftlicher Entwicklung, mehr und besseren Arbeitsplätzen und größerem sozialen Zusammenhalt entwickelt«.[1] Das EU-Programm für lebenslanges Lernen war in den Jahren 2007–2013 mit knapp 7 Milliarden Euro ausgestattet; für 2014–2020 wurde das nicht geringer ausgestatte Programm *Erasmus+* aufgelegt.

Alle wissen also, dass in einem Kultur- und Wirtschaftsraum, der dezidiert wissensbasiert weiterentwickelt werden soll, Wissenserweiterung lebenslang unabdingbar ist. Eine der spannendsten Fragen ist dabei gewiss: Wie gelingt es, die Menschen für einen lebenslangen Lernprozess zu gewinnen? Und: Welchen Beitrag kann die sozialwissenschaftliche Forschung, in Ergänzung z.B. zu pädagogischen und lerntheoretischen Erkenntnissen, zur Beantwortung dieser Frage leisten?

Für den kirchlichen Fort- und Weiterbildungsbereich ist es wichtig zu wissen, ob die zahlreichen kirchlichen Berufsgruppen unterschiedliche oder vergleichbare Fort- und Weiterbildungsmotivationen aufweisen. Lassen sich eventuell sowohl innerhalb einer Berufsgruppe als auch berufsübergreifend Personengruppen ausmachen, die demselben Milieu angehören – und die deshalb eher mehr bzw. eher weniger fort- und weiterbildungsaffin sind und für die möglicherweise spezifische und berufsübergreifende Fort- und Weiterbildungen angeboten werden können bzw. müssen? Die Fragen nach der berufsbedingten und/oder milieubedingten Motivation, Fort- und Weiterbildung in Anspruch zu nehmen oder nicht, ist grundlegend.

Weitere Fragen können sein: Sind bestimmte Fort- und Weiterbildungsformate für bestimmte Berufsgruppen und/oder Milieus besonders attraktiv bzw. nicht attraktiv? Zu fragen ist auch, ob Fortbildungsinhalte altersspezifisch nachgefragt werden – und wie deshalb Fortbildungsangebote gestaltet werden müssen. Antworten auf diese Fragen dürften nicht nur auf die Methoden der jeweiligen Fort- und Weiterbildungsveranstaltung Einfluss haben, sondern sich auch auf den Ort, die Dauer, die Rahmenbedingungen (bis hin z.B. zur Kinderbe-

[1] www.kmk-pad.org (aufgerufen am 5.5.2015).

treuung) einer Fortbildung auswirken. Fraglos wäre es auch interessant zu wissen, ob theologische Überzeugungen das Fort- und Weiterbildungsverhalten beeinflussen.[2]

Aus der Sicht der Personalentwicklung und -steuerung in der Kirche sind diese Fragen natürlich ebenfalls von hoher Relevanz, insofern sich in den kommenden Jahren die Berufsanforderungen auf allen kirchlichen Ebenen nicht zuletzt aufgrund des demographischen und gesellschaftlichen Wandels (Stichwort: Megatrends) auch innerhalb der kirchlichen Berufsgruppen deutlich verändern dürften. Alle an Fort- und Weiterbildung Beteiligten sind herausgefordert, gemeinsam mittel- und langfristige Perspektiven – auch(!) – auf der Basis der Erkenntnisse sozialwissenschaftlicher Forschung zu entwickeln. Hierbei sind v.a. die prognostischen Ergebnisse der SSBW von Bedeutung, also: Wie wird sich die Gesellschaft in Baden und Württemberg in den nächsten zehn Jahren voraussichtlich weiterentwickeln?

Diese Fragen sind natürlich für Fort- und Weiterbildungsangebote von Ehrenamtlichen in vergleichbarer Weise zu stellen. Nicht zuletzt ist die Entwicklung und Steuerung der Kompetenzen von Ehrenamtlichen in der Kirche grundlegend für die Existenz der Kirchengemeinden vor Ort.

2 Im Jahr 2014 erschien die von der Uni Münster angenommene katholische Dissertation von Marius Stelzer unter dem Titel: Wie lernen Seelsorger? Milieuspezifische Weiterbildung als strategisches Instrument kirchlicher Personalentwicklung, Würzburg 2014. Die Arbeit zeigt, wenn auch auf der Basis von geringem Datenmaterial aus dem Bistum Münster, dass sozialwissenschaftliche Forschung einen wichtigen Beitrag zur Frage der Fort- und Weiterbildung zu leisten im Stande ist.

10. Kirche geht weiter – zielgruppenorientiert im reformatorischen Dialog

Die Kommunikationskampagne für die Evangelische Landeskirche in Baden anlässlich des Reformationsjubiläums 2017 – und was die die Sinus-Studie dazu beiträgt

Ruth Muslija-Kasper

Die Geschichte der Evangelischen Kirche beginnt mit der Reformation. 2017 blicken wir auf 500 Jahre Reformationsgeschichte zurück, – eine Geschichte, deren religiöse, gesellschaftspolitische und kulturelle Auswirkungen bis heute spürbar sind. Die Badische Landeskirche nimmt das Jubiläumsjahr 2017 zum Anlass, die Bevölkerung in Baden für die Bedeutung der Reformationsgeschichte zu sensibilisieren. Wie ihr das gelingen kann, zeigt die Konzeption einer Kommunikationskampagne zur Mitgliederstärkung, »Kirche geht weiter – Die Evangelische Landeskirche in Baden im reformatorischen Dialog«. Ziel soll es sein, die Badische Landeskirche nachhaltig zu positionieren, die Identifikation der Mitglieder mit ihrer Landeskirche zu steigern und Kirchenaustritten entgegenzuwirken.

Die kommunikative Herausforderung besteht darin, eine Strategie für eine zeitlich befristete, mediengestützte Aktion zu entwickeln, um definierte Ziele bei festgelegten Zielgruppen zu erreichen. Die Kampagne richtet sich in erster Linie an die Mitglieder der Evangelischen Landeskirche in Baden, darunter die haupt- und ehrenamtlich Mitarbeitenden.

Zielgruppe »Mitglieder« unter der Sinus-Lupe betrachtet

Neben der strategischen Kampagnenausrichtung gilt es, kommunikative Maßnahmen zielgruppenadäquat auszuarbeiten. Grundlage hierfür ist eine detaillierte Analyse von Organisation, Kommunikation, Image, Bezugsgruppen und der Themenrelevanz der Reformationsgeschichte in der badischen Bevölkerung.

Zu den für die Kampagne entscheidenden Zielgruppen zählen – neben den Hauptamtlichen in Gemeinden und kirchlichen Einrichtungen, Kooperationspartnern aus dem kirchlichen Umfeld, Ehrenamtlichen, der Arbeitsgemeinschaft Christlicher Konfessionen, Bildungseinrichtungen und den Medien – allen voran die 1,23 Mio. Mitglieder der Evangelischen Landeskirche in Baden, sowohl die der Landeskirche stark bis minder Verbundenen als auch die, die ihr distanziert gegenüberstehen.

Die Mitgliederanalyse stützt sich auf die vorliegende Sinus-Studie SSBW. Die Ergebnisse des Abschlussberichtes fließen in die Zielgruppenbestimmung der Konzeption der Kampagne mit ein. Sowohl die Zuordnung der Mitglieder in der Milieulandkarte als auch die Definition von Einstellungstypen zu Glaube und Religion werden dabei berücksichtigt. Die Zielgruppe der Mitglieder lässt sich in drei Kategorien einteilen.

An erster Stelle sind die über die interne Kommunikation erreichbaren Mitglieder zu nennen. Sie engagieren sich haupt- und ehrenamtlich auf allen Ebenen der Landeskirche. Allein in Baden sind 53 000 Ehrenamtliche in unterschiedlichsten kirchlichen Arbeitsfeldern tätig und bringen sich, über die Beteiligung am Gottesdienst hinaus, in das Gemeindeleben ein – je nach Einstellungstyp mit unterschiedlicher Gewichtung. Hier sind insbesondere die »Sozial Engagierten«, die »Weltoffenen Stützen«, die »Christen im Alltag« und die »Traditionellen Kirchgänger« vertreten. Sie sind der Landeskirche hoch verbunden, zeichnen sich durch ihre hohe Authentizität und Glaubwürdigkeit aus und müssen als Befürworter der Kampagne gewonnen werden. Ihre Beteiligung an der Umsetzung der für die Kampagne geplanten Maßnahmen ist unverzichtbar. Hervorzuheben sind an dieser Stelle Kirchenälteste und Gruppenleiter, die mit der Gemeindeorganisation und den Strukturen vertraut sind und durch ihre Leitungsfunktionen zum Meinungsbild in der Gemeinde beitragen. Des Weiteren sind die vielen Helfer zu nennen, die unterstützend mitwirken und da sind, wenn sie gebraucht werden. Gemeindeaktivitäten sind ohne sie nicht denkbar. Ein besonderes Augenmerk ist auch auf die heterogene Altersstruktur der Aktiven zu richten und bei den Maßnahmen entsprechend zu berücksichtigen.

Die extern erreichbaren Mitglieder bilden die zweite Kategorie. Es sind der Landeskirche ebenfalls verbundene Mitglieder. Sie bilden die Öffentlichkeit der extern Interessierten. Aufgrund ihrer großen Aufgeschlossenheit gegenüber kirchlichen Angeboten zählen sie zu denen, die für die im Rahmen der Kampagne geplanten Maßnahmen einfacher zu rekrutieren sind. Sie werden zu Befürwortern und somit zu weiteren Multiplikatoren, indem sie ihre Zufriedenheit mit den landeskirchlichen Angeboten oder auch ihre Wertschätzung dieser Angebote im persönlichen Kontakt mit anderen kundtun. Ihre bereits bestehenden Berührungspunkte mit der Evangelischen Kirche sollen dadurch intensiviert und erweitert werden.

Die der Landeskirche distanziert gegenüber stehenden Mitglieder machen die dritte Kategorie der Zielgruppe aus. Eine konkrete Auswertung der Mitgliedertypologie für Baden ergibt, dass 61 Prozent der Mitglieder eine kritische, distanzierte, unbeteiligte und enttäuschte Haltung zur Landeskirche haben. Sie stellen die größte Herausforderung in der Kampagnenplanung dar. Über die landeskirchlichen Eigenmedien – in Print, Online, sowie festen Sendeplätzen in öffentlich-rechtlichem und privatem Rundfunk – und über die kontinuierliche Pressearbeit sind die der Landeskirche gering verbundenen Mitglieder nur bedingt erreichbar. »Spirituell Suchende«, »Wohlwollend Gleichgültige«, »Enttäuschte Kritiker« wie auch »Säkular Distanzierte« gilt es, zum Hinschauen zu bewegen – und zum Rezipieren wie Mitmachen.

Diese dritte Gruppe ist in den Gemeinden eher weniger sichtbar, was eine direkte Ansprache über persönliche Kontakte mit anderen Gemeindemitgliedern erschwert. Ob die distanzierten Mitglieder erreicht, Verbindungen zu ihnen geknüpft werden können sowie Vertrauen zu ihnen aufgebaut werden kann, wird u.a. davon abhängen, ob die Kraftressourcen der Kampagne strategisch eingesetzt werden.

Einen besonders sensiblen Umgang in der Auswahl von Maßnahmen erfordern junge Menschen. Ihr Anteil unter den »Säkular Distanzierten« im »Hedonistischen Milieu« ist hoch. Sie lehnen noch stärker als andere junge Milieus die Regularien einer »kirchlichen Lebensordnung« als spaß- und lebensfeindlich ab.

Die Mitglieder bilden Schnittmengen mit Teilöffentlichkeiten wie Nichtmitgliedern und Kirchenfernen. Mitglieder mit einer starken Bindung zur Landeskirche sind hervorragende Multiplikatoren, die in ihrem Umfeld durch persönliche Kommunikation das kirchenferne Publikum erreichen und über landeskirchliche Aktivitäten informieren können. Sie schlagen Brücken zu Milieus und Einstellungstypen, zu denen die Landeskirche nur erschwert Zugang findet. Das Potenzial der landeskirchlichen Mitglieder als Botschafter und Multiplikatoren zu nutzen, ist Teil des Strategiekonzepts.

Der Weg ist der Weg und das Ziel ist das Ziel – Strategie bestimmt Taktik, das Ziel den Weg

Die Kampagne ist auf die Dauer von zweieinhalb Jahren festgelegt. Sie beginnt Mitte 2015 und endet im Dezember 2017.

Die ersten 18 Monate dienen der Vorbereitung, um auf allen Ebenen der landeskirchlichen Organisation über die Kommunikationskampagne zu informieren, Kontakte aufzubauen, Befürworter zu gewinnen und ein umfassendes Netzwerk für alle Aktiven zu schaffen – von einer Organisationsebene zur nächsten, von der Leitungsebene und den Fachreferaten des Evangelischen Oberkirchenrats über die Öffentlichkeitsbeauftragten der 24 Kirchenbezirke bis hin zu den Gemeindepfarrern in den 715 Gemeinden mit ihren Gruppen und Kreisen. Informationsveranstaltungen, Kreativ-Workshops und ein Symposion für Kampagnennetzwerker zählen zu den Maßnahmen für die Ehren- und Hauptamtlichen, also die der Landeskirche hochverbundenen Mitglieder.

Das Jahr 2017 ist primär auf die externe Kommunikation ausgerichtet. Das Reformationsjubiläum bildet die thematische Klammer der Kampagne, die poetische Klammer bildet eine im Vorbereitungsjahr entwickelte und auf das Motto »Kirche geht weiter« abgestimmte Wort-Bild-Marke. Anfang 2017 wird die Öffentlichkeit zunächst über die Tagespresse, die landeskirchlichen Eigenmedien und Schaumedien aufmerksam gemacht. Um die Kosten niedrig zu halten, wird auf eine badenweite Plakataktion verzichtet. Stattdessen werden große Banner an die Türme der evangelischen Kirchen gehängt – freie und in der breiten Öffentlichkeit exponierte Werbeflächen. Die Aktion ist mit weiteren Maßnahmen vernetzt, unter anderem einer Mitmachaktion in den Sozialen Medien. Es darf gepostet und getwittert werden, warum Kirche weiter geht. Die Landeskirche positioniert sich als aktive, offene und lebendige Kirche in einem zukunftsorientierten Prozess und entschärft dadurch Einstellungen wie »die Evangelische Kirche geht zu wenig auf die Menschen zu« (Enttäuschte Kritiker) oder »ich finde es schwer, mit anderen über meinen Glauben zu sprechen« (Spirituell Suchende).

In der sich anschließenden Aktionsphase sollen insbesondere die Mitglieder mit einem bunten Programm angesprochen und zur Teilnahme motiviert werden. Der kirchliche Raum wird zum Erlebnisraum. Kunstaktionen, eine Wanderausstellung, Konzerte, Reformations-Poetry-Slams, Kinderfreizeiten und Aktionen im »Kirchenwald« oder in diakonischen Einrichtungen sind nicht nur auf das kirchennahe Publikum zugeschnitten, auch »Säkular Distanzierte« und »Wohlwollend Gleichgültige« finden hier Anknüpfungspunkte.

Als Besonderheit sind moderierte Gemeinde-Workshops zum »Thesenanschlag« hervorzuheben. Aktive Gemeindemitglieder in Haupt- und Ehrenamt entwickeln Schwerpunktziele für ihre Gemeinden. Diese werden auf Tafeln festgehalten und am Reformationstag als »Thesenpapier« an die Kirchenportale geschlagen – wie es einst Martin Luther 500 Jahre zuvor in Wittenberg einer Überlieferung nach getan haben soll. Unter den Aktiven finden sich »Traditionelle Kirchgänger« und »Christen im Alltag« ebenso wie »Sozial Engagierte« und »Weltoffene Stützen«. Ziel ist die Transparenz nach außen und somit auch für Kirchenferne sowie eine Steigerung der Identifikation der Gemeinden mit ihrer Landeskirche.

Ökumenische Gottesdienste in den Gemeinden und Gemeindefeste am 31. Oktober 2017 bilden den Höhepunkt der Kampagne. Der Fokus liegt hier auf dem Verbindlichen und Versöhnlichen der christlichen Konfessionen.

Die entstandenen Berührungspunkte und Beziehungen werden auf allen Ebenen in einer sich anschließenden Konsolidierungsphase intern und extern intensiviert und gefestigt, indem weitere Kommunikationsaktivitäten geschaffen werden, die über den Kampagnenzeitraum hinauswirken.

Acht Einstellungstypen – eine Botschaft

Das Arbeiten mit den acht Profilen der Mitgliedertypologie der Sinus-Studie ist nicht nur hinsichtlich der Mitgliederanalyse ein großer Gewinn. Auch bei der Erstellung des Maßnahmenkatalogs ermöglicht die Auswertung der Studie eine ausgewogene, sensible Zielgruppenansprache bei den Mitgliedern. Resultat ist eine klare Kampagnenbotschaft:

Die Evangelische Landeskirche in Baden ist offen, den Menschen zugewandt und lebt aus der Gemeinschaft heraus. Als etablierte Stütze der Gesellschaft trägt sie zur Lösung ethischer und sozialpolitischer Fragestellungen in der Bevölkerung bei. Mit ihren Mitgliedern ist sie fortwährend im reformatorischen Dialog.[1]

1 Die Konzeption zu dieser Kommunikationskampagne entstand im Rahmen einer Abschlussarbeit des Fernstudiengangs der Universität in Krems / PR Plus in Heidelberg zum Akademischen PR-Berater.

11. Analoge Spitzenwerte und digitale Defizite

Wie Kirche und Glaube in den Medien wahrgenommen wird

Dan Peter

Vorbemerkungen

»Was euch gesagt wird in das Ohr, das predigt auf den Dächern.« (Mt 10,27b) Christlicher Glaube ist weder Privatfrömmigkeit noch Geheimwissen. Das zeigt schon das erste Pfingstfest. Die Predigt des Evangeliums ist öffentliche Rede und an die Öffentlichkeit gerichtet. Dies ist den Christen von Anfang an wesensgemäß, ob in Synagoge oder auf der Agora, ob in Israel, Korinth oder Rom. Christen haben sich deshalb nie gescheut, alltägliche Medien ihrer Zeit bis hin zu den jeweils modernsten einzusetzen. Zur Mission, einem Wesensmerkmal und einer Kernaufgabe der Kirche (Mt 28,18–20), gehört die Kommunikation des Evangeliums in alle Milieus hinein. Und als begleitende Notwendigkeit die umfassende Bildung des Menschen, auch die Förderung seiner Lese- sowie eigenständigen Rezeptions- und verantwortlichen Medienkompetenz.

Die kritische Seite der Medien soll vor der ersten Sichtung und groben Einordnung der Ergebnisse ebenfalls benannt werden. Sie verändern Botschaften und Inhalte, indem sie fokussieren und damit verkürzen und vereinfachen oder kontextualisieren, also deuten und Zusammenhänge konstruieren. Medien sind einerseits Abbild und andererseits treibende Kraft in Bezug auf die Segmentierung und Individualisierung unserer Gesellschaft. Virtualität, also künstliche Sekundärwelt, und reales Leben sind in unserer Zeit und Gesellschaft aufs Engste verzahnt; Medien sind ein wesentlicher Teil der Wirklichkeit, und was in den Medien nicht vorkommt, gibt es nicht.

In der SSBW wurde deshalb ein besonderer Schwerpunkt zur Wahrnehmung von kirchlichen Angeboten und Inhalten über verschiedene Medien gelegt. Aus der großen Vielfalt kirchlicher Angebote wurden 35 in einer Liste zur Beurteilung vorgelegt, fünf davon allein aus dem Bereich der Medien. Sie finden die Übersichten in der SSBW auf den Folien 40ff. Drei Ergebnisse fallen sofort ins Auge: Fast alle Evangelischen, nämlich 93 %, kennen den Gemeindebrief als wichtigstes Informationsmedium und fast ebenso viele, es sind 89 %, Gottesdienste und Andachten in Radio und Fernsehen. Dagegen sind die digitalen, sozialen Medien noch kaum im Alltag der Kirchenglieder angekommen. 29 % kennen sie, aber nur 4 % nutzen sie.

Neben den kirchlich verantworteten Beiträgen werden Informationen zu Kirche und Glaube auch über andere Medien bezogen. Eine aussagekräftige

Übersicht findet man in der Chart »Kirchliche Kommunikation«. Auch dort steht ein lokales Printmedium ganz vorne, noch vor der Tageszeitung, Plakaten und Aushängen oder personaler Kommunikation: das kommunale Mitteilungsblatt.

Der Gemeindebrief

Der Gemeindebrief ist das Medium Nr. 1 in Bezug auf die mediale Wahrnehmung von Kirche. Man möchte hier sofort anfügen: nach wie vor. Denn auch die EKD-Kirchenmitgliedschaftsstudien und andere Untersuchungen haben diesen Befund über einen langen Zeitraum hinweg immer wieder zu Recht herausgestellt. Kein anderes Printmedium weist eine auch nur annähernde Reichweite zu diesem Netz sehr individuell verantworteter und gestalteter Printpublikationen auf. 93 % der Kirchenglieder kennen ihren Gemeindebrief, 71 % sind an ihm interessiert und 70 % lesen dieses örtliche oder regionale Printprodukt regelmäßig. Andere Untersuchungen heben zudem die lange Verweildauer und die Mehrfachnutzung in den Haushalten hervor. Eine zuverlässige Zustellung, die oft mit direkten Kontakten verbunden ist, die hohe Identifikation und die oft persönliche Vertrautheit mit dem dargestellten Angebot und den handelnden Personen schafft eine Nähe, die kein anderes Medium bislang erreichen kann. Kritisch wird allenfalls die manchmal auffällig starke Prägung durch ein einzelnes Milieu wie das sozialökologische gesehen.

Gottesdienste und Andachten in Radio und Fernsehen

Zunächst wurde ohne Unterscheidung von öffentlich-rechtlichen und privaten Verbreitungsplattformen wieder der Dreiklang von Bekanntheit, Interesse und Nutzung erfragt. 89 % kennen das Angebot, fast die Hälfte aller Kirchenglieder (48 %) zeigen daran Interesse, und knapp ein Drittel nutzen es regelmäßig. Wie das Angebot genutzt wird, ist in anderen Zusammenhängen und Reichweitenmessungen gut untersucht. In Baden-Württemberg sind es vor allem die sonntäglichen Fernsehgottesdienste des ZDF sowie bei besonderen Anlässen die der ARD und des SWR. Auch im Radio liegen die täglich ausgestrahlten kirchlichen Verkündigungsbeiträge der Öffentlich-Rechtlichen weit vorne, dank der sehr hohen Reichweiten des SWR-Radios und der konsequenten Formatierung der Beiträge im Stil der jeweiligen Wellen. Die Länge der einzelnen Beiträge beispielsweise, ebenso die Sprechgeschwindigkeit orientieren sich an den anderen Wortbeiträgen im laufenden Programm. Die Positionierungen sind hervorragend, zum Beispiel kurz vor den halbstündlichen Nachrichten und in der Regel im reichweitenstärksten Zeitraum, der so genannten »drive time«, also zwischen 5:00 und 9:00 Uhr am frühen Morgen.

Andere Untersuchungen und regelmäßige Quotenerhebungen belegen, dass die kirchlichen Verkündigungsbeiträge innerhalb der jeweiligen Wellen eine überdurchschnittlich hohe Akzeptanz und Wertschätzung erfahren. Wollen die Kirchen den Wunsch ihrer Mitglieder ernst nehmen und als lebenslanger geistlicher Begleiter im öffentlichen Raum wahrnehmbar bleiben – auch für Nichtmitglieder –, sind die Verkündigungsbeiträge in den öffentlich-rechtlichen Sendern unverzichtbar. Die öffentlich-rechtlichen Radiosender weisen in ihrer Gesamtheit zudem die größte Abdeckung verschiedener Milieus auf. In Kontakten gerechnet, stellen die Beiträge in diesen Wellen die »größten« Kanzeln der beiden Landeskirchen dar.

Berichte über Kirche in öffentlich-rechtlichen Sendern (SWR, DLF)

Über zwei Drittel der Kirchenglieder (68 %) kennen diese Angebote und knapp die Hälfte (46 %) äußert Interesse. 29 % nehmen die Angebote laut Untersuchung regelmäßig wahr. Es handelt sich hier um die wichtigste Informationsquelle im Bereich für jeden zugänglicher Medien neben der Berichterstattung in den Tageszeitungen. Letztere haben jedoch in den letzten Jahren an Reichweite deutlich verloren. Obwohl die Quoten der einzelnen öffentlich-rechtlichen Sender ebenfalls leicht abgenommen haben, hat die Präsenz von kirchlichen Themen und Persönlichkeiten innerhalb der Sender seit den Nuller-Jahren zugelegt. Ihre Darstellung von Kirche und kirchlichem Leben prägt für viele Menschen in unserer Gesellschaft entscheidend die Wahrnehmung von Kirche, ist sprichwörtlich für das »Bild« und ist für das Image der Kirche in der Öffentlichkeit mit verantwortlich. Wobei zu beachten ist, dass für die meisten die einzelnen Landeskirchen oder Konfessionen nicht profiliert heraustreten, sondern ein gemeinsames Außenbild wahrgenommen, eine Projektion konstruiert wird.

Kirchliche Sendungen in Privatsendern, zum Beispiel in bw family TV, Bibel TV und ERF

Aufgrund des besonderen Engagements beider Landeskirche auch bei der Erstellung von Inhalten und der Entwicklung von Sendeformaten war uns bei der Konzeption der Studie diese Zusatzfrage wichtig.

Der Bekanntheitsgrad der Sendungen und der Sender ist sehr hoch. Er liegt bei knapp zwei Dritteln (60 %) der Kirchenglieder. Interesse daran haben 28 %, und 15 % nutzen die Angebote regelmäßig. Wenn man berücksichtigt, dass der Empfang dieses Fernseh- und Radioangebots in Bezug auf die technische Qualität, die technischen Reichweiten und die Positionierung bei den jeweiligen Netzbetreibern (Auffindbarkeit!) gegenüber den öffentlich-rechtlichen Sendern stark eingeschränkt sind, sind das erstaunlich hohe Werte. Da die Zuschauer oder Zuhörer zudem oft anderen und kirchlich eher weniger erreichten Milieus angehören, zeigt der bisher äußerst schmale Ressourceneinsatz eine erstaunliche Wirkung. Allerdings wird der Einsatz vor allem im regionalen Privatfernsehen durch eine Branchenkrise zunehmend erschwert. Echte Reichweitenkompensationen sind durch die Bereitstellung asynchroner Angebote, wie Streaming, Netz-Mediatheken oder entsprechende Apps (noch) nicht erzielbar.

Berichte, Charts, Blogs über Kirche in Social Medias

Knapp einem Drittel der Kirchenglieder (29 %) sind kirchliche Angebote wie Berichte, Posts, Blogs, Clips oder Charts, in so genannten Social Medias wie Facebook, WhatsApp, Instagram, Twitter oder YouTube bekannt. Davon haben wiederum weniger als die Hälfte Interesse an solchen Angeboten (14 %). Weniger als ein Drittel dieser Interessierten finden und nutzen diese Angebote tatsächlich (4 %).

Woher rühren die anscheinend äußerst geringe Kenntnis, das niedrige Interesse und die noch geringere Nutzung digitaler Angebote? Werden diese zu wenig beworben? Sind Angebote und Inhalte zu wenig Nutzer-bezogen? Hinken Kirchenglieder vielleicht sogar in ihrer Mehrheit den Digitalisierungsentwicklungen hinterher?

Dazu können leider nur Vermutungen angestellt und Beobachtungen aus anderen Bereichen herangezogen werden.

Zunächst zum überprüfbaren Befund. Die Nutzung sogenannter Podcasts und Podcast-Abos nehmen beim öffentlich-rechtlichen Hörfunk stark zu. Auch für kirchliche Beiträge. In gut eingeführten Mediatheken, die technisch auf dem Stand der Zeit sind, können bestimmte Beiträge, auch kirchliche Verkündigungssendungen über Computer, Laptop oder ein Smartphone heruntergeladen und weitgehend unabhängig von der ursprünglichen Ausstrahlung angehört werden. Die absoluten Zahlen auch für kirchliche Beiträge sind bemerkenswert, oft im fünfstelligen Bereich. Sie reichen aber bei weitem nicht an die Hörerzahlen heran, welche für diese Angebote beim Empfang über UKW-Empfänger zuhause, im Auto oder während der Arbeit erhoben werden.

Auch die Quoten spezieller Internetangebote der Kirche über eigens dafür konzipierte Apps und die Präsenz in bekannten Social Medias bewegen sich (noch) auf einem sehr niedrigen Niveau. Sie erreichen monatlich vier- bis fünfstellige Nutzerzahlen. Das bekannteste institutionsfreie Angebot, Evangelisch auf Facebook, wird täglich von etwa 7.000 Besuchern genutzt. Knapp 15.000 Nutzern ist es bekannt und wird von ihnen dann und wann besucht.

Das eigentliche Gold des Internets, also Adressdateien, Namen oder Infos und Übersichten im Zusammenhang mit kirchlichen Einrichtungen, Gemeinden oder einzelnen Angeboten wurden möglichweise auch nicht als primär kirchliche Inhalte im Sinne der Befragung gesehen und identifiziert. Dafür spricht zum Beispiel die Differenz der Angaben, die sich in den 6 % (statt 4 %) in der Chart »Kirchliche Kommunikation« niederschlägt.

Unter Umständen spiegelt sich hier auch am stärksten, dass die quantitative Studie überwiegend über Festnetz-Telefonanschlüsse durchgeführt wurde und so digital Versiertere, beispielsweise jüngere Digital Natives, in der Studie insgesamt unterrepräsentiert sind.

Tatsächlich wurden aber zahlenmäßig bedeutendere digitale Angebote wie die bundesweite Kirchenapp, welche Kirchgebäude primär touristisch erschließt, oder die württembergische Andachtsapp, die tägliche Andachten und weitere filmische Angebote für mobile Endgeräte bereitstellt, erst nach der Befragung eingeführt.

Trotz der niedrigen Werte in der SSBW sind Social Media-Angebote für die Landeskirchen und die EKD vor allem im Zusammenspiel mit ihren Internetauftritten und einer zunehmend auch digital ausgerichteten Kommunikation unverzichtbar. Denn wie inzwischen auch die meisten anderen Angebote im Netz werden die landeskirchlichen Auftritte www.ekiba.de und www.elk-wue.de und die EKD-Seiten www.ekd.de und www.evangelisch.de zunehmend über Verlinkungen in Social Media-Beiträgen angesteuert. Per Direkteingabe, also über das so genanntes »typewriting«, surft heute kaum mehr jemand. Daher sind Social Medias neben den Suchmaschinen wie Google die wichtigsten Vermittler und »Händler« christlicher und kirchlicher Inhalte im World-Wide-Web.

Sie fordern aber die kirchliche Öffentlichkeitsarbeit neu heraus, denn die meisten dieser hinweisenden und hinführenden Posts sowie vieler christlicher Inhalte im Netz sind nicht institutionengetrieben, sondern privater Natur. Haupt- und ehrenamtlich Mitarbeitende der Kirche sind also in besonderer Weise betroffen und herausgefordert, hier im Sinne eines großen evangelischen Netzwerkes sich in die Verbreitungskette einzugliedern. Damit stellt sich kirchliche Kommunikation auch automatisch »demokratischer« und im Sinne des »Priestertums aller Gläubigen« auf.

Festzustellen ist zudem das nach wie vor weitgehende Fehlen elementarer kirchlicher Angebote, die kirchliches Leben und die Praxis des Glaubenslebens auch fürs Netz erschließen. Obwohl man zum Beispiel fast jedes Gesangbuchlied mit etwas Mühe im Web finden kann, gibt es noch kein (landeskirchliches oder EKD-)Gesangbuch fürs Smartphone oder einen Tablet-Computer. Ebenso sind Bibelausgaben zwar einzeln und vor allem für wissenschaftliche Zwecke digital aufgearbeitet, aber eben nicht für die anwenderfreundliche Nutzung im Gottesdienst. In beiden Bereichen dominiert nach wie vor das gedruckte Buch oder eben die Nutzung von Einzelkopien und Folienprojektionen. Bei Liturgieblättern, Gebetbüchern, ebenso bei Bibel-, Theologie- oder Glaubenskursen ist Vergleichbares festzustellen. Entsprechende Angebote sind nur schwach verbreitet und deren Nutzung kaum erwähnenswert.

Einzig die Herrnhuter Losungen finden auf digitalen Wegen nennenswerte Verbreitung.

In dieser hohen Anwenderqualität müssten auch Angebote für ausschließlich digitale Verbreitungswege und Anwendungen, beispielsweise in Social Medias oder über entsprechenden Apps für mobile digitale Geräte, geschaffen werden.

Kooperationen mit öffentlich-rechtlichen und privatrechtlichen Verbreitungsplattformen sollten auch in diesem Bereich angestrebt werden, damit diese lebensbegleitenden Angebote günstiger erstellt, leichter aufgefunden und von möglichst vielen genutzt werden können.

Außerdem bieten Social Medias und künftige digitale Medien und Verbreitungsplattformen völlig neue dialogische Ansätze und Möglichkeiten. Absender und Adressaten, Profis und engagierte Ehrenamtliche treten näher zusammen, werden teilweise sogar austauschbar. Bei der Verbreitung von Inhalten nimmt die Bedeutung der professionellen Redaktionen als Filter und Gatekeeper (»Wächter«) ab. Kleinteiligere Angebote werden möglich und bezahlbar, Bewegtbild gewinnt auch in diesem Bereich an Bedeutung, ermöglicht neue Formen einer nahen, persönlich anmutenden Kommunikation und der multimedialen Verbreitung von Inhalten.

Fazit

Die starke Verbundenheit der meisten Befragten mit ihrer Kirche zeigt sich einmal mehr in der hohen Akzeptanz und Anerkennung kirchlicher Andachtsreihen und anderer Beiträge in öffentlich-rechtlichen wie in privatrechtlichen Medien. Sie werden als wichtige wegbegleitende Angebote im Alltag gesehen. In Social Medias werden kirchliche Inhalte noch kritisch unterschwellig wahrgenommen. Hier herrscht enormer Aufholbedarf, der die kirchliche Öffentlichkeitsarbeit auch systemisch vor neue Herausforderungen stellt.

12. Warum das alles doch nicht so einfach ist ...

Die Rezeption der Milieutheorien in der Evangelischen Akademie in Baden

Gernot Meier

Stellen Sie sich vor, Sie müssten zu einer etwas größeren Weihnachtsfeier gehen.

Variation 1:
Jahresend- und Abteilungsfest mit selbstgemachten Speisen und Getränken und anschließender musikalischer Nachspeise
Beginn: 20:00 bis ca. 21:30Uhr

Variation 2:
Lichterabend mit Engeln, heiligen Texten und der Sehnsucht nach Frieden
Beginn: 19:00 Uhr mit offenem Singen und offenem Feuer (bitte feste Schuhe mitbringen)

Variation 3:
Andere Zeiten beginnen – der Blick über die Grenze: In Text, Musik und Geschmack; bitte mit Anmeldung unter ...
Beginn: 19:30 Uhr

Variation 4:
Ein Adventsabend zum Thema XY mit Mitbringbuffet, Kinderpunsch, heißer Schokolade und besinnlichen gemeinsamen Liedern
ab 18:00 Uhr

Variation 5:
Der Friedensfürst kommt – wann gehen endlich die Herren der Welt? Ein proletarischer Abend für eine neue Welt.
Beginn: 20:30 Uhr

Variation 6:
Spuren von Bach im Gesangbuch – Fenster in den »musikalischen« Himmel in der Weihnachtszeit
im Anschluss Tee und Gebäck

Diesen Feiern ließen sich noch viele hinzufügen, und wahrscheinlich können Sie sich auch etwas unter den verschiedenen Variationen vorstellen. Auf die

Fragen: »Was ziehe ich an?«, »Welche Themen und welches Publikum erwarten mich dort?«, »Was gibt es wohl zu essen?« etc.
Aber was würden Sie zu diesen Weihnachtsfeiern anziehen?

Variation 7:
Vorglühen auf dem Weihnachtsmarkt / »Warum Weihnachten klebt, überflüssig ist und trotzdem alle darauf hoffen, dass es Frieden wird«
Sprachbox und Reime, danach Reagge, Dub und Dancehall in der Halle 2b open end ...

Variation 8:
Klosters – Walserhof, wir freuen uns auf Euer Kommen
kurze Info an Charles oder das Hotel

Grundlagen und Instrumentarium

Regelmäßig klingelt das Telefon mit Anfragen zum Themenfeld Milieutheorie, milieuorientierte Arbeit. »Wie kann ich andere Milieus erreichen« oder gibt es neue, für uns interessante Theorien und Ansätze beispielsweise für die Öffentlichkeitsarbeit, die Werbung, um neue Formate für Veranstaltungen oder für neue avisierte Zielgruppen zu entwickeln? Der Grund für diese Anfragen sind neben kirchlichen Vorgaben und Aufgaben die Erfahrungen, dass die Teilnehmerschaft zurückgeht, Gremien schwer oder kaum zu besetzen oder neue Angebote nur kaum zu platzieren sind. Meist wird aber positiv mit einem nach vorne gewandten Blick nach einer klaren Positionierung und Fokussierung gefragt. Im günstigsten Falle kommen in den Beratungsprozessen zukunftsprognostische Erwägungen hinzu: »Wie muss unsere Abteilung, Einrichtung etc. aussehen, damit sie in zwei oder drei Jahren ihre neuen Ziele erreicht hat?«

Diese (kirchlichen) Aufgaben und die zugehörigen Transformationsprozesse sind in der Regel gut beschrieben, sozialempirisch untersucht und z.T. theologisch durchdrungen. Studien und Analysen mit konkreten Handlungsimplikationen und »Best Practice Beispielen« gibt es zuhauf. Sie unterscheiden sich manchmal hinsichtlich der theologischen Ausrichtung, der methodologischen Grundlagen oder auch spezieller Gegebenheiten. Einig sind sich jedoch alle Ansätze bei der Frage der zeitlichen Brisanz: »Geht die Prozesse sofort an und wartet nicht – kein Monat darf verschenkt werden.«

Um diese Prozesse strukturiert anstoßen zu können, gibt es verschiedene Methoden und Sehhilfen für die kirchlichen Einrichtungen. Die o.g. Milieutheorie ist eine von vielen Zugängen zu diesem Handlungsfeld. Neben vielen methodischen und methodologischen Problemen, Unschärfen und deutlichen Schwierigkeiten der Sehhilfe »Milieutheorie«, die hier nicht unter den Tisch fallen sollen, bietet sie doch ein sehr gutes Instrumentarium, das für die badische Landeskirche ausgezeichnet aufbereitet wurde und den Einrichtungen kompetente Milieuberater zur Seite stellt.

Also auch hier: sehr gute Voraussetzungen für einen Change-Prozess.

Eigentlich könnte man nun sagen: »Wir wissen was zu tun ist – also packen wir es sofort an.« »Wie müssen die Angebote, die äußere Gestalt, die Gewinnung von Mitarbeiterinnen und Mitarbeitern, die Gremienarbeit (wenn es die noch gibt) oder die Werbung geändert werden?« »Was kann zum Glück sofort und was kann leider erst in sechs Wochen umgesetzt werden?«

»Lieber Herr Meier, so leicht, wie Sie sich das vorstellen, mag das zwar bei Anderen sein – bei uns aber nicht, wir sind ein Sonderfall.«

Eine Milieuberatung ist nicht einfach eine aufgebohrte Moderation, weil zusätzlich Expertenwissen bzgl. der verschiedenen Milieutheorien und je nach Auftrag anderes sozialwissenschaftliches Fachwissen vielgestaltiger Art eingebracht werden müssen. Bei der Vorbereitung zur Moderation solcher Prozesse wird mit der Auftraggeberin eine Aufgabe bzw. ein Kontrakt formuliert. Da wird festgelegt, wo die ganze Sache hin soll. Schon bei der Vorbereitung und vor allem bei der Vorstellung des Tages im Plenum gibt es immer wieder folgende Aussagen:

»Es ist ja ganz nett, aber ich bin keinem Milieu zuzuordnen.«

(Ich konstruiere mich hier anders, nehme für mich eine grundsätzliche Distanz in Anspruch, und ich bin das Beispiel dafür, dass die Beschreibungen gänzlich unzureichend sind.)

»Ich weiß genau, was die Milieus wollen« bzw. »Meine Erfahrung hat gezeigt, dass die Milieus genau das andere wollen, als man denkt.«

(Die eigene Erfahrung wird generalisiert und damit ein implizit höheres Analyseniveau konstituiert.)

»Wir in unserer Gemeinde, Einrichtung, Abteilung haben geregelte Verfahren sowie Vorgaben, die sich über Jahre bewährt haben.«

(Die Struktur gibt den Rahmen – Überschreitungen sind nicht erwünscht bzw. würden das System irritieren. Das ist zu vermeiden.)

Auch den frustrierenden Satz hört man immer wieder: »Das ist schon die xte Methode, die ich in meinem Arbeitsleben erlebt habe – ändern wird sich eh nichts, oder wenn, dann nur kosmetisch.«

Jede Milieuberaterin, die schon einmal eine Veranstaltung gemacht hat, kennt diese und noch viele andere Argumente.

Meist sind diese Sätze zunächst Indikatoren für personale Dispositionen. Leider aber oft in der Funktion einer Diskreditierung der Methode. Im besten Fall möchte man weiter die »letzte« Entscheidungsmacht haben, im weniger guten Fall haben diese Positionierungen letztlich das Ziel, die Ergebnisse zu blockieren und mögliche sofortige Umsetzungen mit dem »Ja aber« zu verbinden. Hinzu kommt: Wenn etwas nicht sofort klappt, sind die Sätze dann eine Steilvorlage für: »Ich habe es ja schon zu Anfang gesagt.«

Was d'raus machen ...

Wenn ich diese Sätze schon im Vorgespräch höre, wähle ich oft den Weg über Zeitungen und Zeitschriften zur Darstellung der Segmentierung bzw. der Unterschiedlichkeit der Gesellschaft (Die Grundannahme dabei ist, dass auch die Auftraggeber Träger der o.g. Argumentationsfiguren sind bzw. davon affiziert wurden.). Ich kaufe dann eine große Anzahl jeglicher Genres incl. verschiedener Hochglanzmagazine und auch sog. »Schmuddelblätter«. Zu kaufen gibt es alles an jedem Bahnhofskiosk – dort sind die Ständer voll von unzähligen großen, kleinen, bunten, grauen Zeitungen, Zeitschriften, Magazinen etc.

Die Teilnehmer hatten folgende Aufgabe bis zum ersten gemeinsamen Treffen:

1. Welche Geschichte ist Ihnen in den letzten Tagen bzw. in der letzten Woche medial begegnet, die Ihnen besonders gefallen, Sie besonders bewegt oder aufgeregt hat?
2. Bringen Sie bitte ihren Gemeindebrief, eine Einladung für eine Einzelveranstaltung, eine Einladung für eine mehrtätige Veranstaltung und ihre Lieblingszeitung/-zeitschrift mit.
3. Bringen Sie die Werbung mit, die Ihnen ins Haus flattert oder die in Ihrer Zeitung, Zeitschrift etc. ist.

Nach mehreren Schritten einer Einführung in das Thema bitte ich die Teilnehmer und Teilnehmerinnen, die o.g. Zeitschriften zu zerteilen und zu sortieren und damit eine Landschaft der Magazine und Zeitungen auf einer sehr, sehr großen Fläche zu bilden. So groß, dass man die Fläche begehen kann.

Anhaltspunkte der Sortierung sind: Bilder und Ästhetik, Werbung und Lebensweise, Preise der Angebote und Produkte, Alter und Herkunft der männlichen und weiblichen Models. Dann sollen Geschichten identifiziert und markiert werden: Welche Geschichten des (geglückten) Lebens werden erzählt? Wie wird Trauer (Glück, Hoffnung, Hilfe, Sehnsucht etc.) beschrieben? Was brauchen Kinder? Wohin geht man in den Urlaub? Was bekommen die Tiere als Futter, und welche Zukunftsprognostik für fünf oder zehn Jahre kann man erkennen? Wer sind die VIP's etc.

Nachdem ich mit den Teilnehmern die gestaltete Landschaft sondiert habe, kommt ihre Hausaufgabe ins Spiel. Ich bitte sie, ihre Hausaufgabe auf die Landschaft der Zeitschriften zu legen bzw. in die Landschaft einzufügen.

Die Sehhilfe der Milieutheorie von Sinus leistet an dieser Stelle eine sehr gute Arbeit und erbringt auch eine schöne Analysefolie – selbst für die meisten der o.g. Skeptiker und Skeptikerinnen. Mit einer weiteren Theorie des sozialen

Raumes differenziere ich dann zunächst die groben und großen Sinus Milieus, um dann Differenzierungen und Wanderungsbewegungen der Menschen innerhalb der Milieus zu beschreiben.

Der nächste Schritt bleibt vielen Teilnehmern und Teilnehmerinnen meist eindrücklich in Erinnerung: Diese Aufgaben sind (mit vielen Einzelschritten in einer längeren Zeit) grob gesagt: (1) »Nehmen Sie eine bisherige Veranstaltung von Ihnen und gestalten Sie diese inhaltlich mit den identifizierten Geschichten neu und gestalten Sie (2) einen Flyer nach den Bildern und Texten, der Ikonographie und dem Stil eines anderen, bei Ihnen angrenzenden Feldes (bzw. Milieus).

Beachten Sie immer dabei: Bleiben Sie bei den Geschichten, die erzählt werden. Ist das Produkt (die Veranstaltung, der Gottesdienst, Podiumsdiskussion etc.) noch sichtbar – vielleicht muss es das gar nicht? Wie müssen das Plakat und der Flyer aussehen, wenn das, für das geworben wird, nur am Rande oder gar nicht erscheint?

Diese Aufgabe ist nicht so einfach und erfordert ein großes Maß an Flexibilität. Sie kann auch etwas erleichtert werden, wenn man statt der angrenzenden Felder oder Milieus die Überschneidungsbereiche der Milieus nimmt.

Der leitende Gedanke dabei ist: Für die bekannten Bereiche und Aufgaben sind wir meist Könner und Kenner. Hier beherrschen wir unbewusst die Regeln der Erzeugung eines Zugangs und der Konturen der Veranstaltung. Wir haben ein Gespür dafür, wann etwas schön, eine Bildwahl treffend, ein Text »verständlich«, das Essen richtig und das Thema der Veranstaltung »dran« ist. Dieser Schritt zeigt, dass die Erzeugung und die innere Ordnung für bekannte Praktiken und Vorstellungen (d.h. Veranstaltungen, Flyer etc.) sich objektiv an ihr Ziel anpassen. Das geht meist mit der Beherrschung der Regeln einher, die uns jedoch kaum bewusst sind. Die Regeln der anderen Milieus, wann dort eine Bildwahl treffend, ein Text verständlich oder ein journalistischer Bericht passend ist, sind uns mit wachsender Distanz kaum bekannt. Diese Regeln sind auch nur schwer erlernbar. Dies sei an einem Beispiel aus den o.g. Weihnachtsfeiern erläutert: Zu welchem Fest im Jahreskreis mir Austern »automatisch« als völlige Normalität einfallen, ist sozial erlernt – genauso wie der Geschmack.

Die Übung mit den Zeitschriften ergibt leichte Öffnungen, Veränderungen und manchmal auch Wahrnehmungen, die Veränderungen im Blick mit sich bringen.

Im Rahmen von Angeboten der Evangelischen Akademie Baden für neue Zielgruppen und Milieus verschärft sich dieser Sachverhalt noch.

Und wie macht ihr das?

Aus einem milieuorientierten Blick heraus würde man sagen: Die Evangelische Akademie arbeitet an den »Außengrenzen« kirchlicher Milieus bzw. in Überschneidungsflächen mit anderen Milieus. Beispielshaft sollen nun für die Bereiche Wissenschaft, Kultur und Medien einige Schlaglichter auf die Konzeption und Durchführung von Veranstaltungen geworfen werden. Einiges ist dabei schon umgesetzt – anderes wird noch kommen:

a) Wenn man sich neuen Feldern widmet und Themen in Milieus bearbeitet, die normalerweise dort nicht – oder nicht mehr – mit der badischen Landeskirche oder mit der Evangelischen Akademie Baden verbunden werden, hat dies weitreichende Konsequenzen. Es bedeutet: Wir sind als »Spieler« im jeweiligen Feld bestenfalls nicht bekannt. Um dies zu ändern, ist eine aktive Beteiligung nötig. Das bedeutet neben der Recherche und den zugehörigen Analysen in einer globalen Welt: viel reisen und Kontakte knüpfen. Hier gilt es zunächst, die Spielregeln zu erlernen, Akteure zu beobachten und sich an den Themen aktiv zu beteiligen. Wenn man sich beispielsweise im Feld der sog. neuen Medien bewegt, müssen in diesem Feld: z.B. eigene Aktionen sofort auf soziale Netzwerke portiert und festgehalten werden, Artikel positioniert und auch Twitterfeeds gesetzt werden. Wenn man sich auf dem Feld Wissenschaft oder Medien bewegt, muss die Veranstaltung sofort danach als Youtube Video oder als Podcast erhältlich sein. Die Position im Feld nimmt zunächst nur in zweiter Linie die Institution (z.B: die Ev. Akademie) ein. In erster Linie gilt es, eine Person bekannt zu machen. Nach einiger Zeit (manchmal erst nach Jahren) kann dies durchaus verändert werden, wie Beispiele aus dem Campaining zeigen. Es bedeutet weiterhin auch, nicht nur Einladungen (z.B. zu Tagungen, Podiumsdiskussionen, Workshops o.ä.) auszusprechen, sondern auch auf Einladungen in gleicher Art zu reagieren. (Eigentlich ist dies auch auf Gemeinde- oder Bezirksebene das gleiche Geschehen – nur mit einem kleineren Radius –, insofern ist die Milieutheorie an dieser Stelle eine sehr brauchbare Sehhilfe für viele Bereiche der kirchlichen Arbeit.)

b) Die Bildsprache, der Text, die gesamte Anmutung der Werbung, und falls zusätzlich möglich, die journalistische Aufarbeitung müssen sich den Formen der avisierten Milieus anpassen und möglichst in der für die Milieus relevanten Presse aufgenommen werden. Es hilft »nichts«, wenn in der regionalen Zeitschrift oder Zeitung oder der SZ etwas steht – wenn die Zielgruppe gewöhnt ist, relevante Artikel in englischen Onlinezeitungen zu finden (oder den Hinweis auf deutsche Artikel über den Umweg eines Informationsagenten z.B: in der Telepolis oder dem VDI-Magazin – denen jeweils eine hohe Feldkompetenz zugeschrieben wird.) So macht die Milieuperspektive klar, dass zur gleichen Veranstaltung sehr unterschiedliche Zielgruppen bzw. milieuspezifische Aufarbeitungen notwendig sein können. Je nachdem, wo man sich platzieren will. Die vielen Kanäle der Medienmaschine Internet haben hier noch weitreichende Potentiale. Die Werbung und ggf. auch die journalistische Berichterstattung müssen multimedialen Ansprüchen der jeweiligen Zielgruppen genügen. Der Blick mit einer Milieubrille hilft auch hier: Diese Ansprüche, die man auch als virtuose Feldkenntnis übersetzen kann, sind hier manchmal eben nicht die einer Sprache der bürgerlichen oder etablierten Kultur (mit exakten Kommata).

c) Die Form der Bearbeitung von Themen in anderen Milieus hat eine jeweils vorgegebene Form, die in den Medien oder bei den Veranstaltungen ausgehandelt wird, die für die Milieus relevant sind. Das gleiche gilt auch für besondere Formate. Z.B. was bei Podiumsdiskussionen »hoch« – oder »erstklassige Besetzungen« sind, entscheidet das Feld, für das die Veranstaltung konzipiert wird. Hier lässt sich ein deutlicher Unterschied in den Milieus beschreiben: Für eine bürgerliche Mitte und ein konservativ-etabliertes Milieu sind Spitzenpolitiker oder besondere, meist leitende Wissenschaftlerinnen sehr wichtig, weil damit die Relevanz des Themas gesichert erscheint, dem Austausch ein höchstes Niveau zugeschrieben und der Veranstaltung in den Medien dieser (!) Milieus ggf. ein Echo erwartet wird. Ein Input auf einer Veranstaltung wird hier von den Vortragenden meist in Form eines Vortrages oder Statements erwartet. Die Kleidung ist meist distinguiert. Diese Gruppe der Vortragenden sowie die Art der Vortrages dürfen bei Performern, Expeditiven und zum Teil auch Liberal-Intellektuellen nur in eher »homöopathischen Dosen« vorkommen. Die gerade genannten Milieus sind meist sehr gut informiert und kennen in der Regel das Feld und die Akteure, sie sind an Universitäten durch Forschung und Lehre weiter mit neuesten Ansätzen verbunden und wollen nicht das hören, was sie schon kennen. Bei Veranstaltungen für diese Milieus sind Aktivisten, Entrepreneurs oder Menschen gefragt, die widerständig, vielleicht auch schräg oder einfach »authentisch« sind. Kleidung: in der Regel Hoodies.

d) Formen der Partizipation oder Teilnahme an einer Veranstaltung sind in gleicher Form milieuabhängig. Hier können die Milieutheorien eine entlastende Funktion haben. Wenn klar ist, für wen eine Veranstaltung designt wurde, braucht man einige Dinge eben einfach nicht. Die Frage der Vergesellschaftung zu reflektieren, bedeutet auch: Nicht nur jedes große Milieu, sondern auch innerhalb der Milieus gibt es sehr unterschiedliche Vorstellungen, was eine »gelungene« Gemeinschaft, ein gelungener Abend (Vortrag, Veranstaltung etc.) ist. Diese unterschiedlichen Vorstellungen betreffen auch das Anmeldeverhalten, die Bereitschaft, miteinander ins Gespräch zu kommen, oder wie man sich im Raum bewegt. Diese ganzen Verhaltensweisen sind nicht die Ergebnisse von Regeln, sie sind aber klar geregelt und deshalb auch aufeinander abgestimmt. So ist z.B. bei manchen Veranstaltungen klar, dass in den Pausen und während der Workshops Musik läuft – und zwar die Musik der Zielgruppe!

Für den Bereich der neuen Medien und auch bei allen anderen Veranstaltungen ist eine online-Teilhabe an der Veranstaltung, während es läuft, absolute Pflicht (Die neuen Medien bieten hier sehr, sehr viele Möglichkeiten.). Hier werden enorme Partizipationsmöglichkeiten geschaffen, die oftmals mit einer großen Akzeptanz und später durchaus mit einer offline Teilnahme verbunden werden.

Aber Herr Meier, so einfach geht das nicht. Leute, die nicht anwesend sind, zählen in der Statistik nicht!

Es ist richtig, hier ergibt sich ein Problem: In der Institution, die »die Party zahlt«, werden oftmals Veranstaltungen mit einer großen Beteiligung, gewichtigen Politikern oder Juristen positiv sanktioniert. Viele Personen dienen als Legitimationsmarker für weitere Bezuschussung. Zwar braucht die Ev. Akademie z.Zt. hier den Vergleich nicht zu scheuen, aber auf Dauer wird die Teilnehmerzahl nur noch für bestimmte Milieus eine Messgröße sein. Es ist auch klar, dass hier, bei zurückgehenden Ressourcen, Fragen hinsichtlich einer Verleitung gestellt werden. Die Milieustudien können hier einen wichtigen Impuls geben: Der Aufwand bei den für die Akademie wichtigen Milieus ist höher, je weiter man sich von seiner Position auf den Weg macht.

In der neuen Kirchenmitgliedschaftsstudie, der Sinus-Milieu-Studie, den Studien von Jörg Stolz zur Religionssoziologie wird immer wieder eine Position bedacht: die der Unterscheidung, der Distinktion. Wenn es gelingt, ein solcher Unterscheidungsmarker zu werden, dann hat man die ersten Schritte erfolgreich im neuen Milieu getan.

... auf dem Markt der 100.000 Möglichkeiten am Freitagabend.

Auf dem heutigen Markt der Möglichkeiten Veranstaltungen anzubieten und »erfolgreich«, d.h. z.B. mit ausreichender Zahl an Teilnehmerinnen und Teilnehmern durchzuführen oder zumindest eine kleine Gruppe von Interessierten zu gewinnen, ist ein überaus reizvolles und durchaus schwieriges Unterfangen geworden. Auch wenn man alles »richtig« gemacht hat: Das Einladungsvideo wurde gemacht, einfache Flyer und Plakate sind zusätzlich produziert, eine angemessene Location ist gefunden und gemietet. Originaltöne der Referentinnen oder Workshopleiter wurden zusätzlich eingefangen, und in den Social Networks gibt es eine schöne Welle. Aber: kaum Beteiligung. Einerseits entlasten hier die Ansätze der Milieustudien und Milieutheorien. Es ist zu erkennen, dass neben den »hausgemachten« Milieuverengungen in der Regel meistens unbekannte oder kaum beeinflussbare Faktoren dazu führen, dass die Veranstaltung (Tagung, Podiumsdiskussion, Workshop etc.), die uns sehr am Herz liegt, stattfindet oder eben auch nicht. »Man ist nicht für alles verantwortlich, weder im positiven noch im negativen Sinn«, sagte in treffender Weise ein Kollege in einem Gespräch, denn der Anspruch bleibt: gute und erfolgreiche Tagungen zu konzipieren und durchzuführen. Die Milieutheorie ist eben nicht einfach eine pret´a´porte – ready made Methode, sondern ein sehr wichtiges Planungs- und Auswertungsinstrument. (Das man auch nicht einfach mal so nebenbei macht.)

Am Ende möchte ich nochmals auf die Methode mit den Zeitschriften vom Anfang zurückkommen. Auch diese Methode ist natürlich milieuabhängig. Sie ist gewählt nach der Zielgruppe, die sich mit Milieus befassen will.

Wie könnte mit der Milieubrille innerhalb eines anderen Milieus gearbeitet werden? Was wären die Medien? Was wären die Zugänge? Welche Musik würde bei der Veranstaltung laufen und was gäbe es in den Pausen? Filtercafé aus einem Brühautomat? Undenkbar …

13. Vor Ort in die Lebenswelten aufbrechen

Stationen einer Entdeckungsreise mit weiterführenden Einsichten

Markus Weimer

Tut es einer Kirchengemeinde gut, wenn sie sich eine Auszeit gönnt? Führt es zum Zusammenbruch der vielfältigen Aktivitäten, wenn Mitarbeitende durch innovative Impulse zum Thema Lebenswelt eine neue Sichtweise auf ihre Menschen entwickeln? Wird sich in der Gemeinde womöglich ein Richtungsstreit entwickeln, wenn man diesen Prozess für alle öffnet? Und kann man damit rechnen, am Ende zu wissen, wohin die Reise geht?

Die Antworten lauten: Ja, Nein, Nein und ein klares Jein!

Herausfinden, wo Gott bereits am Werk ist

Für den Zeitraum von gut sieben Monaten begab sich eine Gruppe von 20 Personen der Evangelischen Kirchengemeinde Böhringen (bei Radolfzell am Bodensee) auf Entdeckungsreise. Die Zusammensetzung der Teilnehmenden war unkonventionell: Neben den Kirchengemeinderäten gab es Gottesdienstbesucher, ehemalige Konfirmanden-Eltern, Neueingetretene und Gäste. Bereits bei den Teilnehmenden waren unterschiedliche Einstellungen zu Glaube und Kirche vorhanden. »Traditionelle Kirchgänger«, »Christen im Alltag«, »Sozial Engagierte«, »Spirituell Suchende« und »Weltoffene Stützen« fanden hier zusammen – eine spannende Mischung.

Ziel der Unternehmung war es herauszufinden, wie wir besser für die Menschen vor Ort da sein können und wie es gelingen kann, auch für diejenigen präsent zu sein, die sich in unseren Gottesdiensten und Gemeindeangeboten nicht zuhause fühlen. In Anlehnung an eine Formulierung des ehemaligen Erzbischof von Canterbury, Dr. Rowan Williams (Church of England), machten wir uns auf den Weg, um zu entdecken, wo Gott bereits am Werk ist, um uns daran zu beteiligen *(»Mission is finding out what God is doing and joining in«)*.

Die einzige Voraussetzung zur Teilnahme an der »Entdeckergruppe« war es, *keine* fertigen Antworten auf diese Fragen zu haben. Und so konnte die Entdeckungsreise losgehen.

Es geht los: Entdeckertour durch unsere Teilorte

Der Auftakt unserer gemeinsamen Reise war der Besuch des »Büllefests« (Zwiebelfest) – einer zentralen Festivität der Region, mitten in unserem Gemeindegebiet. Unsere Gruppe konstituierte sich bewusst nicht in unseren Gemeinderäumlichkeiten, sondern mitten im Trubel einer sehr gut besuchten Festveranstaltung.

Mit offenen Augen, Ohren und Herzen zogen wir mit den Massen von Stand zu Stand und erspürten die besondere Atmosphäre des Augenblicks. Wir versuchten sorgfältig wahrzunehmen, welche Typen von Menschen und welche Altersgruppen an diesem Fest teilnahmen. Wir achteten darauf, wie sich die unterschiedlichen Gruppen und Vereine präsentierten und – wir vermissten ein Angebot der Kirchen auf diesem Fest. Wir stellten uns die Frage: Warum sind wir als Evangelische Kirche hier eigentlich nicht präsent? Wir entdeckten allerdings auch, dass die junge Generation auf dem Fest generell kaum vorkam – meist nur dort, wo sie aktiv eingebunden war in ein spezifisches Angebot.

Wozu Kirche da ist

Während des nächsten Treffens beleuchteten wir unsere eigenen Erfahrungen mit Kirche. Die guten und die fragwürdigen. Ganz offen und ehrlich. Anhand unterschiedlicher Bibeltexte dachten wir über den Auftrag von Kirche nach und überlegten, wie »Kirche« in Zukunft aussehen könnte und vielleicht auch sollte, um den Menschen, die hier leben, besser dienen zu können. Wie könnte es uns gelingen, der »Spur des heruntergekommenen Gottes zu folgen« (Heinzpeter Hempelmann)? Müssten wir nicht viel mehr eigene Vorlieben in den Hintergrund stellen, um mehr für die Menschen um uns herum da zu sein? Oder anders herum: Könnten eigene Vorlieben an einem dritten Ort vielleicht zum Schlüssel werden, um Menschen aufrichtig zu begegnen?

In kleinen Gruppen bestand Gelegenheit, sich über diese Fragen auszutauschen. Als Hausaufgabe für das nächste Treffen sollten sich Kleingruppen finden, die in Böhringen und allen sieben Teilorten eine Sozialraumerkundung durchführten, um zu erspüren, wie die Orte »ticken« und was sie in besonderer Weise prägt. Dabei bewegte uns auch die geistliche Fragestellung vom Anfang: Wo ist Gott hier bereits am Werk? Was liegt vor unseren Augen, ohne dass wir es bisher wahrgenommen hätten?

Ausgerüstet mit allem, was ein Entdecker braucht (Fragenkatalog, Karten, Notizblock und Kameras), stürzten wir uns ins Abenteuer. Es war sehr spannend, den Blick dafür zu schärfen, was die Ortsteile im Kern ausmacht. Wo ihr Charme liegt. Und was die Menschen hier bewegt.

Die Ergebnisse der Untersuchung wurden in sehr amüsanten, bildhaften und informativen Präsentationen vorgestellt, die uns allen – auch den »Alteingesessenen« – neue Blickwinkel eröffneten.

Den Umbruch gestalten

Nun folgte ein zentraler Schritt der »Entdeckertour«. Die persönlichen Wahrnehmungen und Eindrücke wurden zu den Ergebnissen der Sinus-Studie in Relation gesetzt. Durch ein Milieu-Infotainment entdeckten die Teilnehmenden auf sehr humorvolle und einprägsame Art und Weise, wie sich die Lebenswelten unserer Gesellschaft verändert haben. Mit Erstaunen wurde zur Kenntnis genommen, dass tatsächlich alle Milieus in unserer Region vorkommen und dass die prozentuale Verteilung von den statistischen Durchschnittswerten – je nach Ort – erheblich abweicht. Ein Teilnehmer sagte: »Ich hätte nie für möglich gehalten, dass so viele hedonistisch und expeditiv geprägte Menschen in unserer Region wohnen. Das zeigt mir, wie wenig ich mit ihrer Lebenswelt zu tun habe ...«

Auch die Beschäftigung mit den acht Einstellungstypen zu Glaube und Kirche war sehr erhellend. Immer wieder blitzten einzelne Individuen vor dem inneren Auge auf. Eine Teilnehmerin erläuterte, dass sie nun endlich verstehe, warum sich ihre Nachbarin (vermutlich »Sozial Engagiert«) nicht zum Gottesdienst einladen lasse, wohl aber für diakonische Projekte ansprechbar sei.

Die Beschreibung der unterschiedlichen Lebenswelten und der damit verbundenen Logiken half einerseits dabei, sich selbst besser einzuschätzen und andererseits mehr Verständnis für andere Menschen in der Umgebung zu entwickeln. Vor allem aber wurde klar, dass die zukünftigen Initiativen der Kirchengemeinde diese gesellschaftlichen Entwicklungen ernst nehmen müssen – ohne den Druck, alle Milieus und Lebenswelten abdecken zu müssen.

Wer neue Formen des kirchlichen Lebens sucht, der muss die Menschen, die ihn umgeben, kennen. Aus theologischer Perspektive geht es darum, den unterschiedlich geprägten Menschen auf Augenhöhe und mit Wertschätzung zu begegnen. In Diskussionsrunden unter den »Entdeckerinnen« und »Entdeckern« wurde deutlich, wie schwer das insbesondere dann ist, wenn mein Gegenüber vollkommen anders »tickt« als ich. Der lebensweltorientierte Zugang wurde hier als wertvolles Instrument entdeckt, das Verständnis für mein Gegenüber weckt und fördert. Langsam kristallisierte sich heraus, dass unsere zukünftige Gemeinde-Reise anders aussehen könnte als die zurückliegende Wegstrecke.

Die Komfortzone verlassen

In der ersten Hälfte der Reise haben wir als Entdeckergruppe sehr viel Zeit investiert, um über unsere gemeindliche Ausgangssituation nachzudenken, uns gleichermaßen herausfordern zu lassen, und um neue Schritte zu wagen. Zunehmend wurde deutlich, dass wir als Gemeinde einen »Perspektivwechsel« wagen sollten. Distinktionslinien (oder ehrlicher: »Ekelschranken«) zu überwinden, gehört hierbei zu den größten Herausforderungen im Gemeindealltag.

Die ausführliche Analyse der verschiedenen Lebenswelten, verbunden mit zahlreichen Anschauungsbeispielen, ermutigte uns, neben der bisherigen

»Komm-Struktur« über eine mögliche »Geh-Struktur« nachzudenken. Weg vom ›gemütlichen‹ Glauben in unserem vertrauten (und schönen) Kirchengebäude, wo wir uns wohl fühlen, hin zu einer neuen, unbekannten Situation. Wir begannen davon zu träumen, wie es wohl wäre, wenn wir uns ernsthaft von der Komm- zur Gehstruktur entwickeln würden. Erstaunlicherweise kamen hierbei sehr positive Bilder und inspirierende Ideen zum Vorschein. Wir sammelten diese in einem »Aktions-Speicher«, ohne zu schnell unseren Weg mit dem Druck einer zeitnahen Umsetzungsstrategie zu belegen.

Die Außenperspektive

Einer der herausfordernsten Momente kam, als wir uns fragten, wie wir als Kirchengemeinde in der Öffentlichkeit wahrgenommen werden? Welchen Blick hat der Ortvorsteher bzw. der Bürgermeister unseres Ortes auf unsere Gemeinde? Ungeschminkt und ehrlich teilten die eingeladenen Gäste ihre Sichtweise mit uns, was zunächst für Irritation sorgte, dann jedoch zu einem sehr lebendigen Austausch in unserer Gruppe führte.

Ein Ortsvorsteher antwortete auf die Frage, wie er unsere Gemeinde wahrnimmt, mit der schlichten Antwort: »Gar nicht!«. Nachdem wir unsere »Schockstarre« überwunden hatten, eröffnete sich ein wertvolles Gespräch, das mit vielen Kooperationsangeboten verbunden war. Für uns war es sehr wichtig zu wissen, wie wir zukünftig als Kirchengemeinde im Ortsleben involviert sein können.

Die neuen Einsichten

Auf dieser Entdeckerreise haben wir gemeinsam viel wahrgenommen, manche Ideen miteinander bewegt, gehört, geforscht, gebetet, gesungen und geträumt. Der gesamte Prozess war nicht zuerst ein strategisches Instrument, um eine Neuausrichtung zu »schaffen«. Vielmehr ging es auf dieser Reise um einen Prozess des doppelten Hörens: ein Hören auf die Lebenswelten der Menschen und ein Hören auf das Wirken Gottes in dieser Welt. Es gibt viel zu viele Initiativen, die innovativ klingen – aber mit der »Brechstange« initiiert werden. Die Entdeckergruppe stand unter dem Vorzeichen, eine geistliche Suchbewegung zu sein, um uns in Gottes Sendung, die *missio dei*, mit hineinnehmen zu lassen.

Daher fließen die Ergebnisse der Gruppe nun gesammelt in den Leitbildprozess der Kirchengemeinde ein. Sie werden zentral sein für die strategische Neuausrichtung. Der Prozess des Entdeckens hat allen Beteiligten viel gebracht und gleichzeitig Gemeinschaft in der heterogenen Gruppe der Teilnehmenden gestiftet. Außerdem bleibt er ein offener Prozess, da wir – trotz aller Bemühungen – nur einen Teil des Ganzen entdeckt haben.

Abschluss am Ufer des Bodensees

Ein besonderer Höhepunkt war der Abschluss unserer gemeinsamen Reise. Wie zu Beginn sind wir nochmals hinausgegangen in einen unserer Teilorte und haben, inspiriert durch verschiedene Bibelstellen, nachgespürt, wie es wohl aussehen könnte, Gemeinde in diesem Ort neu zu denken. Gemeinsam haben wir Rückblick gehalten, Ausblicke gewagt und mit einer Abendmahlsfeier am Ufer des Bodensees die Verbundenheit mit dem gespürt, der uns zu den Menschen sendet.

Ausblicke – ein Plädoyer für vielfältige Gemeindeformen

Als Entdecker haben wir uns eine besondere Art der Auszeit gegönnt. Durch die unterschiedlichen Impulse wurde einerseits der Wert des Bewährten gestärkt, andererseits eine neue Perspektive für die Zukunft eröffnet.
Während der Suchbewegung kamen uns einige Perspektiv-Ideen, die hier schlaglichtartig benannt werden sollen. Einige davon mögen für bestimmte Gemeinden wenig innovativ klingen. Es ist daher der doppelte Fokus zu berücksichtigen, dass die Kirchengemeinde Böhringen zum einen ihre attraktionalen Angebote präzisieren und qualitativ verbessern, zum anderen neue lebensweltorientierte Angebote initiieren möchte, die nicht darauf zielen, in die bestehenden Formate zu überführen.

Eine attraktional-ausgerichtete Gemeinde wird sich stark darum bemühen, Menschen zu sich einzuladen. Durch niederschwellige Angebote und eine dienende Grundhaltung wird sie versuchen, Menschen den Weg in die Kirche zu erleichtern und ihnen das Gefühl zu geben, dass sie hier herzlich willkommen sind. Dieser Weg ist gut und wichtig.

Im Prozess der Entdeckerreise haben wir allerdings auch entdeckt, dass es kontextuelle Gemeindeformen braucht, um Menschen in ihrem vertrauten Kontext zu begegnen, tief in ihre Lebenswelt einzutauchen, dort zu bleiben und daran zu arbeiten, das Evangelium im ungewohnten Kontext neu durchzubuchstabieren.

Ich nenne zunächst zwei attraktionale Angebote, die die bestehende Ortsgemeinde stärken:

- Das 4x4 Gänge Menü: Vier Abende für Eltern von Konfirmandinnen und Konfirmanden. Die vier thematischen Abende sind jeweils eingebettet in ein 4-Gänge Menü. Dadurch wird der Kontakt zu den Eltern intensiviert und die Beziehungen gestärkt.
- Thematische Gottesdienste: Die Anzahl der Predigtreihen wird deutlich erhöht. Die Themen werden auf bestimmte Milieus zugespitzt, um relevante Lebensfragen zu erörtern und zu vertiefen.

Dazu kommen zwei Initiativen, die den Weg in neue Lebenswelten suchen:

- Die Afterwork Party: Ein offenes Angebot für Angestellte der Firmen in der Region Radolfzell. Eine atmosphärisch ausgeleuchtete Kirche, Bands aus der Region und ein hochwertiges Catering sollen Menschen der Region und Mitarbeitende in der Gemeinde in Beziehung setzen. Dieser Schritt ist grundlegend, wenn es darum geht, die Herausforderungen dieser Lebenswelten zu verstehen und ihnen vom Evangelium her zu begegnen.
- Die Anstellung einer Pionierin für lebensweltorientierte Gemeindeentwicklung: Der »Entdecker-Prozess« hat dafür gesorgt, dass recht zeitnah eine spendenfinanzierte Stelle etabliert wurde. Das Ziel der neuen beruflich-engagierten Mitarbeiterin ist es, mittelfristig eine neue Ausdrucksform gemeindlichen Lebens innerhalb der Parochie zu etablieren.

Der Entdeckerprozess hat viel ausgelöst in unserer Gemeinde. Am Ende hatten wir weniger greifbare und fertige Antworten. Dafür konnten wir aber viel präziser Fragestellungen für unseren Weiterweg formulieren. Wir kennen zwar noch nicht jeden einzelnen nächsten Schritt, aber wir wissen, dass viele Schritte folgen werden, die wir im Vertrauen auf Gott gehen möchten.

14. Welche Kirche wollen wir sein?

»Evangelisch in Baden und Württemberg« als Entscheidungshilfe auf der Ebene von Dekanaten und Regionen

Markus Schulz

Dienstagmorgen, Dekanatsrunde. Dekanin, Schuldekan, drei Dekanstellvertreter und eine Öffentlichkeitsbeauftragte sitzen zusammen – wie (fast) jeden Dienstag. Vorzubereiten sind die Gremien der Arbeit auf mittlerer Leitungsebene. Entscheidungen sind zu diskutieren, Informationen sind einzuholen und auszutauschen – Alltagsgeschäft eben.

Dabei wird von Woche zu Woche mehr deutlich: Es kommen ganz neue Herausforderungen auf diese mittleren Ebene des kirchlichen Leitungshandelns zu. Fragestellungen, die zuvor auf anderen Ebenen entschieden wurden, liegen mehr und mehr im Zuständigkeitsbereich der Bezirkskirchenräte, Dekaninnen und Dekane und der Bezirkssynoden.

Beispiel: Gebäude

Gemeinden haben bisher entschieden, welche Gebäude sie halten, finanzieren können und wollen, wo ihr Bedarf lag etc. Sie haben geplant und gebaut, renoviert und sich engagiert. Zuletzt wurden Anträge geschrieben, mit schnellem Stempel im Dekanat versehen und schließlich im Oberkirchenrat beleuchtet, durchdacht, bearbeitet und – genehmigt. Oder nicht.

Zukünftig werden die Dekaninnen und Dekane, Bezirkskirchenrätinnen und -räte sich die Köpfe heiß diskutieren, bevor sie selber besonnen entscheiden, welche Bauprojekte sie befürworten und wohin »Fläche« fließen soll.

Vernetzt, nahe an der Basis, Gemeinden begleitend und Prozesse steuernd – so arbeitet die mittlere Ebene wohl in den nächsten Jahren. Sie wird mehr entscheiden, wohl auch mehr erarbeiten in diesen Dingen, sicher auch mehr beraten werden – und mehr streiten.

Beispiel: Personal

Für die Fragen nach dem Personal ist bisher die mittlere Ebene weitestgehend nicht zuständig. Und doch wird auch in diesem Bereich immer mehr Verantwortung hierhin delegiert und Souveränität eingefordert.

Bezirksstellenpläne entstehen bzw. sind schon lange in Gebrauch. Geballte »Wolken von Vakanzen« ziehen wie Gewitter durch die Landeskirchen, schon bevor der »Sturm der Pensionierungen« aufzieht.

Wenn die Fragen aufkommen, wie Stellenpläne sich entwickeln könnten, wo Kooperationen sinnvoll wären und wo nicht, dann müssen Entscheidungen getroffen werden.

Doch wie trifft die mittlere Leitungsebene in diesen Fragestellungen solide Entscheidungen? Welche Hilfsmittel gibt es, um vorausschauend und begründet zu Plänen und Strukturen zu kommen?

Am hilfreichsten wäre es vermutlich einerseits, die jeweilige Gemeinde, die Situation vor Ort genauestens zu kennen. Viele Termine, Gespräche, Begegnungen, um die Menschen als einzelne wahrzunehmen, sind dazu notwendig. Dieser direkte Kontakt ist durch nichts zu ersetzen.

Auf der anderen Seite braucht es Begegnungen im Oberkirchenrat, wo die Grundlagen auf der Bühne der Landeskirche gemacht und umgesetzt werden. Dazwischen pendelt der Dekan oder die Dekanin, der oder die Landessynodale viel hin und her – innerlich und geografisch.

Woher kommt flankierend eine hilfreiche Unterstützung im Meinungsbildungsprozess in Vorbereitung der zu treffenden Entscheidungen?

Die Milieustudie »Evangelisch in Baden und Württemberg« bietet dazu ein Handwerkszeug. Sie hilft den Bezirkskirchenräten und Dekaninnen, eine empirische Brille wie einen Filter über all die persönlichen Begegnungen zu legen, die ohnehin schon da sind. Sie kann helfen,

a) Diskussionen zu versachlichen,
b) Entscheidungen zu objektivieren,
c) den größeren Zusammenhang gesellschaftlicher Entwicklung zu sehen.

Wo wir in der Kirche den jeweiligen seelsorglichen Aspekt, also den Blick auf das Individuum in den Vordergrund rücken, fällt es oft schwer, diese Punkte zu berücksichtigen. Es gibt doch so viele gute Gründe! Den Gremien und Einzelpersonen eine Hilfe anzubieten, mit der sie einen Schritt zurücktreten und mit einem gewissen Abstand gestützt durch empirische Daten diskutieren und entscheiden können – dazu erhoffe ich einen entscheidenden Beitrag durch die Ergebnisse der Studie.

Und nicht zuletzt: Es geht um Theologie.

Sicher, die Fragestellungen der Studie sind soziologischer Art. Im letzten dient sie uns aber dazu, unsere innersten Fragen zu klären. In allen Veränderungen von Strukturen, flankierend zu allen Gebäudeoptimierungen und neben allen Personalfragen steht in den Leitungsgremien immer wieder die Frage im Raum: *Welche Kirche wollen wir sein?*

Wissend was die Mitglieder der Kirchen in Baden und Württemberg brauchen und ahnend, dass sich diese Bedürfnisse weiter verändern werden, gestalten und leiten wir Kirche. Kirche für die Menschen. Kirche, die sich gleichzeitig ihrer Grundlagen und ihrer Aufgaben bewusst ist, ihrer Herkunft und ihres

Ziels. Kirche, die mitten in der Gesellschaft Teil von ihr und doch nicht so ganz von dieser Welt ist.

Welche Kirche wollen wir sein? Wohin leiten die Menschen in den Leitungsgremien der mittleren Ebene ihre Bezirke? Kann es vielleicht angebracht sein, das Prinzip der örtlichen Gemeinde auch hier noch einmal neu zu denken? Brauchen wir eine Mischung aus vielfältigen Formen für Menschen, die auch so vielfältig sind? Und worin besteht dann die Verbindung? Was ist bei aller Lebensweltorientierung unsere unaufgebbare Mitte?

Welche Kirche wollen wir sein?

Der wohl größte Gewinn einer soziologischen Untersuchung für die Kirche liegt für mich in dieser Frage. Sie wird von der Studie selbst nicht gestellt. Sie schwingt aber überall dort mit, wo die Ergebnisse der Studie auf die kirchliche Praxis treffen. Sie steht dort im Hintergrund, wo Entscheidungen für die Zukunft zu treffen sind: Gebäude, Personen, Strukturen. Letztlich steckt Ekklesiologie dahinter.

Wenn wir in der Kirche, gerade auch auf der mittleren Ebene, wo sich durch die manchmal notwendige Distanz zur Gemeindebasis das Formale in den Vordergrund drängen kann, diese Frage intensiv stellen, sind wir nah am Kern des Geschehens. Die Kirche, das Gefäß, in das Gott sein Größtes hineinlegt – welche Gestalt wollen wir ihr in all den gesellschaftlichen Veränderungen geben?

Immer wieder erlebe ich auf der Ebene der Dekanatsleitung, dass lebensweltorientiertes Fragen und Arbeiten zu diesen Überlegungen hinführt. Dabei ist die theologische Herkunft der Mitdenkenden weniger entscheidend als die Leidenschaft, dass »meine Kirche« immer für die Menschen da sein soll. Ehrenamtliche und beruflich in der Kirche Tätige verbindet diese Leidenschaft, nicht zuletzt auch dort, wo auf mittlerer Ebene geplant und beraten wird. Welche Kirche wollen wir sein für die so unterschiedlich geprägten und lebenden Menschen unserer Gesellschaft? »Evangelisch in Baden und Württemberg« bietet über die klassischen Lebensweltfragen hinaus eine weitere, neue Kategorie. Acht Frömmigkeitstypen wurden herausgearbeitet, die eine »spirituelle Antenne« signalisieren. Auf bezirklicher Ebene kann hier unterstützend »auf Sendung gegangen werden«. Regional und vernetzt, mit Schwerpunktsetzungen hier so, andernorts ganz anders, und doch das Ganze im Blick behaltend können Dekanat, Bezirkskirchenrat und Synode an vielen Stellen Kirche alt und neu denken helfen.

Und morgen – ist wieder Dekanatsrunde. Dekanin, Schuldekan, drei Stellvertreter und eine Öffentlichkeitsreferentin sitzen wieder zusammen. Wir beraten wie (fast) jeden Dienstag. Die Themen werden vielfältiger, komplexer, spannender – von Mal zu Mal. Wir sind nicht immer nah dran an den einzelnen Menschen in den Gemeinden des Bezirks, auch wenn wir uns darum bemühen.

Gebäude beschäftigen uns, Projekte und Menschen, immer wieder Menschen. Welche Kirche brauchen diese Menschen – heute und in fünf Jahren? Immer wieder taucht diese Frage auf, nicht zuletzt, weil die unterschiedlichen Milieus und Mentalitäten uns faszinieren. Nicht selten fordern sie uns auch heraus, zugegeben. Dabei fordern die »in-house-Milieus« der kirchlichen Landschaft nicht weniger als die »externen«.

Wenn wir vorbereiten, was der Bezirkskirchenrat in Sachen Gebäuden und Stellenplanung zu entscheiden hat, dann schauen wir zukünftig wohl immer auch auf die »Milieus«. Wie ticken die Evangelischen? Wo leben sie? Welche Menschen brauchen – der Theorie nach – welche spirituellen Angebote? Wer könnte dorthin passen? Welche Örtlichkeit dient den Menschen? Welche nicht?

In der Komplexität werden die Entscheidungen nicht leichter. Es gilt immer noch zu sparen, zu reduzieren – aber eben auch: neu zu entwickeln. Begründete Handlungsoptionen aufgrund von Lebenseinstellungen der Menschen zu haben, bietet noch kein Patentrezept. Mit einer soliden Studie erhalten die zu treffenden Entscheidungen eine zusätzliche Plausibilität, fühlen sich weniger »aus dem Bauch heraus an«. Und das ist gut. Das wird gut, wenn auch nicht immer leicht und schnell zu erledigen.

Auf mittlerer Leitungsebene treten wir in eine ereignisreiche Zeit ein, in der wir – mitten in der Kirche – an der Frage entscheidend mitdenken werden:

Welche Kirche wollen wir sein?

15. Zur Sinus-Studie »Evangelisch in Baden und Württemberg« (2012)

Ihre Bedeutung für Theologie und Kirche

Fritz Lienhard

Zum ersten Mal untersucht das sozialwissenschaftliche Institut Sinus die verschiedenen Milieus innerhalb evangelischer Landeskirchen, in diesem Fall in Baden und Württemberg. So eine Studie ist besonders relevant für die betroffenen Kirchen. Erstens erlangen sie dadurch ein Gefühl für die kulturelle Vielfalt innerhalb der deutschen Gesellschaft. Diese Vielfalt lässt sich am besten anhand der ethischen Prioritäten und der ästhetischen Vorlieben aufweisen, so dass die verschiedenen Milieus als besondere kulturelle Lebenswelten zu verstehen sind. Zweitens lassen sich durch solch eine Studie Menschen besser verstehen, insbesondere die Menschen der kirchenfernen Milieus, die den Vertretern der Kirchen zunächst fremd sind. Auch Kirchenaustrittsgründe sowie -bereitschaft werden dabei reflektiert. Genauso werden die Abgrenzungen der verschiedenen Milieus untereinander besser wahrgenommen. Drittens lernen die verschiedenen Vertreter der Kirche (Hauptamtliche, Ehrenamtliche, Kerngemeinde), sich selbst in den Grenzen ihrer Milieuzugehörigkeiten besser wahrzunehmen. Sie entgehen dadurch der eventuell theologisch untermauerten Versuchung, den eigenen kulturellen Standpunkt als einzig und für alle legitim auszugeben.

Chancen und Herausforderungen

Wenn wir uns nun der Studie »Evangelisch in Baden und Württemberg« zuwenden, sind zunächst die Chancen der evangelischen Kirchen wahrzunehmen. Eine erste wichtige Einzelbeobachtung ist, dass die Menschen in diesem Bundesland häufiger konfessionell gebunden sind als in anderen Bundesländern. 38 % sind evangelisch, 46 % katholisch, im Vergleich zu jeweils 36 % in der ganzen Bundesrepublik. Nur 13 % der Menschen in Baden und Württemberg sind konfessionslos, im Vergleich zu 25 % deutschlandweit. Zudem ist die Verbundenheit zur Kirche beeindruckend. 32 % der Menschen fühlen sich eng verbunden, 41 % mit Kritik. Nur 2 % sind entschlossen auszutreten. Genauso fällt auf, dass die kirchlichen Angebote überraschend gut bekannt sind. Das gilt auch für die Diakonie und noch mehr für den Religionsunterricht. 80 % der Evangelischen in Baden und Württemberg sind präsent bei Kasualien. Die höchste Zustimmung (66 % der Evangelischen) erzielt die Aussage »Es ist mir wichtig, einmal kirchlich bestattet zu werden«. Zudem besuchen laut eigener Aussage 44 %

»regelmäßig« den normalen Sonntagsgottesdienst. Selbst 19 % der »säkular Distanzierten« und 28 % der »enttäuschten Kritiker« nehmen nach eigenem Bekunden regelmäßig am Sonntagsgottesdienst teil. Interessant ist auch der hohe Anteil (43 %) von »spirituell Suchenden«, die in die Kirche gehen. Bei hohen kirchlichen Feiertagen sind es sogar 57 % der »säkular Distanzierten« und 60 % der »enttäuschten Kritiker«, die am Gottesdienst teilnehmen. Die Hälfte der Evangelischen bringt sich in das Gemeindeleben ein, wobei die »sozial Engagierten« den höchsten Beteiligungsgrad haben, insbesondere im diakonischen Bereich. Alle Milieus beteiligen sich stark bei Festen und Veranstaltungen. Die Aussage »Ich glaube, dass es einen Gott gibt, der sich in Jesus Christus zu erkennen gegeben hat« erhält große Zustimmung unter den Evangelischen. Für 58 % trifft dies genau ihre Überzeugung, für weitere 21 % »eher«. Das ist ein sehr großer Prozentsatz. Aber auch die existenzielle Dimension des Glaubens ist stark präsent in der evangelischen Bevölkerung. Zudem genießen die Mitarbeiter großen Respekt, bei 52 % »stark«, bei 33 % »eher«. Zusammengerechnet gibt es viele positive Erfahrungen mit der Kirche. Wer in Baden und in Württemberg in der Kirche klagt, klagt also auf hohem Niveau.

Wie in ganz Deutschland sind das konservativ etablierte und das traditionelle Milieu in der Kirche überrepräsentiert. Aber in Baden und Württemberg ist die Kirche viel mehr auch in der bürgerlichen Mitte präsent (18 % der bürgerlichen Mitte sind stark mit der Kirche verbunden, im Vergleich zu 13 % im Durchschnitt in der Gesamtbevölkerung). Dies ist nicht überraschend, steigt doch die Zahl der Familiengottesdienste seit Jahren kontinuierlich; überraschender ist die immerhin durchschnittliche Kirchenbindung der »Performativen« und »Expeditiven«, die in anderen Landeskirchen eher kirchenfeindlich eingestellt sind.

Auch hier gibt es natürlich Grenzen. Die anderen klassischen kirchenfremden Milieus sind es auch in Baden und in Württemberg: die »adaptiv Pragmatischen«, die »Hedonisten« und die »Prekären«. Im diakonischen Bereich ist auffällig, dass Hilfsbedürftige davon abgehalten werden, sich an die kirchlichen sozialen Dienste zu wenden, weil sie das Gefühl haben, als Hilfsbedürftige oder Bittsteller auftreten zu müssen. Zudem wird die Kirche auf diesem Gebiet als nicht effizient betrachtet. Das Milieu der Prekären stellt spezifische Fragen: Einerseits scheint es die Kirche in dieser Lebenswelt besonders schwer zu haben, so dass sich die Frage stellt, ob eine besondere Bemühung in dieser Lebenswelt sich lohnt. Andererseits gehört die »Option für die Armen« zur theologischen Identität der Kirche.

In allen Milieus findet die Aussage »Ich glaube an eine höhere Macht, aber nicht an einen Gott, wie ihn die Kirche beschreibt« eine gewisse Zustimmung. Die Pfarrer fungieren für alle Milieus überraschend selten als Ansprechpartner. Das kontrastiert mit dem großen Respekt, der ihnen gezollt wird. Dabei gibt es auffällig wenige Personen, die finden, dass die Pfarrerinnen sich zu wenig Zeit für Gespräche nehmen. Direkt negative Aussagen werden kaum aufgenommen. Dabei wird von der Schwierigkeit, vom Glauben zu reden, bei einigen Milieus gesprochen, z.B. bei den »Traditionellen«. In manchen Kreisen wird die Kirche einfach nicht gebraucht. Sie gilt zudem als »Spaßbremse«. In technisch geprägten Milieus stellt sich zudem das Problem der Vereinbarkeit von Bibel und Wissenschaft. Bei den »enttäuschten Kritikern« werden auch verschiedene Klischees zur Kirche transportiert: Kirche gehe zu wenig auf die Menschen zu, die Hauptamtlichen hätten zu wenig Zeit, die Kirche wolle an das Geld der Menschen; sie handele nicht, wie sie es in ihren Predigten fordere etc.

Innerhalb der Kirchen gibt es Polarisierungen. Interessante Aussagen, die zur Polarisierung führen, betreffen das Verhältnis von Bibel und Wissenschaft, den Dialog mit dem Islam, Zweifel in Glaubensdingen, auch in den kirchennahen Milieus. Spannungen zwischen »Christen im Alltag« und »sozial Engagierten« sind strukturell, insbesondere zu Themen wie sozialem Engagement und interkulturellen und interreligiösen Begegnungen.

Baustellen

In welchen Bereichen gilt es, besondere Schwerpunkte zu legen?

Theologie ist herausgefordert. In vielen Milieus bleiben die Aussagen der Heiligen Schrift und der Wissenschaft inkompatibel. Zu diesem Thema sind die Arbeiten der wissenschaftlichen Theologie noch nicht überall angekommen. Genauso ist die im Allgemeinen in der Theologie vertretene Aussage, dass der Zweifel zum Glauben hinzugehört, noch nicht bei allen bekannt. Drittens ist die »Theologie der Religionen« noch nicht zu konsensfähigen Aussagen in Bezug auf die Verbindung zwischen evangelischer Identität und echter Gesprächsfähigkeit (die bedeutet, sich auf den Anderen so einzulassen, dass man sich auch selbst verändern kann) gekommen. Aber die kulturelle Vielfalt bedeutet auch, die Besonderheiten der europäischen Theologie als solche wahrzunehmen und eventuell andere Stile der Theologie zu entwickeln als die hier üblichen.

Kasualien werden von allen Milieus angefragt, selbst von den »modernen Unbeteiligten«, bei denen Kirche im Alltag nicht vorkommt. Bestattung und Taufe sind ihnen wichtig. Die negativen Erfahrungen der »enttäuschten Kritiker« beziehen sich besonders auf die Konfirmationszeit. Alles in allem ist also davon auszugehen, dass die Verbundenheit zur Kirche von den Kasualien herrührt. Diese eher klassische kirchliche Handlung ist durch eine *Hybridisierung* zu ergänzen. Viele Milieus, wie z.B. die »weltoffenen Stützen«, haben Zugang zur Kirche durch klassische Konzerte und Vortragsveranstaltungen, also Handlungen, die zugleich kirchlich und künstlerisch bzw. kulturell sind. Aber auch die Diakonie ist ein Anliegen, z.B. für die »sozial Engagierten«, und die Diakonie ist immer »bilingual«, kirchlich und sozial oder medizinisch. Die Jugendarbeit, die die Möglichkeit gibt, sowohl »spirituell Suchende« wie Hedonisten anzusprechen, ist genauso eine hybride Veranstaltung, die genuin Kirchliches mit Animation verbindet. Bei vielen Milieus ist Engagement in der Kirche projektbezogen, und das führt zu einer anderen Art zu arbeiten als der klassische

Dienst bei Kasualien. Die Frage stellt sich, wie sich diese beiden Perspektiven verknüpfen lassen: klassische Kasualien und innovative, hybride Projekte. Beides sollte gewinnbringend verbunden werden, so dass während der Kasualien die Anfragenden Kontakte zur Gemeinde knüpfen können und Vertiefungen ermöglicht werden und die Vertreter der Kirche mit den Anfragenden zusammen neue Formen von Christentum, die den Anfragenden kulturell entsprechen, gestalten können.

Die Milieustudien sind für die Kirchen ein echter Gewinn. Dabei ist von ihnen nicht zu erwarten, was sie nicht geben können. Milieus als solche sind zunächst ein Konstrukt. In der Soziologie stellt sich immer wieder die Frage der »Übertragbarkeit« eines Bereiches auf einen anderen, d.h. inwiefern z.B. aus dem Filmkonsum auf die gelesenen Bücher geschlossen werden kann, so dass kohärente Lebensstile erschlossen werden können. Das ist nicht so eindeutig, wie eine naive Lektüre der Milieustudien es nahelegt. Eine Besonderheit dieser Studie ist es, dass sie die verschiedenen Milieus nicht an und für sich betrachtet, sondern in ihrer Beziehung zur Kirche. Von zusätzlichem Gewinn ist die »Einstellungstypologie«. Wenn von »enttäuschten Kritikern« oder »Distanzierten« die Rede ist, wird von Haltungen der Kirche gegenüber gesprochen, nicht von ethischen und ästhetischen gemeinsamen Kennzeichen, die Milieus zusammenführen bzw. sie von anderen Milieus abgrenzen würden. Zwischen Milieus und Einstellungen ist also sorgfältig zu unterscheiden.

So ist die Milieustudie unter den Evangelischen in Baden und Württemberg inkl. der Typologie eine Einladung zum Weiterdenken, sowohl in der Praxis wie in der Theologie bzw. in der Praktischen Theologie.

Teil V

Anhänge

Abkürzungen

Milieumodell

Typos	Abkürzung
Konservativ-Etablierte	KET
Liberal-intellektuelle	LIB
Performer	PER
Bürgerliche Mitte	BÜM
Adaptiv-Pragmatische	PRA
Sozial-Ökologische	SÖK
Expeditive	EPE
Traditionelle	TRA
Prekäre	PRE
Hedonisten	HED

Typologie der acht Einstellungen

Typos	Abkürzung
Traditionelle Kirchgänger	TRAK
Christen im Alltag	CiA
Weltoffene Stützen	WoS
Sozial Engagierte	SE
Spirituell Suchende	SpS
Wohlwollend Gleichgültige	WoGl
Enttäuschte Kritiker	EK
Säkular Distanzierte	SäD

sinus:

Kurzcharakteristik der Sinus-Milieus®

Sozial gehobene Milieus

Konservativ-etabliertes Milieu **10%**	Das klassische Establishment: Verantwortungs- und Erfolgsethik; Exklusivitäts- und Führungsansprüche; Standesbewusstsein, Entre-nous-Abgrenzung
Liberal-intellektuelles Milieu **7%**	Die aufgeklärte Bildungselite: liberale Grundhaltung und postmaterielle Wurzeln; Wunsch nach selbstbestimmtem Leben, vielfältige intellektuelle Interessen
Milieu der Performer **7%**	Die multi-optionale, effizienzorientierte Leistungselite: global-ökonomisches Denken; Konsum- und Stil- Avantgarde; hohe IT- und Multimedia-Kompetenz
Expeditives Milieu **6%**	Die ambitionierte kreative Avantgarde: mental und geografisch mobil, online und offline vernetzt und auf der Suche nach neuen Grenzen und neuen Lösungen

Milieus der Mitte

Bürgerliche Mitte **14%**	Der leistungs- und anpassungsbereite bürgerliche Mainstream: generelle Bejahung der gesellschaftlichen Ordnung; Wunsch nach beruflicher und sozialer Etablierung, nach gesicherten und harmonischen Verhältnissen
Adaptiv-pragmatisches Milieu **9%**	Die moderne junge Mitte unserer Gesellschaft mit ausgeprägtem Lebenspragmatismus und Nutzenkalkül: zielstrebig und kompromissbereit, hedonistisch und konventionell, flexibel und sicherheitsorientiert; starkes Bedürfnis nach Verankerung und Zugehörigkeit
Sozialökologisches Milieu **7%**	Konsumkritisches /-bewusstes Milieu mit normativen Vorstellungen vom "richtigen" Leben: ausgeprägtes ökologisches und soziales Gewissen; Globalisierungs-Skeptiker, Bannerträger von Political Correctness und Diversity

Milieus der unteren Mitte / Unterschicht

Traditionelles Milieu **15%**	Die Sicherheit und Ordnung liebende Kriegs- / Nachkriegsgeneration: verhaftet in der alten kleinbürgerlichen Welt bzw. in der traditionellen Arbeiterkultur; Sparsamkeit, Konformismus und Anpassung an die Notwendigkeiten
Prekäres Milieu **9%**	Die um Orientierung und Teilhabe bemühte Unterschicht mit starken Zukunftsängsten und Ressentiments: Häufung sozialer Benachteiligungen, geringe Aufstiegsperspektiven, reaktive Grundhaltung; bemüht, Anschluss zu halten an die Konsumstandards der breiten Mitte
Hedonistisches Milieu **15%**	Die spaß- und erlebnisorientierte moderne Unterschicht / untere Mittelschicht: Leben im Hier und Jetzt, Verweigerung von Konventionen und Verhaltenserwartungen der Leistungsgesellschaft

Religiöse und kirchliche Orientierungen in der Evangelischen Landeskirche in Württemberg*

sinus ■ HEIDELBERG ■ BERLIN ■ ZÜRICH
Partner von INTEGRAL Wien

Leitfaden für Einzelgespräche - Heidelberg, November 2011

Checkliste Interview

- Aufnahmegerät, ggf. externes Mikro, Batterien und/oder Netzgerät
- Gesprächsleitfaden
- GP-Honorar
- Bitte **pro PG** an Sinus zurückschicken:
  1. Statistikbogen
  2. Datenschutzerklärung
  3. Einverständniserklärung für Fotoverwendung
  4. Empfangsbestätigung für Honorar
  5. Audiofile (wmv-Format)
  6. Bilddateien (JPG-Format)

Bitte benennen Sie alle Audio-, Bild- und Textdateien folgt:

- Interviewdatum 2011-Monat-Tag_GPFallnummer laut Quotenplan_Interviewer-Nachname_Stichwort zum Inhalt
- Beispiel: 2011-12-03_GP83_Mueller_Wohnzimmer

Vor dem Gespräch bitte unbedingt eine Aufnahmeprobe durchführen. Stellen Sie sicher, dass man Sie und den GP einwandfrei verstehen kann. Durch eine optimale Aufstellung des Aufnahmegeräts lassen sich viele Störgeräusche vermeiden.

Die Auswertung der Interviews wird durch einen externen Dienstleister in Form einer Textdatenbank vorgenommen. **Interviews, die über weite Teile schlecht verständlich sind, werden nicht honoriert!**

Das Thema darf vorab genannt werden: »Es geht um Kirche und Glauben«. **Der Auftraggeber »Evangelische Kirche« wird aber erst auf Nachfrage am Ende des Gesprächs genannt!**

Checkliste Fotos

Bitte vor jedem Gespräch nochmal durchlesen und überprüfen!

Digitalkamera

- Akku vorher aufladen (Ersatzakku/-chip)
- Hohe Auflösung einstellen
- Blitzlicht verwenden

Motive
- Anleitung für Fotodokumentation durchlesen und befolgen.
- Machen Sie von jedem Motiv mindestens zwei Aufnahmen, auch aus unterschiedlichen Perspektiven.
- Achten Sie sorgfältig auf den Bildausschnitt und Zoom.
  Halten Sie die Kamera gerade!
- **Bitte nur im Querformat fotografieren!**

Hinweise zur Gesprächsführung

Voraussetzung für eine methodisch saubere Exploration ist, dass Sie als Interviewer eine Gesprächssituation schaffen, in der Ihr Gegenüber frei und unbefangen – in seiner natürlichen Alltagssprache – alles das erzählt, was in seinem Leben wichtig ist. Wir verstehen das Gespräch als »Exploration« (Entdeckungsreise). Ihre Aufgabe als Explorator ist, diese Entdeckungsreise in den Alltag zu animieren, das bedeutet:
- Ermuntern Sie den Gesprächspartner zur Selbstdarstellung: Gehen Sie auf alles ein, was Ihnen berichtet wird, und versuchen Sie, durch geeignetes Nachfragen ein tiefer gehendes Verständnis von dem zu bekommen, was Ihr GP im Einzelnen genau meint – und **wie** er oder sie es meint.
- Folgen Sie zunächst dem Gesprächsverlauf, der sich aus einer natürlichen Konversation ergibt. Spontane Aussagen des GP haben immer oberste Priorität. Einen einmal aufgenommenen Gesprächsfaden sollten Sie bis zum Ende verfolgen, das heißt so lange vertiefen, bis Sie das Gefühl haben, dass alles Sagenswerte zu diesem Thema gesagt worden ist. Erst dann leiten Sie zum nächsten Thema über.
- Auf keinen Fall dürfen Sie den GP auf bestimmte Fährten locken. Sie dürfen keine Vermutungen formulieren – auch nicht zur Anregung – mit denen

sich der GP dann auseinandersetzen muss. Leisten Sie keinen inhaltlichen Input! Wichtig ist, dass der Befragte selbst die Themen benennt. Wir lernen viel daraus, wie er seine Erzählung anlegt, was er sagt, und auch, was er nicht sagt. Wenn Sie hier als Interviewer lenkend eingreifen, verfälschen Sie den Befund!

Zum Umgang mit dem Themenkatalog

- Lesen Sie den Themenkatalog **vor dem Gespräch** aufmerksam durch. Während des Gesprächs sollten Sie sich voll auf Ihren GP konzentrieren und daher den Themenkatalog weitgehend »im Kopf« haben.
- Die Reihenfolge der Gesprächsthemen ist grundsätzlich variabel. Sie sollten nur zum Ende des Gesprächs sicherstellen, dass alle relevanten Aspekte auch angesprochen wurden.
- Für jedes Kapitel im Themenkatalog haben wir eine Zeitschätzung vorgenommen. Diese soll Ihnen eine grobe Orientierung geben. Im Einzelfall werden einige Kapitel länger und andere kürzer ausfallen.

Themenliste/Überblick über die Fragen/Inhaltsverzeichnis ...

1. Alltagsleben, Lebenswelt ca. 30 Min.

- Ein ganz normaler Tagesablauf (Arbeitstag)
- Arbeit
- Freizeit
- Wochenende
- Soziales Umfeld
- Ehrenamtliches Engagement

2. Transzendenz ca. 30 Min.

- Werteorientierung, Lebensphilosophie
- Religiosität, Spiritualität, Glaube
- Gottesvorstellungen

3. Kirche ca. 30 Min.

- Kirche als Institution
- Die Evangelische Landeskirche in Württemberg

4. Sozialstatistik ca. 5 Min.

5. Fotodokumentation ca. 25 Min.

- Fotoliste

1. Alltagsleben, Lebenswelt ca. 30 Min.

Ein ganz normaler Tagesablauf (Arbeitstag)

- Zuerst würde ich gerne etwas über Ihren Alltag erfahren. Können Sie mir bitte erzählen, was Sie im Laufe eines ganz normalen Tages so alles tun?
- *Fragen Sie nach einer möglichst detaillierten Beschreibung des Tagesablaufs. Welche Aspekte Sie im Einzelnen vertiefen, hängt natürlich stark davon ab, ob Ihr(e) jeweilige(r) GP berufstätig, in Ausbildung, Hausfrau/-mann, Rentner(in) oder arbeitslos ist.*
- *Vertiefen Sie im Folgenden die Alltagsbereiche Arbeit, Freizeit, Wochenende, soziales Umfeld und ehrenamtliches Engagement.*

Arbeit

- Art der Tätigkeit: Genaue Berufsbezeichnung, Position, ggf. Ausbildungsziel
- Welche Bedeutung haben Arbeit und Beruf im eigenen Leben? Welchen Stellenwert hat die Berufstätigkeit im Vergleich zu anderen Lebensbereichen?
- Wofür lohnt es sich zu arbeiten? Wie wichtig sind Aspekte wie z.B. gute Bezahlung, inhaltlich interessante Arbeit, Kontakt zu anderen Menschen, Verantwortung zu tragen, eine »sinnvolle« Arbeit zu machen?
- Positive und negative Seiten der Arbeit: Welche Aspekte sind bereichernd, welche belastend?
- Wie viel Zeit verbringt man bei der Arbeit? Empfindet man das als zu viel, gerade richtig oder zu wenig?
- Zukünftige Entwicklung, Wunschvorstellungen: Wie soll es in fünf Jahren sein, wo möchte man dann stehen? Was wäre ein »Traumjob« oder die »ideale Tätigkeit«?

Freizeit

- Was versteht man unter »Freizeit«? (z.B. frei verfügbare Zeit, Feierabend, Wochenende, Urlaub etc.) Woran erkennt man »Freizeit«?
- Wie wichtig ist einem Freizeit? Welche Bedürfnisse werden da erfüllt? (z.B. Zeit für sich haben, Zeit mit der Familie verbringen etc.)
- In welchem Verhältnis stehen Arbeit und Freizeit? (z.B. zeitlicher Umfang, Bedeutung im eigenen Leben, was muss sich wem unterordnen etc.)
- Trennt man überhaupt zwischen Arbeit und Freizeit?
- Wie verbringt man seine Freizeit? Mit wem verbringt man die Freizeit? Wovon hängt das ab, wie und mit wem man seine Freizeit verbringt?
- Wie aktiv oder passiv ist man in seiner Freizeit? Welche Freizeitinteressen und Hobbys hat die/der GP? Welchen Stellenwert haben die Hobbys?

Wochenende

- Was macht man am Wochenende?
- Wie unterscheidet sich das Wochenende von den übrigen Wochentagen?
- Gibt es einen Unterschied zwischen Samstag und Sonntag?
- Ist der Sonntag für einen ein besonderer Tag oder nicht? Was macht speziell den Sonntag aus?
- Gibt es Dinge, die man am Sonntag ausdrücklich nicht macht? (die am Sonntag »verboten« sind)
- Wie steht man zum Thema »verkaufsoffener Sonntag«?
- Geht man am Wochenende in die Kirche? An welchem Tag / zu welcher Uhrzeit? Sind diese Zeiten für einen günstig? Welche Zeiten würde man sich wünschen / wären ideal?

Soziales Umfeld

- *Bitte vertiefen Sie je nach Lebenssituation die bisher genannten sozialen Umfelder: Familie, Arbeitskollegen, Vereinskollegen, Gremien, in denen man ehrenamtlich tätig ist, etc.*
- Welche Bedeutung haben Ehe oder eine feste Beziehung zu einem Partner/einer Partnerin? Wie sieht die Aufgabenteilung innerhalb der Partnerschaft und innerhalb der Familie aus? Ist man mit der Situation zufrieden? Was würde man sich ggf. anders wünschen?
- Welche Rolle spielen Kinder? Wie viel Zeit verbringt man mit den Kindern?
- Wer gehört alles noch zur Familie? Wie häufig sieht man sich? Wie viel Zeit verbringt man mit der Familie? Was macht man da zusammen?
- Welche Bedeutung haben Freunde? Hat man genügend soziale Kontakte oder würde man sich mehr wünschen?
- Wie wichtig sind Kontakte zu Nachbarn / Bekannten / Vereinskameraden / Mitgliedern der Kirchengemeinde / private Kontakte zu Arbeitskollegen?
- Zu welchen Menschen oder Gruppen fühlt man sich besonders zugehörig? Wie viel Zeit verbringt man mit ihnen? Was macht man zusammen?

Ehrenamtliches Engagement

- In welchen Bereichen ist man ehrenamtlich tätig? Was macht man da genau?
- Welche Bedeutung haben das / die Ehrenämter für einen persönlich? Was möchte man damit erreichen? Was bekommt man wieder zurück?
- ***Sofern der / die GP im kirchlichen Bereich ehrenamtlich tätig ist, dieses Amt / diese Tätigkeiten besonders vertiefen:*** Was macht man genau? Wie viel Zeit wendet man dafür auf? Fühlt man sich damit gerade richtig ausgelastet oder eher überlastet? Fühlt man sich wohl damit? Gibt es Probleme? Fühlt man sich am richtigen Platz? Würde man gerne an anderer Stelle tätig

sein? Welche Fähigkeiten würde man gerne darüber hinaus in der Kirche einbringen?

- ***Sofern der / die GP nicht im kirchlichen Bereich ehrenamtlich tätig ist:*** Könnte man sich vorstellen, in der Kirche mitzuarbeiten / ein Ehrenamt zu übernehmen? Was spricht dafür / was spricht dagegen? Welche Bedingungen müssten gegeben sein, dass man dazu bereit wäre?

2. Transzendenz ca. 30 Min.

Werteorientierung, Lebensphilosophie

- Was ist für einen das Wichtigste im Leben? Worauf könnte man auf keinen Fall verzichten?
- Was möchte man im Leben noch erreichen? Welche Ziele oder Träume hat man heute? Inwieweit ist es einem wichtig, Ziele, Träume oder Visionen im Leben zu haben?
- Wie wichtig sind einem Normen, Werte oder Prinzipien? Welche Werte oder Prinzipien spielen im eigenen Leben wichtige Rolle?
- Hat man so etwas wie eine Lebensphilosophie? Wie lässt sich diese beschreiben? Gibt es eine Art »Lebensmotto«?
- Worin besteht für einen der Sinn des Lebens? Was wäre ein »erfülltes« Leben? Wofür lohnt es sich zu leben?

Religiosität, Spiritualität, Glaube

- Welche Rolle spielen Religiosität oder Spiritualität im eigenen Leben?
- Was versteht man unter »Religion« oder »Religiosität«? Wie drückt sich »Religiosität« aus? Woran erkennt man sie?
- Würde man sich selbst als »gläubig« bezeichnen? Wie drückt sich das aus? Woran kann man das erkennen?
- Was versteht man unter »Frömmigkeit«? Welche Haltung hat man dazu?
- Würde man sich selbst als »Christ« / als »Christin« bezeichnen? Gibt man das anderen gegenüber zu erkennen? Welche Gefühle hat man dabei?

Gottesvorstellungen

- Was versteht man unter »Gott«? Hat man eine Vorstellung von »Gott«, »göttlicher Kraft«, »absoluter Kraft« oder etwas Ähnlichem?
- Inwiefern ist diese Vorstellung von »Gott« für einen selbst von persönlicher Bedeutung?
- Hat sich die Vorstellung von »Gott« im Laufe des Lebens schon einmal verändert? Inwiefern? Gab es dafür einen Anlass oder ein besonderes Erlebnis?

- Woher bezieht man die Vorlagen, die Inspirationen für diese Gottesvorstellung?
- Wo und wie begegnet man »Gott« im Alltag?
- Bemüht man sich aktiv um ein tiefes Verständnis von »Gott« bzw. um eine Beziehung zu »Gott«? Steht man mit »Gott« im Dialog? (z.B. Gebet.)
- In welchen Situationen wendet man sich an »Gott«?

3. Kirche ca. 30 Min.

Kirche als Institution

- Woran denkt man ganz spontan beim Begriff »Kirche«? Was ist »Kirche«? Wie lässt sie sich beschreiben?
- Was haben persönlicher Glaube und Gottesvorstellungen mit »Kirche« zu tun? Sieht man da einen Zusammenhang? Oder sind das ganz unterschiedliche Dinge? Worin unterscheiden sie sich?
- Wie wichtig ist einem »Kirche«? Was ist daran wichtig? Worauf möchte man keinesfalls verzichten?
- Was würde in der Gesellschaft fehlen, wenn es keine »Kirche« mehr gäbe? Wenn es keine Gottesdienste mehr gäbe?

Die Evangelische Landeskirche in Württemberg

- Was macht speziell die Evangelische Landeskirche in Württemberg aus? Was ist das Besondere? Worin unterscheidet sie sich
  - von anderen Evangelischen Landeskirchen?
  - von Evangelischen Freikirchen?
  - von der Katholischen Kirche?
  - von anderen Religionsgemeinschaften, z.B. dem Islam
- Ist man selbst Mitglied der Evangelischen Landeskirche in Württemberg? Wie nah steht man der Evangelischen Kirche in Württemberg?
- Hat man schon einmal daran gedacht, aus der Kirche auszutreten? Welche Gründe sprechen dafür bzw. dagegen?
- Welche Angebote der Evangelischen Kirche hat man schon einmal genutzt? z.B. Gottesdienste, Vorträge, Konzerte, Gesprächskreise etc.
- Hat man schon einmal von Mitarbeitenden der Evangelischen Kirche Besuch bekommen? Worum ging es dabei? Wie hat man das empfunden?
- Wurde man schon einmal von der Evangelischen Kirche angeschrieben? Worum ging es dabei? Wie hat man das empfunden?
- Sind Lebenssituationen denkbar, in denen man sich an einen evangelischen Pfarrer / an eine Pfarrerin wenden würde? Was wäre einem dabei wichtig?
- Gibt es Wünsche an die Evangelische Landeskirche?

- Was könnte die Evangelische Landeskirche anders machen / besser machen? Welche Empfehlungen würde man der Evangelischen Kirche für die nächsten zehn Jahre geben?

4. Sozialstatistik ca. 5 Min.

Bitte Statistikbogen übergeben und ausfüllen lassen!
Dank und Ende (anschließend Fotodokumentation)
Der Auftraggeber »Evangelische Kirche« darf an dieser Stelle genannt werden

5. Fotodokumentation ca. 25 Min.

- Bitte mit Digitalkamera aufnehmen!
- Die Fotos bitte – wenn irgend möglich – bei Tageslicht aufnehmen.
- **Eigene Gegenstände und Unterlagen bitte wegräumen!**
- Hohe Auflösung einstellen / Weitwinkel einstellen / Blitz »automatisch« einstellen
- **Fotografieren Sie immer im Querformat!**
- Sollten Sie Objekte mit spiegelnder Oberfläche fotografieren wie Fenster, Bilder, Glastüren, Vitrinen etc., achten Sie bitte darauf, dass der Blitz nicht direkt auf das reflektierende Objekt gerichtet ist und dass Sie sich selbst nicht im Objekt spiegeln.

Fotoliste

Wohnzimmer: Totale von zwei Seiten

- Bitte machen Sie ein Foto von der Stelle aus, von der Sie den größten Überblick über das Wohnzimmer haben.
- Fotografieren Sie anschließend von der gegenüberliegenden Seite aus, damit wir einen Gesamteindruck vom Wohnzimmer bekommen.

Hausaltar

- Schauen Sie sich um, wo der GP die meisten Dekorationsgegenstände »ausstellt« und schießen Sie davon ein Foto.
- Gibt es ein besonders wichtiges Erinnerungsstück, das man niemals wegwerfen wird? Fragen Sie, ob Sie es fotografieren dürfen. Sprechen Sie auf das Aufnahmegerät oder machen sich eine Notiz, was es mit dem Erinnerungsstück auf sich hat.

Essbereich

- Fragen Sie, wo man mit der Familie oder mit Gästen isst. Fotografieren Sie diesen Bereich und benennen sie das Bild unter Hinweis auf den Ort, z.B. Esszimmer, Essecke in der Küche etc.

Küche: Totale von zwei Seiten

- Machen Sie eine Übersichtsaufnahme von der Küche, von der Küchentüre aus.
- Fotografieren Sie jetzt – wenn aufgrund der Größe möglich – von der gegenüberliegenden Seite, damit wir einen Gesamteindruck bekommen.

Flur/Eingangsbereich

- Machen Sie von der Wohnungstür aus ein Foto in den Eingangsbereich hinein (Flurüberblick).

Haus: Außenaufnahme

- Machen Sie bitte zum Schluss ein Foto vom Wohnhaus. Gehen Sie möglichst auf die gegenüberliegende Straßenseite und wählen Sie eine Perspektive, die einen guten Gesamteindruck des Hauses und seiner Umgebung ermöglicht.

Sinus Projekt-Nr. 11771

Evangelisch in Baden-Württemberg – Fragebogen für Telefoninterviews
Heidelberg, Stand: 29. Mai 2012*

Methode, Stichprobe und Timing

Computergestützte Telefoninterviews (CATI)
Repräsentativ für Haushalte in Baden-Württemberg mit mindestens einem Mitglied der Evangelischen Landeskirchen in Baden oder in Württemberg ab 18 Jahren
- Fälle im Gebiet der Evang. Landeskirche in Baden
- Fälle im Gebiet der Evang. Landeskirche in Württemberg

Befragt wird jeweils eines der im Haushalt gemeldeten Mitglieder der Evangelischen Landeskirchen in Baden oder Württemberg (Auswahlverfahren nach „Last Birthday") – keine Ausgetretenen oder nicht Getauften!
Nachträgliche Gewichtungen:
- Baden : Württemberg = 1:2
- Übliche Haushaltsgewichtung

Interviewdauer: 25 Minuten (incl. 8 Minuten Milieuindikator)
Feldvorbereitung und Feldzeit: 4 Wochen ab Freigabe des Fragebogens

Gliederung

Statistik

S1 Sie sind ...

Männlich ☐
Weiblich ☐

S2 In welchem Jahr sind Sie geboren?

Jahrgang 19☐☐

S3 Wie ist Ihr Familienstand?

Int.: Falls mehreres zutrifft, bitte aktuellen Status ankreuzen:

Ledig (ohne feste Partnerschaft) ☐
In fester Partnerschaft, aber getrennt lebend ☐
In fester Partnerschaft, zusammen lebend ☐
Verheiratet ☐
In eingetragener Partnerschaft ☐
In Trennung lebend ☐
Geschieden ☐
Verwitwet ☐

S4 Wie ist Ihre Lebenssituation? Leben Sie hier im Haushalt ...

Allein, ohne Partner oder Kinder ☐
Ohne Partner, mit Kind / Kindern ☐
Mit meinem/r (Ehe-)Partner/in und mit Kind / Kindern ☐
Mit meinem/r (Ehe-)Partner/in ohne Kinder ☐
In einer Wohngemeinschaft (oder ähnliches) ☐
Bei meinen Eltern ☐
Anderes ☐

S5 Haben Sie Kinder unter 18 Jahren im Haushalt?

Nein, keine Kinder ☐
Ja, ein Kind ☐
Ja, zwei Kinder ☐
Ja, drei Kinder ☐
Ja, vier und mehr Kinder ☐

S6 Wie viele Personen leben ständig in Ihrem Haushalt, Sie selbst mit eingeschlossen? Denken Sie dabei bitte auch an alle im Haushalt lebenden Kinder.

Personenzahl ☐☐

S7 Wenn Sie einmal alles zusammenrechnen: Wie hoch ist das monatliche Netto-Einkommen Ihres Haushaltes insgesamt? Gemeint ist die Summe, die sich ergibt aus Lohn, Gehalt, Einkommen aus selbständiger Tätigkeit, Rente oder Pension, jeweils nach Abzug der Steuern und Sozialversicherungsbeiträge.

INT.: Falls nicht genau bekannt, bitte schätzen lassen!

Unter 1.000 Euro ☐

1.000 bis unter 2.000 Euro ☐

2.000 bis unter 2.500 Euro ☐

2.500 bis unter 3.000 Euro ☐

3.000 bis unter 4.000 Euro ☐

4.000 Euro und mehr ☐

S8 Welchen höchsten Schulabschluss oder Hochschulabschluss haben Sie?

INT.: Nur eine Nennung möglich!

Bin noch Schüler oder Schülerin

Schule beendet ohne Abschluss

Volks-/Hauptschulabschluss oder Polytechnische Oberschule mit Abschluss 8./9. Klasse

Mittlere Reife/Realschulabschluss oder Polytechnische Oberschule mit Abschluss 10. Klasse

Fachhochschulreife (Abschluss einer Fachoberschule etc.)

Abitur (Hochschulreife) bzw. erweiterte Oberschule mit Abschluss 12. Klasse

Fachhochschulabschluss

Universitätsabschluss, Hochschulabschluss

Promotion

Anderer Schulabschluss

S9 Was Ihre derzeitige Situation anbelangt: Was trifft auf Sie am ehesten, also hauptsächlich zu?

INT.: Nur eine Nennung möglich!

Vollzeit erwerbstätig (mind. 35 Std. pro Woche)

Teilzeit erwerbstätig

Azubi, SchülerIn, StudentIn

Zur Zeit arbeitslos

In Umschulung bzw. Umschulungsmaßnahme

RentnerIn/PensionärIn

Hausfrau/Hausmann

Bundesfreiwilligendienstleistender

Elternzeit (früher Erziehungsurlaub)/Bezug von Erziehungsgeld

Sonstige Situation

S10 Welche der folgenden Berufsgruppen beschreibt ihre derzeitige Stellung am besten (bei nicht Berufstätigen: Ihre frühere Stellung)?

Int: Nur eine Nennung möglich!

Selbstständige, Freiberufler

Selbständige Landwirte

Einfache Angestellte

Qualifizierte Angestellte

Leitende Angestellte

Beamte im einfachen oder mittleren Dienst

Beamte im gehobenen Dienst

Beamte im höheren Dienst

Arbeiter

Facharbeiter

S11 Wie viele Einwohner hat Ihr Wohnort?

Unter 5.000 Einwohner ☐

5.000 bis unter 20.000 Einwohner ☐

20.000 bis unter 50.000 Einwohner ☐

50.000 bis unter 100.000 Einwohner ☐

100.000 bis unter 250.000 Einwohner ☐

250.000 bis unter 500.000 Einwohner ☐

500.000 Einwohner und mehr ☐

S12 Sind Sie oder Ihre Eltern aus einem Land der ehemaligen Sowjetunion zugezogen?

Mehrfachnennungen möglich!

Ja, ich selbst ☐

Ja, meine Eltern oder ein Elternteil ☐

Nein ☐

Kirchenbindung

K1 Ich lese Ihnen jetzt einige Angebote der evangelischen Kirche vor. Bitte sagen Sie mir zu jedem Angebot, ob Sie es kennen, ob Sie es schon einmal genutzt haben und ob Sie ganz grundsätzlich daran interessiert sind. (rotierte Abfrage)

Rotierte Abfrage. Mehrfachantworten möglich!

	Kenne ich	Nutze ich regel-mäßig	Bin daran inter-essiert
Gottesdienste zu hohen kirchlichen Feiertagen, z. B. Weihnachten, Ostern, Pfingsten	☐	☐	☐
Gottesdienste zu besonderen familiären Anlässen, z. B. Taufe, Konfirmation, Hochzeit	☐	☐	☐
Besondere Gottesdienste, z. B. Familiengottesdienst, Gottesdienst im Grünen, Musikgottesdienste	☐	☐	☐
Normale Sonntagsgottesdienste	☐	☐	☐
Mehrsprachige Gottesdienste	☐	☐	☐
Gottesdienste und Andachten in Radio und Fernsehen	☐	☐	☐
Kirchliche Sendungen in Privatsendern, z. B. BW Family TV, Bibel-TV, ERF	☐	☐	☐
Berichte über Kirche in öffentlich-rechtlichen Sendern, z. B. SWR, DLF	☐	☐	☐
Berichte, Charts, Blogs über Kirche in sozialen Medien, z. B. Twitter, Facebook, Youtube	☐	☐	☐
Klassische Konzerte	☐	☐	☐
Popmusik-Konzerte	☐	☐	☐
Vorträge oder Seminare	☐	☐	☐
Events für Jugendliche	☐	☐	☐
Kirchentage	☐	☐	☐
Gemeinschaftsangebote, z. B. Frauen- oder Männerkreis, Seniorenkreis	☐	☐	☐
Gemeindebrief	☐	☐	☐
Unterstützung von Asylsuchenden, Flüchtlingen oder Migranten	☐	☐	☐
Interreligiöse Begegnungen, z. B. christlich-islamischer Dialog	☐	☐	☐
Beratung für Schwangere und werdende Väter	☐	☐	☐
Evangelische Altenheime	☐	☐	☐

Evangelische Kindergärten	☐	☐	☐
Evangelische Krabbelgruppen	☐	☐	☐
Elterncafé	☐	☐	☐
Evangelische Krankenhäuser	☐	☐	☐
Religionsunterricht an öffentlichen Schulen	☐	☐	☐
Evangelische Privatschulen	☐	☐	☐
Schuldnerberatung	☐	☐	☐
Besuchsdienst	☐	☐	☐
Nachbarschaftshilfe	☐	☐	☐
Hospizdienst oder Hospizverein	☐	☐	☐
Kirchliche Sozialstation	☐	☐	☐
Weltladen	☐	☐	☐
Hilfen für Obdachlose, z. B. Vesperkirche	☐	☐	☐
Diakonie-Laden	☐	☐	☐

K2 Wie erfahren Sie normalerweise von den Angeboten der evangelischen Kirche?

Mehrfachnennungen möglich!

Freunde oder Bekannte	☐
Pfarrerin oder Pfarrer	☐
Kirchliche Mitarbeitende, z. B. Kirchenälteste, Ehrenamtliche	☐
Hinweise oder Abkündigungen im Gottesdienst	☐
Gemeindebrief der Kirche	☐
Tageszeitung	☐
Kommunales Mitteilungsblatt	☐
Gratiszeitungen	☐
Plakate oder Aushänge	☐
Flyer oder Broschüren	☐
Soziale Medien, z. B. Twitter, Facebook, Youtube	☐
Websites im Internet	☐

K3 Abgesehen von der Nutzung von kirchlichen Angeboten – beteiligen Sie sich am kirchlichen Leben durch ...

Mehrfachnennungen möglich!

Übernahme von Leitungsaufgaben, z. B. Ältestenkreis, Kirchengemeinderat, Synode, Gruppenleitung, Kindergottesdienstleitung	☐
Musikalische Aktivitäten, z. B. Kirchenchor, Gospelchor, Posaunenchor, Orgeldienst, Musikband	☐
Mitarbeit in sozialen kirchlichen Einrichtungen, z. B. Besuchsdienst, Schulaufgabenhilfe, Altenbetreuung	☐
Unterstützung von Asylsuchenden und Flüchtlingen	☐
Mitarbeit in der Migrantenarbeit	☐
Mitarbeit in der kirchlichen Jugendarbeit, z. B. Jungschar, Konfi-Team, kirchliche Pfadfinder, Jugendtreff	☐
Mitarbeit in einer Frauen-, Männer- oder Seniorengruppe	☐
Mitarbeit bei Festen und Veranstaltungen	☐
Vorbereitung des Weltgebetstags	☐
Mitarbeit am Gemeindebrief	☐

K4 Sie sind Mitglied der Evangelischen Landeskirche. Sind Sie außerdem Mitglied in einer evangelischen Gemeinschaft?

Mehrfachnennungen möglich!

Herrnhuter Brüdergemeine	☐
AB-Verein (Augsburger Bekenntnis)	☐
CVJM	☐
EC (Entschiedenes Christentum)	☐
Landeskirchliche Gemeinschaft	☐
Andere Gemeinde oder Gemeinschaft, die nicht zur Landeskirche gehört	☐

K5 Welcher der folgenden Sätze beschreibt am besten Ihr Verhältnis zur evangelischen Kirche? (Vergleichsfrage)

Nur eine Nennung!

Ich bin gläubiges Mitglied der evangelischen Kirche und fühle mich mit ihr eng verbunden	☐
Ich fühle mich der evangelischen Kirche verbunden, auch wenn ich ihr in vielen Dingen kritisch gegenüberstehe	☐
Ich fühle mich als Christ(in), aber die evangelische Kirche bedeutet mir nicht viel	☐
Ich bin religiös, fühle mich aber nicht als Christ(in)	☐
Ich lebe meine religiösen Bedürfnisse ganz individuell, jenseits der bestehenden Religionen	☐
Ich fühle mich unsicher und weiß nicht, was ich glauben soll	☐
Der Glaube sagt mir nichts; ich brauche keine Religion	☐
Unmöglich zu sagen	☐

K6 Haben Sie schon einmal daran gedacht, aus der evangelischen Kirche auszutreten? (Vergleichsfrage)

Nur eine Nennung!

Ja, ich bin entschlossen, auszutreten	☐
Ja, manchmal - ich bin aber noch unentschlossen	☐
Ja, manchmal - ich werde aber wahrscheinlich nicht austreten	☐
Nein, nie	☐
Weiß nicht	☐

Einstellungen

E1 Ich lese Ihnen nun einige Meinungen zu Glaube und Kirche vor. Sagen Sie mir bitte jeweils, inwieweit diese Meinungen und Ansichten für Sie persönlich zutreffen. Vergeben Sie dazu die Ziffern 1 bis 4 …

- 1 bedeutet „Trifft überhaupt nicht zu"
- 2 bedeutet „Trifft eher nicht zu"
- 3 bedeutet „Trifft eher zu"
- 4 bedeutet „Trifft ganz genau zu"

Rotierte Abfrage der Statements!

		Trifft überhaupt nicht zu 1	Trifft eher nicht zu 2	Trifft eher zu 3	Trifft ganz genau zu" 4
1	Ich habe Interesse an kirchlichen Themen	☐	☐	☐	☐
2	Ich spüre Gottes Gegenwart in meinem Leben	☐	☐	☐	☐
3	In Glaubensdingen habe ich immer wieder Zweifel	☐	☐	☐	☐
4	Ich finde es schwer, mit anderen über meinen Glauben zu sprechen	☐	☐	☐	☐
5	Der Glaube gibt mir inneren Halt	☐	☐	☐	☐
6	Den Glauben brauche ich nur, wenn es mir schlecht geht	☐	☐	☐	☐
7	Beten gehört in meinem Alltag dazu	☐	☐	☐	☐
8	Der christliche Glaube ist für mich Lebensgrundlage	☐	☐	☐	☐
9	Es ist mir wichtig, einmal kirchlich bestattet zu werden	☐	☐	☐	☐
10	Ich bin nur deshalb in der Kirche, weil meine Eltern auch in der Kirche sind bzw. waren	☐	☐	☐	☐
11	Ich würde mich gerne mehr in der Kirche einbringen	☐	☐	☐	☐
12	Ich habe am Sonntagvormittag Besseres zu tun als in den Gottesdienst zu gehen	☐	☐	☐	☐
13	Ich möchte, dass die Kirche zu gesellschaftspolitischen Fragen Stellung nimmt	☐	☐	☐	☐
14	Ich möchte, dass die Kirche den Dialog mit dem Islam verstärkt	☐	☐	☐	☐
15	Die evangelische Kirche passt nicht mehr in die heutige Zeit	☐	☐	☐	☐

16	Die evangelische Kirche ist nur an meinem Geld interessiert	☐	☐	☐	☐
17	Die evangelische Kirche handelt nicht so, wie sie es in ihren Predigten fordert	☐	☐	☐	☐
18	Die evangelische Kirche ist eine Spaßbremse	☐	☐	☐	☐
19	Die evangelische Kirche versucht, den Menschen Schuld einzureden	☐	☐	☐	☐
20	Mein Glaube passt nicht zu dem der evangelischen Kirche	☐	☐	☐	☐
21	Ich glaube, dass es einen Gott gibt, der sich in Jesus Christus zu erkennen gegeben hat	☐	☐	☐	☐
22	Mit gefällt die Atmosphäre bei Gottesdiensten	☐	☐	☐	☐
23	Ich habe vorwiegend positive Erfahrungen mit der evangelischen Kirche gemacht	☐	☐	☐	☐
24	Pfarrerinnen und Pfarrer sind wichtige Ansprechpartner für mich	☐	☐	☐	☐
25	Die evangelischen Kirchengemeinde an meinem Wohnort sollte ihre Angebote besser bekannt machen	☐	☐	☐	☐
26	Bei persönlichen Problemen würde ich mich lieber an nicht-kirchliche Ansprechpartner wenden	☐	☐	☐	☐
27	Der Pfarrer bzw. die Pfarrerin vor Ort nimmt sich zu wenig Zeit für persönliche Gespräche mit den Menschen	☐	☐	☐	☐
28	Die evangelische Kirche geht zu wenig auf die Menschen zu	☐	☐	☐	☐
29	Ich persönlich brauche die evangelische Kirche nicht	☐	☐	☐	☐
30	Vor den Mitarbeitern der evangelischen Kirche habe ich großen Respekt	☐	☐	☐	☐
31	Evangelische Gemeindehäuser wirken auf mich sehr verstaubt	☐	☐	☐	☐
32	Ich bin der Ansicht, dass viele Aussagen der Bibel wissenschaftlich nicht haltbar sind	☐	☐	☐	☐
33	Kirchliche soziale Einrichtungen wie z. B. Kindergärten oder Krankenhäuser könnten genauso gut von staatlichen Stellen betrieben werden	☐	☐	☐	☐
34	Ich setze mich gerne für andere Menschen ein	☐	☐	☐	☐
35	Meiner Meinung nach gehört es zum Christsein dazu, sich am kirchlichen Leben zu beteiligen	☐	☐	☐	☐

36	Glaube und Wissenschaft lassen sich gut vereinbaren	☐	☐	☐	☐
37	Die evangelische Kirche sollte Menschen mit Migrationshintergrund eine Heimat bieten	☐	☐	☐	☐
38	Ich engagiere mich aktiv für Benachteiligte in unserer Gesellschaft	☐	☐	☐	☐
39	Ich glaube an eine höhere Macht, aber nicht an einen Gott wie ihn die Kirche beschreibt	☐	☐	☐	☐
40	Durch meinen Glauben weiß ich, was richtig und falsch ist	☐	☐	☐	☐
41	Jeder Christ sollte seine Kinder taufen lassen	☐	☐	☐	☐
42	Die Kirche nimmt ihre Mitglieder ernst, auch wenn sie nicht regelmäßig an kirchlichen Veranstaltungen teilnehmen	☐	☐	☐	☐

E2 Nun haben wir es gleich geschafft! In der letzten Frage lese ich Ihnen Meinungen zu verschiedenen Aspekten des Lebens vor, wie z. B. Gesellschaft, Beruf und Privatleben. Sagen Sie mir bitte wieder anhand der Ziffern 1 bis 4, inwieweit diese Meinungen und Ansichten für Sie persönlich zutreffen. (Milieuindikator)

---

29 Statements, 4-stufige Skala wie E1

Nicht rotieren!

Dank und Ende

Sinus Projekt-Nr. 11771

Evangelisch in Baden-Württemberg – Zwischenbericht
Heidelberg, 26. April 2012*

Inhalt

1. Methodische Vorbemerkungen

1.1 Stichprobenbasis

Grundlage der folgenden Darstellung von ersten, qualitativen Befunden zur Sinus-Studie für die evangelischen Landeskirchen in Baden und Württemberg sind 77 ca. zweistündige Einzelexplorationen mit Menschen, die in Baden-Württemberg wohnen und deutsch sprechen. Bedingt durch das nachträgliche Eintreten der Badischen Landeskirche in das Forschungsprojekt sind 23 Explorationen zurzeit noch in der Durchführung. Die qualitative Feldphase wird voraussichtlich Mitte Mai abgeschlossen.

Die Gesprächspartner wurden so ausgewählt, dass alle zehn Sinus-Milieus vertreten sind. Die Gespräche wurden mit Mitgliedern der evangelischen Landeskirchen in Württemberg und Baden durchgeführt sowie mit Personen, die zwar nicht Mitglieder, aber für die evangelische Kirche grundsätzlich erreichbar sind, also nicht Getaufte oder Ausgetretene. Personen, die sich zu anderen Religionsgemeinschaften bekennen, z.B. Katholiken, Juden, Muslime etc., wurden nicht in die Untersuchung einbezogen.

1.2 Projektrahmen

Mit der Durchführung von Einzelexplorationen (derzeit sind 77 von insgesamt geplanten 100 Explorationen realisiert) wird das thematische Feld »Evangelisch in Baden-Württemberg« geöffnet und in seiner Reichweite und Struktur bestimmt. Ziel ist es, die aus Sicht der evangelischen Bevölkerung relevanten Aspekte und Differenzierungen der Forschungsthemen kennenzulernen und zu verstehen. Die im Folgenden dargestellten, qualitativen Befunde dienen dazu, die Hauptstudie konzeptionell und inhaltlich vorzubereiten.

Im Anschluss an die qualitative Forschungsphase wird eine computergestützte Telefonbefragung durchgeführt, repräsentativ für die evangelische Wohnbevölkerung in Baden-Württemberg. Im Rahmen dieser Befragung werden die qualitativen Befunde überprüft, validiert und quantifiziert. Ziel ist die Entwicklung einer kirchlichen Zielgruppentypologie, basierend auf Einstellungen zu Glaube, Religion und Kirche sowie dem lebensweltlichen Hintergrund der Sinus-Milieus®.

Die Berichterstattung über das gesamte Forschungsvorhaben ist für November 2012 geplant. Die quantitativen Ergebnisse werden dabei auf der Basis der qualitativen Befunde interpretiert und mit Wohnfotos und Original-Zitaten aus den Explorationen illustriert.

1.3 Das Gesellschafts- und Zielgruppenmodell der Sinus-Milieus®

Die Sinus-Milieus sind das Ergebnis von 30 Jahren sozialwissenschaftlicher Forschung. Die Zielgruppenbestimmung orientiert sich dabei an der Lebensweltanalyse unserer Gesellschaft. Die Sinus-Milieus gruppieren Menschen, die sich in ihrer Lebensauffassung und Lebensweise ähneln. Der Milieu-Ansatz des Sinus-Instituts zielt darauf ab, Status und Veränderungen in den Einstellungen und Verhaltensweisen der Bevölkerung vor dem Hintergrund des sich vollziehenden Wertewandels zu beschreiben.

Im Rahmen der Milieuforschung werden alle wichtigen Erlebnisbereiche erfasst, mit denen eine Person täglich zu tun hat (Arbeit, Freizeit, Familie, Geld, Konsum, Medien usw.). Ein zentrales Ergebnis dieser Forschung besteht darin, dass die empirisch ermittelten Wertprioritäten und Lebensstile zu einer Basis-Typologie, den Sinus-Milieus, verdichtet werden. Bei der Definition der Milieus handelt es sich im Unterschied zur traditionellen Schichteinteilung um eine inhaltliche Klassifikation. Grundlegende Wertorientierungen, die Lebensstil und Lebensstrategie bestimmen, gehen dabei ebenso in die Analyse ein wie Alltagseinstellungen, Wunschvorstellungen, Ängste und Zukunftserwartungen. Die Sinus-Milieus beschreiben real existierende Subkulturen mit gemeinsamen Sinn- und Kommunikationszusammenhängen in ihrer Alltagswelt.

2. Erste Befunde zur Evangelischen Kirche in Baden-Württemberg

2.1 Kirche als Institution

2.1.1 Was wird unter »Kirche« verstanden?

Der Begriff »Kirche« ist eindeutig für die »christlichen Kirchen« reserviert. Islam und Buddhismus werden in diesem Zusammenhang zwar auch erwähnt, aber nicht als »Kirchen«, sondern als »Religionen« bezeichnet. (In diesem Zusammenhang wird der Buddhismus auch von Evangelischen durchaus mit Sympathien belegt.)

Am augenfälligsten ist die Unterscheidung in »evangelische und katholische Kirche«: Die evangelische Kirche gilt als freier, offener, liberaler, lebensnäher als die katholische Kirche -konkretisiert an Zölibat, Frauenordination, Umgang mit wiederverheirateten Geschiedenen und Menschen mit unterschiedlicher sexueller Orientierung. Die katholische Kirche, so die vorherrschende Meinung, bietet dagegen »schöne Rituale«, ist »mehr fürs Herz« und »steht fester auf den Grundlagen des Christentums«.

2.1.2 Erfahrungen mit Kirche und ihren Vertretern

Die Grundeinstellung zu Religion und Kirche wird heute nicht mehr so sehr vom Elternhaus, sondern ganz entscheidend von den Erfahrungen beeinflusst, die man in Kindheit und Jugend mit Kirchenvertretern gemacht hat. Dazu gehören Erzieherinnen in konfessionellen Kindergärten, Mitarbeitende im Kindergottesdienst, Religionslehrerinnen und -lehrer und schließlich Pfarrerinnen und Pfarrer. Deren ganz menschliches Verhalten wird an dem hohen moralischen Anspruch der Kirche gemessen. So wirkt etwa eine Herabsetzung durch den Pfarrer wesentlich traumatischer als eine Herabsetzung durch Eltern oder Lehrer, weil er in den Augen der Menschen seine Religion verkörpert, nach der er zu bedingungsloser Nächstenliebe verpflichtet wäre.

Umgekehrt genießen kirchliche Mitarbeitende, die ihr persönliches Leben in Übereinstimmung mit christlichen Überzeugungen leben, höchstes Ansehen und haben deshalb das Potential, die ihnen anvertrauten jungen Menschen in ihren persönlichen, religiösen und kirchlichen Einstellungen zu prägen. Eine typische Aussage lautet: »Er war so etwas wie ein Leuchtturm. Er lebt das vor, ohne dass es aufgesetzt ist.«

Taufen, Hochzeiten und Beerdigungen sind die wichtigsten Anlässe, über die sich intensive Gespräche über Familie, Kinder, Zusammenleben und Fragen nach dem Sinn des Lebens und Sterbens ergeben – was viele Befragte sehr schätzen. Gute Erinnerungen werden auch bei dem Gedanken an Jugendfreizeiten, Radtouren, Skifreizeiten, Camping, Osterwanderungen geweckt.

Negative Erfahrungen knüpfen sich an abweisende Reaktionen gegenüber ungetauften Kindern, konfessionsgemischten Paaren oder AIDS-Kranken. »Kirche macht ein schlechtes Gewissen. Sie bringt die Leute dazu, sich schlecht zu fühlen, weil sie bestimmten Ansprüchen nicht genügen« (Gesprächspartner aus dem Hedonistischen Milieu).

Man bedauert, dass man als Erwachsener – abgesehen von kasualen Anlässen – kaum noch Gelegenheit hat, sich im kleinen Kreis mit dem Pfarrer oder der Pfarrerin zu unterhalten. Nach dem Gottesdienst wäre eine gute Gelegenheit; aber meistens seien Pfarrerin oder Pfarrer dann nicht mehr ansprechbar, weil erkennbar in Eile oder mit etwas anderem (z.B. Konfirmanden) beschäftigt.

2.1.3 Information über kirchliche Veranstaltungen

Menschen, die sich am kirchlichen Leben beteiligen, sind der Ansicht, dass sie ausreichend Möglichkeiten haben, sich über kirchliche Veranstaltungen zu informieren. Für diese Mitglieder ist der Gemeindebrief das wichtigste Medium. Es läuft aber auch viel über Mund-zu-Mund-Propaganda oder über die Ankündigungen im Gottesdienst.

Die übrige Bevölkerung erfährt – wenn überhaupt – von kirchlichen Veranstaltungen über Plakate, Flyer, kommunale Veranstaltungsblätter und aus der Tagespresse. Konzerte, Lesungen, Gemeindefeste, Flohmärkte, Seniorennachmittage usw., also »normale«, d.h. nicht als explizit kirchlich konnotierte Veranstaltungen wie z.B. die Gottesdienste, erfreuen sich großer Beliebtheit. Aber natürlich gibt es auch Menschen, die sich für kirchliche Veranstaltungen grundsätzlich nicht interessieren.

2.1.4 Bedeutung von Kirche

Bei dieser Frage wird spontan zwischen gesellschaftlicher und persönlicher Relevanz unterschieden:

- Die christlichen Kirchen gelten als wichtiger Bestandteil des gesellschaftlichen Lebens in Deutschland, unabhängig davon, ob man selbst der Kirche angehört oder nicht. Die Kirchengebäude und die Art der Musik, die dort aufgeführt wird, sind unverzichtbarer Teil der Kultur. Ohne das Engagement der Kirchen könnten viele soziale Einrichtungen und Projekte nicht in der bestehenden Weise fortgeführt werden. Die Vermittlung von Werten im Umgang miteinander fußt unangefochten auf dem christlichen Wertekanon.
- Die persönliche Bedeutung von Kirche für das eigene Leben hängt weniger mit der formalen Zugehörigkeit zur Kirche zusammen, sondern mehr damit, ob man sich einer ganz konkreten Kirchengemeinde verbunden fühlt oder nicht. Menschen, denen Kirche persönlich sehr wichtig ist, sprechen davon, dass Kirche ihnen Halt, Hoffnung und Kraft gibt, insbesondere in schwierigen Lebenssituationen, dass sie durch die bildhafte Sprache zu eigenen Gedanken angeregt werden, dass sie sich gut fühlen, wenn sie aus der Kirche kommen, »freier durchatmen können«. »Es ist etwas anderes als im Fußballverein.«

Ein Gesprächspartner fasst es wie folgt zusammen: »Kirche ist eine abrufbare Option. Sie ist einfach da, und es würde etwas fehlen, wenn sie nicht mehr da wäre. Wenn man es bräuchte, könnte man hingehen. Das sieht man auch daran: In kritischen Zeiten sind die Kirchen plötzlich voller.«

2.1.5 Bekanntheit und Nutzung von kirchlichen Einrichtungen

Soziale kirchliche Einrichtungen wie Diakonie und Caritas sind den meisten bekannt. Konkret denkt man an Kindergärten, Krankenhäuser, Sozialstationen, Tafelläden und Beratungsstellen. Diese Einrichtungen gelten als unverzichtbar für die Gesellschaft. Es erscheint undenkbar, dass ihre Aufgaben von staatlichen Stellen übernommen werden könnten.

Ein Befund gibt Anlass zum Nachdenken: Menschen aus Sinus-Milieus, für die soziale Einrichtungen in erster Linie konzipiert sind (Traditionelle, Prekäre, Hedonisten) äußern am häufigsten Kritik an kirchlichen Einrichtungen: Beschäftigte würden bei der Kirche schlecht behandelt, es gäbe viele 1-Euro-Jobber, in Tafelläden würden »Ausländer absahnen, sobald einer in der Familie Hartz-IV hat« etc. Man selbst fühlt sich in diesen Einrichtungen oft »schlechter als man ist«, nämlich unzureichend oder ungenügend in den Augen der Berater, wahrgenommen lediglich als »Problemfall«. Für diese Milieus ist auch die strukturelle Anbindung von Einrichtungen am wenigsten erkennbar. Zitat: »... bei der AWO. Kann sein, dass das von der Kirche ist.«

2.2 Die Evangelischen Landeskirchen in Württemberg und Baden

2.2.1 Bekanntheit und Wahrnehmung von Unterschieden

Man weiß, dass der Protestantismus eine ganze Reihe von Kirchen unterschiedlicher Prägung umfasst. Diese Welt ist aber für die meisten Befragten derart unübersichtlich und in ihrer Differenziertheit schwer erkennbar, dass nicht nur die evangelisch-lutherische Kirche und verschiedene landeskirchliche Gemeinschaften (»Freichristen«) darunter subsumiert werden, sondern auch (in einem Atemzug) »Baptisten, Evangelisten, Reformierte und die Neuapostolische Kirche«. Es geht also munter durcheinander.

Die Sicht auf Freikirchen und landeskirchliche Gemeinschaften (auch da ist der Unterschied für »Laien« verständlicherweise nicht erkennbar) ist gespalten: Man schätzt den menschlichen Zusammenhalt unter den Mitgliedern, die abwechslungsreich gestalteten, »modernen«, »mitreißenden« Gottesdienste und das anschließende Sonntagsprogramm mit Kinderbetreuung und gemütlichem Beisammensein bei Kaffee und Kuchen. Man fürchtet sich auf der anderen Seite aber auch vor Vereinnahmung und Indoktrination, vor »geistiger Enge«.

Dass es verschiedene evangelische Landeskirchen gibt, können sich die meisten nicht erklären, geschweige denn die Unterschiede benennen. Man weiß, dass es historisch gewachsene Unterschiede gibt: »Die haben jeweils eine andere Interpretation von der Bibel und legen sie so oder so aus.« Es gibt unterschiedliche Gesangbücher und regional unterschiedliche Liturgien (im Gegensatz zur katholischen Kirche).

Nach Unterschieden befragt, antwortet eine Gesprächspartnerin aus Baden: »Die Badener sind halt anders drauf als die Württemberger; das ist auf evangelischer Seite wahrscheinlich genauso.« Es wird aber auch ganz klar gesagt: »Das interessiert mich auch nicht so.«

2.2.2 Spezifika der Württembergischen Kirche

Es ist schwer, das Besondere der Württembergischen Landeskirche zu benennen, wenn man nur eine Landeskirche kennt. Das Ergebnis beruht dann weniger auf eigenen Erfahrungen und mehr auf Pauschalurteilen, die sich an gewachsenen Images orientieren: »Es wird gesagt, dass die Württemberger die Frömmeren seien. Es gibt da mehr Pietisten als in Baden.« Wenn man von außen zugezogen ist, werden die Unterschiede wohl augenfälliger: »Die Kirche in Württemberg ist schön, wenn man sich sieht und sich freut. Aber dann geht jeder wieder seinen Weg. (...) Die Leute müssten mehr aus sich herausgehen, sich selber einbringen, mehr mit dem Herzen dabei sein und nicht nur so, weil es so verlangt wird, oder weil es so Ritual ist. Das letzte Wort ist oft: Das haben wir schon immer so gemacht. Da ist viel Wahres dran, und das empfinde ich hier in Württemberg ganz stark.« (Traditionelle aus der ehemaligen DDR). Oder: »Ich habe immer so verkniffene Protestanten erlebt. Die haben so wenig Lebensfreude. Diese Pietisten, das ist eine Mischung aus protestantisch und schwäbisch, da geht dann gar nichts mehr.« (Angehöriger der Bürgerlichen Mitte, aus Norddeutschland zugezogen).

2.2.3 Spezifika der Badischen Kirche

Die Badische Landeskirche gilt pauschal als »etwas liberaler«. Die Liturgie würde eine größere Rolle spielen, was Angehörige der Badischen Landeskirche als »etwas Schönes und Tragendes« empfinden. Ein Gesprächspartner, der sich auf den Prädikantendienst vorbereitet (und somit quasi ein »Insider« ist), beschreibt, dass Diakone in Baden nicht nur Gottesdienste, sondern auch Kasualien (Beerdigungen, Taufen, Trauungen) vornehmen könnten. »Ansonsten gibt es keine Unterschiede.«

2.2.4 Kirchenmitgliedschaft und Kirchennähe

Die Einzelgespräche mit Mitgliedern und Nicht-Mitgliedern der evangelischen Landeskirchen lassen erkennen, dass Kirchenmitgliedschaft und Kirchennähe nicht unmittelbar miteinander zusammenhängen. Es gibt Kirchenmitglieder, denen die Zugehörigkeit zur Kirche nichts bedeutet, die einfach da hineingeboren wurden und nun Kirchensteuer zahlen. Und es gibt Nicht-Mitglieder, die sich am Gemeindeleben beteiligen oder sich in intensiven Gesprächen mit Pfarrerinnen und Pfarrern, die zu ihrem Freundes- und Bekanntenkreis gehören, mit dem Thema »Kirche« befassen.

Bei denjenigen, die sich der Kirche verbunden fühlen, lassen sich unterschiedliche Arten von Beteiligung beobachten. Gerade in der evangelischen Kirche ist es nicht so, dass man den Grad der Verbundenheit an der Häufigkeit des Gottesdienstbesuches ablesen könnte. Diese – vor allem auch milieuspezifischen – Unterschiede herauszuarbeiten, wird Aufgabe des geplanten Zielgruppenhandbuchs sein.

2.2.5 Kirchenausstritt

Entsprechend sind auch Kirchenaustritte (oder die geäußerte Bereitschaft dazu) kein verlässlicher Indikator dafür, wie sehr sich jemand der Kirche persönlich verbunden fühlt. Viele Kirchenmitglieder nehmen zwar nicht aktiv am kirchlichen Leben teil, treten aber deshalb nicht aus, weil sie Kirche als Teil der gesellschaftlichen Kultur erhalten möchten: »Das finde ich schön, und dafür zahle ich meinen Beitrag.« Für manche, die mit der Kirche im Grund unzufrieden sind, ist das Thema »Kirche« dennoch zu wenig von Interesse, als dass sie sich zu einem formalen Kirchenaustritt aufraffen.

Menschen, die aus Überzeugung ausgetreten sind, weil sie persönlich verletzt waren oder weil sie damit gegen wahrgenommene Ungerechtigkeit oder Unstimmigkeit im Handeln von kirchlichen Vertretern protestieren wollten, stehen der Kirche manchmal innerlich noch sehr nahe. Das drückt sich in einem Satz aus wie diesem: »Schade, dass keine Reaktion kam, als ich ausgetreten bin.«

2.2.6 Wahrnehmung von Angeboten der Evangelischen Kirche

Kaum einer der Gesprächspartner sagt: Die Gottesdienste sind mir am wichtigsten. Diese »Angebotsform« erscheint den meisten nur zu besonderen, traditionellen Anlässen unverzichtbar: an Weihnachten, bei der eigenen Trauung, bei der Taufe der Kinder oder bei Beerdigungen.

Das »Angebot« der Kirche wird vorrangig in zwei Ausprägungen wahrgenommen:

- Als **kulturelles Ereignis**: in Form von Kirchenkonzerten, Orgelkonzerten, Gospelchor-Aufführungen etc. Die einen schätzen an Kirchenkonzerten, »dass es auch mal etwas Weltliches dort gibt«. Andere weisen auch auf den missionarischen Charakter hin: »Es gibt zu wenig kostenlose kirchliche Konzerte. Gerade in der kirchlichen Musik kann so viel rüberkommen, Passionen, Texte darüber, was Christus eigentlich für uns Menschen getan hat. Aber Eintritte von 10 bis 12 Euro können wir uns kaum leisten. Das ist schade.«
- Im Zusammenhang mit **Kindern und Jugendlichen**: Kinderfeste im Kindergarten, Jugendtreff, Jugendfreizeiten, Konfirmanden-Freizeiten, Reisegruppen zu den Kirchentagen oder nach Taizé.

Engagierte Gesprächspartner bedauern, dass es »in den christlichen Kirchen keine wirklich interessante, durchgängige Erwachsenenbildung gibt derart, dass man die Texte nicht nur abschnittsweise liest, sondern tiefer eindringt – damit es nicht nur Literatur oder Mythologie bleibt. Es gibt auf christlicher Seite kein Pendant zum jüdischen Talmud-Lesen.«

In diesem Zusammenhang macht ein Liberal-Intellektueller folgenden Vorschlag: »Ein Diskussionsforum, das von einem Pfarrer moderiert wird, wo man jede Woche einen Denkanstoß bekommt und dazu Kommentare abgeben könnte. Als Höhepunkt könnte dann ein Gottesdienst sein, wo das ganze Thema nochmal behandelt wird mit dem entsprechenden Feedback, so dass man das Gefühl hat, aktiv daran teilzunehmen.«

Menschen, die sich dem Thema »Kirche« mit wissenschaftlichem Interesse nähern (z.B. Konservativ-Etablierte), nehmen wahr, dass religiöse Themen in den Medien zunehmend aufgegriffen werden. Dazu werden namentlich genannt: eine eigene Seite in der ZEIT sowie die Beilage »Christ und Welt«, die Beilage »Chrismon« in der Süddeutschen Zeitung oder das Ressort »Kirche und Gesellschaft« im Deutschlandfunk.

2.2.7 Besuchsdienst

Die in der evangelischen Kirche weit verbreitete Praxis, dass im Grunde nur hochbetagte »Geburtstagskinder« und Jubilare von Mitarbeitenden des Besuchsdienstes aufgesucht werden, führt dazu, dass nur wenige Personen in der Stichprobe von Besuchen durch die Kirchengemeinde berichten können. In der Regel wären unaufgeforderte Besuche durch den Pfarrer / die Pfarrerin oder durch andere Mitarbeitende auch gar nicht erwünscht. Einerseits ist es unangenehm, wenn man auf unangemeldeten Besuch nicht eingerichtet ist. Andererseits fühlt man sich an die Praxis der Zeugen Jehovas erinnert. Etwas anderes ist es, wenn man mit dem Pfarrer persönlich befreundet ist. Ansonsten würde man eine offene Sprechstunde vorziehen, um die Kontaktaufnahme selbst in der Hand zu haben.

Menschen aus Gemeinden, in denen es üblich war, dass Neuzugezogene persönlich willkommen geheißen wurden, vermissen das, wenn sie in eine Gemeinde umziehen, in der das nicht so ist.

2.2.8 Anschreiben

Anders ist es mit Anschreiben der Kirche, die man zu persönlichen Anlässen erhält. Diese sind in der Regel freudige Überraschungen, z.B. ein »Herzlich-Willkommen-Schreiben« bei Neuzugezogenen oder ein Glückwunschschreiben zum runden Geburtstag. Dabei ist es wichtig, dass man persönlich mit Namen angesprochen wird und dass Jubiläen nicht verwechselt werden (z.B. Gratulation zur Goldenen Hochzeit, wenn es schon die Diamantene ist).

Mitglieder der Kirchengemeinden erhalten regelmäßig den Gemeindebrief. Das ist ein sehr wichtiges Medium im Kontakt zu Personen, die der Kirchengemeinde nur locker verbunden sind. Am meisten interessieren Personalien (Taufen, Trauungen, Beerdigungen) und – ganz wichtig – was mit Spenden geschieht. »Da möchte ich doch schriftlich sehen, wo das Geld hinkommt.«

2.2.9 Seelsorgerelevante Lebenssituationen

Bei vielen Menschen kommt Kirche dann ins Spiel, wenn es um Krisensituationen oder Umbrüche im Leben geht. Der Kirche wird tröstende Funktion zugesprochen, wenn man nicht mehr weiß, wie es weitergehen soll, wenn man sich einsam fühlt, wenn man Halt und Geborgenheit sucht. Speziell Liberal-Intellektuelle würden darüber hinaus den Pfarrer oder die Pfarrerin aufsuchen, »wenn sich in meinem aufgeklärten Weltbild Fragen auftun, die ich einfach nicht mehr beantworten kann.«

Ob man sich in persönlichen Krisensituationen an einen Pfarrer / eine Pfarrerin wendet oder nicht doch lieber an eine psychotherapeutische Fachkraft, hängt ganz von der Person des Pfarrers / der Pfarrerin ab. Voraussetzung dafür wäre für die meisten, dass man sich bereits gut kennt und persönliche Sympathie empfindet. Deswegen sei es auch so wichtig, dass der Pfarrer / die Pfarrerin in der jeweiligen Gemeinde lebt.

Viele Befragte, insbesondere in den Milieus der Mitte, wünschen sich jemanden, der Zeit hat und einfach nur zuhört, der als Außenstehender objektiv auf die Situation schaut. Man möchte den Pfarrer nicht als »Missionar« erleben oder als jemanden, der einem in einer sowieso schon schwierigen Situation auch noch ins Gewissen redet. Eine Hedonistin meint: »Ich könnte bei einem Pfarrer nicht offen reden. Da hätte ich Hemmungen, manche negativen Geschichten zuzugeben, weil sie eine Institution repräsentieren, die fast unfehlbar ist.«

2.2.10 Wünsche und Empfehlungen an die Evangelische Kirche

Man möchte von der Kirche keine Vorschriften oder Gebote, wie man sein Leben zu führen hat, sondern Toleranz gegenüber den Unzulänglichkeiten und Brüchen im Leben. Nicht-Mitglieder möchten nicht verachtet oder ausgegrenzt werden (Kirche als »allein selig machende«), sondern neben Kirchenmitgliedern »Bestand und Berechtigung haben«. Man wünscht sich, dass Kirche Räume anbietet (auch für Nicht-Mitglieder), in denen man sich über Werte und Lebensführung unterhalten und sich mit Glaubensfragen auseinandersetzen kann.

An die evangelische Kirche ergeht die Empfehlung, in der Gesellschaft noch mehr präsent zu sein, mutiger zu sein, sich stärker in den gesellschaftlichen Diskurs einzubringen und »den Mund aufzumachen, z.B. gegen Mobbing im Internet, für Zivilcourage und Solidarität unter den Menschen.« Sie sollte mit Hilfe von professionellem Marketing und Öffentlichkeitsarbeit deutlich machen, dass sie für die zeitgemäße Vermittlung grundlegender Werte steht.

Man beobachtet, dass Sozialarbeit vor Ort sich gewandelt hat und Kirche dem Rechnung tragen müsste: »Nicht nur Seniorennachmittage! Es sind neue, soziale Aufgabenfelder entstanden, in die Kirche sich einbringen sollte. Eine starke Stimme für die Schwachen sein, einfach mal ein Gespräch anbieten für Leute, die allein sind. Bei so etwas würde ich gerne mitmachen, z.B. Suppe kochen für Obdachlose, und solche Aktionen publik machen.« Insbesondere junge Menschen aus dem Expeditiven Milieu wollen dazu persönlich angesprochen und um ihre Mithilfe gefragt werden.

Angehörige aus gehobenen Milieus sind sehr interessiert zu wissen, wie die Kirche mit Steuerzuweisungen und Spenden umgeht, wohin die Gelder fließen. »Ich zahle relativ viel Kirchensteuer, da hätte ich gerne mehr Mitspracherecht bei der Verteilung dieser Einnahmen.«

Und schließlich wünscht man sich eine Kirche, die mitten im Leben steht: »Nicht so bedrückende Stimmung und Stillsein, sondern mehr Lebendigkeit, Fröhlichkeit. Mitmachen können, mehr mitgestalten können (z.B. mit dem Pfarrer ins Gespräch kommen, warum er Pfarrer geworden ist), zum Glauben hinführen im Gespräch, in der Auseinandersetzung nicht einfach zulabern. Einen Tag der offenen Tür machen, an dem man Fragen stellen kann.«

Verzeichnis weiterführender Literatur

I Zum Sinus-Milieu-Ansatz

Bodo Flaig / Thomas Meyer / Jörg Uelzhöffer, Alltagsästhetik und politische Kultur. Zur ästhetischen Dimension politischer Bildung und politischer Kommunikation, Bonn 3. Aufl. 1997
Das Grundlagenwerk der Sinus-Milieu-Forschung, das nicht nur die theoretischen Grundlagen legt, sondern auch den politisch-emanzipativen Hintergrund erhellt.

Nicole Burzan, Lebensstile und Milieus, in: *Heinz Abels / Werner Fuchs-Heinritz / Wieland Jäger / Uwe Schimank* (Hg.), Soziale Ungleichheit. Eine Einführung in die zentralen Theorien, Wiesbaden 2004, 114–134
Eine Einordnung in die Lebensstilforschung.

Bertram Barth / Bodo Flaig, Was sind Sinus-Milieus? Eine Einführung in die sozialwissenschaftliche Fundierung und Praxisrelevanz eines Gesellschaftsmilieus, in: *Peter Martin Thomas / Marc Calmbach* (Hg.), Jugendliche Lebenswelten. Perspektiven für Politik, Pädagogik und Gesellschaft, Berlin/Heidelberg 2013, 11–32
Eine leicht verständliche, kurze, wissenschaftlich abgesicherte Einführung durch zwei Wissenschaftler, die den Sinus-Ansatz über Jahrzehnte entwickelt und weitergeführt haben.

II Sinus-Kirchen-Studien

Hier folgen die wichtigsten Studien für die katholische Kirche und evangelische Kirchen

a) Sinus-Studien für die katholische Kirche

Religiöse und kirchliche Orientierungen in den Sinus-Milieus. Forschungsergebnisse von Sinus Sociovision für die Publizistische Kommission der Deutschen Bischofskonferenz und die Koordinierungsstelle Medien. Eine qualitative Studie im Auftrag der Medien-Dienstleistung GmbH, München 2005

Die erste Studie des Sinus-Institutes für die katholische Kirche mit dem zentralen Ergebnis, dass diese – wiewohl Volkskirche – nur Mitglieder in 2–3 Milieus erreicht.

Carsten Wippermann / Marc Calmbach, Wie ticken Jugendliche? Hg. vom *Bund der deutschen katholischen Jugend & Misereor*, Düsseldorf 2008
Die erste, bahnbrechende Studie zu den Lebenswelten Jugendlicher in Form einer qualitativen Erhebung.

MDG-Trendmonitor »Religiöse Kommunikation«. Ergebnisse zur Situation von Kirche und Glaube sowie zur Nutzung medialer und personaler Informations- und Kommunikationsangebote der Kirche im Überblick. Ergebnisse repräsentativer Befragungen unter Katholiken, Berlin 2010

Marc Calmbach / Peter Martin Thomas / Inga Borchard / Bodo Flaig, Wie ticken Jugendliche? Lebenswelten von Jugendlichen im Alter von 14–17 Jahren in Deutschland. Sinus-Jugendstudie im Auftrag der Bischöflichen Medienstiftung der Diözese Rottenburg-Stuttgart, dem Bund der Deutschen Katholischen Jugend, der Bundeszentrale für politische Bildung, der Deutschen Kinder- und Jugendstiftung, Misereor und dem Südwestrundfunk, Düsseldorf 2012
Nach dem überragenden Echo auf die erste Jugendstudie des Sinus-Institutes von 2008 wurde diese wiederholt. Die Ergebnisse liegen hier vor.

MDG-Milieuhandbuch 2013. Religiöse und kirchliche Orientierungen in den Sinus-Milieus, im Auftrag der MDG Medien-Dienstleistung GmbH, Heidelberg/München 2013
Eine umfassende, sehr hilfreiche Aufarbeitung der Ergebnisse. Eine Fundgrube, wenn man an wenigen Stellen beachtet, dass der Hintergrund der Veröffentlichung katholisch ist.

b) Sinus-Studien für evangelische Kirchen

Reformierte Kirche Kanton Zürich / Sinus-Institut Heidelberg/Berlin: Lebensweltliche, religiöse und kirchliche Orientierungen im Kanton Zürich, Zürich 2012
Die erste Erhebung für eine evangelische Kirche, in der Schweiz. Die Ergebnisse sind angesichts der Differenz zwischen der Lebensweltszenerie in Deutschland und der Schweiz nur bedingt übertragbar.

Lebenswelten. Modelle kirchlicher Zukunft. Orientierungshilfe, hg. von *Roland Diethelm / Matthias Krieg / Thomas Schlag*, Zürich 2012
Dieser Band kommentiert die Ergebnisse.

Brücken und Barrieren in die Evangelische Jugendarbeit. Eine qualitative Studie des Sinus-Instituts für das Evangelische Jugendwerk Württemberg sowie die Evangelischen Kirchen Baden und Württemberg, Heidelberg/Berlin, September 2012
Zeitgleich mit der Sinus-Studie »Evangelisch in Baden und Württemberg« wurde die Erhebung durchgeführt, die dieser Studie zugrunde liegt. Ihre Ergebnisse wurden eher freigegeben. Leitende Fragestellung: Warum finden nur so wenig evangelische Jugendliche nach dem Konfirmandenunterricht in die kirchliche Mitarbeit?

III Basis-Literatur zur kirchlichen Milieuforschung

a) Katholische Theologie und Kirche

Michael N. Ebertz, Hinaus in alle Milieus? Zentrale Ergebnisse der Sinus-Milieu-Kirchenstudie, in: *ders. / Hans-Georg Hunstig* (Hg.), Hinaus ins Weite. Gehversuche einer milieusensiblen Kirche, Würzburg 2. Aufl. 2008, 17–35
Der Aufsatz aus der Feder des Nestors der katholischen Milieuforschung fasst die zentralen Ergebnisse der Studie von 2005 zusammen und hat programmatischen Charakter.

Michael N. Ebertz / Hans-Georg Hunstig (Hg.), Hinaus ins Weite. Gehversuche einer milieusensiblen Kirche, Würzburg 2. Aufl. 2008

Michael N. Ebertz / Bernhard Wunder (Hg.), Milieupraxis. Vom Sehen zum Handeln in der pastoralen Arbeit, Würzburg 2009
Die beiden Bände versuchen, die Brücke in die Praxis zu schlagen und zu zeigen, inwiefern und wo Milieuforschung für verschiedene kirchliche Handlungsfelder Bedeutung haben kann.

Matthias Sellmann, Zuhören, Austauschen, Vorschlagen. Entdeckungen pastoraltheologischer Milieuforschung, Würzburg 2012
Der Autor ist gegenwärtig der wichtigste katholische Milieuforscher. Der Band verantwortet den Ansatz bei den (Sinus-)Milieus pastoraltheologisch und dekliniert diese durch.

Matthias Sellmann / Gabriele Wolanski (Hg.), Milieusensible Pastoral. Praxiserfahrungen aus kirchlichen Organisationen, Würzburg 2013
Der Band gibt einen Überblick über die Erfahrungen in der kirchlichen Arbeit dem Milieumodell.

b) Evangelische Theologie und Kirche

Eberhardt Hauschildt, Milieus in der Kirche. Erste Ansätze zu einer neuen Perspektive und ein Plädoyer für eine vertiefte Studie, in: PTh 1998 (87. Jg.), 392–404
Der Autor war der erste, der im Raum der EKD – mit diesem Beitrag – auf die Bedeutung der Milieuforschung für die evangelischen Kirchen aufmerksam machte, dabei aber auf andere Milieumodelle zurückgriff und nicht die Sinus-Forschung fokussierte.

Eberhard Hauschildt / Uta Pohl-Patalong, Kirche, Gütersloh 2013 (Lehrbuch Praktische Theologie; Bd. 4), 341–353 [5.4 Milieus]
Der jüngste Beitrag von Hauschildt, der in einem praktisch-theologischen Studienbuch einen Überblick gibt.

Friederike Benthaus-Apel, Lebensstile und Kirchenmitgliedschaft. Zur Differenzierung der »treuen Kirchenfernen«, in: *Kirchenamt der EKD* (Hg.), Kirche – Horizont und Lebensrahmen. Weltsichten, Lebensstile, Kirchenbindung. Vierte EKD-Erhebung über Kirchenmitgliedschaft, Hannover 2003, 55–70

Dies., Lebensstilspezifische Zugänge zur Kirchenmitgliedschaft, in: *Wolfgang Huber u.a.* (Hg.), Kirche in der Vielfalt der Lebensbezüge. Die vierte EKD-Erhebung über Kirchenmitgliedschaft. Gütersloh 2006, 205–235
Eine große Neuerung der IV. Kirchenmitgliedschaftsuntersuchung war die Berücksichtigung der Lebensweltforschung durch Einführung der Frage nach lebensstilspezifischen Zugängen zur Kirche. Die beiden Beiträge führen ein.

Claudia Schulz / Eberhard Hauschildt / Eike Kohler, Milieus praktisch. Analyse- und Planungshilfen für Kirche und Gemeinde, Göttingen 2008

Claudia Schulz / Eberhard Hauschildt / Eike Kohler, Milieus praktisch II. Konkretionen für helfendes Handeln in Kirche und Diakonie, Göttingen (2010) 3. Aufl. 2010
Die beiden Bände entwickeln auf der Basis der Lebensstilanalyse der KMU IV ein Milieumodell und zeigen auf, wie dieses für verschiedene kirchliche Handlungsfelder von Bedeutung sein kann.

Heinzpeter Hempelmann, Gott im Milieu. Wie Sinusstudien der Kirche helfen können, Menschen zu erreichen, Gießen (2012) 2., erweiterte Aufl. 2013
Die erste wissenschaftliche Darstellung der Sinus-Milieus, autorisiert vom Sinus-Institut, unterstützt von den evangelischen Kirchen in Baden und Württemberg. Der Band gibt eine Einführung in die Lebensweltforschung und das Sinus-Milieu-Modell. Er reflektiert die Herausforderungen und möglichen Probleme. Die 2. Aufl. geht in einem ausführlichen Anhang auf methodologische Fragen ein.

Heinzpeter Hempelmann, Kirche im Milieu. Die Sinus-Kirchenstudie »Evangelisch in Baden und Württemberg«. Ergebnisse + Impulse für den Gottesdienst, Gießen 2013
Nachdem die Veröffentlichung der Sinus-Studie von 2012 auf sich warten ließ, sind hier bereits erste relevante Ergebnisse publiziert.

c) Spezielle Gesichtspunkte

Heinzpeter Hempelmann, Milieusensibles Marketing für Kurse zum Glauben. Zur Bedeutung der Sinus-Milieuforschung für missionarische Bildungsangebote, in: Handbuch Erwachsen glauben. Missionarische Bildungsangebote. Grundlagen – Kontexte – Praxis, hg. von der *Arbeitsgemeinschaft missionarischer Dienste* (AMD) Berlin, 2. Aufl. Gütersloh 2013, 26–86
Milieuperspektive und Kurse zum Glauben.

Heinzpeter Hempelmann / Michael Herbst / Markus Weimer (Hg.), Gemeinde 2.0. Frische Formen für die Kirche von heute, Neukirchen-Vluyn (2011) 2. Aufl. 2013
Milieuforschung und fresh expressions.

Heinzpeter Hempelmann / Benjamin Schließer / Corinna Schubert / Markus Weimer, Handbuch Taufe. Impulse für eine milieusensible Taufpraxis, Neukirchen-Vluyn 2013
Milieuperspektive und Taufhandeln.

Verzeichnis der Mitarbeiter/innen

Landesbischof Prof. Dr. Jochen Cornelius-Bundschuh
seit Juni 2014 Landesbischof der Evangelischen Landeskirche in Baden, Karlsruhe

Kirchenrätin Gisela Dehlinger
seit 2010 Leiterin der Abteilung »Gemeindeentwicklung und Gottesdienst« im Evangelischen Bildungszentrum Haus Birkach der Evangelischen Landeskirche in Württemberg, Stuttgart

Geschäftsführer Berthold Bodo Flaig
seit 1991 bei der Firma Sinus Markt- und Sozialforschung GmbH, Heidelberg

Oberkirchenrat Prof. Dr. Ulrich Heckel
seit 2008 Leiter des Dezernats 1 »Theologie, Gemeinde und weltweite Kirche« im Oberkirchenrat der Evangelischen Landeskirche in Württemberg, Stuttgart

Prof. Dr. Heinzpeter Hempelmann MA
seit 2014 Wissenschaftlicher Referent für Fragen der Religionssoziologie und Lebensweltforschung im Oberkirchenrat der Evangelischen Landeskirche in Württemberg, Stuttgart

Oberkirchenrätin Karen Hinrichs
seit 2004 Leiterin des Referats 1 »Grundsatzplanung und Öffentlichkeitsarbeit« im Oberkirchenrat der Evangelischen Landeskirche in Baden, Karlsruhe

Landesbischof Dr. h. c. Frank Otfried July
seit September 2005 Landesbischof der Evangelischen Landeskirche in Württemberg, Stuttgart

Pfarrer Hansjörg Kopp
seit April 2010 Jugendpfarrer für milieusensible Jugendarbeit und Bezirksjugendpfarrer, Evangelische Landeskirche in Württemberg

Oberkirchenrat Dr. Matthias Kreplin
seit 2009 Leiter des Referats 3 »Verkündigung in Gemeinde und Gesellschaft« im Oberkirchenrat der Evangelischen Landeskirche in Baden, Karlsruhe

Pfarrer Dr. Gernot Meier
seit September 2012 Weltanschauungsbeauftragter der Evangelischen Landeskirche in Baden und Studienleiter in der Evangelischen Akademie in Baden (Bereiche Wissenschaft, Kultur und Medien)

Ruth Muslija-Kasper
seit Juli 2014 Redakteurin im Zentrum für Kommunikation (ZfK) und dort zuständig für Öffentlichkeitsarbeit in der Evangelischen Landeskirche in Baden, Karlsruhe

Prof. Dr. Michael Meyer-Blanck, seit 1997 Professor für Praktische Theologie mit dem Schwerpunkt Religionspädagogik an der Evangelisch-theologischen Fakultät der Universität Bonn

Prof. Dr. Fritz Lienhard
seit Oktober 2006 Professor für Praktische Theologie (Pastoraltheologie und Kirchentheorie) an der Evangelisch-theologischen Fakultät der Universität Heidelberg

Kirchenrat Dan Peter
seit März 2000 Leiter des Referats 1.3 »Publizistik und Gemeinde« im Oberkirchenrat der Evangelischen Landeskirche in Württemberg, Stuttgart (Medienreferent)

Kirchenrat Dr. Fritz Röcker
seit 2009 Leiter des Referats 3.2 »Aus-, Fort- und Weiterbildung und Prüfungsamt/Pfarrdienst« im Oberkirchenrat der Evangelischen Landeskirche in Württemberg, Stuttgart

Dekan Dr. Thomas Schalla
seit Mai 2014 Dekan in Karlsruhe; davor seit 2008 Leiter des Amtes für Jugendarbeit in der Evangelischen Landeskirche in Baden

Kirchenrat Werner Schmückle
seit 1995 Leiter des Amtes für Missionarische Dienste der Evangelischen Landeskirche in Württemberg im Evangelischen Bildungszentrum, Haus Birkach, Stuttgart

Pfarrer Markus Schulz
seit 2013 Pfarrer an der Christuskirche Lörrach; Pfarrer der Evangelischen Landeskirche in Baden und Dekanstellvertreter

Pfarrer Markus Weimer
seit 2012 Pfarrer in der evangelischen Kirchengemeinde Böhringen; Pfarrer der Evangelischen Landeskirche in Baden

Kirchenrat Dr. Frank Zeeb
seit 2009 Leiter des Referats 1.1 »Theologie, Kirche und Gesellschaft« im Oberkirchenrat der Evangelischen Landeskirche in Württemberg, Stuttgart

Prof. Dr. Johannes Zimmermann
seit 2010 Pfarrer in der evangelischen Kirchengemeinde Endingen, Pfarrer der Evangelischen Landeskirche in Württemberg

Teil VI

Dokumentation des Sinus-Berichtes »Evangelisch in Baden und Württemberg«

Bericht des Sinus-Institutes
inkl. Kommentar stehen online als Download
zur Verfügung unter:

www.vandenhoeck-ruprecht-verlage.com/Milieusensible-Kirche

Code: MK1511EB